Hurra, ich bin hochsensibel! Und nun?

Cordula Roemer

Hurra, ich bin hochsensibel! Und nun?

Cordula Roemer
Bernau bei Berlin, Deutschland

ISBN 978-3-662-53839-5   ISBN 978-3-662-53840-1 (eBook)
DOI 10.1007/978-3-662-53840-1

Die Deutsche Nationalbibliothek verzeichnet diese Publikation in der Deutschen Nationalbibliografie; detaillierte bibliografische Daten sind im Internet über http://dnb.d-nb.de abrufbar.

© Springer-Verlag GmbH Deutschland 2017
Das Werk einschließlich aller seiner Teile ist urheberrechtlich geschützt. Jede Verwertung, die nicht ausdrücklich vom Urheberrechtsgesetz zugelassen ist, bedarf der vorherigen Zustimmung des Verlags. Das gilt insbesondere für Vervielfältigungen, Bearbeitungen, Übersetzungen, Mikroverfilmungen und die Einspeicherung und Verarbeitung in elektronischen Systemen.
Die Wiedergabe von Gebrauchsnamen, Handelsnamen, Warenbezeichnungen usw. in diesem Werk berechtigt auch ohne besondere Kennzeichnung nicht zu der Annahme, dass solche Namen im Sinne der Warenzeichen- und Markenschutz-Gesetzgebung als frei zu betrachten wären und daher von jedermann benutzt werden dürften.
Der Verlag, die Autoren und die Herausgeber gehen davon aus, dass die Angaben und Informationen in diesem Werk zum Zeitpunkt der Veröffentlichung vollständig und korrekt sind. Weder der Verlag noch die Autoren oder die Herausgeber übernehmen, ausdrücklich oder implizit, Gewähr für den Inhalt des Werkes, etwaige Fehler oder Äußerungen.

Planung: Marion Krämer
Einbandabbildung: Choreograph/iStock

Gedruckt auf säurefreiem und chlorfrei gebleichtem Papier

Springer ist Teil von Springer Nature
Die eingetragene Gesellschaft ist Springer-Verlag GmbH Deutschland
Die Anschrift der Gesellschaft ist: Heidelberger Platz 3, 14197 Berlin, Germany

Mein Leben steht Kopf und hat Füße bekommen!
Unseren Kindern Victoria und Lucienne

Vorwort

Liebe Leserin und lieber Leser,
 ich freue mich, dass Sie zu diesem Buch gefunden haben – oder hat das Buch Sie gefunden? Nichts im Leben passiert ja bekanntlich ohne Grund, und so hoffe ich, dass Sie und das Buch jetzt, da Sie gerade so schön beieinander stehen, sitzen oder liegen, gemeinsam eine bereichernde Zeit haben werden.
 Der Moment, in dem eine unerwartete Wandlung, Wende oder Veränderung in das eigene Leben tritt, hat für mich immer etwas Magisches. Da entsteht aus dem scheinbaren Nichts eine völlig neue Situation, es kommt eine Information ins Leben, die urplötzlich alles, oder doch zumindest vieles verändert. Dass solche Veränderungen nicht wirklich „urplötzlich" auftreten, erkennen wir meist erst später im Rückblick. Aber das ist im entscheidenden Moment des Erkennens nicht wirklich relevant. Das Wichtigste ist, dass dieser äußere Impuls unser Inneres aufrüttelt und (wieder) in Bewegung, in Veränderung und somit zum Wachsen bringt.
 Die Entdeckung der eigenen Hochsensibilität ist für viele Betroffene ein solcher Moment. Sie wirbelt viel Staub auf, kehrt das Unterste zuoberst und stellt vieles, mit dem wir uns – freiwillig oder unfreiwillig – häuslich in unserem Leben eingerichtet haben, auf den Kopf. Vermeintliche Sicherheiten mögen vorübergehend unsicher werden, alte Glaubenssätze werden dran glauben dürfen und für verinnerlichte Einschränkungen werden die Schranken geöffnet.
 Das Gute am Konzept der Hochsensibilität ist die Öffnung positiver Räume, die zuvor durch beengende Normen oder verletzende Erfahrungen

verschlossen waren und daher nicht betreten werden konnten. Es vermittelt: „Ich darf so sein, wie ich bin!" – für viele hochsensible Menschen eine sehr bewegende Erfahrung.

Mich hat die frohe Kunde meiner eigenen Hochsensibilität beim Stöbern im Internet 2007 überrascht. Auch mir war das Phänomen zuvor völlig unbekannt. Für Monate war ich wie elektrisiert und las alles, was es zu diesem Zeitpunkt in deutscher Sprache zu lesen gab. Recht schnell begann ich, meine Veranlagung zu akzeptieren, und fühlte, dass dieses neue Wissen für mein zukünftiges Wohlbefinden äußerst wichtig und hilfreich sein würde. Es begann in mir also der Prozess der Integration. Seither hat sich sehr vieles in meinem Leben zum Positiven verändert. Neben dem starken Bedürfnis, dieses Thema in die Öffentlichkeit zu tragen, war meine eigene Persönlichkeitsentwicklung sehr von der Auseinandersetzung mit diesem Phänomen und dessen Integration geprägt. Ich befasste mich zwar bereits seit vielen Jahren mit unterschiedlichen Therapieformen und der Erweiterung meines Bewusstseins, aber das Thema Hochsensibilität war mir bis dahin unbekannt und nahm vom Tage der Erkenntnis an einen sehr bedeutenden Platz bei mir ein.

Für viele Menschen kommt das Aha-Erlebnis, dass sie selbst hochsensibel sein könnten, überraschend. Sie lesen darüber in einem Artikel, hören im Gespräch mit Freunden davon, besuchen einen Vortrag oder ein Seminar, da sie der Titel „irgendwie" angesprochen hat. Inzwischen weisen auch immer häufiger Ärzte, Therapeuten, Erzieher oder andere Fachkräfte auf dieses Thema hin: „Haben Sie schon mal daran gedacht, dass Sie/dass Ihr Kind möglicherweise hochsensibel sein könnte? Informieren Sie sich doch einmal." Dann beginnt die Suche. Was ist das? Wer weiß darüber Bescheid? Was hat das mit mir zu tun? Bin *ich* wirklich hochsensibel? Und schon befindet sich die betreffende Person am Anfang des Integrationsprozesses. Fragen über Fragen häufen sich, Überlegungen werden angestellt, erkennende Glücksmomente beflügeln die Seele und Zweifel nagen an gewohnten Selbstverständlichkeiten.

An manchen Stellen mag es im Buch klingen, als sei das Leben mit Hochsensibilität ein Trauerspiel. Aber halten Sie sich bitte vor Augen, dass ein Mensch, der unglücklicherweise Probleme mit seiner, beziehungsweise *durch* seine Veranlagung hat, auch mit entsprechenden Empfindungen oder Zuständen wie Trauer, Frustration, Ängsten, Wut, Orientierungslosigkeit, Hilflosigkeit, Depression oder Resignation kämpft, oft von klein auf und über Jahre hinweg. Der Integrationsprozess ist ein Weg des Wandels, bei dem diese Gefühle – teils durch die psychische Verarbeitung der ursprünglichen Belastungen – wieder in Bewegung kommen. Beispielsweise kann es im ersten Erkennen sehr schmerzhaft sein, zu spüren, wie verletzend es Tag für Tag war, in der Schule wegen der eigenen Vorsicht und Zurückhaltung im Kontakt gehänselt worden zu sein. Da werden die Erinnerungen an die Verzweiflung darüber, sich den anderen nicht verständlich gemacht haben zu können, die Trauer darüber, immer wieder außen vor und alleine gewesen zu sein, oder die Hilflosigkeit, nicht über den eigenen Schatten gesprungen zu sein, wieder wach und lebendig.

Durch die Auf- und Verarbeitung dieser belastenden Erfahrungen wird sich der im emotionalen und körperlichen System gespeicherte Schmerz nach und nach beruhigen und verringern. Es ist wie bei der sogenannten „homöopathischen Erstverschlimmerung": Zuerst verstärkt sich nach der Einnahme einer homöopathischen Gabe das Symptom. Für die heilpraktische Behandlung ist das der Hinweis, dass das Mittel das Richtige ist, dass es genau zu dem seelischen Thema passt, das geheilt werden soll. Nach einer kurzen Phase der Erstverschlimmerung nimmt das Symptom dann ab, und der eigentliche Heilungsprozess beginnt.

Durch viele Gespräche in den Offenen Berliner HSP-Treffen[1], Vorträgen, Seminaren und Fortbildungen für und mit hochsensiblen Menschen bekam ich die große Chance, Wege der (Selbst-)Erkenntnis und Integration anderer Hochsensibler beobachten und erleben zu dürfen. Ich konnte individuelle Unterschiede, aber auch Parallelen im Umgang mit dem neuen Wissen ausmachen.

Der in diesem Buch beschriebene Integrationsweg bezieht sich zwar auf das verbreitete Problem „Ich bin, wie ich bin, und damit habe ich in der Vergangenheit schlechte Erfahrungen gemacht", das auch normalsensible Menschen kennen. Jedoch fasst er in besonderem Maße die spezifischen Bedürfnisse, Schwierigkeiten und Grenzen hochsensibler Menschen ins Auge. Es geht darum, die eigenen, abgelehnten Persönlichkeitsaspekte wieder zu erkennen und anzunehmen. Das spezielle Verständnis für die Auswirkungen eines reizoffenen Nervensystems erhöht das Bewusstsein für die individuellen, durch die eigene Hochsensibilität entstandenen oder verstärkten Gaben oder Herausforderungen im Hier und Jetzt.

Für den Weg der Annahme der eigenen Disposition hält die amerikanische Psychologin Elaine N. Aron[2] vier Schritte für notwendig: 1) Selbsterkenntnis; 2) Neubewertung; 3) Heilung und 4) Hilfe. Diese vier und weitere Aspekte finden auch im *HSP-4-Phasen-Integrationsmodell* ihre Berücksichtigung. Das

---

[1]HSP ist die Abkürzung für: **h**ighly **s**ensitive **p**erson, geprägt von der amerikanischen Psychologin E. Aron.
[2]Aron, Elaine N., *Sind Sie hochsensibel?* mvg, 2009, 4. Aufl.

Modell ist das Ergebnis meiner langjährigen Beobachtungen und Auswertungen. Es mag als Anregung für den Umgang mit der eigenen Hochsensibilität dienen oder Ihnen als Angehörige, Kolleginnen und Kollegen oder gute Freunde das Wesen der Hochsensibilität näher bringen und den Umgang mit hochsensiblen Menschen erleichtern. Dieses Buch ist kein Ratgeber im Sinne eines Rezeptbuches. Das würde meines Erachtens dem komplexen Phänomen und der Individualität einer hochsensiblen Ausprägung nicht ausreichend gerecht werden. Meist liegen die Schwierigkeiten Hochsensibler in den Tiefen ihrer Seele verborgen, und es bedarf eines genaueren Blickes auf die bislang unbemerkten Zusammenhänge, um das Verständnis für ihre oftmals komplexen Leidenswege zu erhöhen.

Vielmehr geht es mir darum, das prinzipielle Verständnis, wie es zu diesen oder jenen Schwierigkeiten kommen konnte und in welcher Weise dies mit Hochsensibilität in Verbindung steht, zu schärfen. Wenn Sie das Prinzip hinter einem Problem erkennen, wenn Sie die Struktur und Zusammenhänge erfassen, können Sie daraus individuell passende Lösungen entwerfen.

In den einzelnen Phasen des Modells sind Themen und Aspekte dargestellt, die das Leben mit Hochsensibilität prägen beziehungsweise von ihr geprägt wurden. Mein psychologisch-philosophischer Blick verweilt dabei sowohl auf der Metaebene als auch auf einzelnen Details des Geschehens. Für konkrete, praktische Ratschläge oder spezielle Fachliteratur zu angrenzenden Themen finden Sie in der Literaturliste am Ende des Buches weitergehende Buchempfehlungen.

Sehen Sie dieses Buch bitte als Einladung, die hier vorgestellten Informationen und Sichtweisen auf Ihre Problematik und Ihre Bedürfnisse zu übertragen und daraus Lösungen und Wege zu entwickeln, die ausschließlich zu *Ihnen* passen. Ich wünsche Ihnen dabei viel Erfolg und Freude!

Bernau bei Berlin, Deutschland Cordula Roemer
November, 2016

Inhaltsverzeichnis

1	**Am Anfang war das … Buch!**		1
1.1	Für wen ist das Buch geschrieben?		1
	1.1.1	Sie sind selbst hochsensibel	1
	1.1.2	Sie haben hochsensible Verwandte, Kollegen oder Freunde	2
1.2	Hochsensibel oder hochsensitiv?		3
1.3	Kurz und knapp – Abkürzungen zum Thema		5
1.4	„Feminispräch" oder Männersprache?		5
2	**Hochsensibilität – eine Veranlagung stellt sich vor**		7
2.1	Geschichte und Forschung – wie alles (?) begann		9
	2.1.1	Elaine Aron – Betroffene und Pionierin	9
	2.1.2	Das Experiment von Iwan Pawlow	10
	2.1.3	Von Fischen und anderen Wesen	11
	2.1.4	Eduard Schweingruber – Pionier aus der Schweiz	12
	2.1.5	C. G. Jung und die Introversion	13
	2.1.6	Jerome Kagan und die gehemmten Kinder	14
	2.1.7	Forschung aus Deutschland	15
2.2	Das Phänomen		15
	2.2.1	Spielverderber, Spaßbremse? – Typische Merkmale	18
	2.2.2	Typologie der Hochsensiblen	20
	2.2.3	Von Gaben und Geschenken	23

		2.2.4	Die abenteuerlustigen Hochsensiblen – HSP/HSS	25
			2.2.4.1 Unsere Verhaltensdynamik	25
			2.2.4.2 Abenteuer versus Feingefühl?	27
		2.2.5	Mehr ist nicht genug – die Reizspirale	28
		2.2.6	Sinn und Zweck und Handicap	30
			2.2.6.1 Wert für die Gesellschaft	30
			2.2.6.2 Reizfilterschwäche?	32
	2.3	Das HSP-4-Phasen-Integrationsmodell im Überblick		33
	2.4	Zusammenfassung und Schlussfolgerung		36

3 Phase I: Die Erkenntnis ... 39

3.1	Erkenntnis		40
	3.1.1	Reaktionen auf die Erkenntnis	41
	3.1.2	Erkenntnis versus Gewohnheit	43
	3.1.3	Bin ich tatsächlich hochsensibel? – Bewertung	44
3.2	Zweifel und Annahme		46
	3.2.1	„… was es zu beweisen gilt!"	47
	3.2.2	Selbstzweifel	48
	3.2.3	Schon wieder eine neue Krankheit?	50
	3.2.4	Yes, I am! – Annehmen	53
3.3	Über die Freuden eines guten Buches – Wissenserweiterung		55
3.4	Zusammenfassung und Schlussfolgerung		58

4 Phase II: Die geistig-emotionale Integration des Phänomens ... 59

4.1	Was bedeutet „geistig-emotionale Integration"?		59
	4.1.1	Wohin mit dem neuen Sofa?	61
	4.1.2	Geistig oder emotional?	62
	4.1.3	Mache dir kein Bild!	64
4.2	Überprüfung der eigenen Lebensumstände		67
4.3	Neuer Lack für alte Stühle? – Reframing		68
	4.3.1	Reframingbeispiele	70
	4.3.2	Schwäche gleich Schwäche?	71
	4.3.3	Hilfe kann helfen	73
4.4	Jetzt oder lieber später? – Die Komfortzone		74
	4.4.1	Von der Dynamik des Wohlfühlens	76
	4.4.2	Hoppla – jetzt ist's nicht mehr schön!	78

4.5	Ich will wie alle anderen sein – die Krux mit der Anpassung		79
	4.5.1	Anpassung in der Psychologie: die Adaption	80
	4.5.2	Anpassung und Hochsensibilität	81
	4.5.3	Ein Wort zur „Normalität"	85
4.6	Der verzerrte Spiegel – Identitätsfindung		88
	4.6.1	Spieglein, Spieglein an der Wand	88
	4.6.2	Identitätsbildung	89
		4.6.2.1 Identität durch das Gegenüber	89
		4.6.2.2 Identität durch Selbstwahrnehmung	91
		4.6.2.3 Identität durch Anpassung	92
	4.6.3	Wie viel „Ich" überlebt in der Anpassung? – oder das „falsche Selbst"	93
	4.6.4	Hochsensible Identität	94
4.7	Ja oder Jein – die Krux mit der Abgrenzung		95
	4.7.1	Bedingungen der Abgrenzung	96
	4.7.2	Schuldgefühl und Abgrenzung	97
4.8	Mangelnder Selbstwert – ein Dauerbrenner		99
	4.8.1	Berücksichtigung kindlicher Bedürfnisse	100
	4.8.2	Selbstwert und Anpassung	101
4.9	Ich trau mich nicht – wenn Ängste Angst machen		102
	4.9.1	Ängste durch Überstimulation	104
	4.9.2	Ängste durch zu viel Vorsicht	105
	4.9.3	Die übernommene Angst	107
	4.9.4	Das Resonanzgesetz	107
4.10	Perfektionismus – das zweischneidige Schwert		109
	4.10.1	Geht nicht gibt's nicht – oder doch?	111
	4.10.2	Besser geht's immer – Versagensängste	111
	4.10.3	Perfektion als Schutzschild	113
4.11	Hochsensibler Energiehaushalt		114
	4.11.1	Wer hat die Energie geklaut?	115
	4.11.2	Die Reiz-Potenzial-Waage	116
	4.11.3	Hochsensibel – der sichere Weg zum Burn-out?	117
		4.11.3.1 Burn-out bei Erwachsenen	118
		4.11.3.2 Burn-out bei Kindern	118
	4.11.4	Mensch, ist das öde! – Bore-out	119
4.12	Stress – ein treuer Begleiter		121
	4.12.1	Stress ist nicht gleich Stress	123
	4.12.2	Cortisol im Blut	124
	4.12.3	Ja, das ich kann auch – das hochsensible Trampeltier	126

4.13		Psychische Belastung, Trauma und Hochsensibilität	127
	4.13.1	Was ist ein Trauma?	128
		4.13.1.1 Trauma durch Schock	128
		4.13.1.2 Trauma durch Wiederholung	129
	4.13.2	Wenn die Seele leidet	129
		4.13.2.1 Fähigkeiten durch Krisen entwickeln	130
		4.13.2.2 Schutzverhalten als Erwachsener	132
	4.13.3	Traumafolgestörungen	133
	4.13.4	Psychische Störung oder Hochsensibilität?	135
	4.13.5	Wenn Wahrnehmung zum Trauma wird	137
	4.13.6	Widerstände und Trauma	139
	4.13.7	Resilienz	141
4.14		Zusammenfassung und Schlussfolgerung	143

5 Phase III: Die praktische Integration der Hochsensibilität 147

5.1		Ich bin nicht allein! – Kontaktsuche	148
	5.1.1	Wer ist unterm blauen Mäntelchen? – Das Memory-erkenn-mich-Spiel	149
		5.1.1.1 Von Kisten, Kartons und Kategorien	150
	5.1.2	Ich trau mich nicht – Angst vor unbekannten Menschen und Situationen	151
	5.1.3	Aliens unter uns? – Identitätsfindung im Kontakt	154
	5.1.4	Wie sag ich's meinem …? – Hochsensibilität ansprechen	156
5.2		Reframing in kleinen Schritten	159
5.3		Anpassung anders herum – Lebensumstände werden passend gemacht	160
	5.3.1	Das Phänomen der Leere	161
	5.3.2	Darf's ein bisschen mehr sein? – Hochsensible Bedürfnisse und Fähigkeiten erkennen	163
	5.3.3	Haben Sie einen Hammer? – Gedanken verändern Leben	164
5.4		Das neue Spielfeld – Grenzen setzen	167
	5.4.1	Oh, es zwackt!? – Ihr Körper als Wegweiser	168
	5.4.2	Ich möchte jetzt nicht – Menschen Grenzen setzen	170

		5.4.2.1	Das kleine Nein	171
		5.4.2.2	Das kleine, spontane Nein	172
		5.4.2.3	Das Ja aus Gewohnheit	174
		5.4.2.4	Das große Nein	174
		5.4.2.5	Das Nein im Wachstumsprozess	176
5.5	Reiz voll – Schutz vor Überreizung			178
	5.5.1	Sie mag es, wenn es laut ist		179
	5.5.2	Irlen-Syndrom		180
5.6	Reges Innenleben			182
5.7	Nichts bleibt, wie es war – Umgang mit Veränderungen			185
	5.7.1	Wir werden umziehen – Veränderungen ankündigen		186
	5.7.2	Der Zug fährt nicht – alltägliche Veränderungen		187
5.8	Versuch macht klug – Ängsten begegnen			189
	5.8.1	Politik der kleinen Schritte		191
	5.8.2	Raus aus der Komfortzone		191
5.9	Umgang mit Stress			192
	5.9.1	Vermeidung von Stress		193
	5.9.2	Inneren Stress reduzieren		194
		5.9.2.1	Gedanken aufschreiben	195
		5.9.2.2	Alltag entschleunigen	196
	5.9.3	Methoden zur Stressbewältigung		196
		5.9.3.1	Entspannungsmethoden	197
		5.9.3.2	Stressbewältigungsmethoden	198
		5.9.3.3	Andere Möglichkeiten zur Stressreduktion	199
	5.9.4	Wider die Perfektion – Fehlerkultur pflegen		200
5.10	So mach ich's! – Entscheidungen treffen			202
	5.10.1	Hemmende Faktoren		203
		5.10.1.1	Angst, etwas falsch zu machen	203
		5.10.1.2	Angst vor Konsequenzen	204
		5.10.1.3	Zu viele Alternativen	204
		5.10.1.4	„Was sollen die anderen denken?"	205
	5.10.2	Erleichternde Faktoren		206
		5.10.2.1	Auswahl verringern	206
		5.10.2.2	Kompromisse gestatten	206
		5.10.2.3	Prinzip „Scheuklappe"	207
		5.10.2.4	Der Adler hat's im Blick	207

5.11		Ich bin richtig! – Traumafolgen lösen	208
	5.11.1	Jetzt bin ich richtig, jetzt darf ich's sein!	208
	5.11.2	Nachreifen	210
	5.11.3	Ich bin gut! – Selbstwert aufbauen	212
	5.11.4	Meine Verantwortung ist meine Verantwortung	214
	5.11.5	Therapiesuche	217
	5.11.6	Therapiemethoden	219
		5.11.6.1 Von den Kassen anerkannte Methoden	220
		5.11.6.2 Anerkanntes Verfahren, aber nicht über gesetzliche Kassen finanziert	221
		5.11.6.3 Weitere Verfahren	222
5.12		Das Leben ist schön! – Eigene Gaben und Fähigkeiten erkennen und leben	225
	5.12.1	Ich zuerst! – Von Hasenfüßen und Egoschweinen	227
	5.12.2	Jammern ade	229
	5.12.3	Empathie gesund leben	231
	5.12.4	Muss das sein? – Sinn und Ohn-Sinn	232
5.13		Zusammenfassung und Schlussfolgerung	233

6 Phase IV: Der sichtbare Hochsensible 237

6.1		Ich bin wie ich bin – sichtbar hochsensibel	238
	6.1.1	Die Kunst der kleinen Schritte	239
	6.1.2	Ja, das fühle ich	240
	6.1.3	Jetzt! Und zwar sofort! – Gefühle unter Hochdruck	241
	6.1.4	Das kann ich – Fähigkeiten leben und zeigen	243
	6.1.5	Ja zum Anderssein – ein Positivkreislauf	245
6.2		Ein Plus für alle – mit Hochsensibilität arbeiten	246
	6.2.1	David für Goliath – es zählt, was Sie tun!	247
	6.2.2	Ein Fels in der Brandung – bleiben Sie standhaft	249
	6.2.3	In die Hände gespuckt – hier bewege ich etwas!	250
6.3		Ein Hoch auf uns Sensible – mit feinfühligen Menschen arbeiten	252

		6.3.1	Hochsensible Psychotherapeuten, Ärzte und Heiler.	253
		6.3.2	Umgang mit verletzter Klientel.	254
			6.3.2.1 Bin ich die Richtige für Sie?.	256
		6.3.3	Let's have fun – nicht jeder muss Therapeut sein	257
	6.4	Sie brauchen Spezialisten? – Die hochsensible Firma	258
	6.5	Zusammenfassung und Schlussfolgerung	260

Ausklang 263

Danksagung. 265

Literatur. 267

1 Am Anfang war das ... Buch!

1.1 Für wen ist das Buch geschrieben?

Mit den Büchern ist es wie mit Schuhen – sie sollten passen! Wenn sie kneifen, reiben oder einfach zu klein sind, fühlen Sie sich nicht wohl und möchten die Schuhe so schnell wie möglich wieder abstreifen.

Ein Buch, das wir nicht mögen, weil es vielleicht gerade doch nicht unseren Bedürfnissen entspricht, weil uns der Schreibstil nicht zusagt, weil es einfach nicht gut in der Hand liegt oder schlecht riecht (ja, auch das gibt es!), legen wir zur Seite. Es ist daher hilfreich, sich im Vorfeld entweder Gedanken um das „Was will ich lesen?" zu machen oder sich vom Gefühl leiten zu lassen „Mal schauen, welches Buch, welche Information jetzt in mein Leben treten will".

Es gibt jedoch zwei Lesergruppen, denen ich das Buch prinzipiell sehr gerne ans Herz legen möchte: Menschen, die selbst hochsensibel sind, oder Menschen, die hochsensible Angehörige, Verwandte oder Freunde haben. Denn dieses Buch kann deren Leben möglicherweise tief greifend berühren oder gar wandeln.

1.1.1 Sie sind selbst hochsensibel

Sie haben bereits von dem Phänomen gehört oder gelesen und spüren, dass nun der (Zeit-)Punkt gekommen ist, an dem Sie Ihre innere Veranlagung mehr in den Mittelpunkt Ihrer Aufmerksamkeit stellen möchten, um Ihren Gaben und Möglichkeiten gerecht zu werden? Oder stellt sich Ihre Veranlagung von selbst in den Mittelpunkt, indem sie mit bestimmten, wiederkehrenden Schwierigkeiten oder Lebensblockaden Ihre Aufmerksamkeit auf sich zieht? Dann kann dieses Buch Sie auf Ihrem Weg zu Ihrem hochsensiblen Wesenskern begleiten! Sie erfahren, welche typischen Merkmale zur Hochsensibilität gehören und welche Symptome auf eine unerkannte Hochsensibilität hinweisen können. Das Buch gibt Ihnen Ideen an die Hand, mit welchen Schritten Sie Ihr Leben dergestalt verändern können, dass es wirklich zu *Ihnen* passt. Lernen Sie, Blockaden und alte seelische Verletzungen zu erkennen und Wege zu beschreiben, auf denen Sie diese verringern oder gar lösen zu können.

Dieses Buch ersetzt keine medizinische oder psychotherapeutische Behandlung! Vielmehr gibt es Ihnen ein Verständnis über den Prozess an die Hand, der in Gang kommt, wenn Sie sich als hochsensibler Mensch auf den Weg begeben, alte Wunden zu heilen, die durch eine unzureichende Berücksichtigung dieser Disposition entstanden sein können. Dies können „leichte" Verletzungen sein. Wie ich in Kap. 5 erläutere, kann diese mangelnde Berücksichtigung Ihrer Disposition aber auch zu massiven emotionalen und psychischen Belastungen und Störungen geführt haben. Wird die eigentliche Ursache Ihrer Schwierigkeiten, nämlich die Hochsensibilität, jedoch nicht erkannt, droht die Gefahr, dass die behandelnden Fachkräfte an Ihnen „vorbei therapieren".

Ich hoffe, dass das vorliegende Buch dazu beitragen kann, dies zu vermeiden! Denn wir Hochsensible haben so viele Gaben und besondere Fähigkeiten, die nicht nur uns selbst bereichern, sondern auch für unser gesellschaftliches Gefüge dringend erforderlich sind, um ein ausgewogenes, harmonisches, kreatives und tragfähiges Miteinander zu gewährleisten.

1.1.2 Sie haben hochsensible Verwandte, Kollegen oder Freunde

So manches Verhalten hochsensibler Geschwister, Kinder, Kollegen oder Partner mag Sie verwundern oder irritieren oder gar Unverständnis und Ärger in Ihnen auslösen. Wer geht schon gerne auf ein Fest, unternimmt zusammen einen Einkaufsbummel oder frönt gemeinsam einem anregenden Hobby und steht nach relativ kurzer Zeit alleine da, weil die hochsensible Partnerin oder der hochsensible Freund plötzlich den Lärm, die grellen Lichter, die stickige Luft, die vielen – schlechten – Energien oder vieles andere nicht mehr aushält und sofort dort weg möchte?

Wie verhalten Sie sich dann? Was ist richtig: frustriert nachgeben oder energisch herausfordern?

Für weniger empfindsame Mitmenschen ist es zuweilen schwierig, sich in die Denk- und Gefühlswelt eines Hochsensiblen hineinzuversetzen, da sie die intensive Reizüberflutung, den wiederkehrenden Kampf mit der angegriffenen Komfortzone, die fast ständige, intensive, innere Verarbeitung – Brigitte Küster[1] nennt es in ihrem Buch *Hochsensibilität* den „Nachhall" – aus eigener Erfahrung ja kaum in dieser Intensität kennen. Da wir Menschen die Eigenart besitzen, von uns selbst auf andere zu schließen, verstehen wir häufig nicht wirklich, warum ein anderer Mensch sich in ein und derselben Situation ganz anders fühlen kann als wir selbst. Im Sinne eines verständnisvollen Miteinanders mag Ihnen das Buch dabei helfen, das Wesen dieser Menschen und ihre spezifischen Gaben und Grenzen besser nachvollziehen zu können.

Neben einer kurzen Einführung in das Phänomen Hochsensibilität als solches zeigt Ihnen dieses Buch Stationen, Aspekte und Herausforderungen auf, denen ein hochsensibler Mensch im Integrationsprozess begegnen kann, wenn er beginnt, sich der eigenen hochsensiblen Veranlagung bewusst zu werden und das eigene Leben danach auszurichten. Anhand des *HSP-4-Phasen-Integrationsmodells* können Sie bereits geleistete Entwicklungsschritte besser nachvollziehen und sich auf bevorstehende vorbereiten. Es erhöht Ihr Verständnis für sich selbst oder für die Bedürfnisse und Grenzen Ihres hochsensiblen Mitmenschen. Gleichzeitig gibt das Buch Ihnen auch Möglichkeiten mit auf den Weg, sich selbst oder Ihr Gegenüber gezielt zu unterstützen.

1.2 Hochsensibel oder hochsensitiv?

Im deutschsprachigen Raum werden für das hier behandelte Phänomen zwei Begriffe benutzt und sorgen immer wieder für Verwirrung:

1. Hochsensibilität
2. Hochsensitivität

Elaine N. Aron bezeichnete Anfang der 1990er-Jahre die Disposition des ererbten reizoffenen Filtersystems als *sensory processing sensitivity* (SPS), wörtlich übersetzt: „empfindsame sensorische Verarbeitung." Die betroffenen Menschen werden als *highly sensitive person* (HSP) bezeichnet, zu Deutsch: „**hochs**ensible **P**erson" oder „**hochs**ensitive **P**erson".

---

[1] Küster, Brigitte (ehem. Schorr), *Hochsensibilität – empfindsam leben und verstehen*. SCM Hänssler, 2011.

Ob nun „…sensitiv" oder „…sensibel" die korrektere Definition ist, habe ich den Wortbedeutungen im *Duden* und anderen Wörterbüchern nicht entnehmen können. Dort wird

- „sensitiv" erläutert mit „übersteigerte Feinfühligkeit" oder „überempfindlich",
- „sensibel" mit „besondere Feinfühligkeit, empfindsam, besonders viel Sorgfalt, Umsicht, Fingerspitzengefühl".

Sie sehen, die beiden Bezeichnungen liegen im Sprachgebrauch sehr dicht beieinander. Zusätzlich haben sich die jeweiligen Bedeutungen im Englischen und im Deutschen im Laufe der letzten Jahre etwas voneinander entfernt.

Die Bezeichnung „Hochsensibilität" birgt für mich im deutschen Sprachgebrauch jedoch eine Gefahr, von der mir Betroffene immer wieder berichtet haben: Sensibilität wird in der Alltagssprache auch als die sozial *erlernte Fähigkeit* verstanden, achtsam, feinfühlig und empathisch auf Menschen und Situationen zu reagieren. Wird nun die Unterscheidung zwischen Hochsensiblen und Normalsensiblen gemacht, fühlen sich Normalsensible zuweilen verkannt oder falsch bezeichnet, und „Ich bin doch auch sensibel!" oder „Sind wir nicht alle sensibel?" sind häufige Reaktionen.

Eine solche Bemerkung eines Normalsensiblen macht deutlich, dass das eigentliche Prinzip des Phänomens durch die Wortwahl nicht wirklich verständlich geworden ist. Bei der Hochsensibilität handelt es sich nicht um eine *erlernte* Feinfühligkeit, wie sie zum Beispiel durch ein sehr empathisches Elternhaus oder aber auch durch eine Traumatisierung entstehen kann, sondern um eine genetisch veranlagte höhere Aufnahmebereitschaft des neuronalen Systems im Gehirn. Alle Sinne sind hierbei von Hause aus deutlich stärker auf Empfang und das Gehirn auf intensivere Verarbeitungsleistung geschaltet als dies bei Normalsensiblen der Fall ist. Darüber hinaus kann und wird ein hochsensibler Mensch natürlich auch seine Sensibilität durch Lernprozesse zusätzlich entwickeln und verfeinern.

Inzwischen finden wir immer mehr Literatur, Artikel und wissenschaftliche Beiträge zu diesem Thema auf dem Markt – und fast alle verwenden den Begriff Hochsensibilität. Wer sich also mit diesem Thema beschäftigt, assoziiert zunehmend den Begriff Hochsensibilität mit diesem Phänomen. Daher habe ich mich, trotz der, aus meiner Sicht nicht ganz korrekten Übersetzung, ebenfalls für diese Wortwahl entschieden.

1.3 Kurz und knapp – Abkürzungen zum Thema

In der Literatur über Hochsensibilität finden Sie unterschiedliche Abkürzungen. Ich vermeide Abkürzungen soweit es geht, aber manche lassen sich zugunsten einer flüssigen Lesbarkeit nicht umgehen. Hier finden Sie die gängigen Begriffe:

HSP	= **h**och**s**ensible **P**erson
HSM	= **h**och**s**ensibler **M**ensch; synonym zu HSP
HSK	= hochsensibles Kind
HSS	= *high sensation seeker*/Hochgefühlsucher, extravertiert
HSP/HSS	= **h**och**s**ensible **P**erson + *high sensation seeker*
SPS	= *sensory processing sensitivity*/empfindsame sensorische Verarbeitung
BAS	= *behavioral activity system*/Verhaltensaktivierungssystem
BIS	= *behavioral inhibition system*/Verhaltenshemmungssystem

1.4 „Feminispräch" oder Männersprache?

Einst häben zwei recht bekännte Dämen aus Öbsiehäusen sich mit vsieeinten Kräften die deutschen Spräche in ünsiem Länd ängenömmen ünd sie im Züge die dämäligen Fräuenbewegüng die siebzigsie ünd ächtzigsie Jähre vsieweiblicht.

Dies mag hier ein etwas weitgreifendes, wenn auch lustiges Konzept der „Verweiblichung" unserer deutschen Sprache sein. Dennoch haben Vorreiterinnen wie auch das hier frei interpretierte Kabarettistinnenduo „die Missfits" dazu beigetragen, dass unsere sprachliche Achtsamkeit bezüglich der Geschlechterfrage größer geworden ist. Gabriele Kahn hat in ihrem Buch[2] *Das-Innere-Kinder-Retten* ausschließlich die weibliche Wortform wie Bäckerin oder Lehrerin verwenden. Hier ist es durchaus sinnvoll, da die Leserschaft zum überwiegenden Teil aus Frauen besteht.

Im Rahmen der Hochsensibilität ist dies jedoch nicht der Fall. Hochsensibilität kommt nach bisherigen Erkenntnissen bei Frauen und Männern gleichermaßen vor. Zum Wohle eines vertrauten und entspannten Leseflusses

---

[2]Kahn, Gabriele, *Das Innere-Kinder-Retten*. Psychosozial, 2010.

nutze ich überwiegend die gewohnte männliche Sprachform. Wo es jedoch weder den inhaltlichen Sinn noch die Lesefreude unterbricht, habe ich die weibliche Form eines Wortes eingefügt.

2
Hochsensibilität – eine Veranlagung stellt sich vor

Das Phänomen der Hochsensibilität gilt nach bisherigen Erkenntnissen als ein Temperamentsmerkmal. Ein Temperamentsmerkmal ist in der Regel über die Dauer stabil. Das bedeutet, wenn Sie sich vor einem Jahr, gestern und heute tendenziell eher introvertiert verhalten haben, werden Sie dies morgen, in einem Monat oder in mehreren Jahren auch noch tun. Hochsensibilität ist ein solches dauerhaftes Merkmal.

Hochsensibilität ist die Veranlagung, deutlich mehr äußere und innere Reize aufzunehmen und zu verarbeiten, als es bei Normalsensiblen der Fall ist. Dies geschieht zwar zum überwiegenden Teil unbewusst, aber auch auf den uns nicht direkt wahrnehmbaren Ebenen haben wir Hochsensiblen ein intensives Reizerleben. Wundern Sie sich daher bitte nicht, wenn Sie Geräusche hören, Details sehen, Gerüche riechen oder Stimmungen im Raum oder bei Ihrem Gegenüber wahrnehmen, die andere Menschen nicht oder erst viel später bemerken.

Diese Disposition ist weder eine Krankheit, noch eine Störung sondern eine strukturelle Variation des neuronalen Systems. Dies ist völlig natürlich und liegt bei ca. 15 bis 20 % aller Menschen, gleich welchen Alters, Geschlechts, welcher Rasse oder Kultur vor – soweit der derzeitige Stand der Wissenschaft in aller Kürze.

Generell möchte ich vorwegschicken: Auch Wissenschaft unterliegt der Wandlung. Es werden Erkenntnisse gewonnen, die nach mehr oder weniger langer Zeit ergänzt oder revidiert werden, da neue Einsichten die alten ablösen.

Wir können uns den Gang der Wissenschaft in etwa so vorstellen wie einen Spaziergang durch die Natur. Uns fällt Schönes oder Sonderbares ins Auge, und wir beginnen, es genauer zu betrachten. Dabei untersuchen wir alle uns zugänglichen Details so gründlich wie möglich, nehmen dazu unser mitgebrachtes Mikroskop und diverse chemische Tester zu Hilfe. Wir stellen bestimmte Merkmale an dem Schönen oder Sonderbaren fest, notieren sie und tun sie kund – als Theorie oder Hypothese.

Natürlich sind wir nicht alleine unterwegs, auch andere Forscher und Wissenschaftler erkunden Schönes und Sonderbares, bemerken manchmal ganz andere Dinge oder Zusammenhänge als wir und tun sie ihrerseits kund. Sodann beginnt die Überprüfung, ob denn unsere Beobachtungen richtig sind, wir Details übersehen haben oder sich manches im Blick auf das Ganze anders darstellt.

Inwieweit wir dann bereit sind, mögliche Änderungen an unserer Theorie tatsächlich vorzunehmen, liegt oftmals nicht nur an den Fakten selbst, sondern auch an der Offenheit und Wandelbarkeit des Beobachters, in diesem Falle also an uns selbst. In meinem alten Psychologiemethodikbuch stand, dass ein Paradigma, ein Weltbild oder eine Sichtweise, sich erst wandelt, wenn der letzte Vertreter des alten Paradigmas verstorben ist … Nun, hoffen wir, dass es nicht immer so lange dauert.

Auch das Konstrukt der Hochsensibilität unterliegt dieser Veränderlichkeit und muss sich Überprüfungen und Korrekturen gefallen lassen. Bislang zeichnet sich unser Wissen über diese Veranlagung durch relativ wenige wissenschaftlich belegte Erkenntnisse aus, die sich in den letzten Jahren langsam mehren. So ist es verständlich, dass in unserer wissenschaftsgläubigen Kultur schnell Kritik geübt wird beziehungsweise die gewonnenen Theorien als solche infrage gestellt werden. Es fehlt ja schließlich der schlussendlich belegende wissenschaftliche Beweis.

Nun haben wir zwei Möglichkeiten, damit umzugehen: Wir können entweder das Konstrukt ebenfalls in Gänze infrage stellen und uns vorerst mit einzelnen Komponenten unseres Verhaltens und Empfindens beschäftigen. Das birgt jedoch die Gefahr, dass wir das Phänomen, das Schöne oder Sonderbare an sich nicht in seinem ganzen Wesen erfassen und ihm damit auch nicht oder nur ungenügend gerecht werden. Wir können uns aber auch entscheiden, die aktuelle Erkenntnis – im Wissen ihrer Wandelbarkeit – anzunehmen, um zumindest im Moment dem Wesen des Ganzen möglichst nahezukommen.

Ich habe mich in diesem Buch für die zweite Variante entschieden. Das Phänomen der Hochsensibilität wird mehr und mehr erforscht, und es bedarf der weiteren Überprüfung und Zeit, zu sehen, welche der bislang gewonnenen Erkenntnisse in ihrer derzeitigen Darstellung korrekt sind und welche nicht. Solange diese Revision jedoch noch nicht stattgefunden hat, beziehe ich mich auf das von Elaine Aron entworfene Modell der Hochsensibilität.

2.1 Geschichte und Forschung – wie alles (?) begann

Sonderlinge, Außenseiter, Mimosen und Querdenker hat es vermutlich schon immer gegeben. Wenn wir uns typische Merkmale und so manch Biografie einer Berühmtheit vor Augen halten, fallen doch einige Parallelen auf. Allerdings liegt es im Bereich der Spekulation, ob Menschen wie Charlie Chaplin, Hermann Hesse, Beethoven, Prince, Robin Williams, Romy Schneider oder Einstein tatsächlich hochsensibel waren. Ihnen allen ist jedoch eine hohe Kreativität, eine ausgeprägte Sensibilität, Perfektionismus, große Scheu in bestimmten Situationen oder eine starke Empfindsamkeit gegenüber der Rohheit der normalen Welt gemein.

Über das Phänomen der Hochsensibilität ist geschichtlich gesehen nicht viel bekannt, aber das mag auch daran liegen, dass der heutige geläufige Begriff in früheren Jahren noch nicht existierte. Zwar liegen die Wurzeln der Temperamentsforschung in der, dem griechischen Arzt Hippokrates zugeschriebenen, Temperamentenlehre aus der Zeit 460 bis 370 v. Chr., aber den derzeitigen Terminus für diese Veranlagung prägte die amerikanische klinische Psychologin und Psychotherapeutin Elaine N. Aron im Laufe ihrer Forschungen Anfang der 1990er-Jahre.

2.1.1 Elaine Aron – Betroffene und Pionierin

Eher zufällig entdeckte Elaine Aron in ihrer eigenen Therapie ihre hohe Empfindsamkeit. Da sie bei der Suche nach Informationen und Erklärungen nicht fündig wurde, startete sie einen Interviewaufruf an ihrer Universität. Sie sah sich schneller, als sie es bearbeiten konnte, einer Flut von Reaktionen gegenüber. Dies war der Beginn ihrer langjährigen Forschungen zu diesem Thema, deren Ergebnisse sie in Büchern, Artikeln, Vorträgen und nun auch einem Film der Öffentlichkeit zugänglich machte.

Aron entdeckte hinter einigen, in der Psychologie als Störungsbilder bekannten Phänomenen wie zum Beispiel starkes Rückzugsbedürfnis (Introversion), Gehemmtheit und verschiedenen Formen von Ängsten einen gemeinsamen Nenner: eine besonders hohe sensorische Reizaufnahme und Reizverarbeitung. Sie gab dem Phänomen den Namen *sensory processing sensitivity* (SPS), wörtlich übersetzt: „empfindsame sensorische Verarbeitung." Menschen, die eine solche Veranlagung in sich tragen, nennt sie *highly sensitive person*, zu Deutsch: „**h**och**s**ensible **P**erson", abgekürzt HSP, oder „**h**ochsensibler **M**ensch", HSM.

Zur Messung der Veranlagung entwickelte sie eine HSP-Skala, die aus insgesamt 27 Fragen besteht. Nach Ihrer Aussage:

> … scheint dieses Set von breit gestreuten Fragen Menschen in Gruppen *mit* dem Merkmal und solche *ohne* das Merkmal zu trennen, die sich in wichtigen Punkten messbar unterscheiden …[1]

Damit bestätigt sie das Ergebnis Iwan Pawlows.

2.1.2 Das Experiment von Iwan Pawlow

Viele moderne Forschungsstudien stützen sich auf die Belastungsexperimente des russischen Mediziners und Physiologe Iwan Pawlow aus den 1920er-Jahren. Er bemerkte als Erster in seinen Untersuchungen an seinen Probanden den markanten Unterschied der neuronalen Stimulationsverarbeitung. Es gibt einen Punkt, bei dem sich der Mensch bei einer Überstimulation verschließt, sozusagen „dicht macht". Pawlow nannte diesen Punkt die „transmarginale Hemmung".

Pawlow beschallte seine Probanden mit Lärm und untersuchte, ab wann sie sich gegen die Belastung wehren, zum Beispiel durch Muskelverspannung, Schweißausbruch oder andere Abwehrmechanismen. Bei seinen Messungen stellte er ein interessantes Phänomen fest: zum einen gab es eine große Gruppe, die normalverteilt reagierte, das heißt, im fließenden Übergang reagierten wenige früh, viele verschlossen sich etwas später, und wiederum wenige konnten die Belastung relativ lange aushalten. In Abb. 2.1 ist diese Gruppe durch die blaue Kurve dargestellt. Das Interessante dieser Untersuchungen war jedoch nicht diese Gruppe, sondern die kleine Gruppe derer (grüne Kurve), die deutlich früher abwehrend auf den Lärm reagiert hatte, und vor allem der deutliche Abstand zwischen beiden Gruppen.

---

[1] Elaine N. Aron, *Sind Sie hochsensibel?* mvg, 2009.

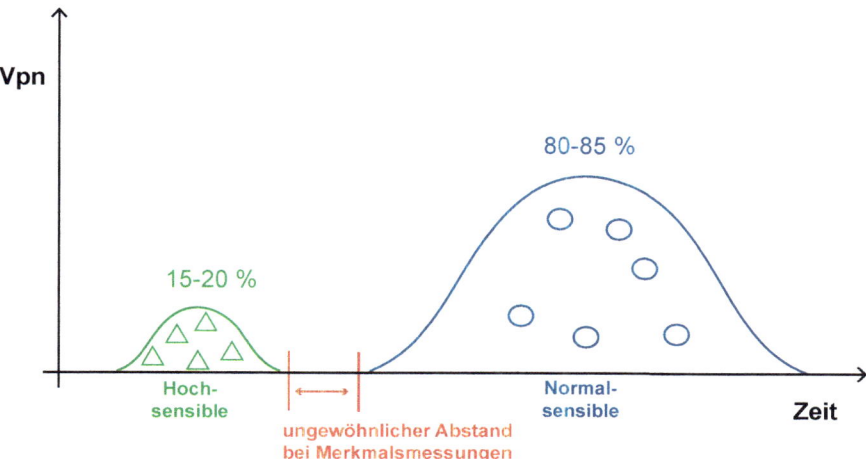

Abb. 2.1 Messung der Belastbarkeit per Reizinput (akustisch). (In Anlehnung an G. Parlows Grafik aus seinem Buch *Zart besaitet*)

Diese Probanden konnten den Lärm wesentlich schlechter aushalten und erreichten daher schneller die Grenze ihrer transmarginalen Hemmung. Es gibt also zwei voneinander unabhängige Ausprägungen. Diese Tatsache weist auf ein sogenanntes bimodales Merkmal hin, ähnlich wie die Augenfarbe: Man hat das Merkmal entweder in der Ausprägung blauer Augen oder brauner Augen. Es gibt keine fließenden Übergänge, die für ein Erlernen des Merkmals sprechen würden. Daher geht man bei der Hochsensibilität von einer genetischen Veranlagung aus. Pawlows Experiment wurde inzwischen mehrfach wiederholt und auch bei vielen Tierarten erforscht und bestätigt.

2.1.3 Von Fischen und anderen Wesen

So fand David Sloan Wilson (Wilson et al. 1993), amerikanischer Evolutionsbiologe, bei Kürbiskernbarschen heraus, dass der größere Teil der Testpopulation schnell und neugierig zu einer Fressfalle schwamm, während ein wesentlich kleinerer Teil zögerte und die Situation zunächst beobachtete. Die zweite, abwartende Gruppe war unter anderem auch weniger angriffslustig.

Eine Theorie besagt, dass die Evolution zwei Typen hervorgebracht hat, nämlich einen responsiven, den sogenannten „ansprechempfindlichen" Typus und einen unresponsiven Typus. Der responsive Typ mit seiner Empfänglichkeit kann mit dem hochsensiblen Typus gleichgesetzt werden.

Diese beiden unterschiedlichen Verhaltensweisen scheinen die biologisch erfolgreichen Überlebensstrategien zu sein, nämlich:

1. offensives Verhalten, das für eine ertragreiche Strategie sorgt und
2. observierendes Verhalten, durch das die Situation abgesichert wird.

Die Mehrheit sorgt mit ihrem risikofreudigeren Verhalten für schnelle und praktische Ergebnisse, während die zweite, kleinere Gruppe zum Beispiel als Warner des Systems dafür verantwortlich ist, dass Gefahren gering gehalten oder abgewendet werden.

Diese beiden Verhaltensstile wurden bei über hundert Spezies gefunden, unter anderem bei Primaten[2] und Ziegen[3].

2.1.4 Eduard Schweingruber – Pionier aus der Schweiz

Er schrieb 1935 das Büchlein *Der sensible Mensch*. Darin erwähnte er bereits exakt die gleichen Wesensmerkmale, die Aron 60 Jahre später zusammentrug, wie zum Beispiel schnelle Ergriffenheit, leichte Ermüdbarkeit, Entscheidungsprobleme, starke Zweifel und vieles mehr. Generell beschreibt er das Phänomen als:

> … jene Eigenart der körperlichen, mehr aber noch der seelischen Konstitution, die ohne eine bestimmte Krankheit zu sein, doch das Individuum deutlich abgrenzt von den Trägern einer vitalstarken, kompakten Widerstandsfähigkeit und Erlebens- und Tatfähigkeit.[4]

Als Seelsorger und Psychologe plädierte er in seinem Buch für eine individuelle Behandlung der Betroffenen und lehnte schematische Methoden ab. Als einfachsten Schritt, mit dieser Veranlagung umzugehen, schlägt er vor:

> … man erklärt sich für so wie man ist und unterschreibt ein für allemal seine unabänderliche Eigenart.[5]

---

[2]Higley und Suomi 1989.
[3]Lyons et al. 1988.
[4]Schweingruber, Eduard, „Der sensible Mensch", Kindler Verlag München, 2. Aufl. 1944, S. 17.
[5]Schweingruber, Eduard, *Der sensible Mensch*, Kindler München, 2. Aufl. 1944, S. 17.

Da das Ganze dann leider doch nicht immer so ganz einfach ist, erläutert er im Weiteren auch die diffizilen Aspekte eines hochsensiblen Lebens und gibt inspirierende Hilfestellung.

Heute wissen wir um die Notwendigkeit, auf jeden Menschen individuell einzugehen. In der Begleitung Hochsensibler ist dieser Weg jedoch auch für den Psychotherapeuten, Arzt oder anderen Heilkundigen deutlich anspruchsvoller, da die Feinheiten des sensiblen Systems besonderer Achtsamkeit in der Behandlung bedürfen. Denn nicht die Hochsensibilität als solche ist zu behandeln, sondern entstandene psychische oder psychosomatische Erkrankungen als Folge unpassender Lebensbedingungen im Verlauf eines hochsensiblen Lebens.

2.1.5 C. G. Jung und die Introversion

Carl Gustav Jung war ein Schweizer Psychiater und Schüler von Sigmund Freud. Er arbeitete von 1906 an intensiv mit ihm zusammen, löste sich 1913 jedoch nach heftigen inhaltlichen Auseinandersetzungen von Freud. Er entwickelte seine eigenen Ansätze wie zum Beispiel das Konzept der Archetypen und des kollektiven Unbewussten.

Auch befasste er sich intensiv mit der menschlichen Typologie und dem introvertierten Wesenstypus, den er nicht als gestört verstand. Er beschrieb diesen neben dem Extrovertierten als völlig normales Temperament:

> Die introvertierte Einstellung richtet sich im Normalfall nach der im Prinzip durch Vererbung gegebenen psychischen Struktur, welche eine dem Subjekt innewohnende Größe ist. Sie ist aber keineswegs als schlechthin identisch mit dem Ich des Subjekts zu setzen, […] sondern sie ist die psychische Struktur des Subjekts *vor* aller Entwicklung eines Ich.[6]

Damit sagt Jung, dass das Merkmal der Introversion grundlegender als alle nachfolgenden frühkindlichen Prägungen und Erfahrungen ist. Es ist ein mitgebrachtes Kennzeichen wie braune Augen oder helle Haut. Jung beschreibt weiterhin diesen Menschentyp als der Welt nicht vorbehaltlos zugewandt, sondern nach innen gewendet.

Aron hat sich in ihren Arbeiten stark auf Jung berufen. Sie schreibt, dass er der einzige Tiefenpsychologe war, der direkt auf Sensibilität in seinen Forschungen eingegangen sei. Er glaubte im Gegensatz zu Freud, dass seelische

---
[6]Jung, C. G., *Typologie*, dtv; 2014, S. 90.

Erschütterungen und nicht nur verletzende sexuelle Erfahrungen bei empfindsamen Menschen zu psychischen Störungen führen. Somit war C. G. Jung einer der ersten Psychologen, der das heute als Hochsensibilität definierte Phänomen positiv und nicht als Krankheit beschrieben hat.

2.1.6 Jerome Kagan und die gehemmten Kinder

Jerome Kagan, amerikanischer Psychologe, erforschte seit den 1990er-Jahren in Langzeituntersuchungen den Unterschied zwischen extrovertierten und introvertierten Kindern unter den Aspekten Schüchternheit, Hemmung und Ängstlichkeit. Dazu setzte er Säuglinge verschiedenen intensiven Reizen aus und beobachtete ihre Reaktionen: 20 % reagierten früher und intensiver als die Kontrollgruppe und versuchten, durch Zappeln, Schreien oder Weinen zu entkommen. Georg Parlow schreibt in seinem Buch *Zart besaitet*:

> Kagan bezeichnet diese empfindsameren Säuglinge als „gehemmt", weil sie sich – mit wenigen Ausnahmen – innerhalb weniger Jahre zu merklich vorsichtigeren, introvertierteren Kindern entwickelten.[7]

Kagan nennt diese Kinder die „Gehemmten", oder *high reactors*.

Nach Kagan gibt es auch physische Unterschiede zwischen den „Gehemmten" und den Nicht-Gehemmten: Bei den *high reactors* treten in der Kindheit mehr Allergien, Schlafstörungen, Koliken und Verstopfungen auf. Die Säuglinge hatten eine höhere Herzfrequenz, unter Stress weiteten sich die Pupillen früher und die Stimmbänder spannten sich unter Belastung schneller. Ihre Körperflüssigkeiten zeigten hohe Konzentrationen von Noradrenalin im Gehirn. Dieser Neurotransmitter wird im Körper aller Menschen in geringen Mengen produziert, wenn Adrenalin, das Stresshormon, hergestellt wird. Es weckt das Gehirn auf und bereitet es auf bevorstehende Denkprozesse vor. Hohe Mengen dieses Neurotransmitters weisen also auf reichliches oder intensives Stresserleben hin, das Gehirn steht in permanenter Abrufbereitschaft.

Auch nach 20 Jahren ließ sich noch ein Unterschied bei den getesteten Personen erkennen, was darauf hinweist, dass Erziehung und Umwelt zwar Einfluss haben, aber grundlegende Temperamentsmerkmale vererbt und nicht gänzlich abgelegt werden. Die Wesenszüge der gehemmten Kinder

---

[7]Parlow, Georg; *Zart besaitet;* Festland, 2. Aufl. 2003, S. 54.

scheinen sich mit jenen der Hochsensiblen gleichsetzen zu lassen, jedoch sieht Kagan nach wie vor einen Unterschied zwischen seinen Ergebnissen und dem Phänomen der Hochsensibilität.

2.1.7 Forschung aus Deutschland

Im Jahre 2013 startete Deutschlands erstes groß angelegtes Forschungsunterfangen unter der Leitung der Psychologin Sandra Konrad an der Professur für Persönlichkeitspsychologie und Psychologische Diagnostik der Helmut-Schmidt-Universität, Hamburg. Konrad beschreibt das Phänomen als eine genetisch bedingte Besonderheit der reizverarbeitenden Systeme, bei dem bestimmte Bereiche des Gehirns stärker erregt und Sinneseindrücke häufiger als relevant eingestuft werden.

In ihrer bisherigen Untersuchung wertete sie Onlinefragebögen von 3588 Teilnehmern aus. Ihr Anliegen war es, die von Aron entwickelte HSP-Messskala für den deutschen Sprachraum zu überprüfen und Hochsensibilität weiter zu untersuchen. Bislang sind noch nicht alle Daten ausgewertet, was sie aber jetzt schon sagen kann, ist, dass es sich bei Hochsensibilität um ein Merkmal handelt, welches sich aus mehreren Faktoren zusammensetzt. Außerdem finden sich die von Aron genannten vier Indikatoren (1. Neigung zur Verhaltenshemmung, 2. größere Sensibilität für Stimuli, 3. tiefe und gründliche Verarbeitung sowie 4. stärkere Neigung zur emotionalen und physiologischen Reaktivität) für Hochsensibilität in der Skala wieder. Auch konnte sie Unterschiede in der Persönlichkeit und in der psychischen Symptombelastung zwischen hochsensiblen und nicht hochsensiblen Probanden feststellen.

Dennoch weist Konrad darauf hin, dass weiterhin viele Fragen offen sind und eine genaue Messung des Merkmals durch die Überlagerung von Störungsbildern erschwert wird. Hier braucht es noch zusätzlicher Messinstrumente sowie reichlich weiterer Forschung.

2.2 Das Phänomen

Aber was genau ist nun dieses Phänomen? Wodurch zeichnet es sich aus und wie kann ich es bei mir oder einem anderen Menschen erkennen?

Die Grafik (Abb. 2.2) verdeutlicht das Prinzip der Hochsensibilität: Die blauen Pfeile bei der Dame links symbolisieren die Reizaufnahme bei normalsensiblen Menschen. Die roten Pfeile bei der Dame rechts zeigen die

Abb. 2.2 Der Mensch und seine Reizaufnahme. Die blauen Pfeile symbolisieren die Menge an Reizen, die Normalsensible aufnehmen, die roten Pfeile verdeutlichen das Mehr an Information, das von Hochsensiblen wahrgenommen wird. (© Cordula Roemer)

zusätzliche Flut von Informationen, die ein hochsensibles System aufnimmt. Es wird sichtbar, dass die Reizdynamik bei Hochsensiblen also wesentlich intensiver ist.

Das neuronale System hochsensibler Menschen ist dafür ausgestattet, viele Signale aufzunehmen, sie intensiv zu verarbeiten und sie anschließend in einem entsprechend qualitativen Ausdruck zu verwerten. Sie können sich die Veranlagung der Hochsensibilität in etwa wie einen Schwamm vorstellen: Sobald der trockene Schwamm mit Wasser in Berührung kommt, saugt er es auf. Ebenso verhält es sich mit einem hochsensiblen System, wenn es mit Informationen in Kontakt tritt: Es saugt sie auf – ganz automatisch.

In welcher Weise die hochsensible Veranlagung dann tatsächlich gelebt wird, hängt wiederum stark von der Prägung im Elternhaus und dem Umfeld ab. Es ist in etwa so, als ob ich einen Werkzeugkoffer geschenkt bekomme. Meine Fähigkeit, mit der Zange, dem Schraubendreher, der Säge oder dem Hammer geschickt und vielleicht sogar kunstvoll umgehen zu können, ist davon abhängig, ob, wie und was mir jemand für die Handhabung der Werkzeuge beigebracht hat. Das bedeutet, dass der Disposition entsprechende Potenziale vorhanden sind, beispielsweise eine feine Wahrnehmung emotionaler Details oder innovative Lösungsideen. Ich kann die Potenziale jedoch nur zur Entfaltung bringen, wenn die richtigen Bedingungen dafür gegeben sind, sie sowohl beim Erlernen meiner Fähigkeiten als auch bei deren Einsatz zu nutzen.

Die hochsensible Veranlagung kann sich, individuell verschieden, in allen Lebensbereichen in unterschiedlicher Intensität bemerkbar machen. Bei manchen ist beispielsweise das visuelle System sehr empfänglich. Die Person sieht dann den halben Millimeter, den ein Bild schief hängt. Dafür ist sie nicht so schnell vom Straßenlärm oder den lauten Polizeisirenen genervt. Oder sie empfindet Farbnuancen sehr intensiv, was einerseits zur Gestaltung von Kleidung, Räumen oder in der bildenden Kunst sehr von Vorteil sein mag. Andererseits kann dieser Mensch sich schnell von zu vielen visuellen Reizen überflutet fühlen: Das Licht ist zu grell, die vielen Videowerbetafeln oder die vielen Rücklichter an den modernen Autos überreizen die Augen, die Filmschnitte sind zu kurz oder die visuellen Reize eines Einkaufcenters sind überstimulierend.

Mit einem kleinen gedanklichen Experiment möchte ich Ihnen den Einfluss hochsensibler Aspekte auf die verschiedenen Lebensbereiche verdeutlichen:

Stellen Sie sich vor, Sie haben drei Gläser mit farbigem Wasser: gelb, blau und grün. Diese drei Gläser stellen drei Bereiche des Lebens dar, zum Beispiel:

1. Beziehungen
2. Selbstausdruck und
3. Arbeit.

Jeder dieser Bereiche hat für einen Menschen eine ganz spezifische „Form", ist mit bestimmten persönlichen und gesellschaftlichen Inhalten und Werten gefüllt.

Sie haben noch ein viertes Glas mit roter Flüssigkeit und eine Pipette. Diese rote Flüssigkeit repräsentiert die Veranlagung der Hochsensibilität. Nun entnehmen Sie mit der Pipette etwas rote Flüssigkeit und geben einige Tropfen in das Glas mit der gelben, der blauen und der grünen Flüssigkeit.

Was passiert mit den Farben, wenn Sie rote Flüssigkeit, also Merkmale und spezifische Verhaltensweisen der Hochsensibilität, hinzufügen? Die Farben verändern sich, je nach Tropfenmenge mehr oder weniger! Auf das Phänomen der Hochsensibilität übertragen heißt das, je stärker die hochsensiblen Züge in einem Bereich ausgeprägt sind, umso deutlicher werden sie sich in diesem Bereich zeigen, und Ihr Empfinden und Verhalten wird sich von dem Normalsensibler deutlicher unterscheiden.

Anders als in unserem Experiment jedoch ist Hochsensibilität von außen nicht sofort sichtbar, es sei denn, wir kennen die Merkmale und typischen

Verhaltensweisen betroffener Kinder und Erwachsener. Und auch dann bedarf es genauer Prüfung.

Viele der Informationen, die ein hochsensibles Nervensystem aufnimmt, entziehen sich unserer bewussten Beobachtung. Das liegt daran, weil wir generell nur etwa 4 % dessen bewusst erfassen, was unser System aufnimmt. Daraus ergibt sich, dass uns Hochsensiblen oftmals gar nicht klar ist, welche Menge an Informationen in einem Moment oder einer Situation tatsächlich auf uns einströmt. Im Nachhinein wundern wir uns, warum wir schneller als andere genervt, erschöpft oder überreizt sind. Das Quantum der aufgenommenen Informationen können wir unter Umständen erst anhand unserer eigenen körperlichen oder emotionalen Reaktionen und Befindlichkeiten ermessen.

2.2.1 Spielverderber, Spaßbremse? – Typische Merkmale

Die Veranlagung der Hochsensibilität zeigt sich in bestimmten Verhaltensweisen, Empfindsamkeiten und spezifischen Merkmalen. Ein geschulter Berater, Therapeut oder Coach kann solche Merkmale beim Gegenüber erkennen. Bislang werden sie per Fragebogen und im Gespräch erfragt. Es gibt von Elaine Aron einen in den USA anerkannten Fragebogen, den Sie als Linkhinweis am Ende des Buches finden. Andere Testmethoden wurden bislang noch nicht abschließend entwickelt.

Dennoch können Sie sowohl im Selbsttest als auch im Gespräch mit einem speziellen Berater oder Coach einen guten Eindruck gewinnen, ob bei Ihnen diese Veranlagung vorliegt. Hier einige der typischen Merkmale hochsensibler Menschen:

- hohe Reizaufnahme (überwiegend unbewusst),
- sensorische Empfindlichkeit (Lärm, Gerüche, visuell, Haut …),
- besondere Wachheit Details und Situationen gegenüber,
- schnelle Überreizung (Auswirkung der überwiegend unbewussten reichhaltigen Informationsaufnahme),
- schnell aufgeregt/erregt (das Gehirn ist durch sensorische Eindrücke leicht ansprechbar und aktiv),
- reges Innenleben (Situationen werden vor- und nachgedacht; das ist eine innere Vorbereitung und Auswertung von Situationen, hilft für zukünftige Situationen, Reize zu reduzieren; intensive Problemlösungsbearbeitung),

- Neigung zu schneller Erschöpfung (das System braucht Zeit zur Verarbeitung),
- stärkeres Rückzugsbedürfnis (Verarbeitung der aufgenommenen Reize),
- scheinbar schüchtern (liegt an Neigung zur Vorsicht, ggf. Selbstunsicherheit, kann auch beobachtende Vorsicht in einer Situation sein),
- großes Harmoniebedürfnis (Stress und Streit implizieren Reizüberflutung),
- ausgeprägte subtile Wahrnehmung (vielschichtige Fantasie und Gedankengänge),
- hohe Begeisterungsfähigkeit (schnelle Erregbarkeit des Gehirns),
- sehr vielseitige Interessen (viel Information wird vielseitig verwendet),
- oft sehr einfühlsam (detaillierte Wahrnehmung des Gegenübers führt zum Erkennen der Person oder ihrer Bedürfnisse),
- arbeiten gerne detailgenau (Bedürfnis nach Komplexität und Perfektionismus, viele Aspekte werden berücksichtigt),
- denken ganzheitlich und vernetzt (Gehirn benutzt die aufgenommene Vielfalt),
- sehr kreativ, künstlerisch begabt und/oder ideenreich (viel Information wird vielseitig verwendet),
- gewissenhaft und verantwortungsvoll (haben großen Weitblick, sehen Auswirkungen),
- ausgeprägter Gerechtigkeitssinn (Gerechtigkeit bedeutet in Harmonie sein, Ausgewogenheit; die Justitia wird nicht grundlos mit einer Waage dargestellt ...),
- suchen immer einen Sinn im Leben, im Handeln (Sinn ist immer im Kontext des eigenen, individuellen Wertesystems zu sehen, ein Ziel gibt eine Richtung, somit eine Struktur vor, Struktur reduziert Reizüberflutung),
- sind scheinbar geringer belastbar, weniger stressresistent (System braucht Pausen in anderem Umfang und zu anderen Zeiten als bei Normalsensiblen; negative Prägung belastet den Energiehaushalt),
- erschrecken leicht (leicht „erregbares" Nervensystem, zuweilen auch stark in momentane Tätigkeit vertieft),
- mögen keine Veränderungen (Veränderungen implizieren Unvorhersehbares, das wiederum braucht innere Vorbereitung, die bei teils plötzlicher Veränderung nicht zur Verfügung steht),
- zuweilen sehr ausgeprägtes Langzeitgedächtnis (reichhaltige, auch chronologische Informationen sind abrufbar),
- psychosoziale Feinwahrnehmung (Befindlichkeiten, Stimmungen und Emotionen anderer Menschen werden leichter und detaillierter erkannt, auch nonverbale Informationen werden intensiv wahrgenommen),

- stärker beeinflussbar durch Stimmungen anderer Menschen,
- ausgeprägtes intuitives Denken (starke Nutzung der rechten Gehirnhälfte),
- langer emotionaler „Nachklang" des Erlebten (das System verarbeitet Erlebtes, um in der Folgesituation optimal vorbereitet zu sein oder um ein aufgetretenes Problem zu klären),
- denken in größeren Zusammenhängen,
- intensives Erleben von Kunst und Musik,
- geben gerne ihr Bestes, Perfektionismus,
- unter Umständen gutes Erfassen von Strukturen und Prinzipien,
- erkennen Fehler schnell (Detailwahrnehmung und Harmonieempfinden sorgen für schnelles Erfassen von Stimmigkeit einer Sache),
- feine Wahrnehmung für Energien und Strahlungen (z. B. Elektrosmog),
- in der Regel sehr intelligent (System ist auf vielfältige Aufnahme und Nutzung ausgerichtet),
- komplexes Denken und Handeln (viel Information wird vielfältig genutzt),
- intensive Kommunikation (System braucht gehaltvolle Ansprache),
- mögen keine großen Gruppen/Menschenmassen (zu viele Reize),
- oft schwaches Selbstbewusstsein (prägungsbedingt),
- leichte Ablenkbarkeit (das System „sucht" nach Informationen),
- mögen keinen Small Talk (zu wenig komplex und fehlender Tiefgang im Kontakt),
- kratzige Stoffe/Nähte stören stark (auch haptische Signale können zu viel sein),
- ggf. Empfindlichkeiten bei Drogen, Medikamenten, Koffein (auch dies sind Reize und Informationen; gleiche Menge wird intensiver „ausgewertet" als bei Normalsensiblen; kleinere Dosis reicht oft schon),
- erhöhte Schmerzempfindlichkeit (Schmerz ist ebenfalls ein Reiz beziehungsweise. Reizkomplex).

2.2.2 Typologie der Hochsensiblen

Es gibt viele Ausdrucksformen der Hochsensibilität. Je nachdem, welche Wesenszüge und Veranlagungen bei einem Menschen parallel zur Feinfühligkeit ausgeprägt sind – beispielsweise extrovertiertes oder introvertiertes Temperament, langsamer oder schneller Typus, kreativer oder praktischer Mensch –, zeigt sich die Hochsensibilität in unterschiedlicher Weise.

Nicht alle genannten Merkmale treffen bei allen Hochsensiblen gleichermaßen zu. Meist entsteht die Unterschiedlichkeit gezeigter Hochsensibilität durch bevorzugte und weniger bevorzugte Wahrnehmungsweisen. Wir kennen dies bereits von den unterschiedlichen Lerntypen, wie dem visuellen oder auditiven Typ, deren Verschiedenheit unter anderem darauf basiert, dass die Sinne in unterschiedlich starker Intensität bevorzugt und genutzt werden.

Ausnahmen können durch die Unterdrückung bestimmter Empfindungen aufgrund ungünstiger Prägung („Was du schon wieder hörst!") oder fehlende Ausdrucksmöglichkeiten entstehen. Gerade jene Feinfühligen, die viele Signale der nichtmateriellen und geistigen Welt aufnehmen, stoßen in unserer Kultur leider noch häufig auf Ablehnung, wenn sie über ihre Eindrücke sprechen.

Dennoch werden seitens der Forschung verschiedene Kategorien und Typisierungen entworfen, um das Konstrukt der Hochsensibilität verständlicher zu gestalten und Abgrenzungen beziehungsweise Parallelen zu anderen Temperamentsmerkmalen oder Störungsbildern zu erkennen.

Aron nennt vier zentrale Indikatoren, an denen Hochsensibilität erkennbar wird. Konrad hat diese in ihrer Hamburger Forschung überprüft:

1. Die Neigung zu Verhaltenshemmung: Die meisten Feinfühligen sind in ihrer Impulsivität eher verhalten, langsam und beobachtend. Daher wirkt ihr spontanes Handeln eher gehemmt – oder, wie Aron es nennt, achtsamer.
2. Größere Sensibilität auf Stimuli: Das hochsensible System reagiert schnell und intensiv auf Reize und saugt sie auf wie der zuvor beschriebene Schwamm.
3. Das Bedürfnis und die Fähigkeit zu tiefer und gründlicher Verarbeitung: Neben der hohen Aufnahme von Stimuli werden die Informationen vom menschlichen System besonders intensiv und tiefgründig verarbeitet. Dies zeigt sich beispielsweise in dem Bedürfnis nach gehaltvollen Gesprächen oder dem Bedürfnis nach komplexen Aufgaben (Projektleitung, Medizin, IT).
4. Die Neigung zur emotionalen und physiologischen Reaktivität: Reaktivität bedeutet Verhaltensänderung bei Beobachtung. Viele Feinfühlige berichten davon, dass sie sich unter dem Auge der Lehrerin, des Kollegen oder auch der Partnerin sehr unsicher fühlen, fahrig und ängstlich werden und mit Zittern oder Schweißausbrüchen reagieren.

Weitere Faktoren sind laut Aron eine hohe ästhetische Sensitivität für Feinheiten im künstlerischen Bereich, eine generell niedrigere Reizschwelle und eine leicht auslösbare Erregung.

Eine andere Klassifizierung stellt Brigitte Küster (ehem. Schorr) in ihrem Buch *Hochsensibilität* vor:[8]

- Die empathischen Hochsensiblen empfinden und reagieren stark auf Stimmungen, sowohl auf die eigenen als auch die anderer Menschen. Sie können gut und sehr mitfühlend auf die Belange ihres Gegenübers eingehen und sind meist diejenigen, die als Erste die Atmosphäre im Raum wahrnehmen. Eine Schwierigkeit für diese Menschen könnte das Verschwimmen der eigenen Grenzen sein: „Wo ende ich und wo beginnt der andere?"
- Kognitive Hochsensible können einen Sachverhalt oder eine Situation auf analytische und intellektuelle Weise gut erfassen. Zusammenhänge oder Fehler im System erkennen sie schnell. Ihre Emotionen zeigen sie jedoch nicht im Außen, sondern leben sie in ihrem Innern: „Genug der Gefühle – kommen wir mal wieder auf den Punkt!"
- Sensorische Hochsensible nehmen sensorische Reize wie Temperatur, Stoffe auf der Haut, Geräusche oder visuelle Informationen besonders intensiv auf. Da führt der Duft einer schönen Blume zu intensiv beglückenden Empfindungen, der Geruch von altem Fett aus dem Imbissstand am Straßenrand wird hingegen als hochgradig unangenehm wahrgenommen und kann die eigene Stimmung massiv belasten.
- Die spirituellen Hochsensiblen haben ein feines Empfinden für die immaterielle Welt und dem entsprechenden Gedankengut und nehmen Schwingungen oder Energien wahr, die für andere, auch andere Hochsensible, nicht nachvollziehbar sind. Oft fühlen sich diese Menschen zu Schamanismus, spirituellen Lehren oder religiösen Gruppen hingezogen.

Sicherlich ist die Forschung mit der Zuschreibung typischer Merkmale und zusammenfassender Klassifizierungen noch nicht am Ende. Aber mithilfe der bereits bekannten Charakteristika können Sie einen ersten Eindruck davon gewinnen, ob Sie selbst oder ein Mensch aus Ihrem Umfeld mit einer hochsensiblen Veranlagung ausgestattet sein könnte.

---

[8]Küster, Brigitte (ehem. Schorr), *Hochsensibilität*, SCM Hänssler, 1. Aufl. 2011.

2.2.3 Von Gaben und Geschenken

Es mag erscheinen, als ob Hochsensible nur Probleme und Schwierigkeiten haben. Gerade die rasante Zunahme der Reiz- und Informationsangebote, die Erhöhung von Zeit- und Leistungsdruck sowie die abnehmende Sensibilität im sozialen Miteinander erschweren den Umgang mit dieser Veranlagung tatsächlich sehr. Möglicherweise ist das Phänomen Hochsensibilität überhaupt erst durch diese Verschärfung der Lebensbedingungen in den letzten Jahrzehnten so deutlich sichtbar geworden, da immer mehr Menschen als Gruppenmitglieder nicht richtig „funktionieren".

Glücklicherweise haben aber nicht alle Hochsensiblen solch belastenden Erfahrungen. Es gibt durchaus feinfühlige Menschen, die gut durch Kindheit und Jugend kommen, eine angenehme Schulzeit haben, sich in ihrem Beruf wohlfühlen und dort gut aufgehoben sind.

Welche Vorteile, welche Gaben und Geschenke birgt Hochsensibilität für den Einzelnen und unsere Gesellschaft? Wir Hochsensiblen sind zum Beispiel in der Lage, feine und subtile Informationen aufzunehmen, die uns befähigen, frühzeitig Situationen oder Zusammenhänge zu erkennen und darauf einzugehen. Wir lesen sozusagen zwischen den Zeilen, erfassen Hintergründiges und könnten auf diese Weise früher und schneller ein Problem erkennen und zu einer möglichen Lösung beitragen. Wir alle genießen inzwischen die Vorteile sensibler Frühwarnsysteme bei Unwettern oder Erdbeben. Hochsensible sind die Seismografen der Gesellschaft.

Dass dieses menschliche Frühwarnsystem jedoch leider nur selten genutzt wird, erzählte mir eine Hochsensible in einem Interview. Sie war damals Grafikdesignerin in der Katalogbranche und leitete ein Kreativteam. Eines Tages wurde ein Shooting geplant, und die Chefin wollte etwas Besonderes. Dazu sollte das ganze Team nach San Francisco fliegen und dort die Aufnahmen machen. Die leitende Grafikdesignerin erkannte aber bereits im Vorfeld die mannigfaltigen Probleme, als da waren: Zeitverschiebung, Nebel in San Francisco, müde Kollegen und Models, hohe Kosten und hoher organisatorischer Aufwand. Sie machte die Chefin darauf aufmerksam und bat darum, das Shooting in Europa abzuhalten. Die Chefin lehnt ab, das Team wurde nach Übersee geschickt, und es traten die vorhergesehenen Probleme auf. Hätte die Chefin auf ihre Designerin und ihre Argumente gehört, wären der Firma die hohen Kosten erspart geblieben und das Team hätte zufrieden und ausgeschlafen seine Arbeit machen können.

Viele Hochsensible berichten mir immer wieder, dass in betrieblichen Zusammenhängen und gerade auf Leitungsebene die besonderen Fähigkeiten hochsensibler Mitarbeiter weder erkannt noch geschätzt oder gar genutzt werden. Hier liegt ein unschätzbares Potenzial brach.

Wir Hochsensiblen können ebenfalls feine emotionale Schwingungen früh und schnell wahrnehmen. Das macht uns meist zu wunderbaren Zuhörern, zu empathischen Mitmenschen und feinfühligen Eltern, Partnern, Ärzten, Therapeuten oder Lehrern. Ist das Umfeld auf diese Gabe eingestellt, können wir aus unserem Fundus schöpfen und andere Menschen in ihren Bedürfnissen gut erkennen und begleiten.

Die Vielfalt der aufgenommenen Reize führt in der Regel auch zu einer hohen Kreativität und Intelligenz. Je nach Interessensgebiet können wir dort besondere Leistungen erbringen, innovative Lösungen entwickeln, komplexe Aufgaben lösen und tiefgründige Themen beleuchten. Nicht ohne Grund werden viele Hochsensible unter Künstlern jeden Genres vermutet.

Gewissenhaftigkeit und Perfektion ist für die meisten Hochsensiblen ein starkes inneres Bedürfnis. Was immer wir tun, gestalten wir in aller Genauigkeit und Perfektion, sofern die räumlichen, situativen und persönlichen Rahmenbedingungen dies zulassen. Etwas nur – für unser Gefühl – halb fertig abzugeben, verletzt unser ästhetisches Empfinden und unseren Leistungsanspruch an uns selbst und unser Harmoniebedürfnis. Ich schaffe es zum Beispiel nicht, eine Mail ohne freundlichen Abschlussgruß abzuschicken, selbst wenn ich auf den Adressaten stinkwütend bin. Höflichkeit ist für mich auch im Zeitalter schneller Mails und SMS ein Muss, und ich fühle mich sehr unwohl, wenn ich selbst gegen dieses Gebot verstoße.

Eine Interviewpartnerin erzählte mir einmal aus ihrem Berufsleben, dass sie Zellen mit Nährstofflösungen füttern musste – hunderte täglich. Sie war schon seit fünfzehn Jahren als Biologielaborantin angestellt und spürbar stolz, dass sie in dieser Zeit nur eine einzige Zelle verloren hatte. Dies spricht für sich.

Im Prinzip sind alle intensiven Ausdrucksformen Hinweise auf Gaben und Geschenke. Abgesehen davon, dass bei feinfühligen Menschen dieser Ausdruck tiefgründiger und gehaltvoller ausfällt, können vermeintlich negative Äußerungen oder Merkmale aber auch Hinweise auf besondere Fähigkeiten sein. Ein hochsensibler Mensch, der Menschenansammlungen meidet und meist die Ruhe sucht, wird genau diese Bedingungen benötigen, um bestimmte Gaben zum Ausdruck bringen zu können. Es wäre daher interessant zu schauen, welche Schätze sich eigentlich hinter Schwierigkeiten oder Missfallensäußerungen verbergen.

2.2.4 Die abenteuerlustigen Hochsensiblen – HSP/HSS

Ja, es gibt sie! Unternehmungslustige, neugierige, risikofreudige und gesellige Hochsensible. Sie suchen gerne nach starken Gefühlsstimulationen und fallen im Gemenge unter Normalsensiblen kaum auf, denn sie verhalten sich genauso. Wirklich genauso? Nun ja, kleine Unterschiede zu Normalsensiblen gibt es schon. Um sie zu erkennen, sollten wir aber ein wenig genauer hinschauen.

Elaine Aron erforschte auch diesen Untertypus der Hochsensiblen. Menschen mit einer stärker ausgeprägten aktiven Seite werden im Englischen als *High Sensation Seeker* bezeichnet, kurz: HSS. Die Kombination beider Veranlagungen bezeichnet Aron als HSP/HSS.

2.2.4.1 Unsere Verhaltensdynamik

Die Dynamik unseres Verhaltens wird von einem speziellen System gesteuert. Es sorgt für die mehr oder weniger schnelle Umsetzung eines Aktivitätsimpulses.

Dieses System hat zwei Ausrichtungen: In der einen Richtung aktiviert es, in der anderen hemmt es. Daher heißen die beiden Seiten Verhaltensaktivierungssystem (Behavioral Activation System, BAS) und Verhaltenshemmsystem (Behavioral Inhibition System, BIS). In der Praxis kann sich dies wie folgt auswirken:

Zwei Kinder, nennen wir sie einmal Silke und Sven, haben ein neues Hobby begonnen und gehen nun beide in denselben Sportverein. Heute kommen sie ein wenig spät, aber die Situation ist ihnen ja schon vertraut. Ihre Eltern öffnen die Tür der Turnhalle, der Unterricht hat schon begonnen. Beide Kinder verharren einen kurzen Moment, um die Situation zu überblicken, aber relativ schnell macht sich Silke freudig auf, geht auf die turnende Kindergruppe zu und macht mit. Sven steht derweil noch am Rand und schaut. Und schaut und schaut und … Ein Elternpaar berichtet mir einmal von ihrem Kind, das ein halbes Jahr lang nur am Rand stand und zuschaute, bevor es dann aktiv am Geschehen teilnahm. Hut ab vor der toleranten und geduldigen Haltung der Eltern!

Was bedeutet diese unterschiedliche Dynamik? Wenn das Verhaltensaktivierungssystem stärker ausgeprägt ist, führt dies zur schnelleren Umsetzung eines inneren Impulses oder Bedürfnisses. Silke verspürt Lust, beim Turnen mitzumachen, und folgt diesem Impuls schnell. Sie wird aktiv. Bei Sven hingegen ist das Verhaltenshemmsystem stärker ausgeprägt. Das führt dazu, dass er nicht dem ersten Impuls folgt, sondern zunächst die gesamte Situation beobachtet und in sich aufnimmt. So nimmt er möglicherweise die Stimmung der Gruppe, den momentanen Schwierigkeitsgrad der Übungen, die Stimmung der Trainerin und Weiteres detailliert wahr, um für sich passende Handlungsschritte vorzubereiten.

Das klingt erst einmal ziemlich kompliziert und wenig effektiv. Wenn wir uns jedoch vor Augen halten, welche evolutionäre Aufgabe das Verhaltenshemmsystem erfüllt, wird der Sinn dieser Dynamik verständlich. Ich möchte dazu auf das Experiment von Wilson mit den Kürbiskernbarschen verweisen, das Sie in Abschn. 2.1.3 nachlesen können. Hier wurde deutlich, dass die zurückhaltenden und beobachtenden Fische die Aufgabe der Warner und Beschützer übernommen hatten. Sie sondierten die Lage und hielten nach möglichen Gefahren oder Lösungen Ausschau. Bei Menschen findet sich dieses Verhalten beispielsweise bei Visionären, Konstrukteuren oder Heilern, damit diese für die Gruppe möglichst wirkungsvoll agieren können. Der kleine Sven hat mit seinem Innehalten die Sportgruppe wahrscheinlich nicht vor einer Gefahr beschützt. Aber vielleicht ist er später in der Lage, in einer Streitsituation zwischen den Kindern eine konstruktive Lösung vorzuschlagen, weil er zuvor am Rand stehend einen guten Überblick über die Gesamtsituation und das Verhalten der einzelnen Kinder gewonnen hat.

Diese Aktivierungsdynamik wechselt nicht grundlegend innerhalb der Person, das heißt, ein Mensch ist eher der „schnelle", extravertierte oder der „beobachtende", introvertierte Typus. Daher lassen sich folgende Verteilungen tendenziell erkennen:

70 % aller Normalsensiblen → BAS
70 % aller Hochsensiblen → BIS
30 % aller HSP sind HSP/HSS → BAS

Anders ausgedrückt heißt das: Ein Großteil der normalsensiblen Menschen ist eher extravertiert, neugierig, risikofreudig, gesellig und mag Abwechslung. Sie schreiten schnell zur Tat, packen an und überdenken mögliche Folgen ihres Handelns nicht so lange. Das hat den Vorteil, dass dort, wo schnell gehandelt werden muss, wie zum Beispiel in Krisensituationen oder in praktischen Zusammenhängen, solche Menschen hervorragende Arbeit leisten können.

Die meisten Hochsensiblen wirken hingegen etwas zögerlicher, ängstlicher, langsamer, pessimistischer, bedächtiger. Sie denken tatsächlich länger über die Situation, den Umgang damit, mögliche Lösungen und die Auswirkungen ihres Handelns nach. Schließlich sollen die Schritte, die sie dann in die Wege leiten, eine möglichst optimale, langfristige und die Gruppe gut unterstützende Lösung darstellen. Aron fasst dieses Verhalten wie folgt zusammen: „Mache es einmal und dann richtig versus: Mache es, und wenn es nicht klappt, probiere es wieder."[9]

Die hochsensiblen Abenteurer (HSP/HSS) wirken in ihrer Aktivitätsdynamik wie Normalsensible, zeigen sich in ihrem Gruppenverhalten sehr ähnlich, aber sie haben mit einem anderen Problem zu kämpfen.

2.2.4.2 Abenteuer versus Feingefühl?

HSP/HSS sind zusätzlich noch hochsensibel! Diese Kombination von hoher Reizaufnahmefähigkeit und großem Bedürfnis nach Stimulation und Aktivität stellt für die Betroffenen eine ganz besondere Herausforderung dar. Will die eine Seite sich nach außen wenden und sorgt für reizvolle Erlebnisse, ist die feinfühlige Seite schon kurz darauf von der Flut der Stimulationen völlig erschöpft und sucht den Rückzug. Beispiele aus dem Alltag: Der HSP/HSS lässt sich gerne auf einer Party blicken, aber nach einer halben Stunde ist ihm alles zu viel und er will sofort (!) nach Hause. Er ist neugierig und wissensdurstig, aber „übersieht" dabei völlig, dass er schon längst nicht mehr wirklich aufnahmefähig ist. Der Ausflug in die Natur ist wunderbar, nur das Herumsitzen am Seeufer ist ihm viel zu langweilig.

Diese beiden extremen Seiten auszuloten ist eine große Herausforderung, die meist zugunsten der aktiven Seite ausfällt, denn in unserer Gesellschaft findet der Agile und Extravertierte mehr Anerkennung als der Stille und Achtsame.

So schwierig diese Dispositionskombination auch ist, so speziell sind aber auch die Vorzüge und Fähigkeiten der hochsensiblen Abenteurer. Sie sind Menschen, die gerne schnell, abwechslungsreich und intensiv in Aktion treten. Gleichzeitig bringen sie aus ihrer Hochsensibilität aber auch genügend Feingefühl, Perfektion, Voraussicht oder Empathie mit, um das, was sie tun, mit dem besonderen Kick an Qualität, Tiefgang oder Komplexität zu versehen. Der Preis dafür? Die Lebens- und Arbeitsbedingungen müssen sehr gut zum Wesen der Person passen. Diese Menschen brauchen sozusagen einen maßgeschneiderten Anzug, um optimal aus ihren Potenzialen und Gaben schöpfen zu können. Sollte der Anzug auch nur ein bisschen spannen oder schlecht sitzen, führt das sehr schnell zu großem Unwohlsein und Unzufriedenheit.

---

[9] Aron, Elaine N., www.hsperson.com, PPT: StateOfModell_KripaluVersionp.ppt, 2014.

Für die Betroffenen ist dieser Widerstreit der inneren Dynamiken eine große Herausforderung, die sie nicht selten an ihre Belastungsgrenzen führt. Um nicht immer wieder in eine starke Überstimulation oder Erschöpfung zu geraten, ist es daher für einen HSP/HSS noch viel wichtiger, einen achtsamen Umgang mit den eigenen Bedürfnissen und Grenzen zu pflegen, als für einen rein hochsensiblen Menschen.

2.2.5 Mehr ist nicht genug – die Reizspirale

Es kommen noch zwei gesellschaftlich bedingte Faktoren ins Spiel, die sich ungünstig auf eine hochsensible Veranlagung auswirken: Einerseits leben wir in einer Kultur, die mit Reizen nicht geizt. Filmschnitte werden zum Beispiel immer schneller, Ampeln sind greller, Videowerbung lenkt von der Straße ab und der allgemeine Informationsfluss wird immer intensiver, wie wir auch an der immer kürzer werdenden Taktung der Nachrichtensendungen erkennen können. Die Liste hier könnte noch deutlich länger ausfallen. Wir leben wahrlich in reizvollen Zeiten.

Für das hochsensible Sinnessystem hat dies zur Folge, dass es gezwungen ist, in immer kürzer werdenden Abständen immer mehr und immer schneller Informationen aufzunehmen. Der Schwamm saugt auf und auf und auf – bis er übervoll ist und nichts mehr geht. An der Natur können wir die teils verheerenden Folgen einer solchen Übersättigung gut erkennen: Überschwemmungen, Deichbrüche, Verletzte oder gar Tote, zerstörte Häuser und Straßen, Schäden in der Vegetation.

Übertragen auf das hochsensible System heißt dies: eine Überstimulation, also ein neuronaler Dammbruch, wird vom Nervensystem als Stress registriert und es reagiert entsprechend darauf: Erschöpfung, Leistungsabfall, Denkblockaden, Schlafstörungen, Konzentrationsprobleme, Selbstzweifel, Unruhe, Blockierung des Frontalhirns, (Auto-)Aggressivität, Rückzug oder Desorientierung können u. a. die Folge sein. In Anbetracht der seit etlichen Jahren deutlich und stetig steigenden Informationsdichte wundert es daher nicht, dass hochsensible Menschen aufgrund dieser Schwierigkeiten zuweilen als weniger lebens- oder arbeitsfähig eingeschätzt werden. Einfache, aber probate Mittel wären: Entschleunigung und Reizreduzierung.

Die andere Herausforderung für hochsensible Menschen ist der zunehmende Leistungs- und Zeitdruck. Unsere moderne Technik hat Abläufe und Kommunikation enorm beschleunigt. Das erhöht die Erwartung an Menschen, ebenfalls in einer schnelleren Taktung zu „funktionieren". Mehr soll in kürzerer Zeit erledigt werden, Termine jagen einander, oder es werden rasche Reaktionen, wie zum Beispiel auf E-Mails, erwartet. Pausen sind zu kurz oder werden mit anderen Aufgaben gefüllt, es gibt auch keine Verarbeitungsphasen mehr, um kreativen, planerischen oder emotionalen Prozessen ihre Entwicklungszeit zu geben.

Einige Berufsfelder sind wunderbar für Hochsensible geeignet. Jedoch sind die Rahmenbedingungen inzwischen derart ungünstig, dass es immer schwieriger wird, dort als feinfühliger Mensch Fuß zu fassen. Der Beruf des Arztes zum Beispiel ist durch die erforderliche Komplexität und Empathie eigentlich ein hervorragender Arbeitsbereich. Die Ausbildung verlangt inzwischen jedoch einen hohen Arbeitseinsatz, und im praktischen Jahr sind die Arbeitszeiten sehr lange, bei schlechter oder gar keiner Bezahlung. Dies sind Belastungen, die Hochsensible bereits im Vorfeld ihres Berufes in die Erschöpfung und psychische Überbelastung treiben können.

Ähnlich sieht es im Bildungsbereich aus. Auch wenn dort die Ausbildung nicht ganz so kräftezehrend ist, so führen doch die Arbeitsbedingungen mit großen Klassen, vielfältigen und komplexen sozialen Problemen seitens der Schülerinnen und Schüler, schlechten Arbeitsmitteln, unausgereiften Bildungsreformen sowie langen Arbeitszeiten – Vor- und Nachbereitung geschieht in der Regel zu Hause – bei Lehrern zu Erschöpfungszuständen. Im Gutachten des Aktionsrat Bildung aus dem Jahr 2014 wurde hinsichtlich psychischer Belastungen im Bildungsbereich festgestellt:

… dass das Gesundheitssystem häufiger aufgrund psychischer Beeinträchtigungen in Anspruch genommen wird. Gerade angesichts des in den letzten gut zehn Jahren weitgehend stabilen Krankheitsgeschehens ist dieser Trend als hoch bedeutsam einzuschätzen, wie es auch die Gesundheitsberichterstattung der Krankenkassen nahelegt.[10]

Laut einer Statistik der BKK aus dem Jahr 2014 haben sich die Krankschreibungen beim Bildungspersonal mit der Diagnose Burnout von 4,6 Krankentagen im Jahr 2004 auf 86,9 Krankentage im Jahr 2011 erhöht. Das bedeutet einen zwanzigfachen Zuwachs der Krankentage und spricht für sich selbst.

Dies alles gehört zu einer Reizspirale, die sich seit einigen Jahrzehnten in immer rasanterem Tempo verschärft. Richard DeGrandpre spricht hier von einem „Teufelskreis der Beschleunigung".[11] Unsere Sinne sind darauf

---

[10] Gutachten Aktionsrat Bildung, http://www.aktionsrat-bildung.de/fileadmin/Dokumente/ARB_Gutachten_Burnout.pdf, 2014, S. 55.
[11] DeGrandpre, Richard, *Die Ritalingesellschaft*, Weinheim 2002.

ausgerichtet, Veränderungen wahrzunehmen und darauf zu reagieren. Ähnlich wie bei einer Sucht kommt das Bedürfnis nach immer wieder anregender Stimulierung auf. Bleibt ein Reiz längere Zeit gleichbleibend, wird er nach einer gewissen Zeit jedoch als uninteressant empfunden, und der Wunsch nach weiterer oder stärkerer Anregung entsteht. Die zeitlichen Abstände, in denen der Drang nach Anregung aufkommt, werden immer kürzer und die Reize selbst müssen immer intensiver werden. Gebe ich diesem Bedürfnis nach und biete meinem System in immer kürzer werdenden Abständen Informationen an, kommt auf diese Weise eine Reizspirale in Gang. Dies geschieht seit etlichen Jahren in unserer Kultur.

Gleichzeitig reagiert unser Nervensystem bei einem deutlichen Zuviel an Stimulation nicht immer, wie zu erwarten wäre, mit Reduzierung von Aktivität, sondern vielmehr mit Unruhe, weiterer Aktivität und aufgeputschtem Verhalten. Das können wir gut bei Kindern beobachten: Kinder sind zum Beispiel nach einem Kindergeburtstag oder einem ereignisreichen Tag oft überdreht und sorgen von sich aus immer weiter für Unruhe und Aufregung.

Dieser zunehmende Leistungs- und Zeitdruck sowie die sich stetig schneller drehende Reizspirale sorgen zusammen für eine starke Reizintensivierung und führen zu einem suchtähnlichen Verhalten. Neue Süchte sind zum Beispiel Fernsehsucht, Handy- oder PC-Sucht. Haben Sie einmal versucht, jemandem, der gerne und viel das Handy benutzt, das Gerät für einen Ausflug oder bei Tisch zu versagen? Die Reaktionen sind durchaus interessant.

Hochsensible Menschen sind die Ersten, die auf diese Reizintensivierung reagieren. Sie spüren sie als Erste, können sie nicht absorbieren oder ausblenden und werden somit von Reizen überflutet. Das Dilemma nimmt seinen Lauf.

2.2.6 Sinn und Zweck und Handicap

2.2.6.1 Wert für die Gesellschaft

Da Hochsensibilität weder eine Störung noch eine Krankheit ist und die Veranlagung mit 15 bis 20 % aller Menschen auch kein Zufallsphänomen darstellt, wird diese Wesensart für den Menschen und die Gemeinschaft einen Sinn und Zweck erfüllen. Dies möchte ich Ihnen an folgendem kleinen Alltagsbeispiel verdeutlichen.

Stellen Sie sich bitte vor, Sie und Ihre Nachbarin gehen in verschiedenen Geschäften Essen einkaufen. Sie kommen unabhängig voneinander wieder nach Hause und stellen fest: Die Nachbarin hat eine Tüte, Sie haben fünf Tüten mit Essen eingekauft!

Die nach Hause gebrachten Tüten entsprechen in der Geschichte dem Teil der genetischen Veranlagung, der für die erhöhte Reizaufnahme von Informationen steht.

Sie packen also Ihre Tüten aus, ebenso wie Ihre Nachbarin. Interessant wird es nun bei folgenden zwei Aufgaben:

1. Sie und Ihre Nachbarin haben beide jeweils nur 5 Minuten Zeit, alles auszupacken und in die entsprechenden Schränke zu räumen.
2. Sie und Ihre Nachbarin sollen ein möglichst umfangreiches und vielfältiges Menü aus den eingekauften Waren herstellen. Zeit spielt keine Rolle.

Aus beiden Aufgaben ergeben sich ganz unterschiedliche Möglichkeiten und Herausforderungen:

Bei Aufgabe 1 wird Ihre Nachbarin sicherlich weniger in Zeitnot geraten als Sie, da die 5 Minuten völlig ausreichend sind, um ihre eine Einkaufstüte auszupacken und wegzuräumen. Dadurch, dass Sie in der gleichen Zeit fünf Tüten auszupacken haben, geraten Sie wahrscheinlich unter Stress. Die Folgen sind Zeitdruck, Unwohlsein, Hektik, Flüchtigkeitsfehler, Unsicherheit und Unzufriedenheit.

Bei Aufgabe 2 sieht die Sache anders aus: Mit dem Inhalt von fünf Tüten haben Sie eindeutig die größere Auswahl in der Gestaltung Ihres Menüs. Zeit spielt in diesem Falle ja keine Rolle, sondern nur der Einsatz und Gebrauch der vorhandenen Mittel und Waren. Ein Wermutstropfen bei dieser Aufgabe könnte für Sie allerdings die Qual der Wahl sein ...

Aufgabe 2 entspricht jener Seite der Hochsensibilität, bei der die Vielfalt der aufgenommenen Informationen zu mannigfaltigen Möglichkeiten im Empfinden und Handeln führen kann.

Die beiden Aufgaben umreißen in vereinfachter Form die *Auswirkungen* und *Möglichkeiten* der Hochsensibilität. Erlebe ich als hochsensibler Mensch oft Situationen wie in Aufgabenbeispiel 1 beschrieben, werde ich Probleme haben, meine innere Vielfalt zu nutzen. Ich bin möglicherweise dauernd gestresst vom permanenten Auspacken in viel zu kurzer Zeit, also gestresst von Lebensaktivitäten, die nicht zu meinem Wesen passen. Meine Potenziale kann ich auf diese Weise nicht adäquat entfalten. Die Krux an der Sache: Die nicht gelebten Potenziale stehen somit weder mir selbst noch der Gesellschaft zur Verfügung, obwohl sie für ein ausgewogenes und harmonisches Miteinander nötig sind.

Aufgabe 2 symbolisiert den Sinn und Zweck der Hochsensibilität. Habe ich mehr Nahrungsmittel zur Verfügung, kann ich ein umfangreicheres, komplexeres oder reichhaltigeres Menü erstellen. Verfüge ich aufgrund meiner hochsensiblen Veranlagung über mehr Informationen in meinem System, kann ich vielfältigere, innovativere oder kreativere Aufgaben bewältigen.

Im komplexen Gefüge einer Gesellschaft gibt es immer Tätigkeiten, die eine vielschichtigere Herangehensweise erfordern als andere. Eine Projektleitung zum Beispiel bedarf anderer beruflicher und persönlicher Kompetenzen als der Beruf des Kraftfahrers. Anbei bemerkt: Die Unterscheidung hier besagt nichts über die Wertigkeit der Berufe! Ohne Kraftfahrer dürfte unser Menü wohl recht kläglich ausfallen …

Es wird deutlich, dass die Erkenntnis und Integration der eigenen Hochsensibilität nicht nur zu eigener Zufriedenheit führt, sondern tatsächlich auch einen gewissen gesellschaftlichen Stellenwert einnimmt. Inwieweit sich jedoch der jeweilige Hochsensible mit seiner persönlichen Auseinandersetzung in die Öffentlichkeit begibt, bleibt jedem Einzelnen überlassen.

2.2.6.2 Reizfilterschwäche?

Zum Ende dieses Abschnitts möchte ich noch einen Begriff etwas genauer beleuchten, der in diesem inhaltlichen Kontext gerne verwendet wird. In der Psychologie wird im Zusammenhang mit Störungsbildern wie AD(H)S oder Autismus immer wieder von einer sogenannten „Reizfilter*schwäche*" gesprochen. Gemeint ist hier nichts anderes, als die vermeintliche Unfähigkeit, die Aufnahme der Reize angemessen zu filtern, das heißt zu reduzieren.

Machen wir uns jedoch anhand des Konstrukts der Hochsensibilität klar, dass ein entsprechend strukturiertes System gar nicht im System selbst „steuern" kann, ob es viel oder wenig aufnimmt, wird das Bedenkliche an dem Begriff „Reizfilter*schwäche*" deutlich. Er suggeriert eine vermeintliche Unfähigkeit (Schwäche), wo kein Handlungsspielraum vorhanden ist. Eine Folge dieser Wortwahl ist die Stigmatisierung der betroffenen Person als „gestört" oder „erkrankt".

Um diese Stigmatisierung zu umgehen, verwende ich seit geraumer Zeit lieber den Begriff „Reizfilter*offenheit*". Dies beschreibt, worum es geht: die Aufnahmefilter sind offen, sind offener, mehr nicht – keine Störung, keine Krankheit, kein persönliches Unvermögen.

Dass auch eine Reizfilteroffenheit zu spezifischen Schwierigkeiten im Leben führen kann, steht außer Frage. Wenn allerdings verständlich ist, dass ich die Schwierigkeiten nicht im System selbst beheben kann (die Filter können nicht anders justiert werden), wird nachvollziehbar, dass ich zur Linderung der Probleme das Umfeld und die Lebensführung ins Blickfeld rücken sollte. Das heißt, nicht die Person hat ein „organisches" Problem oder gar eine Unfähigkeit, sondern sie hat eine besondere Veranlagung, der sie in ihrer Lebensweise gerecht werden sollte. Diesen Ansatz verfolgt das Konstrukt und der Umgang mit Hochsensibilität.

2.3 Das HSP-4-Phasen-Integrationsmodell im Überblick

Das *HSP-4-Phasen-Integrationsmodell* ermöglicht Ihnen ein tieferes Verständnis für die komplexen Prozesse, Aspekte, Herausforderungen und notwendigen Schritte, die für eine gelungene Integration einer vorliegenden Hochsensibilität nötig sein können.

Bevor ich Ihnen jedoch das Modell kurz vorstelle, noch einige Hinweise zur „Benutzung". Auch wenn die jeweiligen Phasen hier säuberlich getrennt und nach prozessualem Ablauf sortiert sind, heißt das nicht, dass der Integrationsprozess in Gänze nach diesem zeitlichen Schema vonstattengeht. Vielmehr gestaltet er sich vielschichtig und in teils parallelen Abläufen. Während Sie zum Beispiel das Thema Reizreduzierung am Arbeitsplatz recht schnell erkennen und verändern können, mag das Thema Abgrenzung in Ihrer Partnerschaft wesentlich langsamer und mit viel mehr Teilaspekten, Zweifeln, Fragen, Pausen oder Seitenwegen versehen sein. Dadurch ergeben sich ganz unterschiedliche inhaltliche, emotionale und auch zeitliche Abläufe im Durchschreiten einer Phase Ihrer Hochsensibilität.

Ein Beispiel mag dies verdeutlichen: Ich stelle fest, dass mich meine beste Freundin in meinen Überlegungen, ob ich nun hochsensibel sei (Phase I), nicht versteht. Sie macht sich lustig über mich und lenkt vom Thema ab. Das Bedürfnis, Kontakt zu Menschen meiner Art zu haben, wächst in mir (Phase II), und nach einigen Recherchen bringe ich den nötigen Mut auf und mache ich mich auf den Weg, diese Menschen zu suchen (Phase III). Gleichzeitig bekomme ich auf der Arbeit eine neue Vorgesetzte. Ihr Arbeitsstil ist sehr anders als der ihres Vorgängers, wesentlich stringenter, und sie erwartet viel von ihren Mitarbeitern in unrealistisch kurzer Zeit. Ich komme in Nöte, fühle mich zunehmend unwohl und stelle nach einer gewissen Zeit fest, dass ich das Erwartete gar nicht leisten kann, dass es eigentlich niemand leisten kann. Ich setze mich mit meinen Fähigkeiten und Grenzen auseinander und „stolpere" dabei wieder über das Phänomen Hochsensibilität. Hier fühle ich mich darin bestätigt, Dinge gründlich und gewissenhaft zu tun und dafür auch die entsprechende Zeit zu benötigen. Ich erkenne jetzt, dass ich auch in diesem Lebensbereich mit meiner Hochsensibilität konfrontiert bin (Phase I), und beginne, mich damit konstruktiv auseinanderzusetzen (Phase II). Eine befreundete Kollegin bemerkt jedoch Veränderungen an mir und fragt nach, was mit mir ist. Ich erzähle ihr von meinen Erkenntnissen und freue mich, dass ich mich zumindest bei ihr, da sie Verständnis und Interesse zeigt, mit meinen speziellen Empfindungen nicht mehr verstellen muss (Phase IV).

Sie sehen, der Integrationsprozess kann sich gleichzeitig in unterschiedlichen Phasen bewegen. Daher ist es sinnvoll, sich in der Arbeit mit diesem Modell auch immer zu vergegenwärtigen, welcher Aspekt aus welchem Lebensbereich gerade aktiv ist und was bereits an Integration im Vorfeld bewältigt wurde. Zusätzlich können die jeweiligen Phasen innerhalb eines Themenbereiches unterschiedlich lange und intensiv ausfallen.

Auch zeigt sich eine hochsensible Veranlagung nicht immer auf den ersten Blick, sodass es manchmal einer helfenden Struktur oder professioneller Begleitung bedarf, um verdeckte oder blockierte Facetten der eignen Wesensart erkennen und adäquat integrieren zu können.

Dies alles führt dazu, dass sich ein individueller Integrationsprozess in der Summe recht komplex und vielschichtig zeigen kann. Das Buch mag hier Wegbegleiter und Orientierungshilfe sein.

Im Folgenden möchte ich Ihnen einen kurzen Überblick über die Phasen des Integrationsmodells geben.

Phase I: Die Erkenntnis
Hier geht es um den Moment des Erkennens. Was wird in mir ausgelöst? Wie fühle ich mich dabei? Wie gehe ich mit dieser neuen Erkenntnis um? Solche neuen Informationen lösen nicht immer nur Freude oder das Gefühl von Sicherheit aus. Zweifel und Ungewissheiten können entstehen. Daher werden durch Ihre Haltung beim ersten Kontakt mit dem neuen Wissen – oft unbewusst – bereits die Weichen für den weiteren Umgang damit gestellt.

Zur Erkenntnis gehört auch der Wunsch, Informationen über das, was ich erkennen möchte, zu sammeln. So steht die Suche nach informativen Büchern, Webseiten, Vorträgen oder Artikeln meist am Anfang des Integrationsprozesses.

Phase II: Die geistig-emotionale Integration des Phänomens
Die zweite sowie die dritte Phase sind die Kernstücke des Integrationsprozesses. In der zweiten Phase steht die gedankliche und emotionale „Überprüfung" des eigenen Wesens und der eigenen Geschichte im Zusammenhang mit einer möglichen Hochsensibilität im Mittelpunkt. Es gilt, die eigenen inneren Werte, Glaubenssätze oder Haltungen dahin gehend zu überprüfen, ob sie mir (noch) guttun und zugleich meiner Veranlagung als hochsensibler Mensch gerecht werden. Es kann als erleichternd erlebt werden, sich endlich nicht mehr nach vermeintlichen Normen richten zu müssen. Aber auch Schmerz oder Trauer können entstehen, wenn deutlich wird, wie sehr das innere Wesen durch Anpassung an unangemessene Lebensumstände sich hat verbiegen müssen oder wie stark die eigenen Gaben und Bedürfnisse unter einer unsensiblen Prägung verdrängt wurden.

Im Zuge dieser Rückschau kann und sollte es auch dazu kommen, die eigenen Fähigkeiten, Begabungen, aber auch Bedürfnisse und Grenzen, die dem eigenen feinfühligen Leben angemessen sind, zu entdecken.

Phase III: Die praktische Integration der Hochsensibilität
Wenn die geistig-emotionale Auseinandersetzung mit der eigenen Geschichte und den verinnerlichten Mustern fortgeschritten ist, kann der Wunsch aufkommen, im Hier und Jetzt ganz konkrete Situationen zu schaffen, die der eigenen hochsensiblen Art gerecht werden. Jetzt ist der Zeitpunkt, nach anderen Hochsensiblen Ausschau zu halten, am Arbeitsplatz Veränderungen vorzunehmen oder ein Coaching zum Zwecke einer neuen beruflichen Ausrichtung zu wählen. Sollten blockierende Verhaltensmuster oder Traumatisierungen in Phase II an die Oberfläche gespült worden sein, kommt jetzt der Moment, diese alten und tiefen Verletzungen mit professioneller Hilfe zu bearbeiten und neue Wege als hochsensibler Mensch zu beschreiten. Welche Schritte und Herausforderungen es beispielsweise bei der Gestaltung neuer Kontakte oder der Wahrung eigener Grenzen zu berücksichtigen gilt, ist Teil dieser Phase.

Phase IV: Der sichtbare Hochsensible
Nicht immer möchte eine Hochsensible oder ein Feinfühliger zu erkennen geben, dass sie oder er diese Veranlagung in sich trägt. Aber für manche ist dies ein wichtiger Schritt im Zuge der genesenden Identität. Fragen wie: „Wann und wem sage ich es?" oder „Auf welche Weise zeige ich meine Hochsensibilität?" können entstehen.

Wieder andere Hochsensible merken, dass ihnen das Thema so wichtig ist, dass sie es unbedingt in die Welt tragen möchten, indem sie damit auch arbeiten: als Berater, Coaches, Therapeuten, sensible Personaler, in medizinischen Kontexten und vielen anderen Berufen. Für diese Menschen gilt es, sich Klarheit darüber zu verschaffen, wo und in welcher Weise sie mit diesem Thema arbeiten möchten. Hier spielen Fähigkeiten, Berufsausbildung, aber auch die neu errungenen beziehungsweise wieder entdeckten Gaben der eigenen Hochsensibilität eine wichtige Rolle.

2.4 Zusammenfassung und Schlussfolgerung

Hochsensibilität als naturwissenschaftlich erforschtes Phänomen ist relativ jung. Durch die amerikanische Psychologin und Psychotherapeutin Elaine N. Aron hat es Anfang der 1990er-Jahre sowohl seinen derzeitigen Namen erhalten als auch seine seither wachsende Bekanntheit erlangt. Aron erkannte hinter einigen, in der Psychologie als Störungsbilder definierten Verhaltensweisen ein gemeinsames Muster, das sie als nicht krankheitsauslösend einstufte: eine deutlich erhöhte Aufnahmebereitschaft für Stimuli sowie deren intensive Verarbeitung. Nach ihren Angaben sind etwa 15 bis 20 % aller Menschen davon betroffen, Frauen und Männer gleichermaßen, unabhängig von Alter oder Kultur.

Es ist jedoch zu vermuten, dass diese Veranlagung bei Menschen und anderen Lebewesen schon deutlich länger existiert, denn sie stellt eine der beiden effektiven Überlebensstrategien dar: Achtsamkeit als Prinzip der Beobachtung, Übersicht, Schutzgewährleistung sowie eine tief greifende und komplexe Lösungskompetenz. Die zweite Überlebensstrategie ist deutlich häufiger vertreten und uns daher auch viel vertrauter: aktive Extravertiertheit mit einem großen Potenzial an Risikofreude, Geselligkeit, Impulsivität und Offenheit.

Das Phänomen Hochsensibilität zeichnet sich durch eine hohe Reizfilteroffenheit aus. Dies bedeutet, dass die Betroffenen – überwiegend unbewusst – in einer vergleichbaren Situation deutlich mehr Informationen und Reize sowohl aus der Umwelt als auch aus dem eigenen Inneren aufnehmen als Normalsensible. Hinzu kommt eine intensivere neuronale Verarbeitung der Stimuli. Dies beides kann – unter guten Bedingungen – zu besonderen bis hin zu exorbitanten Leistungen führen. Hochsensibilität ist keine Krankheit oder Störung, sondern eine Variation im neuronalen System, die aus Sicht der menschlichen Evolution eine wichtige Funktion übernimmt, die in den letzten Jahrzehnten in unserer Gesellschaft leider in Vergessenheit geraten ist.

Bereits Anfang des letzten Jahrhunderts hatten sich einige Forscher mit diesem Phänomen beziehungsweise mit Teilen der Veranlagung befasst, ohne es jedoch so genannt und die Tragweite der Veranlagung gänzlich erfasst zu haben. Zu nennen wäre an dieser Stelle der russische Physiologe Iwan Pawlow, dessen Belastungstests die ersten Hinweise auf die spezielle Gruppe der Feinfühligen oder „Frühfühler" ergeben hat. Durch seine Untersuchungen wurde der deutliche Unterschied zwischen normal reagierenden und empfindsam reagierenden Probanden sichtbar.

In den 1930er-Jahren schrieb der Schweizer Pfarrer Eduard Schweingruber ein Buch über den sensiblen Menschen. Seine Merkmalsbeschreibungen decken sich auffallenden mit denen Arons. Er plädierte für eine akzeptierende Haltung zu dieser Veranlagung und gab zugleich hilfreiche Anregung für einen stärkenden und heilenden Umgang mit der Disposition, da diese schnell unter ungünstigen und unpassenden Bedingungen leide.

Auch der Schweizer Psychologe Carl Gustav Jung befasste sich in den 1940er- und 1950er-Jahren im Rahmen seiner Typologie intensiv mit den Schüchternen, Scheuen, Stillen und Zurückhaltenden, mit den – wie er sie nannte – Introvertierten. Ebenso wie Schweingruber hielt er diesen Wesenszug für normal und beschrieb ihn nicht als Störung.

Erst viele Jahrzehnte später schloss die psychologische Forschung an diese Ergebnisse durch die Arbeiten von Aron und anderen wieder an. Seit 2013 leitet die Hamburger Psychologin Sandra Konrad die erste groß angelegte deutsche Forschung zu diesem Thema. Erstes Ergebnis ist die Bestätigung großer Teile der HSP-Messskala von Aron. Weitere Ergebnisse und Forschungsunterfangen werden folgen.

Das HSP-4-Phasen-Integrationsmodell beruft sich auf die Phänomenbeschreibung Arons und umfasst vier Entwicklungsschritte:

1. Phase I: Die Erkenntnis,
2. Phase II: Die geistig-emotionale Integration des Phänomens,
3. Phase III: Die praktische Integration der Hochsensibilität,
4. Phase IV: Der sichtbare Hochsensible.

Diese Schritte gilt es, in unterschiedlichen Teilaspekten der Hochsensibilität und in unterschiedlichen Tempi zu durchlaufen, um eine authentische Integration zu gestalten.

Das Konstrukt der Hochsensibilität bietet sowohl für viele bislang unerklärliche als auch schwer nachvollziehbare menschlichen Verhaltens- und Empfindungsweisen ein interessantes und konstruktives Modell, dem sich bislang viele Betroffene positiv zuwenden konnten. In Zeiten zunehmender Pathologisierungen und Normeingrenzungen ist dieser Erklärungsansatz menschlichen Empfindens und Verhaltens sehr unterstützend und heilsam – nicht nur für die Betroffenen selbst.

Mit dem HSP-4-Phasen-Integrationsmodell halten Sie ein Werkzeug in den Händen, mit dem Sie psychologische Zusammenhänge und philosophische Hintergründe der hochsensiblen Veranlagung erkennen und die praktischen Hinweise zur Gestaltung Ihres eigenen Integrationsweges nutzen können.

3
Phase I: Die Erkenntnis

Ich lerne, frage und lasse wirken.
Das ist der Rhythmus des Lebens.
(Don José Ariza aus *Taguari*)

Unser Gegenüber zu erkennen fällt uns in der Regel wesentlich leichter als uns selbst zu erkennen. Dies ist nicht ungewöhnlich, denn steht er oder sie vor uns, sehen wir die Person – zumindest, was die äußere Form anbelangt – in Gänze. Teile unseres eigenen Körpers können wir auch noch erblicken: Arme, Beine, Bauch, ein paar Haare und vielleicht auch die Nasenspitze. Aber dann wird es schon schwieriger. Können Sie sich selbst hinter Ihre Ohren schauen? Oder auf Ihren Rücken? Manche Bereiche unseres Körpers werden wir nie ohne die Hilfe eines Spiegels zu Gesicht bekommen.

Ebenso verhält es sich mit unserem inneren Wesen. Andere erkennen unser Wesen meist viel deutlicher als wir selbst. Sie erkennen unsere typischen Verhaltensweisen recht leicht. Unsere seelische Verfassung nehmen sie anhand unserer Körperhaltung und Mimik wahr. Das eigene Wesen und die eigene Befindlichkeit wahrzunehmen ist hingegen oftmals viel schwieriger. Hierfür benötigen wir einen Spiegel. Dafür gibt es zwei Varianten: zum einen den menschlichen Spiegel, also unser Gegenüber, zum anderen unsere Reaktionen und Empfindungen auf Situationen, Menschen oder Informationen. Wenn Ihr Partner oder Ihre Partnerin wieder einmal die Butter beim Einkauf vergessen hat, werden Sie in irgendeiner Weise darauf reagieren. Auf welche Weise Sie reagieren, gibt Ihnen Auskunft über Ihr Wesen. Auch mit dem Erkennen der eigenen Hochsensibilität verhält es sich so. Andere können sie leichter bei Ihnen sehen als Sie selbst – vorausgesetzt, Sie und Ihr Gegenüber sind über die Existenz dieses Phänomens informiert.

3.1 Erkenntnis

> Wer Dinge kennt, ist informiert.
> Wer Menschen kennt, ist klug.
> Wer sich kennt, ist weise.
> (Josef Bordat)

Sie sitzen im Café. Sie erwarten niemanden, Sie sind dort, um den guten Kaffee, den leckeren Kuchen oder andere Spezialitäten zu genießen, und fühlen sich mit sich selbst und der Situation sehr wohl. Plötzlich tritt ein fremder, aber durchaus interessant aussehender Mensch an Ihren Tisch und sagt: „Guten Tag! Ich bin neu hier und möchte Sie gerne kennenlernen. Darf ich mich zu Ihnen setzen?" Was ist Ihre erste Reaktion, Ihr erstes Empfinden? Was denken Sie in diesem Moment? Wie verhalten Sie sich?

Bitte versuchen Sie, all jene Schreckensbilder, die uns über Fremde immer wieder vermittelt wurden, im Hintergrund zu halten. Sie befinden sich in einer ungefährlichen, unverfänglichen Situation. Sie sind nicht alleine im Café. Wenn Sie eine Frau sind, könnte dieser Mensch ebenfalls eine Frau sein, und wenn Sie ein Mann sind, kommt dort vielleicht auch ein Mann auf Sie zu – oder lieber eine Frau?!

Was ist *nun* Ihre erste Reaktion, Ihr Empfinden in dieser Situation? Was denken Sie von diesem Menschen und über sich selbst? Wie verhalten Sie sich?

Vor sehr vielen Jahren klingelte eines Tages das Telefon bei mir. Eine unbekannte Stimme wollte eine Person sprechen, die ich nicht kannte. Verwählt! Dies stellte sich schnell heraus, aber merkwürdigerweise war das Gespräch damit nicht beendet, ganz im Gegenteil. Immer angeregter und interessierter plauderten wir über die verschiedensten Dinge des Lebens, durchaus mit einem gewissen Tiefgang, der uns wohl beide in diesem Moment beflügelte. Nach anderthalb Stunden verabschiedeten wir uns voneinander, ohne Namen, ohne Austausch der Nummern. Ich habe diese Situation und dieses Telefonat nie wieder vergessen.

Was möchte ich mit diesen beiden Beispielen verdeutlichen? Das Neue meldet sich in der Regel weder an, noch sind wir besonders darauf vorbereitet. Es erwischt uns also mitten im Leben. Aber so unvorbereitet es zu kommen scheint, eines ist gewiss: Wie auch immer dies funktioniert – das Neue kommt stets zum richtigen Zeitpunkt auf uns zu! Auch wenn wir selbst es gerade in diesem Moment nicht so empfinden.

Viele hochsensible Menschen ereilt die Erkenntnis, möglicherweise selbst feinfühlig zu sein, genauso überraschend und unangemeldet wie der Gast im Café oder der Anrufer aus meiner Geschichte zuvor. Das erste Gefühl, welches dabei entsteht, ist meist ein „Sich-angesprochen-Fühlen". Oft sagen oder schreiben mir Hochsensible, die zum ersten Mal mit dem Begriff und der Beschreibung dieser Disposition in Berührung gekommen sind, dass sie sich absolut erkannt fühlen: „Wahnsinn, das kenne ich ja alles, was dort steht!" Es ist, als wenn im Inneren eine Glocke angeschlagen wird und der Widerhall den Menschen aufmerken lässt. Dieser Widerhall oder auch diese innere Resonanz ist der Impuls, der schließlich dafür sorgt, dass der oder die Betroffene „hängenbleibt", mehr wissen möchte und neugierig wird. Im Stadium des Erkennens geht es also nicht darum „unnormale" Verhaltensweisen zu entdecken, sondern bestenfalls ungewöhnliche.

Es sei hier noch angemerkt, dass introvertierte Feinfühlige in den skizzierten Situationen wohl zurückhaltend reagiert hätten. Gerade überraschende Momente, wie auch die Erkenntnis der eigenen Veranlagung einer sein kann, lassen diese Menschen zuerst innehalten, was in solchen spontanen Situationen leicht als Abwehr oder Zurückweisung interpretiert werden kann.

> Kennen Sie eigentlich Gustav? Nein? Nun, dann lernen Sie Ihn doch jetzt kennen! Er wird uns in diesem Buch eine Weile begleiten und uns einen Einblick in sein Leben gewähren.
>
> Gustav ist ein ruhiger und liebevoller Geselle, wohnt alleine, liebt seine Partnerin Frederike sehr und arbeitet als Bibliothekar. Neulich hat Gustav das Wort „Hochsensibilität" irgendwo gelesen und ist seither ganz aus dem Häuschen. „Die reden ja von mir! Die reden ja von mir!" Wie ein aufgescheuchtes Huhn läuft er in seiner Wohnung auf und ab, macht seine beiden Freunde Hilmar und Peter mit seinen Fragen und Überlegungen völlig verrückt und offenbart seiner Frederike, dass er nun ein neuer Mensch werde. Sie rollt mit den Augen, lehnt sich entspannt zurück und wartet ab. Sie ist keine Hochsensible.

3.1.1 Reaktionen auf die Erkenntnis

Die tatsächliche Erkenntnis, selbst hochsensibel zu sein, ist für viele ein einschneidendes Erlebnis. Dieses Sich-erkannt-Fühlen löst in der Regel entweder Erschrecken oder große Freude aus. Das Typische und Besondere in der Darstellung der Hochsensibilität ist, eigene Wesenszüge positiv beschrieben zu sehen, die bislang negativ bewertet wurden. Es mag Ausnahmen geben, die aufgrund eines feinfühligen Umfelds in der Kindheit einen positiven Zugang zu den eigenen Besonderheiten haben, aber viele Hochsensible haben doch etliche belastende Erfahrungen mit ihren speziellen Wesenszügen machen müssen.

Die Erkenntnis eigener Betroffenheit kann dreierlei Reaktionen hervorrufen:

1. „Aha. Interessant. Ich kenne das, was dort geschrieben steht, aber ich habe keine Probleme damit beziehungsweise mit mir."
2. „Ach du meine Güte! Ich fühle, dass das, was dort steht, etwas mit mir zu tun hat, aber ich möchte nicht so sein! Ich will ganz normal sein, so wie alle anderen auch."
3. „Hurra, ich bin hochsensibel! Jetzt weiß ich endlich, warum ich so bin, wie ich bin. Jetzt verstehe ich endlich, warum ich mich schon immer mit diesen oder jenen Schwierigkeiten herumgeschlagen habe! Und jetzt habe ich endlich auch eine Erklärung, dass ich völlig okay bin und so sein *darf*, wie ich bin."

Menschen, die wie in *Beispiel 1* reagieren, werden sich vermutlich nicht sonderlich lange mit dem Phänomen befassen, es sein denn, es ist im beruflichen Kontext für sie von Interesse. Da es – momentan – keinen inneren Leidensdruck gibt, besteht auch keine Notwendigkeit, sich derzeit im Sinne einer stärkenden Lebenshilfe mit dem Konstrukt Hochsensibilität tiefer zu befassen. Es kann jedoch durchaus sein, dass sich die Lebensumstände ändern und sich dieses Thema zu einem späteren Zeitpunkt in den Vordergrund drängt, wie zum Beispiel durch eine hochsensible Partnerin, spezifische Schwierigkeiten im Arbeitsteam oder außergewöhnliche Lebenssituationen, die das eigene hochsensible Empfinden und Verhalten belasten.

Menschen, die wie in *Beispiel 2* reagieren, haben es leider etwas schwerer. Nach meiner Erfahrung sind jene Hochsensiblen oftmals sehr stark mit den allgemeingültigen Normen unserer Gesellschaft verbunden. Eine Abweichung oder eben ein „Anderssein" wird negativ bewertet. Die scheinbar mangelnde Fähigkeit, die eigenen Wesenszüge an die Verhaltensweisen der Normalbevölkerung anzupassen, wird als eigenes Versagen empfunden. Hier einige Beispiele: Small Talk: „Ich kann mich eben nicht so gut unterhalten wie meine Kollegen. Mir fällt immer nichts ein." Stimmungen anderer wahrnehmen: „Bestimmt bilde ich mir das nur ein." Keine (plötzlichen) Veränderungen mögen: „Ich war schon immer so unflexibel. Deswegen habe ich auch immer Stress mit meiner Frau." Perfektionistisch: „Meine Kollegen und auch meine Chefin sind immer genervt, wenn ich auf Fehler hinweise oder so lange brauche, bis ich meine Aufgabe abschließe. Dabei versuche ich schon, mich zu beeilen."

Zu jenen Menschen, die die Erkenntnis ihrer Veranlagung freudig annehmen, also *Beispiel 3,* komme ich in Abschn. 3.1.3.

3.1.2 Erkenntnis versus Gewohnheit

Gerade die positive Bewertung hochsensibler Merkmale berührt uns Feinfühlige zutiefst, bringt aber auch eingeschliffene Muster und Haltungen durcheinander. Wir könnten eigentlich meinen, eine positive Beschreibung führe zu Freude und einer größeren Zufriedenheit. Nicht unbedingt! Und nicht sofort!

Stellen Sie sich bitte Folgendes vor: Sie haben jahrelang in Ihrer Küche ohne Arbeitsplatte gewirtschaftet. Sie haben Brot, Gemüse und allerlei andere Dinge auf dem Küchentisch geschnitten, außerdem haben Sie die Brote auch auf diesem Tisch zubereitet. Das Geschirr stand bis zum Abwasch immer im Spülbecken, und die Töpfe – mit oder ohne Inhalt – belagerten stets den Herd. Nun kommt ein guter Freund oder eine gute Freundin daher und schenkt Ihnen eine neue Kücheneinrichtung, gleich mit Montage dazu. Tags darauf rücken die Handwerker an, schieben, schrauben und sägen den ganzen Tag.

Am Abend dürfen Sie wieder Ihre Küche betreten und … sind begeistert! Es ist wunderbar geworden! Aber automatisch, legen Sie das Brot wieder auf den Tisch, ebenso wie auch das Gemüse. Dass das schmutzige Geschirr nun *neben* der Spüle Platz hat, finden Sie toll, aber es braucht Tage, bis Sie Ihre verinnerlichten Handgriffe so angepasst haben, dass das Geschirr auch tatsächlich *neben* der Spüle landet.

Genauso ist es auch mit unseren verinnerlichten Verhaltens- und emotionalen Mustern. Wir sind gewohnt, auf bestimmte Weise zu handeln und zu fühlen. Wenn nun plötzlich vieles „umgestellt" wird – aus „falsch" wird „richtig" –, gerät unser inneres System in Verwirrung. Unser Inneres weiß in dem Moment nicht, was tatsächlich „falsch" oder „richtig" ist. Schließlich haben wir uns jahrzehntelang in einer uns vertrauten Weise durch unser Leben bewegt. Es kam zwar zu Engpässen und Krisen – das Geschirr stapelt sich in der Spüle –, aber das kannten wir und konnten es akzeptieren, auch wenn das Ergebnis nicht befriedigend war. Die neue Information bringt zwar unsere innere Glocke zum Schwingen, aber oftmals verhallt der Ton ungehört, da wir noch keine entsprechenden, und vor allem keine positiven

Erfahrungen mit den neuen Erkenntnissen haben. Was ist also in diesem Moment für unser inneres System „richtig"?

Unser psychisches System wird immer dafür Sorge tragen, dass ein gewisses Maß an psychischer Sicherheit gewährleistet bleibt. Durch die neuen Informationen scheinen nun die alten Strukturen in Gefahr zu geraten, und das psychische System reagiert, wenn das Empfinden der Gefahr groß genug ist, mit Abwehr.

Im ungünstigsten Falle können als unpassend wahrgenommene Verhaltens- oder Empfindungsweisen gar als Störungen oder Erkrankungen interpretiert werden. Einige Beispiele hierfür: Schnelle Erschöpfung: „Ich mache schon nicht so viel, aber ständig bin ich müde. Besonders schlimm ist es, wenn ich fünf Sachen gleichzeitig machen soll. Oder nach dem Einkauf in der Stadt. Ich muss mich mal untersuchen lassen." Leichte Ablenkbarkeit: „Ich kann mich einfach nicht konzentrieren. Wenn im Büro das Telefon klingelt oder die Kollegen am Nebentisch reden, dann geht gar nichts mehr. Das war schon in der Schule so. Ich habe womöglich ein ernstes Konzentrationsproblem?!"

3.1.3 Bin ich tatsächlich hochsensibel? – Bewertung

Die Konfrontation mit der eigenen Hochsensibilität stellt die Haltung zu sich selbst und vor allem die negative Selbstbewertung infrage: „Es kann doch nicht sein, dass all meine merkwürdigen Verhaltensweisen in Ordnung sein sollten? Sie entsprechen doch nicht der Normalität." Das kann zu einer ablehnenden Haltung als erste Reaktion auf das Erkennen der eigenen Hochsensibilität führen.

Jedoch können, wie schon im *Beispiel 1* beschrieben, auch diese Menschen zu einem späteren Zeitpunkt im Rahmen einer positiven Auseinandersetzung mit sich selbst lernen, ihre eigene Hochsensibilität zu akzeptieren und zu integrieren.

Aber nicht immer kommt beim Erkennen der eigenen Hochsensibilität ein Gefühl des Widerstands auf. Weit öfter sind die Betroffenen erleichtert, da nun endlich die Bürde des „Falschseins" abfällt. Die Last, nicht so sein zu dürfen, wie man ist, hat sich bislang Tag für Tag auf die Seele gelegt, drückte auf Stimmung und Körper und blockierte die eigenen Gaben. Dies geschieht so lange, bis der Moment kommt, an dem dieses falsche Selbstbild aufgelöst werden kann. Die Erkenntnis der eigenen Hochsensibilität ist ein solcher Moment!

Menschen, die wie in *Beispiel 3* reagieren, werden dann rasch freudig jedwede Information aufsaugen, die sie zwischen die Finger respektive vor die Augen bekommen. Hilft es doch, das eigene Wesen und die bislang als störend empfundenen Wesenszüge besser zu verstehen. Dadurch kann die Haltung dem eigenen Sein gegenüber – endlich – als richtig und sinnvoll eingeschätzt und genutzt werden. Die oftmals jahrzehntelang ausgebliebene positive Rückmeldung kann nun endlich stattfinden und das eigene Wohlbefinden ungewöhnlich schnell steigern.

Die Erkenntnis „Aha, ich bin wohl hochsensibel!" reicht allerdings nicht aus, um fortan ein erfülltes feinfühliges Leben zu führen. Wenn sich die ersten Staubwolken der Selbsterkenntnis wieder etwas gelegt haben, ist es sinnvoll, das eigene Leben oder bestimmte Lebensbereiche auf die Passgenauigkeit bezüglich der eigenen Hochsensibilität zu überprüfen und gegebenenfalls konkret daran anzupassen: Habe ich Freunde, die mir entsprechen, die mich mit meinen „Eigenheiten" respektieren und schätzen? Fühle ich mich in meinem Beruf gut aufgehoben, oder habe ich schon lange das Gefühl, wichtige Fähigkeiten von mir dort nicht ausleben zu können? Sind meine alltäglichen Lebensumstände auf meine individuellen Bedürfnisse nach Nähe, Distanz, Ruhe, Aktivität oder kreativem Ausdruck ausgerichtet, oder verstelle ich mich Tag für Tag, um anderen nicht zur Last zu fallen?

Ein kleines Beispiel mag diesen Prozess verdeutlichen: Stellen Sie sich vor, Sie seien 2,10 m groß – alle Leserinnen und Leser, die tatsächlich so groß und größer sind, wissen, wovon ich nun spreche. Gewöhnlicherweise sind unsere Betten jedoch nur 2,00 m lang und unsere Türen nur 2,00 m hoch, kurz: Alle Möbel haben gewisse Normgrößen, die nicht für Menschen dieser Länge passen. Sie können jetzt hergehen und ignorieren, dass Sie 2,10 m groß sind, und sich im Zuge der Normalität in das zu kurze Bett zwängen, unter jede Tür hindurchbücken und sich tief zur Spüle hinunterbeugen. Bequem wird dies allerdings nicht sein, und irgendwann führt es auch zu Unwohlsein oder gar zu körperlichen Beschwerden. **Wenn** Sie jedoch akzeptieren, dass Sie so groß sind, wie Sie sind, werden Sie sich vermutlich ein Bett mit Überlänge besorgen sowie entsprechend hohe Stühle, Tische und Ablagen organisieren. Sie werden sich Ihre Umgebung so weit als möglich an Ihre körperlichen Bedingungen und Bedürfnisse anpassen.

Anders herum gilt natürlich das Gleiche: Die Tochter einer Freundin wurde während ihrer ganzen Pubertät nicht größer als 1,49 m. So wurde in der Familie also fröhlich darüber gefrotzelt, dass sie mit ihren siebzehn Jahren sich im Auto ja bitte in den Kindersitz zu setzen hätte. Ein später Wachstumsschub erlöste sie nach ihrem achtzehnten Geburtstag von diesem Elend.

Welche belastenden langfristigen Auswirkungen eine unerkannte und nicht gelebte Hochsensibilität haben kann, werde ich in den folgenden Kapiteln genauer aus unterschiedlichen Perspektiven betrachten. An dieser Stelle sei nur darauf hingewiesen, dass sich psychische Belastungen, die durch eine nicht erkannte Hochsensibilität entstanden sind, im Coaching oder während einer psychotherapeutischen Begleitung verringern oder gar auflösen können. Daher kommt der *Selbsterkenntnis* eine zentrale Schlüsselrolle im Integrationsprozess zu.

> Wenn Sie sich von der Beschreibung hochsensibler Wesensmerkmale und spezifischer Fähigkeiten und Bedürfnisse angesprochen fühlen, nehmen Sie sich Zeit, die neuen Eindrücke auf sich wirken zu lassen. Es kann Sie sehr aufwühlen, beängstigen oder auch begeistern, nun eine Idee an der Hand zu haben, die Ihre möglichen Schwierigkeiten oder Besonderheiten positiv beleuchtet. Gestatten Sie sich, dieses neue Wissen in Ihrem Tempo und auf Ihre Weise zu vertiefen. Es gibt dabei kein Richtig oder Falsch – tun Sie es so, dass es *Ihnen* damit gut geht. Das ist der erste Schritt, Ihre Hochsensibilität zu integrieren.

3.2 Zweifel und Annahme

Mit dem Wissen wächst der Zweifel.
(Johann Wolfgang von Goethe)

> Gustav hat sich durch das Internet gewühlt und zwei Bücher zum Thema Hochsensibilität verschlungen. Ja, vieles trifft zu, aber es ist schon merkwürdig, dass es für all seine Sonderbarkeiten und kleinen und großen Lebensschwierigkeiten nun eine so einfache Erklärung geben sollte. Gustav krault sich zweifelnd den nicht vorhandenen Kinnbart und grübelt.

Wer kennt ihn nicht: den großen Zweifler in uns drinnen? Immer dann, wenn es um Entscheidungen oder Integration neuer Erkenntnisse geht, ist er stets zur Stelle und versalzt uns scheinbar die Suppe des schönen neuen Moments, macht uns die neue Idee madig oder verkompliziert eine vermeintlich einfache (Er-)Klärung.

Das ist auch gut so, denn der Zweifler sorgt für eine kritische Sicht auf die Dinge. Wie der Name schon sagt: als *Zwei*-fler steht diese innere Instanz in uns meist für den skeptischen, aber neugierigen Blick auf die *beiden Seiten* einer Medaille, macht uns das Für und Wider deutlich, zwingt uns, alles zu überdenken und zu überprüfen, um auf diese Weise zu einem tragfähigen Urteil zu gelangen.

Die Konfrontation mit dem Konstrukt Hochsensibilität kann vielfältige Zweifel in uns wecken: Ist das Konzept überhaupt richtig? Das klingt ja alles ganz schön, aber ich habe so schlechte Erfahrungen damit gemacht – das kann nicht funktionieren! Handelt es sich hierbei nicht nur um eine neue Krankheit? Oder gar eine Ausrede? Vielleicht ist es ja nicht Hochsensibilität, sondern ADHS? Oder Autismus? Oder eine Traumatisierung? Oder, oder, oder …

3.2.1 „… was es zu beweisen gilt!"

> Nicht alles, was gezählt werden kann, zählt.
> Und nicht alles, was zählt,
> kann gezählt werden.
> (Albert Einstein)

Das Erkennen der eigenen Hochsensibilität sorgt leider keinesfalls immer und sofort für eine Erleichterung und Beglückung. Und selbst wenn sich zu Beginn oder nach dem Lesen der ersten erhellenden Informationen oder erklärenden Bücher ein Hochgefühl einstellt, mag dies nach einer gewissen Weile wieder verfliegen und dem inneren nagenden Zweifler Platz machen, der da möglicherweise sagt: „Können meine Schwierigkeiten tatsächlich so ‚einfache' Gründe haben?" oder „Bestimmt haben sie da wieder ein neues ‚Du-bist-so-toll-Programm' entwickelt". Oder auch: „Die wissenschaftlichen Erklärungen erscheinen mir aber doch ziemlich dürftig. Es ist ja noch nicht einmal wissenschaftlich anerkannt!" Da wir in einer Kultur einer stark ausgeprägten „Wissenschaftsgläubigkeit" leben – nur was wissenschaftlich bewiesen wurde, kann richtig sein! –, ist ein solcher Einwand durchaus verständlich und nachvollziehbar.

Ja richtig, das Konzept der Hochsensibilität ist – zumindest in Deutschland – bis zum jetzigen Zeitpunkt weder wissenschaftlich bewiesen und anerkannt, noch hat es Einzug in die medizinische oder psychologische Praxis in Form von Diagnose und Behandlung gefunden. Oft werde ich von Hilfesuchenden gefragt, wo sie sich denn testen lassen können oder wer eine entsprechende Diagnose stellt. Noch bleibt mir leider nichts anderes, als den Fragenden zu sagen, dass der uns so vertraute Weg der wissenschaftlichen Bestätigung bei diesem konkreten Phänomen noch nicht geebnet wurde – aber ist das Konzept der Hochsensibilität als solches somit gleich verkehrt oder Scharlatanerie?

Nein! Wenn wir uns vor Augen halten, dass der Weg des Entdeckens eines Phänomens bis hin zur wissenschaftlichen Anerkennung, das heißt Aufnahme in Krankheits- oder Behandlungskataloge und in Ausbildungspläne, gerne einmal fünfundzwanzig Jahre dauern kann, wird klar, warum das Merkmal Hochsensibilität hierzulande nur schwer akzeptiert wird. Starteten Elaine Aron und ihr Mann Arthur Aron doch erst zu Beginn der 1990er-Jahre mit ihren ersten Untersuchungen und Befragungen und wurde Elaine Arons erstes Buch zu diesem Thema sogar erst 1996 veröffentlicht. Und dies geschah in den USA. Es bedurfte also noch des Sprungs über den großen Teich, der meist auch etwa fünf bis zehn Jahre dauert.

Jedoch unterstützt die wachsende Globalisierung und virtuelle Vernetzung heutzutage die schnellere Verbreitung neuer Informationen weltweit. Hat in Indien ein Forscherteam vielleicht neue Erkenntnisse in der Quantenphysik gewonnen, so ist diese Information schon einige Monate später über den ganzen Erdball gereist. Allerdings ist dies nicht gleichzusetzen mit der wissenschaftlichen Anerkennung eben dieses neuen Wissens. Nun erst beginnt der langwierige und zähe Weg der naturwissenschaftlichen Forschung, ohne deren „Zustimmung" keine Erkenntnisse öffentliche Akzeptanz erringen. In dieser Phase befinden wir uns derzeit im deutschsprachigen Raum.

3.2.2 Selbstzweifel

Neben den Zweifeln an der Wissenschaftlichkeit des Konzepts der Hochsensibilität führen aber noch ganz andere Überlegungen zu Skepsis und Kritik. Eine Frage, die häufig aufkommt, lautet: „War denn alles falsch, was und wie ich es bisher empfunden und getan habe?"

Wir hochsensiblen Mensch setzten uns oftmals unser Leben lang mit der Unterschiedlichkeit unserer eigenen Wahrnehmungen und der anderer intensiv auseinander – meist zuungunsten der eigenen Empfindungen. Durch die permanente Konfrontation mit einem anders gearteten Umfeld ist unser selbstkritischer Blick schon derart verinnerlicht, dass diese Selbstüberprüfung kaum noch bewusst wahrgenommen wird. Den durch die feine Nase aufgenommenen unangenehmen Geruch im Raum übergehen wir, um nicht für noch mehr Unverständnis bei den Freunden zu sorgen. Da erfolgt der genervte Blick zu den Neonröhren, die die empfindlichen Augen reizen, nur heimlich, um nicht wieder zum Zankapfel im Büro zu werden. Das belanglose Geplauder der Kolleginnen oder Kollegen in der Mittagspause ertragen wir schweigend, obwohl der Wunsch nach spannenden und gehaltvollen Gesprächen innerlich immer stärker wird, aber als solcher nicht bewusst ist. Das Fatale an der Verdrängung der eigenen Wahrnehmungsfähigkeit ist, dass auch unsere eigenen Bedürfnisse umso unbewusster werden, je mehr wir sie verdrängen. Wenn Sie lange genug den Wunsch nach tiefen Gesprächen unterdrücken, ist der Wunsch irgendwann nicht mehr fühlbar. Nur ein Empfinden von innerer Leere und Unzufriedenheit bleibt zurück, das Ihnen aber zu wenig Orientierung gibt, als dass Sie sich gezielt auf die Suche nach einer passenden Auflösung begeben könnten. Sie wissen ja nicht, dass Ihnen tiefe Gespräche fehlen; Sie wissen ja nicht, dass Sie die Oberflächlichkeit von Small Talk anstrengt. Frustration und Selbstzweifel sind logische Konsequenzen.

Gerade die feinen und subtilen Empfindungen hochsensibler Menschen geraten durch den Prozess der Verdrängung und Anpassung an die normalsensible Umwelt schnell ins Unbewusste und führen dort ein unbewusstes und nicht nachzuvollziehendes Eigenleben. Die Unzufriedenheit auf der Arbeit lässt sich nicht erklären, die Ängstlichkeit des Kindes im Unterricht ist für den Lehrer nicht nachvollziehbar, die Traurigkeit in der Beziehung hat keinen konkret erkennbaren Auslöser. Dies alles führt zu einer diffusen inneren Verunsicherung und Frustration, in der durch die noch größere Anpassung an die Normalität Halt gesucht wird.

> Entscheidungen zugunsten vermeintlich „normaler" Verhaltensweisen oder Bedürfnisse fallen rasant schnell, so dass es schon geschulter Beobachter bedarf, um dies aufzudecken und sich darüber bewusst zu werden. Spezielle Selbstbeobachtungsübungen können Ihnen dann das eigene Verhalten im Alltag präsenter machen, aber dafür braucht es eben zuerst das Wissen, dass solcherlei innere Entscheidungen tatsächlich getroffen wurden.

Selbstzweifel bergen die Gefahr, vieles vom eigenen Wesen anzuzweifeln. Je mehr wir uns als hochsensible Menschen in der Vergangenheit versuchten, anzupassen, desto mehr mussten wir die eigenen Wesenszüge verbiegen und umso ferner scheinen die Merkmale, die uns als hochsensible Menschen tatsächlich zu eigen sind. Einzig die Brüchigkeit der angenommenen „normalen" Wesenszüge macht deutlich, dass da noch etwas anderes sein muss. Wie durch kleine Risse in einem mit der Zeit spröde gewordenen Gummi eines Reifens schimmern die eigentlichen Bedürfnisse hindurch, lassen Wünsche von Ruhe oder Tiefgang erahnen oder Fähigkeiten von besonderer Gewissenhaftigkeit oder Kreativität erkennen. Da dieses Schimmern anfänglich nur sehr schemenhaft und vergänglich auftritt, haben wir als Hochsensible im Wandel noch kein Vertrauen und keine Sicherheit in diese Wahrnehmungen. Die alte angepasste, aber vertraute Art des Seins ist noch viel zu stark, zu stabil, zu präsent, als dass das neue Empfinden eine Chance hätte, in dieser ersten Phase der Integration bereits Fuß zu fassen. Zweifel an sich selbst und an dem Konzept machen sich breit.

Petra, eine verkannte Künstlerin und seit Jahren als Verwaltungsangestellte beschäftigt, brauchte im Coaching Monate, um sich an ihre künstlerische Ader zu erinnern, wieder zu ihr Vertrauen zu fassen und sie aktiv in ihr Leben zu holen. Sie glaubte ihren Freundinnen nicht, die da sagten, sie könne toll malen. Sie glaubte ihren Bekannten und Kollegen nicht, die ihr immer wieder sagten, dass sie wunderbar fotografieren könne, einen besonderen Blick hätte. Und selbst, als sie ihre Gabe mehr und mehr für sich selbst annehmen konnte, nagten die Zweifel weiter an ihr.

> Gerade wenn Ihre Selbstzweifel stark und ausdauernd sein sollten, ist professionelle Unterstützung sinnvoll. Die Zweifel können Ihre innere Öffnung vereiteln und somit den Integrationsprozess ins Stocken bringen oder gar blockieren. Das wäre höchst bedauerlich, denn Ihr innewohnendes Potenzial könnte sich somit nicht wirklich entfalten.

3.2.3 Schon wieder eine neue Krankheit?

Die medizinische Forschung hat so enorme Fortschritte gemacht,
dass es überhaupt keine gesunden Menschen mehr gibt.
(Aldous Huxley)

Ein anderer Zweifler ist der „Krankheitsblick". In den ersten Jahren meiner Arbeit mit dem Konzept und den betroffenen Hochsensiblen wurde ich immer wieder gefragt, ob dieses Phänomen nicht doch eine Krankheit sei. Zu glauben, dass alles, was ein Leben lang als falsch, störend, belastend oder gar krank empfunden oder bezeichnet und mit viel innerer Kraft vermieden und unterdrückt wurde, nun mit einem Schlag als richtig einzustufen, erscheint doch zu sehr als Hokuspokus. Bislang wurde zum Beispiel ein großes Rückzugsbedürfnis als soziale Unfähigkeit oder gar Phobie eingestuft. Es mag die Erkrankungen tatsächlich geben, aber im Kontext einer möglichen hochsensiblen Veranlagung ist es vonnöten, genau zu schauen, worin die eigentlichen Ursachen liegen und welche Bedürfnisse dahinterliegen. Auch die hohe Reiz- und Informationsaufnahme gilt in der Medizin als

Reizfilter*schwäche,* also als ein Defizit, ein Unvermögen! Und nun ist das alles völlig normal, gehört zum Wesen eines Hochsensiblen einfach dazu?

An dieser Stelle fungiert der Zweifler auch als Bewahrer des Alten, des Bewährten. Die Psyche ist stets bemüht, einen möglichst stabilen Zustand aufrechtzuerhalten. Bewährt bedeutet in diesem Zusammenhang, dass das entsprechende Verhalten in der Situation, in der es entstanden ist, sinnvoll und nötig war. Allerdings ist dieses Verhalten nach vielen Jahren der Reife und Weiterentwicklung oft nicht mehr der aktuellen Situation oder dem aktuellen Empfinden angemessen. Die Psyche jedoch hält – aus Sicherheitsgründen – am Bewährten fest. Dies kann im Hier und Jetzt zu unangemessenen Reaktionen und Haltungen führen. Der Zweifler führt dann in der Regel die Argumente des Bewährten auf.

Gerade der Ansatz, bislang als Störung oder Krankheit eingestufte Verhaltensweisen nun im Rahmen der Hochsensibilität als völlig normale Wesenszüge zu sehen, verwirrt anfangs häufig. Konfrontiert uns diese Sicht doch mit verinnerlichten Werten über das Falsch und Richtig eigenen Empfindens und Handelns.

In den anfänglichen Zeiten meiner Beschäftigung mit Hochsensibilität und der möglichen Verbindung mit Störungsbildern hatte ich folgendes Erlebnis: Ich meldete mich in einem AD(H)S-Forum an, weil ich schon seit einer Weile über die Parallelität der beiden Phänomene stolperte. In vielen Gesprächen mit anderen Hochsensiblen und pädagogischen Fachkräften in meinen Fortbildungen wurde immer deutlicher, dass das Störungsbild AD(H)S zu auffällig mit wesentlichen Merkmalen der Hochsensibilität in Verbindung stand. Was mich zu diesem Zeitpunkt jedoch am meisten beschäftigte, war das Problem der Stigmatisierung, das von einem Störungsbild ausgeht. Oder anders ausgedrückt: Mich faszinierte die Freiheit und positive Bestärkung, die das Konzept der Hochsensibilität den Betroffenen zuspricht. Ich ging davon aus, wer durch ein Störungsbild stigmatisiert wurde, müsste sich doch freuen, einen Weg aufgezeigt zu bekommen, der dort hinaus führt.

In dem AD(H)S-Forum postete ich also einen kurzen Beitrag mit dem Tenor, ob AD(H)S nicht eine unerkannte Hochsensibilität sein könne. Und wenn dem so sei, wäre es doch gut, dies zu wissen, weil ich als AD(H)S-Betroffene unter Umständen gar nicht krank wäre, sondern „nur" hochsensibel – und damit lasse sich ja durchaus anders leben.

Auf das, was dann geschah, war ich nicht vorbereitet. Binnen kürzester Zeit häuften sich die Antworten auf meinen Beitrag. Allerdings waren positive Meldungen eindeutig in der Minderzahl! Die Beiträge reichten von

„Du hast ja keine Ahnung!" über „Willst du uns unsere Krankheit in Abrede stellen?" bis hin zu sehr persönlichen und verunglimpfenden Beschimpfungen. Ich versuchte, so sachlich wie möglich auf manche Fragen und Beiträge einzugehen, worauf der Ton noch „unfreundlicher" wurde, bis dann nach drei Tagen plötzlich die komplette Korrespondenz zu meinem Beitrag in diesem Forum verschwunden war – ohne Erklärung, ohne Benachrichtigung an mich oder sonstige Hinweise. Das hat mich sehr nachdenklich darüber gemacht, was es mit dem Selbstbild beim Störungsbild AD(H)S eigentlich auf sich hat. Warum reagieren Menschen derart wütend und abwertend, wenn ihnen eine Möglichkeit aufgezeigt wird, ihre Krankheit anders bewerten zu können?

Natürlich möchten wir gerne gesund sein und als gesund gelten. Dennoch kann Krankheit in bestimmten Lebensphasen oder -umständen Sicherheit und Orientierung bieten. Viele Menschen, die ihre Hochsensibilität entdecken, seufzen am Beginn erleichtert auf, dass sie nun endlich wissen, was mit ihnen los ist.

Für manche Menschen mag in einer solchen Atmosphäre eine Störungs- oder Krankheitsdiagnose ebenfalls Sicherheit geben: „Ach, jetzt verstehe ich mich! Jetzt hat das Kind einen Namen." Das Fatale daran ist nur, dass ein Mensch durch eine Störung wie zum Beispiel AD(H)S als „nicht in Ordnung" stigmatisiert wird. „Du leidest unter einer Konzentrationsschwäche. Das ist nicht gut und muss behandelt werden. Du musst lernen, dich besser zu konzentrieren." In meinen pädagogischen Fortbildungen habe ich immer wieder sehr traurige und berührende Geschichten von Kindern gehört, die darüber verzweifelt waren, dass sie so, wie sie waren, nicht als „richtig" anerkannt wurden und sich stattdessen mit einer belastenden Diagnose auseinandersetzen mussten.

Eine Bekannte gab Entspannungsunterricht für Erst- und Zweitklässler. Eines Tages erzählte sie mir von einem sechsjährigen Mädchen, das in den Unterricht gekommen sei und lauthals rief, sie habe von Geburt an ADHS. Ich bat meine Bekannte, dieses Mädchen etwas genauer zu beobachten. Sie erzählte mir wenig später folgende Begebenheit: Jedes Kind in der Gruppe hatte die Aufgabe, einen Lückentext auszufüllen. Das besagte Mädchen nahm das Blatt mit dem Text, verzog sich unter einen Tisch, hängte eine Decke darüber und rief als einer der Ersten, dass sie fertig sei und noch so ein Blatt haben wolle. Alle anderen Kinder waren froh, kein weiteres Blatt ausfüllen zu müssen. Kein Hinweis von Konzentrationsproblemen bei dem Mädchen, kein Hinweis auf Unruhe, Zappeligkeit oder Fahrigkeit in dieser Situation. Ganz im Gegenteil!

Aber schauen wir doch einmal, wofür dieses Mädchen von sich aus in dieser Situation eigentlich gesorgt hat: Sie hat sich einen Rückzugsraum organisiert (Tisch) und die von außen einflutenden Reize verringert (Decke). Somit erhöhte sie ihre Konzentration, ohne dass sie sich über Gebühr dafür anstrengte. Sie musste auch nicht „behandelt" werden, um ihre Konzentrationsfähigkeit zu erhöhen. Sie hat einfach nur das Richtige für sich selbst getan und die Bedingungen ihrer Umwelt an ihre momentanen Bedürfnisse angepasst. Eine optimale Lösung für ein hochsensibles Nervensystem!

Seit ich mich mit Hochsensibilität beschäftige, fällt mir der provokante Charakter dieses Konstrukts auf. In einer stärker an Krankheit als an Gesundheit orientierten Gesellschaft propagiert es das Richtigsein mit Besonderheiten, vor allem auch jenen Besonderheiten, die im Normalfall nicht wirklich als vorteilhaft eingestuft werden wie zum Beispiel größeres Rückzugs- oder Pausenbedürfnis, Wahrnehmungen außerhalb des Normbereichs, an Pingeligkeit grenzende Gewissenhaftigkeit und Perfektion oder starker Eigenwille. Es spricht Mut zu, anders zu sein und aus dem Rahmen zu fallen. Zwar nehmen die gesellschaftlichen Strömungen allmählich zu, die eine Ausrichtung an den Ressourcen des Menschen unterstützen, aber noch ist Prävention keine Selbstverständlichkeit vor der Krankheitsbehandlung. Dies hat verschiedene Gründe, auf die ich in diesem Buch nicht tiefer eingehen möchte, da sie sonst den hier gesetzten Rahmen sprengen würden. Ich möchte nur darauf hinweisen, dass die Integration der Hochsensibilität ein präventiver Ansatz ist, da er gerade auf die Ressourcen und die Gaben des betroffenen Menschen eingeht und sie – als positive Eigenschaften – in den Mittelpunkt stellt.

3.2.4 Yes, I am! – Annehmen

Wir sehen, der Zweifel ist zuweilen ein anstrengender, aber durchaus hilfreicher Partner. Er sollte beachtet werden, um einzelne Aspekte des eigenen Lebensentwurfs nach und nach auf ihre aktuelle Stimmigkeit zu überprüfen. Hierfür dient der Zweifler als Wegweiser, Kontrolleur und Bewahrer des Gleichgewichts, aber nur, wenn wir ihm nicht zu viel Gehör und Aufmerksamkeit schenken. Ansonsten wird er uns vom Weg abhalten, indem er uns blockiert. Würden Sie ständig mit dem Konzept der Hochsensibilität hadern, würden Sie keinen Zugang zum Konzept selbst, aber auch nicht zu Ihren hochsensiblen Seiten bekommen.

Der Gegenspieler des Zweifelns ist das Annehmen. Annehmen bedeutet, sich dem Neuen öffnen, für Veränderungen bereit sein, Altes loslassen, Zuversicht willkommen heißen. Das Annehmen ermöglicht uns die Weiterentwicklung. Unser bisheriges Bild von uns selbst und der Welt wird erweitert und mit neuen Impulsen angereichert.

> Annehmen ist meist mit einem positiven inneren Körpergefühl verbunden, das heißt, Sie spüren es, ob Sie zweifeln oder annehmen. Kribbelt es angenehm im Bauch, wenn Sie über diese Disposition nachdenken? Fühlen Sie sich beflügelt, wenn Sie sich Ihre „neuen" Fähigkeiten vor Augen führen? Beglückt es Sie, mit anderen über Ihre neue Entdeckung zu sprechen?

Meist fällt uns das Annehmen paradoxerweise schwerer als das Zweifeln. Das liegt meines Erachtens an unserer kulturellen Prägung. Einerseits leben wir seit Jahrhunderten in der wissenschaftlichen Tradition des kritischen Hinterfragens. Der kritische Blick ist dabei das Erste und Wichtigste im Kontakt mit neuer Information. Andererseits haben wir selten in der Kindheit erfahren dürfen, dass wir, so wie wir sind, einfach in Ordnung sind. Daraus folgt der zuvor schon beschriebene Selbstzweifel.

Die Auseinandersetzung mit der eigenen Hochsensibilität fordert uns nun jedoch enorm in der Annahme unseres Selbstbildes und Selbstwertes. „Ich bin richtig, so wie ich bin!" war für mich immer wieder ein – fast undenkbarer – zentraler Gedanken in den ersten Jahren der Integration. Er ist auch heute noch aktiv, aber inzwischen sind die weißen Flecken der fehlenden Selbstannahme kleiner geworden und der Selbstzweifel fokussiert sich mehr auf bestimmte, meist alte Gedankenmuster und Verhaltensweisen.

Vor dem Annehmen kommt jedoch das Loslassen! Im Integrationsprozess der Hochsensibilität geht es um das Loslassen alter Gedankenmustern wie zum Beispiel: „Ich muss mich nur genug anstrengen, dann mögen die anderen mich auch." Es gilt, überholte Selbstbilder loszulassen: „Ich bin keine gute Arbeitskraft, weil ich nicht so belastbar bin wie die anderen!" und das Anerkennen von verinnerlichtem Schmerz und Wut: „Warum haben mich meine Eltern nie wirklich akzeptiert? Ich könnte sie heute noch schütteln für ihre Ignoranz und Härte mir gegenüber!"

> Wie bei einer Wohnungsrenovierung muss beim Annehmen der eigenen Hochsensibilität zuerst die alte Tapete von den Wänden gekratzt werden, damit die neue Wandgestaltung einen klaren und gut haftenden Untergrund erhält, der ihr Stabilität und Schönheit gewährt. Gönnen Sie sich hierfür Zeit und gegebenenfalls auch professionelle Hilfe. Manches bei der Renovierung geht leichter von der Hand, wenn Sie es Fachleuten überlassen. Lassen Sie sich von ihnen durch den Dschungel der Formen, Farben und nötigen Arbeitsschritte führen.

Das Zweifeln, Loslassen und Annehmen im Integrationsprozess der Hochsensibilität ist kein linearer Prozess, frei nach dem Motto: „Erst kommen die Zweifel und wenn alle Zweifel geklärt und ausgeräumt sind, kann ich die Sache annehmen." Nein, es geht meist ständig durcheinander, immer wieder hin und her. Ist die eine Facette, das eine Merkmal positiv erkannt und angenommen, hakt sich der Zweifler an einem anderen Thema fest, um das schon akzeptierte Thema wieder ins Wanken zu bringen – oder umgekehrt. Diese erste Phase im Integrationsprozess ist eine höchst dynamische! Sie bedarf aller Neugier, die Sie haben! Sie braucht Ihren Mut und Ihre Bereitschaft, sich mit sich selbst und Ihrer Vergangenheit auseinanderzusetzen! Dies wird dann in der zweiten Phase konkret. Dieser Prozess fordert Sie ganz und gar in Ihrer Ehrlichkeit mit sich selbst, denn im Anerkennen der eigenen Hochsensibilität liegt auch die Akzeptanz, anders als viele andere zu sein und zu lernen, zu sich selbst zu stehen, egal wann und wem gegenüber!

Aber verzagen Sie bitte nicht! Wenn Sie sich auf Ihren Weg begeben, wenn Sie sich zu Ihrer Hochsensibilität aufmachen, werden Sie um ein Vielfaches Ihrer Hoffnungen und Erwartungen beschenkt! Vorausgesetzt, Sie machen sich zuvor kein Bild davon!

> An einer neuen Information anfangs zu zweifeln ist ein völlig gesunder Vorgang. Betrachten Sie das Ganze von allen Seiten, die Sie erkennen können. Allerdings verhaften Sie nicht im Zweifel – genauso wenig wie in der unreflektierten Begeisterung! –, sondern räumen Sie der Möglichkeit „Es könnte ja auch sein, dass es stimmt" immer wieder Platz in Ihren Überlegungen ein. Ihr Körper ist dabei ein guter Wegweiser, um Sie beim Erkennen der für Sie zutreffenden Aspekte zu leiten.
>
> Reden Sie mit Menschen Ihres Vertrauens, Spezialisten oder anderen Hochsensiblen über Ihre Zweifel und Gedanken. So können Sie auch Ihre eigenen Überlegungen überprüfen und erhalten neue Impulse für Ihren Umgang mit Ihrem hochsensiblen Wesen.

3.3 Über die Freuden eines guten Buches – Wissenserweiterung

Ein Leser hat's gut: Er kann sich seine Schriftsteller aussuchen.
(Kurt Tucholsky)

> Als Bibliothekar ist es für Gustav kein Problem, an gute Bücher zu kommen. Anfangs genießt er die Vielfalt, aber langsam werden die Fragen, die in ihm aufkommen, spezieller, und er sucht nach ausgewählten Büchern im Sinne von: „Ich und meine hochsensible Berufung" oder „Zeig mir dein Herz, ich zeige dir meine Hochsensibilität" oder „Fluch oder Segen – Hochsensible Gaben geben". Gustav sucht sich zu seinen beiden bereits verschlungenen Büchern noch fünf weitere aus. Jetzt will er's wissen!

Ein sehr typischer erster Schritt nach der Erkenntnis der eigenen Hochsensibilität ist die Suche nach Information, meist in Form von Büchern, Artikeln oder im Internet. Man möchten alles wissen: Was ist Hochsensibilität? Wie funktioniert sie? Woran erkenne ich sie? Woran erkenne ich sie bei mir? Da diese Fragen auch das eigene Erkennen bestätigen oder widerlegen sollen, kommt dieser Schritt meist sehr schnell nach dem ersten Kontakt mit der Begrifflichkeit Hochsensibilität. Vermutlich würden Sie auch, sobald es möglich ist, auf dem Nachhauseweg einen Abstecher in die Buchhandlung unternehmen oder sich, zu Hause angekommen, gleich im Internet umsehen und nach Informationen suchen, wenn Ihre Ärztin oder Ihr Therapeut zu Ihnen gesagt hätte, dass Sie vielleicht hochsensibel sein könnten.

Wer seine eigene Hochsensibilität entdeckt, ist in der Regel davon derartig aufgewühlt, erregt oder verunsichert, dass ein Gespräch darüber in der Familie, mit Freunden oder gar mit Kollegen möglicherweise zunächst undenkbar ist. Noch zu verletzlich, zu irritiert ist das Innere. Klienten erzählen mir immer wieder, dass sie Wochen, manchmal monatelang gewartet haben, bis sie ihre Entdeckung dem Partner erzählt haben. Manche erzählen es niemals im Arbeitsteam. Inzwischen kann ich beobachten, dass diese Prozesse etwas schneller gehen, da das Thema immer häufiger in der Öffentlichkeit besprochen und dargestellt wird. Zunehmend werden Artikel in Magazinen oder Tageszeitungen veröffentlicht, und Betroffene sowie Experten werden in unterschiedlichen Medien interviewt. Dadurch sinkt erfreulicherweise die eigene Hemmschwelle, ebenfalls darüber zu sprechen.

Manchmal werde ich gefragt, was zu Beginn denn sinnvoll zu lesen wäre. Da das Bücherangebot in den letzten Jahren stark gewachsen ist, kann es Neulingen zuweilen schwerfallen, das für sie richtige Einstiegsbuch zu finden. Es gibt einige generelle Tipps, die ich in einem solchen Fall gerne weitergebe:

Allgemein oder speziell?
Inzwischen gibt es etliche Bücher zu speziellen Teilbereichen der Hochsensibilität, als da wären: Beruf, Berufung, Kinder, Mütter, Partnerschaft, Selbststärkung, Grenzsetzung oder allgemeine Lebenshilfe für Hochsensible. Es ist

daher wichtig, dass Sie sich selbst erst einmal entscheiden, ob Sie eine allgemeine Einführung in das Thema lesen möchten oder Sie ein bestimmtes Thema interessiert.

Wissen oder Erfahrung?
Je nach Lesertyp mögen manche Menschen eher ein gehaltvolles Fach- oder Sachbuch lesen. Ich sage immer „Sie brauchen Futter". Andere wiederum schreckt genau das ab. Sie wollen vom Buch emotional abgeholt werden, möchten lesen, wie anderen es in vergleichbaren Situationen ergangen ist, möchten durch Fallbeispiele angeregt werden, eigene Lebenssituationen zu überdenken.

Sachlich oder spirituell?
In manchen Kreisen wird das Thema Hochsensibilität mehr oder weniger stark mit spirituellen Inhalten und Sichtweisen verknüpft. Ich halte dies keinesfalls für verkehrt, weiß aber, dass es auch unter Hochsensiblen durchaus Menschen gibt, die sich von spirituellen Ideen nicht angesprochen fühlen. Es droht dann unter Umständen die Gefahr, dass aufgrund der Ablehnung der spirituellen Aspekte das ganze Thema Hochsensibilität abgelehnt wird. Das fände ich sehr schade, und es würde dem Anliegen, das Wissen um das Phänomen Hochsensibilität zu verbreiten, nicht gerecht werden. Ich bin daher mit dieser Verknüpfung sehr vorsichtig, auch wenn viele Hochsensible einen offenen Zugang zu Spiritualität haben. Klären Sie daher für sich, wie Sie selbst dazu stehen und was Ihnen im Moment wichtig ist, zu lesen.

In der Regel geben die Titel oder Klappentexte der Bücher über Hochsensibilität einen guten Eindruck davon wieder, welche inhaltliche Ausrichtung das entsprechende Werk hat. In der am Ende dieses Buches befindlichen Quellen- und Literaturliste sind längst nicht alle erhältlichen Bücher aufgeführt, Sie können jedoch im Internet einen guten Überblick über Veröffentlichungen zu diesem Thema erhalten.

Im Zeitalter der Digitalisierung nutzen viele Leser inzwischen mobile Endgeräte. Aber ich kenne auch etliche, gerade Hochsensible, die nach wie vor ein gutes und ansprechendes Buch, das vielleicht noch etwas nach Druck riecht oder ein einladendes Bild auf dem Buchumschlag vorweist und ein angenehmes haptisches Gefühl in den Händen auslöst, sehr schätzen. Auch mögen es manche Leser – gerade bei Sach-, Fach- oder Arbeitsbüchern –, eigene Markierungen oder Symbole im Buch zu notieren.

Gönnen Sie Ihren Sinnen, sich auch beim Lesen wohlzufühlen, genießen zu dürfen. Das erhöht die Lesefreude und die gedankliche Aufnahmebereitschaft ungemein.

3.4 Zusammenfassung und Schlussfolgerung

Die Erkenntnis der eigenen Hochsensibilität ist der erste Schritt zur Integration und hat damit einen ganz besonderen Stellenwert. Die Art und Weise des Entdeckens sowie die emotionale Haltung dazu prägt – zumindest in Teilen – den weiteren Umgang mit dem Wissen um Hochsensibilität.

So können entweder Zweifel und Unsicherheiten oder Freude und Erleichterung in der ersten Integrationsphase überwiegen. Meist jedoch wechseln sich diese Zustände ab, sodass sich die erste Phase durchaus recht dynamisch gestalten kann. Sollten Sie die hochsensible Veranlagung bei sich vermuten, gilt es nicht nur, das Konstrukt der Hochsensibilität auf eine für Sie mögliche Weise zu akzeptieren. Es gilt zudem, Ihre eigenen Wesenszüge, Schwierigkeiten, Bedürfnisse und Grenzen anzunehmen. Auch dies ist ein wesentlicher Teil des hochsensiblen Integrationsweges.

Um einschätzen zu können, ob und in welcher Form Sie diese Veranlagung in sich tragen, sind weiterführende Informationen nötig. Fachliteratur, Artikel, Vorträge oder Biografien hochsensibler Menschen helfen Ihnen gerade in der ersten Zeit des Erkennens, hier ein tieferes Verständnis zu erlangen.

Ganz gleich, ob Sie anfänglich gleichgültig, ablehnend oder positiv auf diese Erkenntnis reagieren, sobald es zu Hindernissen im Leben kommen sollte, wird sich dieses Wissen wieder bei Ihnen melden und Fragen aufwerfen: „Bin ich vielleicht doch hochsensibel?" oder „Sollte ich mir diese Veranlagung doch etwas genauer anschauen?". Gerade weil dieses Temperamentsmerkmal so grundlegend ist, beeinflusst es alle weiteren Empfindungen und Handlungen, und somit ist dessen Berücksichtigung auch für alle Lösungs- und Heilungswege relevant.

4

Phase II: Die geistig-emotionale Integration des Phänomens

> Bevor Sie uneingeschränkt und richtig handeln können,
> müssen Sie das Gefängnis wahrnehmen, in dem
> Sie leben, und erkennen, wie es zustande gekommen ist.
> (Krishnamurti)

Diese Worte von Krishnamurti klingen hart, aber sie bringen auf den Punkt, was für so viele feinfühlige Menschen Alltag ist: in überholten Glaubensmustern gefangen zu sein und von alten Verletzungen drangsaliert zu werden. Und dies nicht, weil sie sich als Kinder völlig daneben benommen oder unfähige Eltern gehabt hätten, sondern oftmals „nur" aufgrund der Veranlagung zur Feinfühligkeit.

Aber Sie sind nun ja auf Ihrem Weg bereits in Phase II angekommen. Hier gilt es, jene alten Muster und Verletzungen zu entlarven, zu schauen, was gehört eigentlich zu Ihrer hochsensiblen Veranlagung und was nicht. Es geht darum, jene Mechanismen zu erkennen, die dazu führten und führen, dass Sie nicht Sie selbst sein konnten oder heute noch immer nicht sein können. Ohne diesen Schritt ist eine tiefer gehende Annahme Ihrer Veranlagung schwierig. Beginnen wir mit ein wenig Begriffsklärung.

4.1 Was bedeutet „geistig-emotionale Integration"?

Den Begriff Integration können wir auch mit „Hineinnehmen" oder „Hinzufügen" übersetzen.

Je nach inhaltlichem und kulturellem Kontext ändert sich die Bedeutung ein wenig, aber immer geht es darum, dass etwas, das vorher außerhalb war – außerhalb einer Gruppe, einer Situation, einer Kompetenz – nun mit hinzugenommen wird. Der Prozess des Integrierens gestaltet sich in der Regel unterschiedlich leicht beziehungsweise schwierig. Je komplexer die Grundsituation ist, in die hinein integriert werden soll, umso schwieriger kann sich der Prozess gestalten. Ist das zu Integrierende in sich ebenfalls komplex wird der Integrationsprozess äußerst vielschichtig, mit einer breiten Palette von Facetten, Variationen und zu berücksichtigenden Gestaltungsformen.

Wir können dies bei jedem Integrationsunterfangen in der Gesellschaft sehen: Wie aufwendig sind die Wege der Migrantenintegration. Es müssen nicht nur die kulturellen Bedingungen, Bedürfnisse und auch Grenzen der Mitbürger beachtet werden, sondern auch die der Migranten, die teilweise aus kulturell sehr anderen Lebenszusammenhängen ins Land kommen. Zusätzlich müssen auch sämtliche logistischen – das heißt räumliche, örtliche, finanzielle, rechtliche und zeitliche – Bedingungen miteinander in Einklang gebracht werden.

Ein anderes Integrationsbeispiel ist die Inklusion in Kitas und Schulen. Das Ansinnen ist es, alle Kinder und Schüler ohne Aussonderung in einem Klassen- oder Gruppenverband zu begleiten. Es finden sich also Kinder mit körperlichen und gegebenenfalls auch geistigen Beeinträchtigungen gemeinsam mit gesunden, normal begabten sowie hochbegabten Kindern in einer Klasse zusammen. Dass dies besonderer räumlicher, zeitlicher und finanzieller Bedingungen sowie auch speziell geschulter Fachkräfte vor Ort bedarf, ist nachvollziehbar.

Auch die Integration der Hochsensibilität ist ein solcher Prozess. Sie sind der vielschichtige Mensch, der Sie bis zum heutigen Tag waren. Und nun kommt diese, auch in sich sehr komplexe Information auf Sie zu und klopft unter Umständen lautstark an Ihre Tür. Da Sie spüren, dass Sie mit diesem Thema zu tun haben, dass das Konzept der Hochsensibilität Sie innerlich berührt und eine Glocke in Ihnen zum Schwingen bringt, öffnen Sie die Tür – und schon beginnt der Integrationsprozess! Je nachdem wie groß Ihr Türspalt ist beginnt nun ein längerer oder kürzerer Weg der Auseinandersetzung mit diesem Phänomen.

Hochsensibilität ist eine Veranlagung, und als solche zeigt sie sich auf der geistigen und emotionalen Ebene Ihres Wesens. Daher findet der Integrationsprozess auch genau dort statt: bei Ihren Gedanken, Gefühlen und letztlich Ihrem Handeln. In dieser zweiten Phase geht es um all jene Aspekte und

Schritte, die in diesem Prozess der inneren Auseinandersetzung „Bin ich tatsächlich hochsensibel? Ja, ich bin es!" sichtbar werden. Sie nehmen bei der Integration Ihrer Hochsensibilität nicht etwas von außen auf, sondern Sie integrieren etwas, was schon seit Ihrem ersten Lebenstag in Ihnen ist, aber wahrscheinlich in einem langen Dornröschenschlaf schlummerte – bis jetzt.

Durch die Konfrontation mit dem neuen Wissen werden die alten geistigen, aber vor allem auch Ihre etablierten emotionalen Haltungen und Überzeugungen nun geweckt und hinterfragt. Bin ich vielleicht gar nicht so unmöglich, so anstrengend, so anders, wie andere mir früher immer vermittelt haben? Tun mir meine Freunde, meine Arbeit oder gar manche Familienmitglieder gar nicht so gut?

Nach dem ersten Schritt der Erkenntnis „Aha, ich bin hochsensibel!" kommt nun der zweite Schritt, genauer zu schauen, wie, auf welche Weise sich Ihre Hochsensibilität in Ihnen zeigt – oder auch bislang nicht zeigen durfte. Dieser Weg ist zuweilen recht verschlungen, birgt so manche Überraschung und sorgt aber vor allem für eines: mehr Bewusstheit für Sie selbst.

4.1.1 Wohin mit dem neuen Sofa?

> Gustav hat sich ein neues Sofa gekauft. Schon lange hat ihn das alte, abgenutzte Teil genervt. Aber immer dachte er, er dürfe sich nichts Besseres gönnen … Nun möchte er so richtig gemütlich und genussvoll die vielen Bücher lesen. Das gute Stück wird geliefert und steht, ausgepackt, mitten im Zimmer. Allerdings sieht es im Ensemble mit den anderen Möbeln doch nicht ganz so aus, wie er es sich vorher vorgestellt hatte. Hm, vielleicht ist die Farbnuance ein wenig zu hell oder doch eher zu dunkel? Möglicherweise wirkt es ein wenig zu wuchtig im Gesamtbild? „Was soll ich tun?", fragt er sich. Es reicht nun nicht mehr, das Sofa einfach nur an den dafür vorgesehenen Platz zu stellen und das Ganze auf sich beruhen zu lassen.

Selbstverständlich könnten Gustav oder Sie – falls Sie sich in einer ähnlichen Situation wie Gustav befänden – einfach gar nichts unternehmen. Aber es könnte sein, dass die kleinen oder größeren Unstimmigkeiten des neuen Arrangements erst sehr unterschwellig, später aber immer häufiger und deutlicher für Unzufriedenheit und Unwohlsein sorgen. Ihre Familienmitglieder meiden mehr und mehr das Wohnzimmer, oder es kommt häufiger als früher zu Streitereien. Ja, natürlich kann das auch an ganz anderen Dingen liegen, aber vielleicht …?! Ihre (guten!) Freunde sprechen Sie eventuell auf die merkwürdige Komposition im Raum an.

Irgendwann kommt der Punkt, an dem Sie diese Disharmonie nicht mehr übersehen können. Sie machen sich also auf, dieses Problem zu lösen: einen anderen Platz für Sofa oder Schrank finden, andere Bilder aufhängen, eine andere Wandfarbe wählen oder doch lieber eine Decke über das Sofa legen? Welche Lösung auch immer Sie schlussendlich finden, sie wird auf jeden Fall Ihrem Verständnis von einem guten, schönen und sinnvoll eingerichteten Raum Genüge tun müssen. Das heißt, Sie grübeln, überprüfen und probieren so lange aus, bis Sie sich wieder wohlfühlen. Das ist der geistig-emotionale Integrationsprozess!

Im optimalen Falle sind Sofa, Bilder oder Schrank nun angenehm in das – mehr oder weniger stark veränderte – Gesamtarrangement des Raums integriert, die Familie fühlt sich dort wieder wohl, und auch Ihre Freude strahlen Sie wegen des schönen Ergebnisses freudig an.

Übertragen auf den Integrationsprozess der Hochsensibilität bedeutet dies: Durch den Prozess des Erkennens haben wir uns das „neue Sofa" – das Wissen um Hochsensibilität – mitten ins Zimmer gestellt. Allerdings ist noch alles andere im Raum – in uns – im alten Design, mit unseren alten gedanklichen und emotionalen Vorstellungen und Mustern gestaltet. Es gilt also nun zu schauen, was von den alten Elementen auf jeden Fall so bleiben sollte, da sie in ihrer Form, Farbe und Funktion wichtig und richtig sind. Aber welche Elemente sollten verändert werden, um besser mit dem neuen Möbelstück, mit der neuen Erkenntnis zu harmonieren? Dieser Prozess betrifft nicht nur ein Möbelstück, ein Bild oder einen Gegenstand im Raum, er betrifft nicht nur einen Lebensbereich oder -aspekt, sondern alle! So wie der Raum letztlich im optimalen Falle ein Gesamtarrangement ist, so sind auch Sie ein Gesamtarrangement aus all Ihren Veranlagungen, Erfahrungen, Wünschen und Bedürfnissen. Was im Prozess der Integration des Neuen so belassen werden sollte, wie es war „Ich habe schon immer gerne in diesem Sessel unter dieser Lampe gelesen. Ich möchte, dass es so bleibt!", und welche Aspekte verändert werden müssen, werden Sie im Zuge der Integration Ihrer Hochsensibilität Schritt für Schritt erfahren und erfühlen.

4.1.2 Geistig oder emotional?

Die Inspiration ist ein schmaler Strom leuchtender Klarheit,
der einem weiten und ewigen Wissen entspringt;
sie übertrifft den Verstand vollständiger als der Verstand die Erkenntnis der Sinne.
(Sri Aurobindo)

Gehören Verstand und Emotionen überhaupt zusammen? Sind die beiden nicht wie Feuer und Wasser, schließen einander also aus?

Noch ist die Haltung recht verbreitet, gerade Entscheidungen, die einer vermeintlich rationalen Beachtung bedürfen, auch nur mit dem Verstand zu fällen. Kein Gefühl sollte die Klarheit der geistigen Analyse trüben. Die Wahl des Berufs bei Schulabgängern ist eine solch typische Entscheidungssituation. Kommt der Sohn oder die Tochter plötzlich mit der fixen Idee nach Hause, nun doch die Lehre oder das Studium abzubrechen, da die künstlerische Karriere lockt, kann es schon einmal Auseinandersetzungen zwischen dem vermeintlichen Realitätssinn „Damit kannst du doch kein Geld verdienen!" oder „Was machst du, wenn es nicht funktioniert? Lerne erst einmal was Richtiges!" und dem emotionalen Wunsch nach individuellem Ausdruck und Berufung geben.

Inzwischen wissen wir durch unzählige Untersuchungen der modernen Hirnforschung, dass das Gefühl bei Entscheidungen eine durchaus zentrale Rolle spielt und diese auch spielen sollte. Es ist schneller als der Verstand und bedient sich zusätzlich auch unserer Erfahrungen, auf die wir über unsere Intuition zugreifen können. Das Gefühl verfügt somit über mehr entscheidungsrelevante Informationen als der Verstand. Einzig die Schwierigkeit, dadurch nicht alles im Vorfeld erkennen und einberechnen zu können, lässt uns an der Qualität einer emotionalen Entscheidung zweifeln.

Allerdings entscheiden wir uns tagtäglich mithilfe unserer Gefühle, ohne dass wir uns dessen ständig bewusst sind: Woran erkennen Sie, dass das Sofa im neuen Zimmer nun den richtigen Platz erhalten hat? Am Gefühl! Was lässt Sie letztendlich doch lieber zum blauen und nicht zum grünen Pullover greifen, obwohl beide die gleiche Qualität haben und beide gut sitzen? Ihr Gefühl! Was lässt Sie sich doch lieber für das eine und nicht für das andere Auto entscheiden? Letztlich das Gefühl, auch wenn es Ihnen nicht bewusst sein sollte.

Wir sehen, dass Gefühle in unserem Leben eine wesentlich größere Rolle spielen, als wir uns eingestehen. Daher ist es auch so wichtig, dass die Lebensumstände, in denen wir uns befinden, von unseren Gefühlen „befürwortet" werden. Sollte dies nicht der Fall sein, geht es uns wie mit dem neuen Sofa im alten Zimmer. Irgendwann wird die Unzufriedenheit über die subtile Disharmonie so stark, dass sie unser Wohlbefinden nicht nur unbewusst, sondern nach und nach auch bewusst beeinträchtigt.

Genau das Gleiche geschieht, wenn die neuen Informationen über Ihr Wesen in Ihr „altes Zimmer" treten. Es kommt zu Irritationen, zu Unwohlsein, weil das Neue noch nicht mit dem Alten harmoniert, beides also noch nicht aufeinander abgestimmt ist. Auf der gedanklichen Ebene versuchen wir, die neuen Erkenntnisse in unser bisheriges Wissen einzuordnen und sie per Verstand zu befürworten oder abzulehnen. Argumente werden gegeneinander abgewägt, logische Überlegungen angestellt, Pro-und-Kontra-Listen innerlich entworfen. Das Gefühl geht derweil ganz andere Wege: Es findet innere Resonanzen jenseits von Wissen und Logik. Sie erinnern sich – die Glocke wird zum Klingen gebracht. Alte Empfindungen werden geweckt, sowohl unangenehme als auch angenehme, und in einen emotional sinnvollen Zusammenhang gebracht. Während der Verstand noch überlegt, *warum* diese Erkenntnisse brauchbar sein könnten, hat das Gefühl schon längst durch das „*Wie* fühlt es sich an?" entschieden, ob sie nützlich sind oder nicht.

> Für eine gelungene Integration Ihrer Hochsensibilität brauchen Sie beide Akteure, den Verstand und das Gefühl. Nur eine respektvolle und harmonische Zusammenarbeit beider lässt Sie zu einem authentischen hochsensitiven Menschen reifen.

4.1.3 Mache dir kein Bild!

Wer nur mit dem Verstand lebt,
hat das Leben nicht verstanden.
(Gerd Uhlenbrock)

Am Ende von Abschn. 3.2 habe ich geschrieben: „Vorausgesetzt, Sie machen sich zuvor kein Bild davon!" – Warum?

Wenn wir wissen, dass Veränderungen ins Haus stehen, machen wir uns gerne Vorstellungen von den bevorstehenden und notwendigen Schritten. Wir möchten vorbereitet sein. Wir möchten aus der Vielfalt der Möglichkeiten die richtigen wählen, die unseren Wandel am effektivsten und angenehmsten umsetzen. Wir möchten den Prozess der Neugestaltung kontrollieren. Wir möchten dies und wir möchten das … Aber so funktioniert das Leben leider nicht!

Inzwischen wissen wir durch die Forschung, dass wir Menschen nur etwa zu 4 % bewusst wahrnehmen, was uns wahrnehmbar ist. Bewusst wahrnehmen bedeutet: Mir ist klar, dass ich sehe, was ich sehe, dass ich höre, was ich höre, dass ich meinen Körper, meine Gedanken und Gefühle spüre und sie beschreiben kann. Alles jenseits dieser 4 %, also 96 % unserer Wahrnehmungen, Empfindungen und Erinnerungen, befindet sich im Bereich des Unbewussten und ist uns somit bewusst nicht (direkt) zugänglich.

Das sogenannte „Eisbergmodell" beschreibt in der Psychologie dieses Phänomen. Die kleine Spitze ragt oberhalb der Wasseroberfläche hinaus, aber der eigentliche Berg ist nicht zu sehen. Er liegt unter der Wasseroberfläche. Dieses Phänomen stellte nicht nur für die Titanic ein Problem dar. Auch uns Menschen fordert dieses Kuriosum in besonderer Weise. Zeiten des Wandels und der Veränderung sind Phasen, die uns stets mit der Dynamik zwischen Bewusstem und Unbewusstem konfrontieren.

Um Ihnen diese Dynamik zu verdeutlichen, möchte ich noch ein anderes Bild zeichnen: Stellen Sie sich bitte ein Fußballfeld vor. Sie haben irgendwo auf dem Platz Ihren Schlüssel verloren und wollen ihn jetzt suchen. Es ist jedoch stockdunkel, kein Flutlicht leuchtet, und Sie verfügen nur über eine kleine Taschenlampe, die gerade einmal einen Lichtkegel in der Größe eines Tischtennisballs erzeugt. Damit beginnen Sie nun, das Feld abzusuchen … Das kann dauern!

Sie können natürlich Strategien und Pläne entwickeln, die Ihnen helfen, den Schlüssel mit größerer Wahrscheinlichkeit zu finden. Ob sie tatsächlich funktionieren oder Ihre Suche eher verwirren, sei dahingestellt, denn auf einem stockdunklen Feld in der Größe eines Fußballplatzes mit einem Lichtkegel in der Größe eines Tischtennisballs ist es bereits schon ein Kunststück, eine Strecke wirklich geradeaus zu gehen. Es fehlt jegliche Orientierung – außer am Rand des Feldes – an der Sie sich ausrichten könnten. Was kann also helfen, in den Weiten des Platzes (im Unbewussten) Ihren Schlüssel (die Lösung) zu finden?

Es ist das Loslassen und Vertrauen! Manche nennen es auch Intuition, andere höhere Führung, einige sagen Schicksal dazu, und wieder andere bezeichnen es als göttliche Fügung. Ich möchte an dieser Stelle keine ideologische Diskussion entfachen, sondern nur darauf hinweisen, dass im menschlichen Sein ganz offensichtlich Möglichkeiten existieren, die wir mit unserem bewusstseinsgesteuerten Verstand nicht beeinflussen können, und diese Möglichkeiten liegen zu einem Großteil im Bereich des Unbewussten. Daher können wir den großen unteren Bereich des Eisbergs auch das *Meer der Möglichkeiten* nennen. Wenn Sie sich nun verdeutlichen, in welchem Verhältnis Bewusstsein und Unbewusstes, also Spitze und unterer Teil des Eisbergs, zueinander stehen, wird nachvollziehbar, warum diese Vielfalt aus dem *Meer der Möglichkeiten* ein solches Potenzial darstellt und die Kraft und Macht hat, zentrale Entwicklungen in Veränderungsprozessen maßgeblich mitzugestalten.

Die Krux hieran ist jedoch, dass uns diese Zusammenhänge oft nicht bekannt oder – gerade im Moment der Veränderung – nicht mehr präsent sind, wir also nicht auf die Angebote des Unbewussten achten. Unser Verstand hat gelernt, alles im Leben zu regeln, daher wird er auch jetzt versuchen, alles zu managen – mit der Übersicht einer kleinen Taschenlampe auf einem Fußballfeld!

Das Leben selbst zeigt uns immer wieder auf, dass es eigentlich anders funktioniert: Wie oft hören wir in Nachrichten oder Berichten anderer Menschen davon, dass jemand „durch Zufall" den Zug, der später entgleiste, nicht erwischt hat? Oder dass jemand das Gefühl hatte, heute einen anderen Weg zur Arbeit einschlagen zu müssen, und später erfuhr, dass es auf der gewohnten Strecke zur besagten Zeit einen riesigen Stau gab. Oder dass jemand trotz widrigster Umstände zu einem Konzert hetzte und dort dann seine spätere Frau kennenlernte.

Die Welt ist voller solcher Geschichten und Erfahrungen. Und was sagen sie uns? „Mache dir keine Vorstellungen, was passieren wird! Es kommt sowieso anders, als du denkst" – anders, als es sich unser Verstand vorstellen kann. Wir können nicht sehen, welche Lösungen aus dem Meer der Möglichkeiten auf uns zukommen werden. Wenn wir allerdings mit Plänen und Strategien beschäftigt sind, dann überhören oder übersehen wir möglicherweise die leisen und zarten Signale aus dem Unbewussten, das uns die entsprechenden Hinweise für die nächsten Schritte anbietet.

> Seien Sie achtsam mit sich. Hören Sie auf die Stimme Ihres Inneren und lernen Sie, die Signale Ihres Körpers zu entschlüsseln, denn er ist der Vermittler zwischen Bewusstsein und Unbewusstem! Gerade wir Hochsensiblen haben mit unserer Feinfühligkeit und hohen Wahrnehmungsfähigkeit wunderbare Möglichkeiten für einen solchen Weg.

Dieser kleine Exkurs über die Welt des Unbewussten lag mir am Herzen, um Ihnen zu verdeutlichen, dass der Integrationsprozess durch die Beteiligung des Unbewussten um ein Vielfaches reicher wird und es Lösungen gibt, die wir lediglich mit dem Lichtkegel unserer Taschenlampe des Bewusstseins nicht erfassen können.

Aber natürlich ist es nicht nur legitim, sondern auch notwendig, den Verstand mit ins Boot zu holen. Er ist ein hervorragender Organisator, schafft Überblick im Feld des Bewussten, ermöglicht und kontrolliert Handlungsschritte. Damit kann er uns im weiteren Verlauf des hochsensiblen Integrationsprozesses wunderbar unterstützen.

4.2 Überprüfung der eigenen Lebensumstände

> Das neue Sofa steht im Zimmer und Gustav beginnt mit der Umräumaktion. Den alten Teppich und die Tapeten will er erneuern, Schränke oder Regale werden umgebaut oder verschoben, Bilder ab- und umgehängt. Kurz: Er wirbelt ganz schön Staub auf in seinem alten Zimmer! Gustav erblickt lang verdeckte Inhalte aus seinen Schränken und erinnert sich. Er sortiert Bücher aus und setzt sich mit den vergilbten Bildern auseinander: „Passen die noch hierher? Passen sie noch zu mir?"

Mit der Überprüfung der eigenen Lebensumstände kommen wir zum ersten der beiden zentralen Abschnitte des Integrationsprozesses. Ohne diese kritische Betrachtung der aktuellen Lebensumstände sowie auch der Situationen und Erfahrungen, die uns zu dem gemacht haben, wer wir sind und wie wir heute leben, ist eine funktionierende Integration der eigenen Hochsensibilität aus meiner Sicht nicht möglich.

Viele Ihrer inneren Empfindungen und Haltungen haben sich über Jahre hinweg in Ihnen geformt und häuslich niedergelassen und manche von ihnen sind lieb gewonnene Fähigkeiten oder Eigenarten. Diese sollten Sie bitte weiter hegen und pflegen. Mit anderen Verhaltensweisen oder Eigenschaften stehen Sie schon seit Jahren auf Kriegsfuß, sie erscheinen wie in Stein gemeißelt und unverrückbar – aber sie sind veränderbar! Hier braucht es Ihre Neugier, Ihren Mut und Ihr Durchhaltevermögen, sie so zu verändern, dass sie nun Ihr eigentliches Wesen wirklich ausdrücken beziehungsweise die dahinterliegenden alten Verletzungen heilen dürfen.

Vor allem brauchen Sie für Ihren Integrationsprozess jedoch eines: eine tiefe innere Entscheidung, sich wirklich verändern zu wollen. Diese kann unbewusst entstehen, Sie können sie aber auch bewusst fällen.

Sie mögen sich fragen, warum ich das schreibe. Wenn ein Mensch sich schon die Mühe macht, sich auf den Weg der inneren Wandlung zu begeben, dann wird er sich doch sicherlich auch schon dazu entschieden haben. Das erscheint logisch und richtig, aber die Realität zeigt, dass dies manchmal nicht der Fall ist. Wir Menschen sind uns unserer eigentlichen Beweggründe oftmals nicht gänzlich bewusst, da sie entweder weit im Unbewussten verborgen liegen oder wir mit dem Blick nach innen nicht so vertraut sind. Da kann der Verstand sagen: „Ja, es ist gut, wenn ich mich verändere", aber im Dunkel des Unbewussten ist bereits eine gegenteilige Entscheidung gefallen. Allerdings ist dies auch keine Entscheidung auf Lebenszeit. Sie kann jederzeit verändert werden – in beide Richtungen.

> Der Blick auf und der Wandel der eigenen Lebensbedingungen geschieht Schritt für Schritt, manchmal mit Pausen dazwischen, manchmal überlappen sich auch zwei, drei Aspekte. Sie müssen diese Schritte auch nicht planen. Damit wäre unser Verstand völlig überfordert. Dies ist tatsächlich Aufgabe des Gefühls und der Intuition. Spüren Sie, wann es Zeit ist, den nächsten Schritt zu tun. Manchmal liegen Wochen, Monate oder Jahre dazwischen. Spüren Sie, ob ein bestimmter Aspekt in Ihrem Leben im Moment genügend Reife erfahren durfte. Es gibt auch keinen Grund zur Eile, es sei denn, Sie fühlen sich in Ihrer momentanen Situation sehr unwohl und wollen sie schnellstmöglich verändern.

Tatsächlich ist dies auch meistens der Beweggrund, warum hochsensible Menschen sich auf die Suche nach sich selbst begeben. Es pressiert. Es drückt von innen und im Außen klemmt es. Das Leben wird durch Unwohlsein bis hin zu massiven psychischen und/oder körperlichen Erkrankungen blockiert. Durch das positive Konzept der Hochsensibilität werden Sie angeregt, diese blockierenden Muster in einem neuen Licht zu betrachten: „War ich vielleicht gar nicht schüchtern, sondern habe auch schon als Kind einfach nur mehr Zeit gebraucht, mich an neue Situationen zu gewöhnen?" oder „Hat mich der unsensible Umgang meiner Eltern mit mir so sehr verletzt, *weil* ich hochsensibel bin?". Diesen Prozess nennt die Psychologie „Reframing".

4.3 Neuer Lack für alte Stühle? – Reframing

> So langsam hat sich Gustav durch den Inhalt seiner Schränke und Regale gekämpft, da fällt sein Blick auf zwei Stühle in einer Ecke des Raumes. Sie sind alt und abgenutzt, aber bislang wollte er sich nicht von ihnen trennen. Es hängen Erinnerungen an seine Großeltern daran. Heute werden sie nur für Gäste aus der Ecke geholt, falls die Küchenstühle nicht ausreichen. Aber jetzt, im Rahmen der räumlichen Neugestaltung, fallen die alten Stühle vielmehr auf als zuvor. „Würden sie sich hübscher dort ausmachen, wenn ich sie streiche? Oder könnten sie eine andere Funktion bekommen, wenn ich sie gestrichen haben?", überlegt Gustav.

Kennen Sie sogenannte „Kippbilder"? Das wohl bekannteste ist die Vase, deren Außenform auch zwei menschliche Profile darstellt, je nachdem, wie wir das Bild betrachten. Hier handelt es sich um ein visuelles Phänomen, aber es versinnbildlicht auch das Thema Blickwinkel. Die meisten Menschen sehen bei dem genannten Bild zuerst die Vase in der Mitte. Ein anderes berühmtes Kippbild zeigt eine junge und eine alte Frau (Abb. 4.1). Können Sie die beiden Damen erkennen?

4 Phase II: Die geistig-emotionale Integration des Phänomens

Abb. 4.1 Kippbild einer jungen oder alten Frau

Als ich dieses Bild in meinem Unterricht zeigte, waren die Interpretationen nicht so eindeutig wie beim Vasenbild. Es bedurfte häufiger einer Erklärung, damit die Teilnehmer die jeweils andere Perspektive im Bild erkennen konnten. Und genau darum geht es im Reframing.

Reframing oder auch Umdeutung ist eine Methode aus der Systemischen Psychotherapie. Menschliche Denkmuster, ursächliche Zuschreibungen und Erwartungen weisen einen „Rahmen" auf, der durch die Interpretation und die eigene Wahrnehmungsweise von Erlebtem entsteht. Das Glas kann also halb voll oder halb leer sein, abhängig von meiner Erfahrung *und* der emotionalen Bewertungen, die in der Situation relevant war. Diese emotionale Zuschreibung wird gemeinsam mit der Situation gespeichert, es wird also eine Art Gesamtpaket abgespeichert.

Wenn ich in meiner Kindheit meine Schüchternheit belastend fand, weil mir meine Umwelt dieses Verhalten als unpassend spiegelte, dann empfinde ich meine Schüchternheit auch heute noch als belastend. Blicke ich nun aber unter dem Aspekt der Hochsensibilität auf meine vermeintliche Schüchternheit, kann ich vielleicht erkennen, dass dieser Wesenszug nichts anderes als eine gewisse Vorsicht und Achtsamkeit ist, die bei neuen Situationen hilfreich und wichtig ist, um die Flut der Reize optimal aufzunehmen und zu verarbeiten. Die Schüchternheit ist nicht mehr der unangenehme Wesenszug von damals, für den ich mich vielleicht schämte, sondern er wird nun zu einem nachvollziehbaren und sogar sinnvollen Teil meines Wesens.

4.3.1 Reframingbeispiele

Drei Schritte tue nach innen,
dann den nach außen.
(Rudolf Steiner)

Die Umdeutung, die durch den neuen Blickwinkel „Hochsensibilität" stattfindet, tangiert letztlich jeden Bereich des eigenen Lebens in unterschiedlicher Weise. Habe ich zum Beispiel bislang die Einstellung gehabt, dass ich meine Gewissenhaftigkeit und Detailgenauigkeit sehr schätze, weil ich und mein Umfeld um ihre Vorzüge weiß, wird das Reframing an dieser Stelle kaum vonnöten sein. Ich brauche meine bisherige Einstellung nicht umzudeuten. Die Erklärung, dass Hochsensible aufgrund der erweiterten Wahrnehmungsfähigkeit auch präziser und detailgenauer arbeiten (nicht immer in allen Bereichen!), bestätigt mich in meinem bisherigen Umgang damit, und ich kann mich darüber freuen, bereits einen Aspekt in meinem Leben hochsensibel gestaltet zu haben.

Ein anderes Beispiel: Bislang dachte ich, ich bin immer zu langsam in meiner Entscheidungsfindung, und das ist nicht gut. Ich wäge genau ab, bedenke die Vor- und Nachteile und überlege mir auch, was die Auswirkungen meiner Entscheidung sein könnten. Das alles braucht eben Zeit. Seit ich Kind war, bin ich mit meiner Art aber häufig auf Unverständnis gestoßen oder habe Unmut ausgelöst. Wie oft wurde mir gesagt: „Nun mach doch mal! Immer brauchst du so lange. Das kann doch nicht so schwer sein, sich jetzt zu entscheiden?!" Das Resultat in mir war Rückzug, Kontaktvermeidung und ein immer instabiler werdendes Selbstwertgefühl. Nach und nach habe ich angefangen, auch mich selbst als schlecht und falsch zu empfinden, denn alle anderen schienen dieses Problem ja nicht zu haben.

Durch die dabei entstandenen Glaubenssätze, zum Beispiel „Ich bin immer zu langsam!", haben sich entsprechende Verhaltens- und Vermeidungsstrategien entwickelt und etabliert. Ein Merkmal vieler hochsensibler Menschen ist jedoch, dass sie sich langsam entscheiden, da ihr System alle Varianten und Folgen überprüft, um

1. alle mit der Entscheidung in Verbindung stehenden Aspekte zu beleuchten,
2. unliebsame Überraschungen zu vermeiden und
3. zur besten Entscheidung zu kommen.

So gesehen sind langsame Entscheidungsfindungen durchaus sinnvoll.

Ich erfahre also, dass diese Langsamkeit völlig normal ist, wenn ich ein hochsensibles Nervensystem habe. Da ich bereits festgestellt habe, dass auch ich zur Gruppe der Empfindsamen gehöre, kann ich nun meine alten Erfahrungen zu diesem Thema neu betrachten und umbewerten: Ich entscheide mich langsam, weil mein System diese Zeit benötigt, um alle Komponenten zu berücksichtigen. Nun kann ich das alte Bild von der – angeblich – unentschlossenen und langsamen Cordula verabschieden und Vertrauen und Zuversicht dahin gehend entwickeln, dass mein Entscheidungstempo völlig in Ordnung ist, dass *ich* völlig in Ordnung bin! Das ist der Prozess des Reframing.

Und noch ein Beispiel: Stellen Sie sich vor, Ihnen sagt die beste Freundin oder der beste Freund immer wieder, dass Sie gut kochen können. Wurde Ihnen in früheren Zeiten von wichtigen Personen wie Mutter, Opa, Partner oder Partnerin aber immer wieder gesagt, dass Ihr Gekochtes fade und langweilig schmeckt, werden Sie dem Lob Ihrer Freundin oder Ihres Freundes misstrauen. Ihre Wertigkeit bezüglich Ihrer Kochkünste ist negativ geprägt und die aktuelle positive Bestärkung kann – vorerst – herzlich wenig daran ändern.

Im Reframing besteht die Herausforderung darin, dieser positiven Umdeutung innerlich die Tür zu öffnen. Anfänglich sind es vielleicht nur kleine Momente, in denen Sie kurz durch den Türspalt spähen, unsicher ob das, was Sie dort sehen, wirklich wahr sein kann. Auch wenn die „Blicke" nur kurz sind, so findet in diesem Moment doch etwas Wichtiges statt: Es entsteht ein Gefühl der Neugier, das bereits zuvor beschriebene Gefühl der Resonanz. Die innere Glocke gerät in Schwingung. Sie fühlen sich von dem, was Sie „sehen" angezogen und berührt. Dieses innere Erkennen und „Mitschwingen" ist der Motor für weitere Türöffnungen.

Damit die neuen Informationen sich zunehmend in Ihnen niederlassen können, bedarf es zuweilen einiger Wiederholungen, in denen die innere Tür immer öfter und immer weiter geöffnet wird. Ihre Freunde sollten daher nicht verzagen, Sie immer wieder zu loben – so sie es denn ernst meinen und es ihnen bei Ihnen wirklich schmeckt!

4.3.2 Schwäche gleich Schwäche?

Durch das Reframing wird ein weiterer empfindlicher Bereich berührt: die eigenen Stärken und Schwächen. Ein Leben als hochsensibler Mensch in einer normalsensiblen Welt bedeutet in vielen Fällen, sich über Gebühr anzupassen und die eigenen Bedürfnisse, aber auch Fähigkeiten zu leugnen oder zu verstecken. Dadurch entsteht bei der betreffenden Person ein Gefühl der Unsicherheit und Unzulänglichkeit, denn die innewohnende Fähigkeit findet keinen Ausdruck.

Ein Kind, das beispielsweise einen ungewöhnlich guten Zugang zu Mathematik hat, wird damit nicht wirklich unangenehm auffallen. Es findet Anerkennung, vielleicht auch spezielle Förderung. Ein Kind jedoch, das äußerst empathische ist bis hin zu medialen Fähigkeiten, fällt sicherlich aus dem Rahmen und erhält auch (bislang) wenig Anerkennung dafür. Dieses Kind wird über kurz oder lang seine Fähigkeiten verstecken und irgendwann auch vergessen.

Wird das Kind dann zum Erwachsenen ist das Bewusstsein über die eigene Hellsichtigkeit verschwunden, die Fähigkeit existiert scheinbar nicht mehr. Auf der Basis der verdrängten Gabe können Unsicherheit und Schwäche – als Reaktion auf das Fehlen der Ausdrucksmöglichkeiten – entstehen. Erst wenn dieser Mensch zum Beispiel durch den Kontakt mit der eigenen Hochsensibilität auf seine verborgene Gabe aufmerksam wird, kann die Erinnerung daran wieder auftauchen, und das Gefühl von Unzulänglichkeit oder Schwäche reduziert sich.

Ich habe hier ein extremes Beispiel gewählt, um den Zusammenhang von Wiederentdeckung und Integration der eigener Stärken möglichst prägnant darzustellen. Meist handelt es sich nicht um solch außergewöhnliche Begabungen, jedoch sind solche Fähigkeiten bei Hochsensiblen durchaus öfter und stärker als bei Normalsensiblen ausgeprägt. Typische Fähigkeiten sind bei feinfühligen Menschen oftmals: hohe Kreativität, umfassendes Erkennen von Strukturen, Zusammenhängen oder Abfolgen, tiefe Emotionalität oder die Fähigkeit, besonders gewissenhaft, exakt und fehlerfrei zu arbeiten, und vieles mehr.

Im Kontext der psychologischen Umbewertung zeigen sich zwei Arten von Schwäche, deren Differenzierung ich für sehr wichtig halte:

1. Einerseits scheint bei mir eine Schwäche vorzuliegen, da andere Menschen mir immer wieder signalisieren, dass die Art, wie ich mich verhalte oder etwas tue, nicht richtig sei. Auf die Dauer kann sich die Haltung in mir entwickeln: „Ich kann es nicht, ich mache es verkehrt. Also bin ich verkehrt", wie im Beispiel mit den Entscheidungsschwierigkeiten beschrieben. Hier wird das gezeigte Verhalten – ich entscheide mich langsam – auf der Basis einer *unpassenden Berücksichtigung meiner Veranlagung* fehlinterpretiert. Durch den hochsensiblen Erkenntnisprozess kann ich lernen, dass dieses „Problem" überhaupt keine Schwäche ist, sondern ein wichtiges und wesentliches Merkmal meiner Veranlagung.

Ein weiteres Beispiel: Die Schwierigkeit, Small Talk zu führen, wird oftmals als soziales Problem interpretiert. Ein hochsensibler Mensch, der versucht sich dieser Kommunikationsform anzupassen, wird sich beim Small Talk wahrscheinlich unsicher, unbeholfen, linkisch und dumm vorkommen, aber er wird es immer wieder versuchen, da dies im sozialen Miteinander ja zum „guten Ton" gehört. Hochsensible brauchen jedoch aufgrund ihres komplexen neuronalen Systems entsprechend komplexe Inhalte – und diese liegen in der Regel beim Small Talk nicht vor, sind nicht erwünscht. Ein Small-Talk-Training würde die vorhandenen Schwierigkeiten auch nicht verbessern, denn es gehört eben zum hochsensiblen Wesenszug, komplexe Situationen zu suchen und einfache zu meiden. Hier hilft das Reframing, das eigene Bedürfnis nach tiefen Gesprächen und Kontakten positiv zu bewerten und im Lebensalltag aktiv zu berücksichtigen.

Bei diesen Beispielen geht es also um Schwäche, die in ihrem Kern gar keine Schwäche ist, sondern lediglich Ausdruck der besonderen hochsensiblen Wesensart.

2. Die andere Art der Schwäche zeigt sich, wie bei allen Menschen, in vielerlei Bereichen oder Aufgaben im Leben, in denen wir einfach nicht „so gut" sind. Hier hilft das Wissen über Hochsensibilität, um zu erkennen, dass diese „Schwäche" möglicherweise gar kein Ergebnis einer verkannten hochsensiblen Veranlagung ist, sondern einfach nicht zu meinen Stärken gehört. Ich kann nun einmal nicht stricken oder Bilder malen etc.!

4.3.3 Hilfe kann helfen

Das Reframing lässt sich jedoch nicht immer so reibungslos umsetzen, wie es in den oben genannten Beispielen klingen mag.

> Generell ist festzuhalten: Je stärker ein hochsensitiver Mensch vom eigenen Wesen entfremdet aufgewachsen ist, desto stärker gerät sein aktuelles Selbstbild durch das Erkennen der eigenen Veranlagung ins Wanken.

Das emotionale Bedürfnis nach innerer Sicherheit und Orientierung kann den Prozess des Reframing wie folgt erschweren: Das alte Bild von mir ist zwar negativ, zum Beispiel „Ich bin entscheidungsschwach", aber doch vertraut. Und in dieser Vertrautheit fühle ich mich sicher. Der neue Blickwinkel ist unbekannt, ungewohnt und löst unter Umständen beängstigende Gefühle aus. Da die Psyche immer bestrebt ist, einen möglichst stabilen Zustand zu schaffen und zu erhalten, wird sie anfänglich also eine Veränderung hin zur neuen Sichtweise abwehren, und zwar so lange, bis ich diesbezüglich genügend positive und bestärkende Erfahrungen gemacht habe.

An dieser Stelle des Reframingprozesses halte ich professionelle Hilfe durch Beratung, Coaching oder Psychotherapie für sehr sinnvoll, abhängig von der Art und Schwere des Problems. Durch das Hinterfragen und Neubewerten alter Verhaltensmuster und Glaubenssätze können die damit in Verbindung stehenden früheren Verletzungen zutage treten – ein zuweilen schmerzhafter, aber reinigender Prozess. Würde jedoch der Hochsensible damit allein gelassen, könnte es unter Umständen zu einer starken emotionalen Belastung oder gar zu einer Retraumatisierung kommen. Die Person könnte sich der Flut der Gefühle hilflos ausgesetzt fühlen und daraufhin die innere Auseinandersetzung vermeiden, sozusagen die Tür wieder verschließen. Das Reframing wäre in diesem Falle unter- oder gar abgebrochen.

Daher halte ich eine fundierte Begleitung seitens einer dafür (aus-)gebildeten Fachkraft für äußerst hilfreich. So kann ein Reframingprozess erfolgreich stattfinden und die eigene Hochsensibilität nach und nach aktiv integriert werden.

> Lesen und sprechen Sie immer wieder über das Thema Hochsensibilität und das, was Sie daran bewegt. So legen Sie neue „Gehirnspuren" mit einer positiven Bewertung an. Allerdings sollten Sie achtsam dabei sein, mit wem Sie darüber sprechen. Nicht alle Menschen sind mit diesem neuen Thema vertraut und gehen offen und konstruktiv damit um.
>
> Scheuen Sie sich nicht, sich Hilfe zu holen, wenn Sie merken, dass alte Empfindungen Sie zu überfluten drohen oder Sie im Meistern Ihres Alltags behindern.

4.4 Jetzt oder lieber später? – Die Komfortzone

Drei Dinge muss der Mensch wissen,
um in dieser Welt zu überleben:
was für ihn zu viel,
was für ihn zu wenig
und was genau richtig ist.
(Sinnspruch der Suaheli)

4 Phase II: Die geistig-emotionale Integration des Phänomens

> Erschöpft und verstaubt lässt sich Gustav für ein Päuschen auf sein neues Sofa sinken. Es sitzt sich dort wirklich sehr angenehm, nicht zu weich, nicht zu hart. Er beginnt, sich wohlig zu entspannen, der Kopf sinkt ihm nach hinten an die Rückenlehne, die Augen schließen sich müde. Nein, jetzt nicht! Ich bin noch nicht fertig mit dem Umräumen, denkt er. Aber erschöpft ist er schon und auf dem Sofa sitzt es sich so schön ... Jetzt oder lieber später? – Wann ist für Gustav die richtige Zeit, weiter umzuräumen?

Ein wichtiger Teil des Integrationsprozesses ist das Ausloten der eigenen Komfortzone. Ihr Zustand signalisiert die Passgenauigkeit sowohl der aktuellen Situation als auch der generellen Lebensbedingungen. Für Angehörige wie auch für uns Betroffene wird relativ schnell sicht- und fühlbar, ob wir uns im Wohlfühlbereich befinden oder nicht.

Was ist mit Komfortzone gemeint? Für jeden von uns gibt es einen Wohlfühlbereich, in dem uns das Maß dessen, was und wie viel wir tun, aufnehmen und empfinden, angenehm ist. Wir fühlen uns dabei wohl und zufrieden, sind weder überreizt noch gelangweilt. Das ist die Komfortzone. In dieser Verfassung sind wir recht entspannt und können gut Kraft und Energie tanken. Allerdings ist dies ein äußerst labiler Zustand. Jede Situationsveränderung, jede Stimmungsschwankung kann uns aus diesem Wohlfühlbereich katapultieren.

Im Integrationsprozess geht es für uns Feinfühlige meist darum, diesen Bereich wieder zu entdecken und herauszufinden, wie wir uns dort öfter oder länger aufhalten können. Sie mögen jetzt vielleicht denken, dass es ja gar nicht immer nur von Vorteil ist, sich in der eigenen Komfortzone zu bewegen. Im Prinzip ist dies auch richtig, aber halten Sie sich bitte vor Augen, dass sich ein feinfühliger Mensch im ungünstigen Falle aufgrund der belastenden Rahmenbedingungen unserer „reizvollen" Umwelt fast ständig jenseits seiner Wohlfühlzone befindet. Um uns ausgewogen durch das Leben zu bewegen, unsere unterschiedlichen Aufgaben zu erfüllen und dabei geistig, emotional und körperlich gesund zu bleiben, brauchen wir jedoch immer wieder die stabilisierenden Aufenthalte innerhalb unserer Wohlfühlzone. Sie bilden die Basis für unsere Lebenskraft und -freude. An dieser Stelle sei noch darauf hingewiesen, dass meine Komfortzone natürlich nicht der Ihren gleicht, dass wir Menschen unterschiedliche Zustände, Beschäftigungen und Inhalte als entspannend oder erfüllend erleben, dass also unsere Komfortzonen inhaltlich völlig unterschiedlich aussehen können.

Bei hochsensiblen Menschen wird rasch deutlich, dass diese Wohlfühlzone bereits durch kleine oder plötzliche Veränderungen oder Unpässlichkeiten schnell zerstört werden kann. Selbst schöne Aktivitäten sind kein Garant für eine länger anhaltende Wohlfühlphase. So kann es sein, dass

Sie gemeinsam mit Ihrer Frau oder Freunden auf die lang geplante Party gehen, aber bereits nach wenigen Minuten klagt Ihre Frau oder einer Ihrer Freunde über die Lautstärke vor Ort, die flackernden Lichter, die stickige Wärme, Müdigkeit, Kopfschmerzen oder andere Unbill und möchte gehen – möglichst schnell! Für Sie ist dieses Bedürfnis unter Umständen gar nicht nachzuvollziehen, da Sie für Ihr Empfinden gerade eben erst auf der Party angekommen sind, die Lichter eher als unterhaltsam empfinden, die Wärme angenehm und Sie unter keinem körperlichen Unwohlsein leiden. Eine solche Situation kann in der Partnerschaft oder zwischen Freunden schnell zu Frustration, Missverständnissen, Enttäuschung oder Ärger führen.

4.4.1 Von der Dynamik des Wohlfühlens

Aber was passiert in einem solchen Moment eigentlich bei einem hochsensiblen Menschen? Anhand von Abb. 4.2 möchte ich dies verdeutlichen: Unsere Komfortzone wird einerseits von dem Gefühl des „zu wenig", also „Hier ist mir jetzt langweilig!", (in der Grafik durch den roten Bereich links symbolisiert) und andererseits dem Gefühl des „zu viel", also „Das ist mir jetzt zu viel!", (in der Grafik durch den rechten roten Bereich gekennzeichnet) begrenzt. Dazwischen fühlen wir uns wohl.

Bei Normalsensiblen ist dieser Bereich relativ groß. Sie können unangenehme Empfindungen recht gut abpuffern, beziehungsweise sie nehmen sie nicht in der Intensität wahr wie ein Hochsensibler. Sollte es auf der Party ziemlich langweilig zugehen, so wird dies einen Normalsensiblen irgendwann auch nerven, aber erstens dauert es bis dahin eine Weile und zweitens muss er dies nicht sofort ändern. Andersherum ist auch die Überreizung

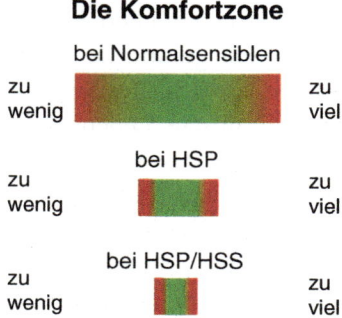

Abb. 4.2 Es wird deutlich, wie unterschiedlich sich die Wohlfühlbereiche bei den drei dargestellten Temperamentstypen gestaltet

durch die flackernden Lichter oder sehr laute Musik für einen Normalsensiblen länger aushaltbar, bevor er es irgendwann als unangenehm empfindet.

Als hochsensibler Mensch gestaltet sich für Sie die gleiche Situation ganz anders. Ihr reizoffenes System „sucht" vielfältige Informationen. Sollten diese nicht vorhanden sein, kommt das Empfinden von Langeweile oder Oberflächlichkeit auf. Ihre Komfortzone wird durch die Langeweile kleiner. Der linke rote Bereich ist in der Grafik daher etwas nach rechts einrückt. Haben Sie unter Umständen aber doch für mehr Reize in Ihrem System gesorgt, zum Beispiel durch ein intensives, anspruchsvolles Gespräch mit jemandem, kann Ihr empfindsames Nervensystem dadurch auf der anderen Seite wiederum schneller überreizt sein. Warum? Weil Sie nicht nur all die spannenden und komplexen Informationen des intensiven Gesprächs und Ihres interessanten Gegenübers aufgenommen haben, sondern auch die laute Musik, die flackernden Lichter, die Gerüche und Bewegungen im Raum. Daher ruft Ihr System nun ziemlich rasch nach Pause und Ruhe, um die erhaltenen Eindrücke zu verarbeiten. Ihre Komfortzone verkleinert sich daher, was in der Grafik durch das Einrücken des rechten roten Bereichs nach links verdeutlicht wird.

Für die abenteuerlustige Untergruppe der Hochsensiblen gestaltet sich dieser Partyausflug wiederum anders. Wie bereits in Abschn. 2.2.4 beschrieben, neigen diese Menschen aufgrund eines stärker ausgeprägten Verhaltensaktivierungssystems dazu, aktiv, neugierig, kommunikativ und risikofreudig zu sein. Ihr System möchte daher noch mehr Anregung haben, als dies schon das hochsensible System benötigt. Sollte dieser Input nicht vorhanden sein, kommt es noch früher zu Langeweile oder Frustration, das heißt, die Komfortzone schnurrt noch mehr zusammen; der linke rote Bereich ist noch weiter nach rechts verschoben. Auf der anderen Seite kann es jedoch durch die deutlich erhöhte Reizaufnahme viel schneller zur Überflutung des Systems kommen, denn bei aller Abenteuerlust sind auch diese Hochsensiblen eben – hochsensibel! Der rechte rote Bereich rutscht daher in der Grafik noch weiter nach links, die Komfortzone ist insgesamt bedrohlich klein geworden. Und genau das ist für die HSP/HSS eine der großen Herausforderungen ihrer Veranlagung: die kaum mehr auszutarierende Komfortzone. Viele dieser Hochsensiblen erzählten mir, dass es selten eine stabile Wohlfühlzone gibt! Das Zusammenspiel von HSP und HSS beschreibt Susan Marletta-Hart in ihrem Buch *Leben mit Hochsensibilität* wie das Autofahren mit einem Fuß auf dem Gas und dem anderen Fuß auf der Bremse.[1] Beide Seiten buhlen um Aufmerksamkeit – jedoch in verschiedene Richtungen.

---

[1] Marletta-Hart, Susan, *Leben mit Hochsensibilität*, Aurum, 2. Aufl. 2009.

Aron verweist hier auf eine weitere Herausforderung für diese Gruppe der Hochsensiblen[2]: Im westlichen Kulturkreis wird Aktivität höher bewertet als Ruhe oder Rückzug. Das führt bei HSP/HSS dazu, dass sie sich im Zweifelsfall eher für ihre aktive Seite entscheiden. Da jedoch die hochsensible Seite auf Dauer nicht übergangen werden kann, meldet sie sich bei einem solchen Menschen meist plötzlich und massiv, nämlich dann, wenn die „inneren Dämme" durch Überflutung zu brechen drohen oder es bereits zu Einbrüchen geführt hat. Da wird die Überreizung schlagartig deutlich und fordert ihren Tribut. Sofortiges Von-der-Party-Verschwinden, Aggressivität oder auch Wutausbrüche sind dann keine Seltenheit. Für Angehörige ist dies oft eine kaum nachvollziehbare Situation, da dieser innere Prozess der sukzessiven Überstimulierung von außen nicht erkennbar ist. Und meist ist er auch dem Betroffenen selbst nicht bewusst. Wer jedoch über die eigene Hochsensibilität Bescheid weiß, kann besser auf entsprechende Signale des Körpers und der Stimmung achten und lernen, sich entsprechend zu verhalten.

4.4.2 Hoppla – jetzt ist's nicht mehr schön!

Das Leben beginnt am
Ende Deiner Komfortzone.
(Neale Donald Walsch)

Die Verschmälerung der Komfortzonen bei Hochsensiblen und HSP/HSS bringt meines Erachtens noch eine weitere Herausforderung mit sich: Die große Komfortzone Normalsensibler ermöglicht einen relativ entspannten Umgang mit den Randbereichen des Wohlfühlbereichs. Dort gibt es genügend Pufferbereich (in Abb. 4.2 in verblassendem Rot symbolisiert), um unpassende Bedingungen an den Übergängen aufzufangen. Es ist zwar nicht schön, aber durchaus aushaltbar, bei der langweiligen Party noch ein halbes Stündchen oder eine Stunde auf die Frau oder die Freunde zu warten, die noch nicht sofort gehen möchten.

Für einen hochsensiblen Menschen ist auch dieser Pufferbereich kleiner, da die gesamte Komfortzone kleiner ist. Kommt das eigene Wohlfühlen in den Randbereich, muss schneller eine Lösung gefunden werden. Anders ausgedrückt ist es für Hochsensible von zentraler Bedeutung, Situationen und Inhalte passgenau für das eigene Wesen und Bedürfnisse zu gestalten. Mit dem jetzigen Verständnis über die Beschaffenheit der Komfortzone wird nachvollziehbar, warum

---

[2]Aron, Elaine, *Sind Sie hochsensibel?*, mvg, 2009.

die Gruppe der HSP/HSS eigentlich über so gut wie keine Pufferzonen mehr verfügt. Dies ist für den Hochsensiblen und sein Umfeld eine große Herausforderung. Im Integrationsprozess sind hier die HSP/HSS am intensivsten gefragt, ihre Bedürfnisse und Grenzen so präzise wie möglich zu definieren und zu leben. Sobald die fehlende Passung einer Situation deutlich wird, muss sie auch schon geändert werden, und manchmal ist auch das schon zu spät. Da will die eine Seite des Feinfühligen auf die lang geplante Party und der andere Teil weiß schon im Vorfeld, dass alles viel zu viel sein wird.

Auswirkungen eines zu langen Verbleibs außerhalb der eigenen Wohlfühlzone können von seelischen Verstimmungen über psychische Erkrankungen bis hin zu psychosomatischen Beschwerden reichen. Daher kommt der Klärung des „Mache ich es jetzt oder lieber später?" eine so zentrale Rolle im Integrationsprozess zu.

> Durch die Präzisierung meiner momentanen Grenzen und Bedürfnisse sorge ich für eine zunehmend ausgewogenere Komfortzone und somit für ein stabileres Lebensgefühl. Erst wenn ich weiß, was ich brauche, um mich – auch längerfristig – wohlzufühlen, wenn ich also die Bedingungen für meine Komfortzone kenne und mich dort bewusst hinbegeben kann, ist es möglich und sinnvoll, sie gegebenenfalls für Herausforderungen und inneres Wachstum auch wieder zu verlassen.

4.5 Ich will wie alle anderen sein – die Krux mit der Anpassung

Um ein tadelloses Mitglied einer Schafherde sein
zu können, muss man vor allem ein Schaf sein
(Albert Einstein)

> Gustav macht in der Umgestaltung seines Zimmers gute Fortschritte. Der Teppich ist bereits erneuert. Bei der Farbwahl der Tapete hadert er aber noch ein wenig. Er mag es ja gerne in lindgrün; das würde auch gut zum senffarbenen Sofa passen. Aber er weiß, dass seine Partnerin Frederike lindgrün überhaupt nicht mag. Was soll er tun? Riskiert er einen Beziehungskonflikt und setzt sich für seine Bedürfnisse ein oder richtet er sich nach Frederikes Farbwünschen?

Die Klärung der eigenen Grenzen und Bedürfnisse ist im Integrationsprozess zentral, wird aber von anderen, durchaus sehr einflussreichen Faktoren beeinträchtigt. Einen maßgeblichen Einfluss hat die Anpassung.

Eine Freundin von mir hat eine Tochter, die mit 2 Jahren in die Kita kam. Die Mutter, selbst Erzieherin in dieser Kita, allerdings in einer anderen Gruppe, machte eines Tages eine interessante Entdeckung: Ihre sonst so sprachgewandte und erzählfreudige Tochter redete in der Kindergruppe kaum. Ich bat sie, ihre Tochter weiter zu beobachten, da wir uns anfangs keinen Reim darauf machen konnten. Die Tochter ging gerne in die Kita, ist ein sozial sehr offenes Kind, und auch sonst gab es keine Probleme dort.

Dann fiel der Mutter auf, dass die anderen Kinder in der Gruppe nicht so wortgewandt waren, sondern sich in Ein- bis Zweiwortsätzen unterhielten. Nach einigen Überlegungen kamen wir zu der Erklärung, dass ihre Tochter ihren Wissensstand – Wortschatz – reduzierte, um sich an das Niveau der anderen Kinder anzupassen. Dieses Verhalten zeigte sie auch zu späteren Gelegenheiten beim Spielen mit jüngeren Kindern.

4.5.1 Anpassung in der Psychologie: die Adaption

Der Prozess der Adaption, also der Anpassung, ist bei allen Lebensformen unserer Erde ein evolutionär bedingtes grundlegendes Verhalten. Es sorgt dafür, dass der Organismus, egal ob Pflanze, Tier oder Mensch, im Kontakt mit seiner Umwelt zu einer überlebensfähigen Form findet. Für uns Menschen bedeutet dies, dass wir uns ganz automatisch an andere Menschen, Gruppen und Situationen anpassen, um ein bestmöglichstes Ergebnis im Zusammenwirken zu erzielen. Dies geschieht sowohl auf der körperlichen Ebene als auch im psychischen Bereich.

Zwei kleine Beispiele machen deutlich, wie alltäglich dieser Prozess ist: Wenn wir von einem dunklen Raum ins Sonnenlicht oder in einen heller beleuchteten Raum treten, kneifen wir die Augen zusammen. Unsere Augen benötigen einen Moment der Umstellung, sie passen sich an die veränderten Lichtbedingungen an und stellen die Sehfunktion entsprechend darauf ein. Oder: Sie kommen angeregt plaudernd mit einer anderen Person zusammen in einen Raum, zum Beispiel in einen Seminarraum, in dem alle dort Anwesenden schweigen. Automatisch schweigen Sie auch, sobald Sie die Stille bemerken.

Adaption erfüllt ihre Aufgabe jedoch nur in dem Kontext, in dem sie entstanden ist. Wir kenne sie alle, die Fans eines Sportvereins, die alle ein oder mehrere spezifische Erkennungsmerkmale tragen, um zu verdeutlichen: „Ich gehöre zu dieser Gruppe dazu!" Würde eine einzelne Person diese spezifischen Erkennungszeichen am Arbeitsplatz, zum Beispiel in einer Bank, tragen, würden diese Kennzeichen ihre Funktion als Anpassungssymbol verlieren. Die Person würde in der Bank als sonderbar auffallen und somit unter Umständen sogar das Gegenteil erreichen, nämlich eine Außenseiterposition erhalten.

Ein Anpassungsverhalten oder -symbol funktioniert also nur in dem entsprechenden Zusammenhang, in dem es einen bestimmten Sinn erfüllt, nämlich zu signalisieren: „Ich bin wie du. Ich gehöre dazu. Ich mache das Gleiche wie du, damit wir als Gruppe möglichst gut funktionieren."

Am Beispiel der Tochter meiner Freundin wurde mir der Automatismus dieses Verhaltens noch einmal sehr deutlich. Ohne dass sie darüber nachgedacht hätte – was in diesem Alter noch gar nicht möglich war –, hatte sie sich automatisch an das Gesamtniveau, das heißt an das Niveau der Mehrheit angepasst.

4.5.2 Anpassung und Hochsensibilität

> Es ist verdammt schwer, einen Menschen zu nehmen,
> wie er ist, wenn er sich anders gibt, als er ist.
> (Ernst Ferstl)

Um die besondere Dynamik dieses Themas im Zusammenhang mit Hochsensibilität zu verdeutlichen, greife ich noch einmal auf die etwas abgewandelte Ursprungsgrafik aus Kap. 3 zurück. Sie sehen die beiden Kurven in Abb. 4.3: Die blaue Kurve symbolisiert die Gruppe der Normalsensiblen mit ihren etwa 80 %. Die Gruppe der Hochsensiblen ist durch die kleinere, grüne Kurve dargestellt. In unserer Gesellschaft gibt es derzeit jedoch noch so gut wie keine spezifischen Institutionen für hochsensible Menschen, egal, welchen Alters. Es gibt also keine speziellen Kitas für hochsensible Kinder, keine Klassen für hochsensible Schüler, keine wesensgemäßen Rahmenbedingungen für hochsensible Menschen im Arbeitskontext. Alle Menschen, egal ob normalsensibel oder hochsensibel, finden sich in den gleichen Gruppen mit den gleichen Rahmenbedingungen, Umgangsformen und Werten zusammen. Die Lebensbedingungen in unserer Gesellschaft sind ausschließlich an den Bedürfnissen, Fähigkeiten und Empfindungsweisen der normalsensiblen Menschen ausgerichtet.

Diese „eine Gruppe" wird hier in der Abbildung durch den blauen Kreis um die blaue Kurve der Normalsensiblen dargestellt. Die kleinen blauen Kreise stellen die Normalsensiblen dar, die kleinen grünen Dreiecke die Feinfühligen, ebenfalls in der Gruppe der Normalsensiblen. Es wird anhand der Grafik bereits deutlich, dass die Gruppe der Hochsensiblen in diesem gesellschaftlichen Kontext völlig außen vor ist. Auf die möglichen Vor- oder Nachteile, wenn Menschen unterschiedlicher Wesensarten in den gleichen Gruppen aufwachsen, lernen oder arbeiten, möchte ich hier nicht tiefer eingehen. Dies wäre eine andere Diskussion.

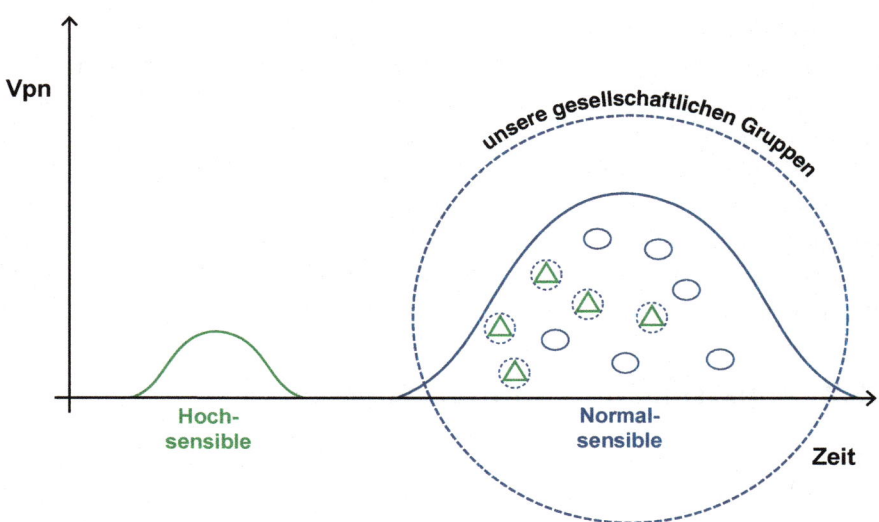

Abb. 4.3 Anpassung 1; unsere normalsensible Kultur inklusive der Hochsensiblen

Um die folgende Thematik besser zu verdeutlichen, habe ich im nächsten Schritt die Hochsensiblen wieder in ihren „Ursprungsbereich" eingezeichnet: der grünen Kurve. Somit wird die Brisanz der Anpassung für hochsensible Menschen deutlicher.

In Abb. 4.4 symbolisieren die blauen Pfeile zwischen den blauen Kreisen die Adaption der Normalsensiblen aneinander. Sie sind nicht sonderlich lang, das heißt, die aufzubringende Energie für die Anpassung ist nicht allzu hoch. Die Normalsensiblen sind – unter dem Aspekt der Sensitivität – einander ähnlich, haben ähnliche Empfindungen und Bedürfnisse, zum Beispiel an Intensität oder Ausdrucksform. Wir kennen es alle: Wenn wir auf Menschen treffen, die ähnliche Filme oder Bücher wie wir selbst mögen, brauchen wir uns wenig oder gar nicht an die andere Person anzupassen, da wir sehr ähnliche Vorlieben oder Empfindungen haben und uns darüber gut und gerne austauschen können.

Anders sieht es bei der Anpassungsleistung der Hochsensiblen aus. Der Feinfühlige bewegt sich im Laufe seines Lebens oftmals in Gruppen, in denen die meisten Normalsensible sind. Diese Gruppen sind geprägt von der Wahrnehmungsart, der Umgangsweise und dem Werteempfinden Normalsensibler. Für den Feinfühligen bedeutet dies eine tägliche Konfrontation mit seiner Andersartigkeit, denn er ist in der Minderzahl und passt sich mehr oder weniger stark an die Mehrheit an.

4 Phase II: Die geistig-emotionale Integration des Phänomens

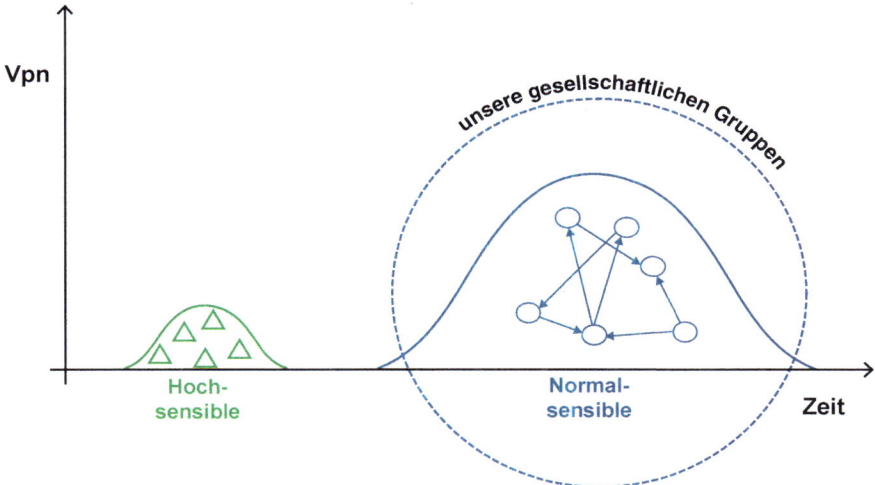

Abb. 4.4 Anpassung 2; Anpassung der Normalsensiblen untereinander

Das hochsensible Kind mag möglicherweise nicht mit den anderen am großen Gruppentisch sitzen, an dem es immer unruhig und laut zugeht. Oder der leicht ablenkbare Schüler arbeitet lieber mit einem einzigen anderen Schüler als mit einer ganzen Gruppe zusammen. Oder die hochsensible Arbeitskollegin entzieht sich immer den allgemeinen Plauderrunden in der Mittagspause. Kurz: Der hochsensible Mensch verhält sich im Vergleich zu den meisten anderen in der Gruppe „auffällig". Teils bewusst, teils unbewusst spürt er dies und versucht, dem entgegenzusteuern. Er passt sich zum Beispiel an, indem er versucht, doch mit vielen Kindern zu spielen oder auch laut und ruppig zu agieren. Er versucht sich normalsensibel zu verhalten. Bei Hochsensiblen bedeutet dies meist auch, die besonderen Gaben zurückzuhalten, zu verstecken, wie die Tochter meiner Freundin. Ich nenne diesen Prozess „sich das blaue Mäntelchen umhängen" (in der Abb. 4.3 durch den blau gestrichelten Kreis um die Dreiecke herum symbolisiert), da durch diese Anpassung der Feinfühlige nicht mehr unmittelbar als Hochsensibler erkennbar ist. Er wirkt wie ein normalsensibler Mensch und ich muss schon recht genau hinschauen, um die Hochsensibilität im Hintergrund zu erkennen. Dieser Prozess geschieht unbewusst und sehr schnell.

Die Hochsensiblen befinden sich zwar im Kreis der „Blauen", empfinden aber nicht wie sie. Sie kommen, was ihre Bedürfnisse, Fähigkeiten und Verhaltensweisen anbelangt, ursprünglich aus dem grünen Feld links in der Abbildung. Dort ist ihre „Heimat" und von dort beginnt ihre Anpassungsleistung

84 Hurra, ich bin hochsensibel! Und nun?

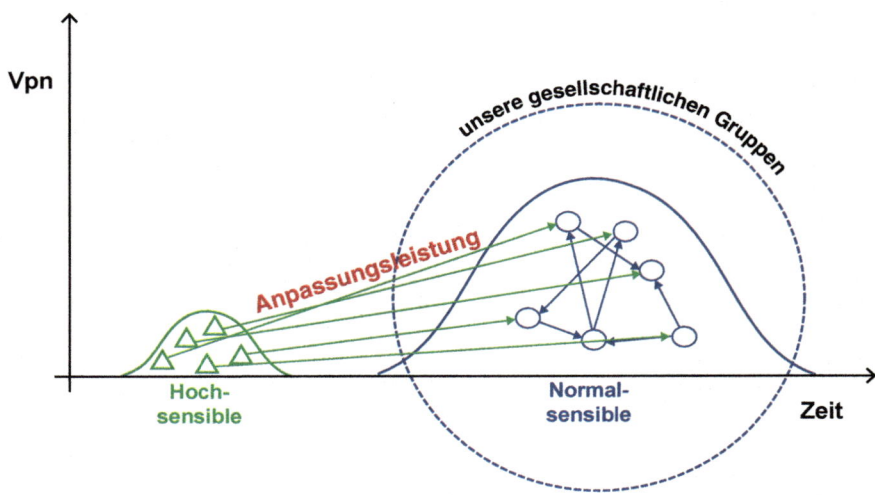

Abb. 4.5 Anpassung 3; Anpassung der HSP an die normalsensible Umgebung

(Abb. 4.5). Mich beispielsweise an einen Menschen anzupassen, der gerne viel unterwegs und in Aktion ist, ist für mich als zurückhaltende, ruhige Hochsensible viel aufwendiger, viel anstrengender als für einen Menschen, der ebenfalls gerne viel unterwegs und aktiv ist.

Daher starten die grünen Anpassungspfeile der Hochsensiblen in der grünen Kurve links. Sie reichen bis in die blaue Kurve hinein, da wir Hochsensiblen, wie bereits erwähnt, uns im alltäglichen Leben bislang fast ausschließlich in normalsensiblen Zusammenhängen bewegen. Im blauen Bereich ist die Zielgruppe, an die wir uns notgedrungen anzupassen versuchen.

Das Fatale an diesen automatischen Anpassungsmechanismen ist, dass sie so schnell, unbewusst und auch sehr früh im Leben eines Menschen einsetzen. Für uns Hochsensible bedeutet dies unter Umständen, dass wir uns bereits schon in früher Kindheit von unseren eigentlichen Wesenszügen entfernt haben. Die Auswirkungen dieses Dilemmas fasst Alice Miller in folgende Worte zusammen:

> Was wir als Depression bezeichnen und als Leere, Sinnlosigkeit des Daseins, Verarmungsangst und Einsamkeit, erweist sich mir immer wieder als die Tragik, des Selbstverlustes beziehungsweise der Selbstentfremdung.[3]

---

[3]Miller, Alice, *Das Drama des begabten Kindes,* Suhrkamp 1979, S. 57.

> Je stärker das eigene Wesen, das ursprüngliche Verhalten oder Bedürfnis von dem der anderen abweicht, umso größer wird die erbrachte Anpassungsleistung sein.

Wenn sich nun ein eher zurückhaltendes, vorsichtiges und achtsames hochsensibles Kind in einer großen, lauten und sehr aktiven Gruppe wie zum Beispiel einer Schulklasse befindet, wird es sehr früh und unbewusst versuchen, sich an die anderen Gruppenmitglieder anzupassen. Es wird versuchen, auch laut und aktiv zu sein. Eine Adaption kann bis zu einem gewissen Grad erbracht werden, aber ist die Diskrepanz zu groß, wird die Anpassung nicht in Gänze funktionieren. Es bleibt ein „Rest" der ursprünglichen Wesenszüge übrig. Dies führt beim Hochsensiblen zum Empfinden von „Irgendwie bin ich anders als die anderen!". Auch die Normalsensiblen spüren diesen „Rest" und empfinden den Feinfühligen als anders. Da wir in unserer Gesellschaft leider keinen guten Zugang zu Andersartigkeit haben, wird in einer solchen Situation der als „anders" erlebte Mensch recht schnell abgelehnt und ausgestoßen. Dies erleben viele Hochsensible tagtäglich, und gerade Kinder verstehen überhaupt nicht, warum dies geschieht.

4.5.3 Ein Wort zur „Normalität"

> Ohne Abweichung von der Norm
> ist Fortschritt nicht möglich.
> (Frank Zappa)

Normal? Was ist das? Wissen Sie es? Wir benutzen dieses Wort ständig, aber was genau besagt es eigentlich? In den letzten Jahrzehnten gab es eine wahre Inflation der Verwendung des Begriffs. Allerdings hat dies leider nicht dazu beigetragen, dass unser Verständnis davon oder unsere Toleranz dem Unnormalen gegenüber tatsächlich größer geworden wäre.

Auf der Suche nach einer eindeutigen und griffigen Definition des Wortes „normal" oder „Normalität" ist der amerikanische Psychiater Allen Frances nicht wirklich fündig geworden. So war das „Normal" im Lateinischen das Winkelmaß der Zimmerleute. Auch heute noch wird dieser Begriff in der Messlehre verwendet. Darüber hinaus bezeichnen wir heutzutage mit „normal" ein biologisches und psychologisches Funktionieren.

Wenn wir allerdings genau hinterfragen „Was ist ein normaler körperlicher oder psychischer Zustand?", erhalten wir nach wie vor keine wirklich erhellende Antwort. Vielmehr wird der Begriff oftmals tautologisch, also zirkulär, erklärt: „Normal ist alles, was nicht unnormal ist" – und umgekehrt. Diese schwammige Begriffsdefinition sorgt für reichlich Interpretationsspielraum im Umgang mit ihm. Die Auswirkungen dieser Unklarheit zeigen sich besonders deutlich in den Festschreibungen von Krankheitsbildern in den Krankheitskatalogen DSM (USA) und ICD-10 (Deutschland). Angemerkt sei hier, dass sich die ICD-10 in großen Teilen an das DSM anlehnt.

Frances hat einige Jahre maßgeblich an den Ausarbeitungen des DSM-III und DSM-IV[4] in leitender Funktion mitgewirkt und konnte auf diese Weise die fatale Entwicklung der zunehmenden Pathologisierung von Normalität verfolgen. So ist die Zahl der als Krankheit definierten Zustände im DSM von 106 im Jahre 1957 auf 374 im Jahre 2013 gestiegen. Konkret bedeutet dies, dass viele, bislang als normal geltende menschliche Zustände, wie Alltagsängste oder Eigenheiten, nunmehr als leichte oder mittelschwere Erkrankungen oder Störungen definiert werden. Frances schreibt:

> Dass ich mich mit den köstlichen Rippchen und Garnelen des Buffets vollstopfte, ist laut DSM-5 eine „Heißhungerstörung". Dass ich Namen und Gesichter vergesse, wertet das DSM-5 als „leichte neurokognitive Störung".[5]

Auch nach dem Verlust eines nahestehenden Mitmenschen wird den Betroffenen nun nicht mehr das berühmte Trauerjahr eingeräumt, sondern bereits nach wenigen Wochen kann eine „schwere depressive Störung"[6] diagnostiziert werden.

Abb. 4.6 verdeutlicht diese fatale Dynamik. Innerhalb des roten Kreises sind zumindest noch all jene Verhaltensweisen und Empfindungen umfasst, die wir gemeinhin als „normal" empfanden. Die Verengung der Grenzen, symbolisiert durch den gestrichelten roten Kreis, macht deutlich, dass schon selbst aus der Gruppe der Normalsensiblen einige mit ihrer Art herausfallen, ganz zu schweigen von der Gruppe der Hochsensiblen ganz links.

Was bedeutet diese Entwicklung für uns hochsensible Menschen? Es ist keine Frage mehr, warum so viele der hochsensiblen Eigenarten und ungewöhnlichen Verhaltensweisen bereits seit Jahren als unnormal oder gestört stigmatisiert werden. Durch diese enorme Einengung, verdeutlicht in Abb. 4.6, haben viele ganz menschliche Merkmale nicht mehr den Raum,

---

[4]DSM = *Diagnostic and Statistical Manual of Mental Disorders,* amerikanischer Krankheitskatalog für psychische Erkrankungen.
[5]Frances, Allen, *Normal,* Dumont, 2013, S. 17.
[6]Frances, Allen, *Normal,* Dumont, 2013, S. 17.

4 Phase II: Die geistig-emotionale Integration des Phänomens

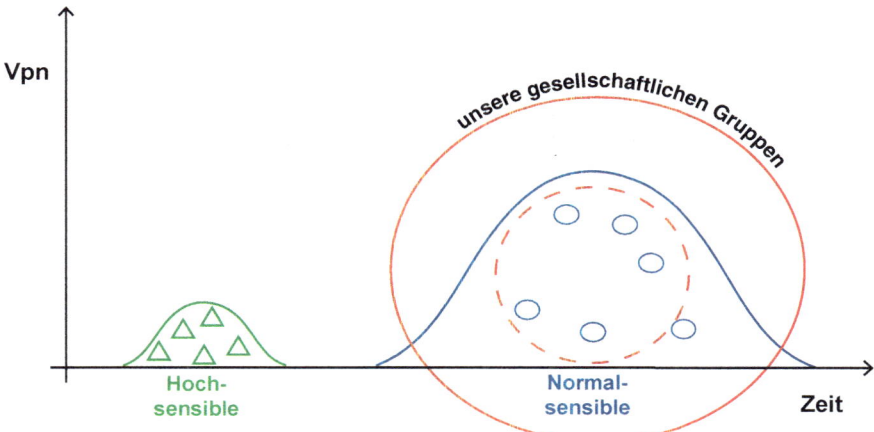

Abb. 4.6 Einengung der Normalität (gestrichelte Linie)

sich in einem wohlwollenden und fördernden Klima zu entwickeln. Wie groß sollte das Baby mit 3 Monaten sein? Ist es normal, so still zu sein und so viel zu beobachten? Was ist bei Menschen ab 65 Jahren noch als alterstypisches Verhalten oder bereits als Störung zu sehen? Und, und, und … es wird gemessen, getestet, verglichen – und verloren geht dabei die Individualität des einzelnen Menschen, mit all seinen Ecken, Kanten und Variationen. Auch Besonderheiten auf der Basis von Veranlagung oder spezieller Lebenserfahrungen fallen hierbei durch das Raster – und die betreffenden Personen gleich mit.

Halten wir uns diese gravierende Entwicklung vor Augen kann sie uns auch ermutigen, unsere feinfühligen Besonderheiten zu akzeptieren, ja, sie sogar zu hegen und zu pflegen, denn:

> Je mehr wir uns mit der umfassenden Pathologisierung der Normalität abfinden, desto mehr verlieren wir den Kontakt zu unseren starken Selbstheilungsfähigkeiten.[7]

Aufgabe und Ziel für eine genesende Gesellschaft in unseren Breitengraden sollte meines Erachtens die Erweiterung des roten Kreises auf beide Gruppen sein. Erst wenn wir wieder in der Lage sind, Andersartigkeit als festen und notwendigen Bestandteil einer gesunden Gesellschaft zu verstehen,

---
[7]Frances, Allen, *Normal,* Dumont, 2013, S. 21.

können wir – mithilfe jener „Andersartigen" – die mannigfaltigen Probleme unserer Zeit kreativ und innovativ lösen.

4.6 Der verzerrte Spiegel – Identitätsfindung

> Das Sofa steht, die Wänden erstrahlen in frischen Farben – aber wohin mit dem Spiegel? So wie er im Moment platziert ist, kann man nur schwer etwas darin erkennen. Im Moment kann Gustav sich selbst kaum darin sehen …
> „Was sehe ich beziehungsweise wie sehe ich mich im Moment? Wie klar oder getrübt ist mein Blick auf mich selbst? Wer bin *ich*?", fragt sich Gustav.

Könnten Sie, werte Leserin und Leser, jetzt sofort Ihr Wesen beschreiben, mit allen Besonderheiten, Ecken, Kanten und Gaben? Wenn Sie mögen, legen Sie das Buch für einen Moment zur Seite und notieren sich einmal alles, was Ihnen im Moment dazu einfällt, das Sie als die Person beschreibt, die Sie sind.

Ich fürchte, vielen von uns fällt eine solche Selbstbeschreibung eher schwer, vor allem die Darstellung der positiven Seiten.

4.6.1 Spieglein, Spieglein an der Wand …

… bin ich das, unerkannt?

In meinen Schulungen habe ich immer nach griffigen Illustrationen für die theoretischen Themen im Unterricht gesucht und eines Tages eine schöne Darstellung zu diesem Thema gefunden: Eine Katze sitzt vor einem bodenlangen Spiegel und betrachtet ihr Konterfei – einen stattlichen Löwen!

Ich kann mir vorstellen, dass es manchen Menschen ähnlich gehen mag, aber für Hochsensible gilt eher das Gegenteil: Da schaut ein Löwe in den Spiegel, und er sieht lediglich ein Kätzchen. Das eigene Identitätsempfinden ist für uns Feinfühlige ein ganz empfindliches Thema, da es im Laufe eines hochsensiblen Lebens immer wieder kleine und größere Situationen gab, in denen der Hochsensible mit seinen besonderen Wahrnehmungen nicht ernst genommen wurde.

Identität wird definiert als die Summe aller typischen Wesenseigenheiten, die einen Menschen zu einem einmaligen und unverwechselbaren Individuum machen. In einer Selbstbeschreibung drückt sich aus, was uns selbst über unsere Identität bewusst ist. Die Frage, die an dieser Stelle entsteht, lautet: Entspricht unser Selbstbild tatsächlich unserer Identität?

4.6.2 Identitätsbildung

Bevor ich auf die mögliche Diskrepanz zwischen Identität und Selbstbild eingehe, möchte ich noch kurz die Entstehung von Identität skizzieren. Zur Identitätsbildung beim Menschen gibt es in der Psychologie etliche Theorien. Diese hier aufzuführen wäre zu umfangreich. Daher konzentriere ich mich auf folgende drei Faktoren, die für diesen Prozess unabdingbar sind:

1. ein Gegenüber,
2. die eigene Selbstwahrnehmung und
3. die Anpassung an das Umfeld.

Das Gegenüber spiegelt uns unsere eigenen Verhaltensweisen wider. Spiegelung bedeutet in diesem Zusammenhang die Reaktion meines Gegenübers auf mich, auf meine Verhaltens- oder Ausdrucksweisen. Mithilfe der Selbstwahrnehmung mache ich mir ein eigenes Bild von mir. Im Zuge der Anpassung modelliere ich – überwiegend unbewusst – mein Ich.

4.6.2.1 Identität durch das Gegenüber

Wenn ein Kind geboren wird, geben die Eltern oder andere feste Bezugspersonen die erste Orientierung im Dunst der vielen und unbekannten Empfindungen und Eindrücke. Verhalten und Gefühle haben für das Neugeborene noch keine Namen, keine Bewertung und keine Zuordnungen zueinander.

Durch die Reaktionen und Handlungen der Eltern erfährt das Kind erste Bewertungen auf das eigene Wesen und seine Handlungen in Form von Freude, Ärger oder Ablehnung. Auch wenn es den Sachverhalt einer Situation noch nicht nachvollziehen kann, so „versteht" es doch die gezeigten Emotionen und nimmt sie auf: Das Kind tut etwas, worüber die Eltern sich freuen, die daraufhin lachen. Dem Kind wird signalisiert: Wenn du das tust, freuen wir uns. Wenn das Baby laut schreit reagieren die Eltern mitunter genervt, und das ist unangenehm. Sofern nicht ein dringliches Bedürfnis hinter dem Schreien steht, wird das Kind dieses Verhalten nach und nach reduzieren.

Wir können bei Kleinkindern auch sehr gut beobachten, dass sie absichtlich mit bestimmtem Verhalten provozieren, um eine Reaktion einzufordern. Sie erforschen auf diese Weise, wie die Eltern ihre eigenen Ausdrucksformen bewerten. So sammeln sich Tag für Tag die unterschiedlichsten Eindrücke an, in denen das Kind Bewertungen auf sein Verhalten erfährt.

Die Kunst in der frühkindlichen Identitätsbildung liegt nun im Vermögen der Eltern oder anderer Bezugspersonen, die Empfindungen und das Verhalten des Kindes richtig zu interpretieren. Ein positiver Ausdruck des Kindes bietet naturgegeben selten Anlass zur Sorge. Aber warum schreit das Kind? Warum schreit es schon wieder? Warum zappelt es so oder dreht den Kopf weg, wenn es auf den Arm genommen wird? Oder warum macht es schon wieder solche Probleme beim Anziehen, obwohl es das doch schon längst kann?

Der Alltag mit einem Säugling oder Kleinkind ist voller Fragen und Unsicherheiten. Also ist Einfühlsamkeit, Sensibilität, Geduld und Kreativität seitens der Erwachsenen gefragt. Die Herausforderung besteht darin, die Emotion oder das Bedürfnis des Kindes in diesem Moment möglichst treffend einzuschätzen und angemessen darauf zu reagieren. Dann fühlt das Kind sich „verstanden" und das befriedigte Bedürfnis führt zu innerer Zufriedenheit beim Kind – es fühlt sich gut, und eine stabile Identität kann sich entwickeln!

Die Tochter einer Freundin ist offensichtlich hochsensibel. Als die Kleine noch ein Säugling war, bemerkte meine Freundin irgendwann, dass sie beim Einschlafen mit ihren großen Augen neugierig alles aufsog, was sie erblicken konnte, obwohl sie todmüde war. So wurde das eindeutig nichts mit dem Schlafen. Also deckte die Mutter das Bettchen mit einem leichten, einfarbigen Tuch zu und im Nu war das Kind eingeschlafen. Manchmal sind die Lösungen sehr einfach, aber es bedarf eben der richtigen Deutung.

Bitte setzen Sie sich nun nicht permanent unter Druck, für jede kleinste Situation oder Regung Ihres Kindes die genau richtige Interpretation und immer die optimalste Lösung zu finden. Das wäre vielleicht lobenswert, aber im Alltag werden wir nicht immer genau ins Schwarze treffen, das ist nur allzu menschlich. Was wirklich zu anhaltenden Problemen in der Identitätsentwicklung führen kann, sind zum Beispiel fehlende Fürsorge „Lass es schreien. Es braucht jetzt nichts, es hat jetzt keinen Grund!", dauerhafte Verkennung der kindlichen Wesenszüge „Hast du schon wieder den Wecker zerlegt? Du weißt, dass du das nicht machen sollst!", oder Ablehnung der kindlichen Bedürfnisse „Du brauchst jetzt nicht schon wieder was zum Essen. Du hast eben!".

An dieser Stelle möchte ich noch auf einen wichtigen Unterschied hinweisen, Verhalten eines anderen Menschen zu „spiegeln":

1. Ich kann sagen oder vermitteln, dass mir die entsprechende Handlung missfällt oder mich verletzt, oder

2. ich kann der Person vermitteln, dass sie nicht in Ordnung ist, weil sie diese entsprechende Handlung zeigt.

Bei Variante 2 lehne ich die gesamte Person ab, bei Variante 1 hingegen nur das entsprechende Verhalten. Die Person selbst wird nicht abgelehnt. Dies ist für die Identitätsbildung und zwischenmenschliche Kommunikation ein immens wichtiger Unterschied. Bei einem Säugling oder Kleinkind ist dies nur bedingt möglich, da das Kind alles, was in seinem direkten Umfeld geschieht, als Reaktion auf sich selbst und sein Handeln empfindet. Hat das Kind also eine unangenehme Reaktion auf sich selbst erfahren, sollten auf jeden Fall eine oder mehrere liebevolle und zärtliche Gesten als Ausgleich und Trost folgen. Bleibt dieser aus, verstärkt sich im Kind das Empfinden, selbst nicht in Ordnung zu sein.

Vermitteln wir einem Menschen, wie in Variante 2 beschrieben, dass er nicht in Ordnung ist, *weil* …, wird unsere Kritik immer dazu führen, dass sich die Person in Gänze schlecht und abgelehnt fühlt. Leider ist vielen von uns dieser feine Unterschied nicht vertraut, was oft Streit, Missverständnisse und auch tiefe Verletzungen zur Folge haben kann.

4.6.2.2 Identität durch Selbstwahrnehmung

Wie beschrieben erkennen wir uns selbst einerseits durch die Reaktionen, „die Spiegelung" unseres Gegenübers. Andererseits machen wir uns mithilfe unserer inneren Wahrnehmung ein Bild von uns selbst. „Ich fühle mich wohl, wenn ich mich viel bewege" könnte eine Wahrnehmung sein. Als Kind werde ich das kaum denken, aber ich kann es fühlen, weil ich oft das Bedürfnis nach Bewegung habe. Innere Wahrnehmung existiert nicht nur dann, wenn ich sie analysieren und formulieren kann. In jungen Jahren findet Selbstwahrnehmung über das Verspüren und Umsetzen von Bedürfnissen und Wünschen statt. Später, wenn durch den kognitiven Reifungsprozess auch meine Fähigkeit der Selbstreflexion gewachsen ist, erkenne ich, dass meine Bewegungsfreude nicht nur dem Moment entspringt, sondern zu meinem Wesen gehört.

Um mich möglichst gut selbst wahrnehmen zu können, sollte ich bereits in jungen Jahren im Spüren meiner selbst angeleitet worden sein. Fragen wie „Wie fühlst du dich gerade?", „Wo genau tut es weh?", „Bist du jetzt traurig oder wütend?" schulen ein Kind darin, das eigene körperliche und emotionale Empfinden zu erkennen und zu beschreiben. Damit wird dieser

Mensch im Erwachsenenalter besser in der Lage sein, ein klares und stimmiges Selbstbild zu erhalten.

Das Selbstbild ist jedoch wiederum eng verknüpft mit dem Fremdbild. Ein einfaches Beispiel mag dies verdeutlichen: Die Eltern sagen ihrem Kind immer wieder, dass es abstehende Ohren hätte. Sie finden abstehende Ohren nicht so schön, und das bekommt das Kind zu spüren. Das Kind selbst hat, weil es noch zu jung ist, noch gar keine Vergleichsmöglichkeiten und ist auch noch nicht in dem Alter, Werteurteile der Eltern zu hinterfragen und sich ihnen gegebenenfalls zu widersetzen. Also lernt es: „Ich habe abstehende Ohren und das ist nicht schön!" Dieses Bild von sich selbst wird nun zum festen Bestandteil der Identität, auch des Selbstbildes „Ich bin nicht schön, weil ich abstehende Ohren habe".

Natürlich gibt es auch positive Rückmeldungen, zum Beispiel: „Du singst so schön." Auch dieses Feedback wird das Kind vorerst als gegeben annehmen und in das Selbstbild integrieren. Auf diese Weise entsteht ein komplexes Geflecht eigener innerer Wahrnehmungen sowie positiver und auch negativer Rückmeldungen, das in seiner Summe die Identität einer Person darstellt.

4.6.2.3 Identität durch Anpassung

In Abschn. 4.5 habe ich beschrieben, warum und in welcher Weise ein Mensch sich an seine Umwelt anpasst und dass Hochsensible dies in deutlich verstärkter Form tun, zum Teil tun müssen. In dem – nicht nur kindlichen – Bemühen, das eigene Wesen an die Ausdrucksformen der anderen anzugleichen, vergesse ich nach und nach mein eigenes Wesen oder zumindest Teile davon. Dort, wo ich mich vermeintlich gut angepasst habe, erkenne ich die angenommenen Wesenszüge als meine eigenen und zu mir gehörig an. Somit werden diese Eigenschaften auch Teile meiner Identität. Ich fühle mich wohl auf der Party, mir macht Small Talk nichts aus, ich habe keine Probleme mit grellen Lichtern oder lauten Straßen, mein altkluges Verhalten habe ich auch im Griff und vieles mehr. Warum ich allerdings mit zunehmenden Alter immer weniger belastbar und schneller gereizt bin oder sich das Gefühl in mir ausbreitet, das Leben hätte immer weniger Sinn, verstehe ich nicht.

Die Tatsache, dass ich meine ursprünglichen eigenen Wesenszüge mit dem durch Anpassungen erlangten neuen Verhalten oder Empfinden nur überdecke, mein ursprüngliches Wesen aber immer noch vorhanden ist, ist mir nicht mehr bewusst. Dies zu erkennen ist ein wesentlicher Teil im hochsensiblen Integrationsprozess.

Wir alle kennen das Phänomen, dass ein anderer Mensch uns in manchen Punkten oder Bereichen besser erkennt, als wir uns selbst. Mein Gegenüber kann durch den anderen Blickwinkel hinter meine Fassade schauen, kann sehen, welche Persönlichkeitsanteile versteckt sind. Daher kann eine professionelle Unterstützung zur Wiederentdeckung der eigenen Wesenszüge zuweilen recht hilfreich sein.

> Auch wenn die Grundlagen der Identität in den ersten Lebensjahren gelegt werden, kann sie sich auch noch im Erwachsenenalter verändern. Dazu bedarf es des klaren Willens der betreffenden Person, einer guten Selbstreflexion und vieler schöner und bereichernder Erfahrungen, die das eigene und ursprüngliche Potenzial des Menschen zum Erblühen bringen. Genau dies ist Ziel des hochsensiblen Integrationsprozesses.

4.6.3 Wie viel „Ich" überlebt in der Anpassung? – oder das „falsche Selbst"

Wie in Abschn. 4.5 erläutert, passen wir Menschen uns automatisch an unsere Umgebung an, und das bereits vom allerersten Lebenstag an. Als Kinder sind wir noch nicht in der Lage, diesen Prozess zu erkennen oder gar kritisch zu reflektieren. Ein Kind passt sich also an andere und sein Umfeld an, sobald die emotional zentrale Person oder die Mehrheit einer Gruppe ein anderes als das eigene Verhalten zeigt.

Der frühkindliche Ausdruck zeigt nur in Teilen die eigene Wesensart. Durch die sehr frühe Adaption orientiert sich das Kind bei vom eigenen Wesen oder Bedürfnissen abweichenden oder ungünstigen Bedingungen an Verhaltensweisen, die seinem eigenen Temperament nicht entsprechen. Ist das Kind zum Beispiel von sich aus eher still und ruhig, wächst aber in einer lauten und lebendigen Umgebung auf, so wird es die eigenen ruhigen Anteile zunehmend verdrängen und sich ebenfalls laut und agil zeigen. Oder das bewegungsfreudige Kind wird irgendwann schwerfällig, wenn es lang genug schwerfällige Menschen imitiert. Durch diesen Prozess geraten die authentischen Wesensanteile immer mehr in den Hintergrund bis hin zum Vergessen.

Der zentrale Aspekt dieser Problematik ist, dass bei Hochsensiblen durch die Veranlagung des reizoffenen Nervensystems die Gefahr, deutlich öfter belastende Situationen bereits ab frühester Kindheit zu erleben, um ein Vielfaches größer ist als bei normalsensiblen Menschen. Auch Normalsensible erleben unpassende Situationen, aber sie nehmen zum einen die entsprechenden Informationen der belastenden Situation nicht so reichhaltig und intensiv auf, zum anderen haben sie durch ihre größere Komfortzone einen größeren Spielraum, solch unangenehme Erfahrungen besser abzupuffern. Werden solche Erlebnisse nicht durch entsprechend intensive und positive Erfahrungen aufgewogen, etabliert sich ein „falsches Selbst", ein Selbstbild, das an vielen Stellen nicht dem wahren Wesen entspricht. Nun wird verständlich, warum hochsensible Menschen oftmals so sehr mit ihrem eigenen Wesen hadern.

Im Erwachsenenalter können sich dann Schwierigkeiten zeigen, wie beispielsweise, dass die Betreffenden nicht wissen, was sie mögen oder brauchen, ihre Grenzen nicht gut kennen oder sich schnell dem Urteil oder der Meinung anderer anschließen.

Trotz aller Anpassung werden aber auch manche der eigenen Charaktereigenschaften immer versuchen, ihren Ausdruck zu finden. Dies können dann jene Momente sein, in denen das Kind eigenartig und sonderbar wirkt. Es ist dann die Frage, inwieweit Eltern bei ihren Sprösslingen die, möglicherweise recht anderen Wesenszüge akzeptieren und annehmen können.

Der Fairness halber möchte ich hier erwähnen, dass es für Eltern tatsächlich nicht immer leicht ist, die speziellen Bedürfnisse und Grenzen ihrer hochsensiblen Kinder korrekt zu erkennen. Da vermengen sich hochsensible Unpässlichkeiten mit Koliken oder dem Zahnen, da wird der Unmut des Kindes aus den Streitigkeiten mit dem Freund hergeleitet, obwohl das Kind schon vor dem Spielen überreizt und unausgeglichen war. Fehlinterpretationen bleiben da nicht aus. Und solange Eltern noch nicht über eine mögliche Hochsensibilität bei ihrem Kind informiert sind, sind Missverständnisse leider an der Tagesordnung.

4.6.4 Hochsensible Identität

Es stellt sich die Frage: Ist die Identitätsentwicklung bei hochsensiblen Kindern anders als bei Normalsensiblen? Ja, in manchen Teilen oder Momenten schon. Die feinfühlige Veranlagung kann in allen Lebensbereichen zu kleinen oder auch großen Unterschieden im Heranwachsen führen. Wann es zu großen oder kleinen Abweichungen in der Identitätsentwicklung kommen mag und in welcher Art und Weise sie sich zeigen, ist situativ und individuell abhängig.

Eine hochsensible Identität könnte sich ein wenig anfühlen, als ob Sie ein langes und ein kurzes Bein haben. Sie kennen es nicht anders, und der ganze Körper hat sich inzwischen damit arrangiert. Aber dennoch hinterlässt diese Beinlängendifferenz Spuren, sowohl in ihrem Körper als auch in Ihrem Empfinden und Ihrer Selbstsicherheit: Sie sind schnell verspannt, leiden häufig unter Gelenk- und Rückenschmerzen und spüren die Unterschiedlichkeit zu Ihren Mitmenschen, die Sie ob Ihrer schiefen Haltung vielleicht etwas mitleidig anlächeln. Alle anderen Körperteile hingegen sind völlig gesund, und damit können Sie sich wunderbar auf Ihre Weise ausdrücken.

In der Regel gibt es immer Lebensbereiche, in denen die betreffende Person nicht so stark belastet ist. Die sich aus der Summe der gemachten Erfahrungen herauskristallisierte Identität ist also in manchen Punkten authentisch und stimmig, in anderen wiederum nicht. Nur wenn ein Mensch viele ihn selbst generell negierende Erfahrungen gemacht hat, kann das sein Selbstempfinden und somit auch sein Selbstbild grundlegend und massiv erschüttern.

> Eine hochsensible Identität kann daher eine gewisse Inkonsistenz aufweisen. Dies ist für die Betreffenden meist spürbar, wenn auch unbewusst, und erzeugt Gefühle wie Irritation, Unsicherheit, Selbstzweifel, Desorientierung oder ein Sich-falsch-Empfinden.

4.7 Ja oder Jein – die Krux mit der Abgrenzung

> Jetzt hat er den Salat: im Zuge seines wachsenden Selbstbewusstseins hat sich Gustav für die lindgrüne Wandfarbe seiner Wahl entschieden, und der Beziehungsstreit ist in vollem Gange. Frederike, seine Partnerin, bestreikt das neue Zimmer, bezichtigt ihn abgrundtiefer Geschmacklosigkeit und besteht auf einen Neuanstrich. Gustav fühlt sich in die Enge getrieben, will weder neu streichen, noch sich mit Frederike wegen solcher Lappalien überwerfen. Ja oder Jein? Wie entscheidet er sich?

Abgrenzung ist die Kehrseite der Anpassung. Abgrenzung heißt einerseits zu etwas oder jemandem Nein und gleichzeitig zu sich selbst Ja zu sagen. Würde Gustav einen Neuanstrich verweigern, hieße dies im gleichen Atemzug, dass er zu seinem Geschmack und seiner Wandgestaltung steht. Er würde sich gegenüber Frederike abgrenzen.

Das mag im Falle der Wandfarbe vielleicht noch relativ einfach sein, aber für unzählige Situationen im Leben ist Abgrenzung überhaupt nicht einfach, gerade für Hochsensible. Manchmal kann sie sogar bedrohlich oder gefährlich wirken.

Führen wir uns noch einmal vor Augen, welche Aufgabe die Anpassung erfüllt: Sie gibt Orientierung „Ich mache es wie du". Sie sorgt für Geborgenheit und Sicherheit „Ich gehöre dazu" und sie ermöglicht die Befriedigung sozialer Bedürfnisse „Wir machen es gemeinsam".

Anpassung beginnt am ersten Lebenstag und sorgt auf diese Weise für eine tiefe und emotional starke Verbindung und ein effektives Zusammenwirken der Gruppenmitglieder – Faktoren, die in manchen Zeiten und manchen Kulturen überlebensnotwendig waren oder sind. Gerade für Hochsensible ist Anpassung wichtig, da sie ja schon aufgrund ihres anderen Wesens tendenziell stärker außen vor sind. Würden diese Wirkmechanismen wegfallen, wäre das Überleben schwierig und zuweilen auch in Gefahr. Und nun soll ich daherkommen und Nein sagen? Mich vom Gruppenkonsens abwenden, eigenwillige oder eigensinnige Entscheidungen fällen und das Risiko eingehen, damit möglicherweise alleine dazustehen? Fritz Riemann, deutscher Psychologe und Psychoanalytiker, schreibt in seinem Buch *Grundformen der Angst* dazu:

> Je mehr wir uns von anderen unterscheiden, um so einsamer werden wir und sind damit der Unsicherheit, dem Nichtverstanden- und Abgelehnt-, u. U. dem Bekämpftwerden ausgesetzt.[8]

4.7.1 Bedingungen der Abgrenzung

Es ist sicherlich nachvollziehbar, dass Abgrenzung unter den vorweg beschriebenen Aspekten nur unter bestimmten Bedingungen möglich ist:

1. Ich brauche ein gewisses Maß an Bewusstsein und Wahrnehmung meiner selbst. Erst dadurch kann ich bemerken, dass meine eigenen Bedürfnisse, Grenzen oder Fähigkeiten sich von denen der anderen Gruppenmitglieder unterscheiden. Abgrenzung verstehe ich in diesem Zusammenhang als einen bewussten Akt, also nicht gleichzusetzen mit dem Trotzalter, in dem das Kind erste Grenzerfahrungen ausprobiert. Im Trotzalter ist das kindliche Bewusstsein noch nicht so stark gereift, dass es eine bewusste Wahl zwischen einem Für oder Wider vornimmt. Es folgt dem inneren Bedürfnis und sucht nach dessen Erfüllung. Allerdings sorgt eine gesunde Gestaltung des Trotzalters für eine gute Basis im Abgrenzungsverhalten.

---

[8]Riemann, Fritz, *Grundformen der Angst*, Ernst Reinhardt, 1979, 14. Aufl.

2. Ich benötige einen starken Willen und Mut, denn das Risiko, mich mit meinem Nein aus meiner sozialen Geborgenheit zu begeben, ist nicht zu unterschätzen. Ein Mensch, egal welchen Alters, wird sich nicht abgrenzen, wenn der Wille oder das eigene Bedürfnis, die eigene Grenze umzusetzen, zu schwach ist. Dann kommt Unsicherheit oder Wankelmütigkeit auf. Die Angst, abgelehnt zu werden, nicht mehr Teil der Gemeinschaft zu sein, kann dann das eigentliche Bedürfnis überlagern und ausbremsen. Der Abgrenzungswunsch wird scheitern.
3. Daher benötige ich zusätzlich auch ein gutes Paket Selbstsicherheit, um mögliche Ablehnungen meines Verhaltens oder gar meiner Person aushalten und auffangen zu können. Erst wenn ich genügend Sicherheit und Vertrauen zu mir, meinen Empfindungen und meinen Entscheidungen habe, werde ich die oben beschriebenen Risiken eingehen.

   Dazu gehört auch das Vertrauen in meine eigene Wahrnehmung. Bei vielen Feinfühligen wird hier eine tiefe Verunsicherung spürbar. „Siehst du das auch!?", „Ich nehme dieses oder jenes wahr, aber vielleicht täusche ich mich ja" sind klassische Sätze hochsensibler Menschen. Vielleicht kennen Sie diese von sich selbst auch?
4. Schlussendlich benötige ich natürlich auch Menschen, die mich in und trotz meiner Abgrenzung annehmen und lieben. Fehlen solche Menschen im direkten Umfeld, kann ich zwar den Akt der Abgrenzung vollziehen, aber letztendlich stehe ich im Zweifelsfall alleine da. Und das hält auf Dauer kein Mensch aus. Inzwischen wissen wir, dass Einsamkeit starke psychische und körperliche Probleme oder Erkrankungen nach sich ziehen kann. Daher werde ich bei allem Abgrenzungsbedürfnis dieses enorme Risiko zu vermeiden suchen.

4.7.2 Schuldgefühl und Abgrenzung

Abgrenzung ist für sehr viele Hochsensible ein äußerst wichtiges und gleichzeitig schwieriges Thema. Die vier oben beschriebenen Kompetenzen sind oftmals nicht genügend gestärkt und ausgebildet (Selbstwahrnehmung, Wille und Mut, Selbstvertrauen und unterstützende Menschen). Dadurch wird eine authentische Grenzwahrung erschwert.

Hinzu kommen oft noch Schuldgefühle. Gedanken wie: „Ich darf doch meinen Willen nicht gegen die anderen durchsetzen" oder „Wenn ich Nein sage, finden mich die anderen bestimmt egoistisch" oder „Wenn ich das nicht möchte, stehe ich den anderen nicht zur Verfügung" beeinträchtigen eine freie Entscheidung maßgeblich. Die Gefahr, das eigene Bedürfnis oder die eigene Handlung als sozial unerwünscht oder als Fehler gespiegelt zu bekommen, lässt Angst und Schuldgefühle entstehen.

Was sind eigentlich Schuldgefühle? Gemeinhin verstehen wir darunter ein soziales Gefühl, jemandem nicht gerecht geworden zu sein. Schuldgefühle sind ein Empfinden, sich selbst für schlecht oder unfähig zu halten: „Ich habe nicht gut genug auf meine Schwester aufgepasst. Jetzt hat sie sich das Knie aufgeschürft." Auch beim anderen löst dieses vermeintliche Fehlverhalten Gefühle und Reaktionen aus. Mein Gegenüber reagiert vielleicht mit Enttäuschung, Frustration und letzlich mit moralischem Druck: „Warum hast du nicht besser auf deine kleine Schwester aufgepasst?"

Oder: „Du weißt doch, dass ich so schnell Kopfschmerzen bekomme. Wenn du nicht leise bist, geht es Mama schlecht!" Ein Kind, das einen solchen oder ähnlichen Satz – immer wieder – zu hören bekommt, wird bei einem „Fehlverhalten" mit Schuldgefühlen reagieren: „Ich bin schuld, dass meine Schwester sich das Knie aufgeschürft hat", „Ich bin schuld, dass es Mama schlecht geht."

Schuldgefühle entstehen also immer im sozialen Kontext. Es bedarf einer oder mehrerer Personen, die mir vermitteln, dass mein Verhalten oder mein Unvermögen ein Fehler ist, dass ich die andere Person enttäuscht habe, und vor allem, dass ich für die missliche Situation, die dadurch entstanden ist, verantwortlich bin. Und eben diese Zuschreibung der Verantwortung verankert in mir das Schuldgefühl.

Hochsensible Menschen und insbesondere hochsensible Kinder übernehmen von sich aus durchaus gerne, schnell und oft auch völlig unbewusst Verantwortung, zum Beispiel wenn sie spüren, dass es den Eltern oder einem Elternteil schlecht geht. Sie bieten ihre Hilfe und Unterstützung an, um das Belastende der Situation zu beenden. Dies tun Hochsensible, da sie Harmonie lieben und brauchen. Harmonische Situationen beinhalten deutlich weniger Reize als disharmonische oder krisenhafte. Für diese Harmonie tun Hochsensible durchaus sehr viel. Sie verhalten sich zurückhaltend und achtsam, um die kritische Lage nicht noch zu verschlimmern. Sie tragen emotionale Lasten, trösten den anderen und stehen ihm zur Seite, wenn er traurig oder verzweifelt ist.

Durch diese Neigung sind Hochsensible dazu prädestiniert, Opfer von Schuldzuschreibung zu werden. Sie übernehmen Verantwortung, das Gegenüber spürt dies – bewusst oder unbewusst – und bei vermeintlichem Versagen macht es den Hochsensiblen für die missliche Lage verantwortlich. Das Fatale an einer solchen Verhaltenskette ist, dass die Kommunikation zwischen allen Beteiligten zu großen Teilen unbewusst verläuft. Das bedeutet: Ich nehme unter Umständen nicht wahr, dass ich Verantwortung übernehme, bemerke infolgedessen auch keine Situationsverletzung meinerseits und verstehe somit die enttäuschte, verletzte und Schuld zuschreibende Reaktion meines Gegenübers nicht. Geschieht die Verantwortungsübernahme bewusst, habe ich, zumindest im Jugend- und Erwachsenenalter, die Möglichkeit, mich bei einer Situationsverletzung damit konstruktiv auseinanderzusetzen.

> Ein Therapeut meinte einmal scherzhaft zu mir: „Die Krux am Unbewussten ist, dass es eben unbewusst ist!" Ja, es ist wirklich ein vertracktes Problem, dass so vieles im menschlichen Empfinden im Dunkeln liegt. Daher ist es immer wieder wichtig, sich selbst, die eigene Motivation und das eigene Handeln zu reflektieren. Gerade für uns Hochsensible ist dies so relevant, da sich viele kleine Erfahrungen und Verhaltensmuster auf der Basis solch emotional verzerrter Situationen angesammelt haben, die sich unserem Bewusstsein entziehen, aber unseren Lebensalltag entscheidend prägen.

4.8 Mangelnder Selbstwert – ein Dauerbrenner

Wer zugleich seinen Schatten und sein
Licht wahrnimmt, sieht sich von zwei Seiten,
und damit kommt er in die Mitte.
(C. G. Jung)

> Wie war das: Viele Köche verderben den Brei …? Der Konflikt zwischen Gustav und Frederike gewinnt an Fahrt. Die ewigen Diskussionen und Belehrungen von ihr, welche Farbe denn nun schöner sei und dass lindgrün ja sowieso keine Farbe, sondern eine Krankheit wäre, machen Gustav allmählich mürbe. Er ist nicht der Typ, der sich mit Säbeln und Messern bewaffnet in die Schlacht um das eigene Recht wirft – eher das Gegenteil. Allzu schnell ist er verunsichert und hält seine eigene Meinung und seine Fähigkeiten nicht des Verteidigens wert.

Als ich schon einige Zeit für und mit hochsensiblen Menschen aus den unterschiedlichsten Zusammenhängen gearbeitet hatte, fiel mir auf, wie viele dieser Menschen mit einem schlechten Selbstwertempfinden zu kämpfen hatten. Nicht immer kam es in Gesprächen zum Tragen, oft spürte ich es jedoch an der emotionalen Färbung ihres Ausdrucks oder an ihrer Körperhaltung und Mimik. Ich stellte dies durchaus auch bei Hochsensiblen aus „gutem Elternhaus" oder mit stabilen Lebensbedingungen fest. Und immer öfter fragte ich mich: Warum?

Durch die Themen Anpassung und Identität wurde mir allmählich klar, warum dies so häufig auftritt. Zwei Faktoren führen meines Erachtens zu einem schlechten Selbstbewusstsein:

1. unberücksichtigte kindliche Bedürfnisse und
2. frühe und permanente Anpassung an unpassende Bedingungen.

4.8.1 Berücksichtigung kindlicher Bedürfnisse

Stellen wir uns vor, dass ein kleines, hochsensibles Kind die Eltern mit seinen empfindlichen Ohren und seiner reizbaren Haut Tag für Tag zur Weißglut bringt, weil es bei den kleinsten Geräuschen zu weinen und schreien beginnt oder weil es bestimmte Kleidung nicht anziehen will. Die Eltern wissen nicht um die Hochsensibilität ihres Kindes und schimpfen mit ihm, gehen auf die sensorischen Probleme ihres Kindes nicht ein. Das Kind empfindet sich dann als verkehrt, weil die Eltern mit ihm schimpfen. Da dies Tag für Tag, auch in kleinsten Situationen, immer wieder passiert, etabliert sich Schritt für Schritt ein negatives Selbstempfinden und somit auch ein negatives Selbstbewusstsein. „Meine Eltern schimpfen mit mir. Also bin ich verkehrt." Je früher und je öfter solche Erfahrungen gemacht werden, umso tiefer wird das Selbstempfinden erschüttert.

Da es bei der Hochsensibilität auch oftmals um Wahrnehmungen und Empfindungen geht, die für Außenstehende wirklich schwierig nachzuvollziehen sind, erfährt das Kind im Laufe des Heranwachsens subjektiv tatsächlich wenig bis keine positive Bestätigung seiner ungewöhnlichen Wesenszüge und den damit im Zusammenhang stehenden Bedürfnissen. Zusätzlich kann ein Säugling oder Kleinkind seine Befindlichkeiten auch noch nicht verbalisieren und ist daher auf die gute Entschlüsselung seiner Signale seitens der Erwachsenen angewiesen. Wie aber sollen Eltern oder Erzieher etwas entschlüsseln oder erkennen, wenn sie das Phänomen mit seinen entsprechenden Auswirkungen auf das Kind nicht kennen?

Anzumerken sei hier noch, dass die mangelnde Berücksichtigung kindlicher Bedürfnisse natürlich auch bei normalsensiblen Kindern Verletzungen hinterlässt. Aber wie bei so vielen anderen Aspekten der Hochsensibilität kommt auch hier zum Tragen, dass das hochsensible Kind deutlich früher und intensiver auf die ungünstigen Lebensbedingungen reagiert als das normalsensible.

4.8.2 Selbstwert und Anpassung

Auch durch den Anpassungsprozess wird das Selbstbewusstsein eines Menschen beeinflusst. Erlebt der hochsensible Mensch, egal welchen Alters, dass er andere Wesensmerkmale zeigt, dass er „anders ist" als die anderen, wird er auch im Zuge der Anpassung sein eigenes Wesen als falsch empfinden. Zu fühlen „Ich bin falsch!" führt zwangsläufig zu einem geringen Selbstwertgefühl.

Oft haben mir Eltern in Beratungsgesprächen erzählt, dass ihr Kind zum Beispiel sehr empathisch auf andere reagiert hat, schnell weinte oder bei der Lehrerin „petzte", um eine erlebte oder auch nur beobachtete Situation entsprechend des eigenen Gerechtigkeitsempfindens zu klären. Die Reaktion der anderen Kinder bestand nicht selten in Auslachen, Mobben, Ausschließen oder Ähnlichem, was das hochsensible Kind überhaupt nicht nachvollziehen konnte. Es kann die Reaktion der anderen Kinder nicht sinnvoll interpretieren und schließt daraus auf seine eigene Unfähigkeit oder sein Fehlverhalten.

Es gibt unzählige winzige, kleinere und größere Situationen im Alltag, in denen Hochsensible die eigenen, nicht mit der Gruppe kompatiblen Wesenszüge verdecken und „fremde" Verhaltensweisen zugunsten der Gruppenfähigkeit annehmen. Da die eigenen Wesenszüge dadurch jedoch weder verändert noch gelöscht werden, entsteht eine innere Diskrepanz, eine innere Spannung.

Eine solche innere Diskrepanz führt zu inneren Unsicherheit. Diese wiederum hat eine Desorientierung im Empfinden meiner selbst zur Folge. Ich kann meine eigenen Empfindungen nicht mehr korrekt entschlüsseln und interpretieren. Würde ich mich an angenommenen Wesenszügen orientieren, hieße meine Entscheidung für mein Feierabendprogramm beispielsweise: „Na gut, ich hatte zwar einen anstrengenden Tag, aber die anderen gehen ja auch auf die Vernissage. Ich kann mich dann ja am Wochenende ausruhen." Und schon hätte ich meine eigenen Bedürfnisse und Grenzen überschritten und negiert, was später zu weiterer Erschöpfung, Missmut oder Frustration führen kann.

Würde ich mich jedoch an meinem tatsächlichen Befinden orientieren und es ernst nehmen, lautete meine Entscheidung: „Ja, ich fühle, es ist für mich richtig, jetzt nicht auf die Vernissage zu gehen, da ich schon den ganzen Tag unterwegs war und nun erschöpft bin." Vielleicht bin ich ein wenig enttäuscht, nicht bei der Vernissage dabei sein zu können, aber mein stabiler körperlicher und seelischer Zustand bestätigen mir meine Entscheidung. Ich habe meine Bedürfnisse und Grenzen respektiert, mich an ihnen orientiert, und das wiederum stärkt mein Wohlbefinden und mein Selbstbewusstsein.

Wenn wir uns nun vorstellen, dass dieses permanente Verdecken des eigenen Wesens beziehungsweise mancher Anteile davon von frühester Kindheit an sich über Jahre aufsummiert, ist verständlich, warum bei vielen Hochsensiblen das Selbstwertgefühl so tief und grundlegend verletzt ist.

> Eine Ausnahme kommt immer dort zum Tragen, wo das Kind erfahren hat, dass genau diese Verhaltensweisen von den Bezugspersonen positiv bewertet und es somit an diesem Punkt bestätigt wurde. Durfte es als Kleinkind viel spielen und ausprobieren, wurde aber für seine sensorische Empfindsamkeit gemaßregelt oder gar abgelehnt, wird es dem erwachsenen Menschen leicht fallen, in die Welt zu gehen und sich auszuprobieren, aber darunter liegt immer die Unsicherheit, dem eigene (sensorische) Empfinden zu trauen.

4.9 Ich trau mich nicht – wenn Ängste Angst machen

Nichts lähmt die Flügel der
Seele so sehr wie Angst.
(Andreas Tenzer)

> Hätte ich sie bloß nie um ihre Meinung gefragt! Es wurmt Gustav, dass er in der Umsetzung seiner eigenen Ideen immer so zögerlich ist, so unsicher, Angst hat, es könnte verkehrt oder albern sein, was er tut. Der Streit hilft ihm zurzeit leider auch überhaupt nicht weiter, sondern bremst ihn auf der ganzen Linie aus. Der Spiegel hängt schief an der Wand, die Farbrollen mit der lindgrünen Farbe harren in den Plastikschutzhüllen weiterer Aktionen, und Gustav weiß nicht weiter. Die Angst, noch mehr Fehler zu machen, für noch mehr Unmut bei Frederike zu sorgen, blockiert ihn.

Kürzlich sprach mich nach dem Joggen eine Frau an und fragte, ob ich am See oder auch im Wald laufe. Sie hätte immer solch eine Angst. Die Art, wie wir uns begegneten und die verlegene Unsicherheit, ob wir uns nun mit Handschlag oder ohne verabschieden sollten, obwohl wir uns nicht kannten, ließ in mir eine Glocke erklingen: auch hochsensibel? Ich weiß nicht, ob die Dame es ist oder nicht, aber ihre Bemerkung könnte von einem feinfühligen Menschen gekommen sein.

Generell möchte ich an dieser Stelle darauf hinweisen, sollten Sie unter massiven Ängsten oder Phobien leiden, wenden Sie sich bitte an fachkundige Hilfe bei Ärzten oder Psychotherapeuten. Die hier angesprochenen

4 Phase II: Die geistig-emotionale Integration des Phänomens

Probleme beziehen sich auf Ängste, die im spezifischen Kontext der Hochsensibilität ausgelöst wurden und ein gewisses Maß nicht übersteigen. Dass es dennoch durch mögliche dauerhafte Belastungen zu schweren Angsterkrankungen kommen kann, ist möglich, aber nicht die Regel.

Angst hatten wir schon immer und sie wird auch weiterhin zum Leben eines Menschen gehören, schreibt der Psychologe Fritz Riemann.[9] Angst erfüllt eine schützende Aufgabe, allerdings haben sich die Objekte der Angst im Laufe der Jahrhunderte und Jahrtausende geändert. Waren es früher Naturgewalten, unerklärliche Wetterphänomene oder gefährliche Tiere, die uns Angst einjagten, so sind es heute Bakterien, Unfälle, Alter oder Einsamkeit. Eigentlich gibt Angst einen aktivierenden Impuls, aber dort, wo die Angst zu groß wird oder zu lange anhält, können wir sie nicht bewältigen. In diesem Moment greift der aktivierende Modus nicht mehr, sondern die Angst lähmt uns.

Im sozialen Kontext können Ängste entstehen, weil wir eine Situation als bedrohlich empfinden, die es tatsächlich auch ist, wir Ängste von anderen Menschen übernehmen, wir Aufgaben zu bewältigen haben, denen wir uns nicht gewachsen fühlen, oder weil wir die uns innewohnenden Potenziale nicht ausleben können. Letztere Möglichkeit taucht im Leben eines hochsensiblen Menschen öfter auf, vorzugsweise in der Kindheit. Schauen wir genauer, warum dies zu Ängsten führen kann.

Wie bereits in Abschn. 5.5 beschrieben, verleugnen viele Feinfühlige ihre Wesenszüge und Bedürfnisse zugunsten einer guten Passung mit den anderen, überwiegend normalsensiblen Mitmenschen. Es entsteht dadurch das Gefühl von Unzulänglichkeit, da die eigenen Wesenszüge und Kompetenzen keinen adäquaten Ausdruck finden. Wenn jedoch die eigenen Fähigkeiten nicht ausprobiert werden und ihnen keinen Ausdruck verliehen wird, entwickelt sich ein Gefühl der inneren Desorientierung: „Was kann ich eigentlich?" oder „Ich kann das doch nicht!".

Stellen Sie sich bitte vor, Sie haben eine neue Arbeitsstelle angetreten, die Sie auch nicht einfach wieder beenden können. Zuerst orientieren Sie sich dort und dann möchten Sie sich gerne mit Ihrem Können, Ihren Erfahrungen und Ihrem Know-how einbringen. Aber Sie merken, dass in dieser Firma alles anders gemacht wird, als Sie es gewohnt sind. Also halten Sie sich mit Ihrer Arbeitsweise zurück. Einen anderen Arbeitsstil haben Sie jedoch nicht. Wie würde es Ihnen in dieser Situation gehen? Was würde das in Ihnen auslösen? Was würde es in Ihnen auslösen, wenn dies jeden Tag über Wochen und Monate in der Weise andauert?

---

[9]Riemann, Fritz, *Grundformen der Angst,* Ernst Reinhardt, 1979.

Vermutlich wären Sie zuerst verunsichert. Dann käme eine Zeit der Verärgerung. Da dies aber bei den Kolleginnen und Kollegen nicht fruchtet, werden Sie unsicher, versuchen die Arbeitsweise der Kollegen zu übernehmen. Sie tun Ihr Bestes, aber Sie spüren, dass Ihre Ergebnisse nicht einmal halb so gut sind, wie sie sein könnten. Das verunsichert Sie noch mehr, und allmählich schleicht sich neben anderen, bereits beschriebenen Empfindungen Angst ein. Angst vor Ihren Arbeitsaufgaben, Angst vor der Situation bei der Arbeit. Sie fühlen sich zunehmend unfähiger, versuchen Ihr Bestes oder beginnen, belastende Situationen oder Aufgaben zu meiden. Dadurch fühlen Sie sich jedoch noch unfähiger – ein Teufelskreis hat begonnen.

4.9.1 Ängste durch Überstimulation

Jede Lebenssituation, bei der wir nicht unser hochsensibles Potenzial aktivieren können, führt längerfristig zu Unsicherheit und zu Ängsten. Es können aber auch durch eine permanente Überstimulation Ängste entstehen. Überreizung löst Stress aus, und dieser führt wiederum zu Verunsicherung, inneren Blockaden und somit schlussendlich auch zu Ängsten. In Elterngesprächen erzählen mir Betroffene immer häufiger, dass ihre Kinder massive Schwierigkeiten in der Schule aufgrund akustischer und visueller Reizüberflutung haben. Durch die Präsenz von 25 bis 30 Kindern in einer Klasse, einem häufig dauerhaft hohen Geräuschpegel, vielen Informationen und Bildern an den Wänden und in kurzen Abständen wechselnde Unterrichtsstunden ist Schule per se Überreizungsraum, wie eine Schulpsychologin in einer gemeinsamen Schulkonferenz einmal bemerkte. Es treten möglicherweise Denkblockaden auf, und das Kind bekommt das Gefühl, nichts zu wissen, keine Ideen zu haben oder Probleme nicht lösen zu können. Das Handeln wird künftig dadurch ebenfalls beeinträchtigt. Das Kind bewegt sich unsicherer, ist nicht so zielstrebig oder führt Tätigkeiten zögerlich aus.

Die Reaktion der Kinder darauf zeigt sich in Form von Unruhe, Unkonzentriertheit oder Rückzug. Wenn sich diese Verhaltensweisen aufgrund fehlender Änderung der auslösenden Ursachen verhärten, kann es auch bei Kindern zu Entwicklung von Ängsten kommen: Schulangst, Angst, vor der Klasse zu sprechen, oder Angst vor Versagen. Für uns Erwachsene gelten die gleichen Mechanismen und Wirkketten.

Typische Ängste, mit denen Hochsensible immer wieder zu kämpfen haben, die mit unüberschaubaren Reizquellen zu tun haben, können sein: Angst vor Telefonaten mit Unbekannten, zum Beispiel Anrufe beim Amt oder einer Hotline; Angst, eine neue Aufgabe anzugehen; Angst, vor Fremden zu sprechen; Angst, unbekannte Wege zu fahren, und anderes mehr. Immer wieder bekomme ich Anrufe von Hochsensiblen, die gerne zu den Offenen HSP-Treffen kommen würden, aber sie haben Angst. Sie trauen sich nicht in eine fremde Gruppe, haben Angst, dort etwas sagen zu müssen, oder sie ängstigen sich vor dem Rückweg in der Dunkelheit. Der Weg mit Bus oder Bahn ist unvertraut, oder sie fahren so ungern mit dem Auto in der Stadt. Hinweise, wie Sie mit solchen Ängsten umgehen können, finden Sie in Abschn. 5.8.

> Selbstverständlich werden solche Ängste nicht ausschließlich aus der Reizüberflutung genährt, aber das Problem der Überstimulation als Angst auslösender Faktor sollte nicht unterschätzt werden. Hier führt die Kombination eines mangelnden Selbstbewusstseins und einer unveränderbaren Reizsituation zu einer schnelleren Belastungssymptomatik.

4.9.2 Ängste durch zu viel Vorsicht

Vorsicht ist ein typisches Merkmal der hochsensiblen Disposition. Sie ermöglicht dem System, alle aktuell relevanten Aspekte in tiefgründiger Weise und mit der nötigen Ruhe aufzunehmen, zu bewerten und entsprechende Handlungsschritte vorzubereiten. Die Vorsicht bewahrt vor zu viel unüberschaubarem Risiko, emotional, situativ und sensorisch. So weit, so gut. Problematisch wird es jedoch, wenn der Vorsicht zu viel Raum gelassen wird und es dadurch zu Handlungseinschränkungen kommt. Ein Beispiel: Eine Frau wollte einen Beratungstermin vereinbaren. Normalerweise finden die Beratungen an bestimmten Tagen in einer Praxis statt. Die Dame sagte mir, dass sie aber nur tagsüber mit den öffentlichen Verkehrsmitteln fahren könne, da sie die Fahrt mit Bus oder Bahn ohnehin schon ungemein anstrenge, aber bei Dunkelheit traue sie sich nicht aus dem Haus. Beides – Bahn und Dunkelheit – dürfe also nicht zusammenkommen. Es war Winter und somit war die Terminfindung ziemlich eingeschränkt.

Es gibt in der Entwicklung eines jeden Menschen Zeitfenster, in denen bestimmte Lernerfahrungen gemacht werden können beziehungsweise gemacht werden sollten. So lernt das Kleinkind meist zwischen dem sechsten und zwölften Monat die ersten Worte zu sprechen, zwischen dem ersten und zweiten Lebensjahr zu laufen und zwischen dem vierten bis siebten Lebensjahr zu schreiben. Auch im Erwachsenenalter haben wir Phasen, in denen wir bestimmte Lernschritte wagen sollten. Diese Zeitfenster sind jedoch nicht mehr an das Alter, sondern an unsere Entwicklungsschritte gebunden. Wenn wir bestimmte Erfahrungen gesammelt und unsere Fähigkeiten erweitert haben, wächst innerlich irgendwann das Bedürfnis, den nächsten Schritt zu gehen, die nächste Herausforderung zu meistern. Steht dem jedoch dann eine Angst im Weg, kann es zur Blockierung kommen. Ich traue mir die Weiterentwicklung nicht zu und verharre daher lieber in meiner Komfortzone, das heißt, ich mache das, was ich bereits kann und womit ich mich sicher fühle. Langfristig führt das aber zu Stagnation. Diese erzeugt wiederum Unzufriedenheit sowie Unausgeglichenheit und vertieft die bereits vorhandenen Ängste, denn die Erfahrung, es nicht zu schaffen, nicht zu können oder nicht zu wagen, wird immer wieder wiederholt und bestätigt somit die Grundangst. Es entsteht eine Negativspirale, bei der das Leben immer eingegrenzter, frustrierender, einsamer und freudloser wird.

> Der Mensch beziehungsweise die Seele will sich weiterentwickeln, dies ist ein natürliches Prinzip. Entzieht sich ein Mensch diesem Wachstum oder fühlt sich durch seine Ängste daran gehindert, so wird es, meist tief im Unbewussten verborgen, dafür Gründe geben.

Die den Hochsensiblen eigene Vorsicht erfordert an dieser Stelle eine besondere Achtsamkeit. Da risikoreiche Situationen auch eine größere Wahrscheinlichkeit einer vermehrten Reizfülle mit sich bringen, sind wir Feinfühligen oftmals schneller bereit, eine herausfordernde Situation zu meiden oder das Risiko zu mindern. Das Problem dabei ist, dass die dadurch vermiedenen Erfahrungen und die zu wenig erprobten Fähigkeiten zu den bereits beschriebenen Verunsicherungen, zu Stagnation und Ängsten führen können. Gerade hochsensible Kinder signalisieren durchaus recht früh ihre Ängstlichkeit vor bestimmten Aufgaben oder Situationen. In diesem Fall braucht ein solches Kind eine sehr achtsame, aber auch zielstrebige Heranführung an Herausforderungen sowie eine sensible Einladung und Begleitung, Risiken tatsächlich auszuprobieren. Durch die Bewältigung der Situation kann es sich selbst als handlungsfähig erleben. Dies wäre eine wirkungsvolle Prävention gegen Ängste, die aus zu viel Vorsicht heraus entstehen. Auch für uns Erwachsene gilt es, ein überschaubares, aber zugleich herausforderndes Risiko einzugehen, um neue oder beängstigende Aufgaben zu meistern. Dadurch können wir unsere Kompetenzen und unseren Aktionsradius erweitern. Lesen Sie dazu mehr in Abschn. 5.8.2.

> Im Integrationsprozess ist es sinnvoll, bestehende Ängste dahin gehend zu beleuchten, was deren tatsächlichen Ursachen sind und inwieweit diese mit der eigenen Hochsensibilität in Verbindung stehen. Habe ich als Kind zum Beispiel

nicht gelernt, mich in Gruppen zu bewegen? Haben mir meine Eltern zu viel Lebensrisiko abgenommen, sodass ich mich nie trauen, behaupten oder alleine zurechtfinden musste?

4.9.3 Die übernommene Angst

Eine weitere Form der Angst ist die übernommene Angst. Hierbei handelt es sich nicht um Ängste, die wir aufgrund eigener Empfindungen oder schmerzhafter Erfahrungen entwickelt haben. Vielmehr sind übernommene Ängste Gefühle anderer Menschen, insbesondere nahestehender und emotional wichtiger Personen, die wir im Zuge des Modelllernens und Imitierens aufgegriffen und in uns integriert haben. Beim Modelllernen übernehmen wir als Kind die Verhalten- und Emotionsmuster der Eltern inklusive ihrer Bewertung, die ebenfalls durch die Eltern transportiert wird. So wie ein Kind bestimmte typische Bewegungsmuster der Mutter oder des Vaters übernimmt, so schaut es sich auch bestehende Ängste der Eltern ab. Gleichzeitig projizieren die Eltern ihre Ängste meist auch auf das Kind, sodass es zu einem unglücklichen Zusammenwirken beider Verhaltensweisen kommt und das Kind irgendwann die Ängste verinnerlicht hat.

Ich konnte dies einmal sehr deutlich in einer von mir betreuten Familie beobachten. Die Mutter hatte, natürlich nachvollziehbar, aufgrund sexueller Missbrauchserfahrungen einige Ängste in Bezug auf Männer und den Kontakt zu ihnen entwickelt. Immer wieder gab sie ihren inneren Ängsten Ausdruck und sorgte auf diese Weise bei ihrer kleinen Tochter für einschränkende Empfindungen. Viele Jahre später war die Tochter zu einem ängstlichen, unsicheren Mädchen mit hoher, kindlicher Stimme herangewachsen. Es war ihr deutlich anzumerken, dass sie viele der mütterlichen Ängste verinnerlicht hatte, obwohl sie selbst niemals solche verletzenden Erfahrungen gemacht hatte.

Dieses Beispiel mag vielleicht ein wenig plakativ wirken, da die Entwicklung eines Kindes von vielen verschiedenen Faktoren abhängt und der Umgang mit Ängsten nur einer davon ist. Dennoch wissen wir inzwischen, dass Eltern ihr Angstempfinden und -verhalten an die nächste Generation weitergeben. Gerade für den Umgang mit hochsensiblen Kindern sollte uns dieser Aspekt im Bewusstsein bleiben, um solche oder ähnliche Entwicklungen im Vorfeld abzuwenden.

4.9.4 Das Resonanzgesetz

Wir alle kennen den Satz: „Wie man in den Wald hineinruft, so schallt es heraus", aber seine Wirkweise im Alltag ist vielen Menschen nicht bewusst. Es handelt sich hier um das sogenannte Resonanzgesetz. Es besagt, dass ich mit meiner inneren Haltung, meinen Gedanken, Gefühlen und Handlungen für die entsprechende Resonanz, das heißt Reaktion, sorge. Bin ich ehrlich davon überzeugt, dass es mir gut geht und ich glücklich bin, werden Menschen und Situationen in mein Leben treten, die mich darin bestätigen und mir zu weiterem Glück verhelfen. Andersherum funktioniert es genauso – eine negative Haltung führt zu negativen Erfahrungen. Sehr vereinfacht lässt sich das Prinzip mit einem Radio und einem Sender vergleichen: Wenn Sie Ihr Programm „Angst" senden, werden die Hörer auch nur dieses Programm empfangen und auf das Programm „Angst" reagieren. Der Satz „Angst zieht Angst an!" drückt genau jene Resonanz aus, die hier wirksam wird.

Ich erlebe im Kontakt und in Gesprächen mit Hochsensiblen immer wieder, dass sie sich ihrer einschränkenden Gefühle wie beispielsweise Selbstunsicherheit zwar bewusst sind, nicht aber den Auswirkungen ihres unsicheren Verhaltens. Wird die Verbindung zwischen der eigenen „Sendung" und der entsprechenden Reaktion darauf nicht erkannt, kann dies dazu führen, dass die Reaktion des Gegenübers oder des Umfelds als Angriff auf die eigene Person interpretiert wird. Wenn Sie beispielsweise allem Neuen gegenüber verschlossen sind, treten auch nur Menschen in Ihr Leben, die entweder ebenfalls sehr verschlossen sind oder emotional sehr stark auf Verschlossenheit reagieren. Beide Gruppen gehen intensiv auf das Thema Verschlossenheit ein und werden daher zu Ihren „Resonanzpartnern".

Wer sich zum Beispiel unsicher verhält, zieht sich eher zurück, meidet herausfordernde Aufgaben, stellt sich linkisch an und räumt, sinnbildlich gesprochen, das Feld. Am Arbeitsplatz könnte ein solches Verhalten dazu führen, dass ein anderer Mitarbeiter diesen frei gewordenen oder nicht besetzten Raum für sich in Anspruch nimmt – er geht in Resonanz mit dem frei gewordenen Raum und nutzt ihn für sich. Ein anderer Mitarbeiter, der zu diesem Zeitpunkt mit dem Thema „Feld räumen – Feld belegen" innerlich nichts zu tun hat, würde vielleicht gar nicht bemerken, dass Sie „das Feld geräumt haben".

> Führen wir uns das Prinzip der Resonanz in seiner ganzen Tragweite vor Augen, wird deutlich, dass jede und jeder von uns eine Eigenverantwortung für das in sich trägt, was sie oder er denkt, fühlt und tut – denn es gibt immer (!) eine Reaktion darauf, ganz gleich, ob wir sie verstehen und nachvollziehen können oder nicht.

Sich des Resonanzgesetzes und damit der eigenen Verantwortung bewusst zu werden, löst jedoch häufig Unwille und Abwehr aus. Hieße es doch, die eigene Haltung und somit häufig auch das eigene Opferempfinden „Ich bin nun mal unsicher. Ich kann ja nichts dafür" zu verändern. Wenn Sie sich Ihrer Hochsensibilität bewusst werden, beinhaltet das auch, Ihre eigenen Empfindungen und Verhaltensweisen dahin gehend zu überprüfen, ob sie Ihnen guttun. Bemessen Sie diese Einschätzung daran, wie Ihrer Meinung nach die Reaktion der Außenwelt auf Ihre inneren Haltungen ausfallen würde. Um bei dem Beispiel der Selbstunsicherheit zu bleiben: Doch, Sie können etwas für Ihre Unsicherheit. Es ist Ihre Verantwortung, inwieweit sie Ihnen bewusst ist, und es ist Ihre Verantwortung, ob Sie an dieser Unsicherheit etwas verändern möchten und werden. In Abschn. 5.11.4 finden Sie Hinweise, wie Sie dieses Thema angehen können.

4.10 Perfektionismus – das zweischneidige Schwert

Perfekt ist etwas immer erst dann,
wenn es nicht mehr realisierbar ist.
(Damaris Wieser)

> „Sei doch nicht so empfindlich!", sagt sie. „Nun mach dir nicht so viele Gedanken. Wir finden schon einen Weg, dass dein Zimmer schön wird.", sagt sie. Aber hat sie überhaupt eine Ahnung davon, wie viele Gedanken ich mir im Vorfeld der Renovierung und Umgestaltung gemacht habe? Wie sehr ich alle Möglichkeiten durchgegangen bin, von Farbe über Möbelauswahl bis hin zum räumlichen Platzieren? „Vermutlich nicht. Sonst würde sie mich nicht so kritisieren und runterziehen", denkt Gustav.

Der Wunsch beziehungsweise der Drang nach Perfektion, Vollkommenheit oder Unfehlbarkeit ist für Hochsensible ein zentrales Thema. Ich habe bislang nur sehr wenige Feinfühlige kennengelernt, die von sich behaupteten, sie seien nicht perfektionistisch veranlagt. Für die meisten von uns ist dies jedoch ein dominierender Aspekt unserer sensiblen Wesensart.

Perfektion beinhaltet Harmonie. Harmonie wiederum entsteht durch die Ausgewogenheit der Komponenten oder der Verhältnisse eines Gegenstandes oder einer Situation zueinander. Mathematisch wird diese Harmonie durch das Gesetz des Goldenen Schnitts dargestellt, mit dem auch viele Künstler wie zum Beispiel da Vinci, Dürer, Michelangelo, Mozart, Bartock oder Uderzo (Zeichner von Obelix). arbeiteten beziehungsweise arbeiten. Diese Ausgewogenheit ist allen Menschen sehr angenehm, wir Hochsensible jedoch reagieren besonders intensiv darauf. Diese spezielle Empfindsamkeit bezeichnet Aron als ästhetische Sensibilität.

Perfektion ist der innere Wunsch oder Drang, diese Harmonie umzusetzen. Durch den Genuss des Schönen und Ausgewogenen können wir uns energetisch wieder auftanken, uns erholen, auch wenn es dabei nicht zwingend zu einer geringeren Reizaufnahme kommt. Aber die Harmonie befriedet die Seele, das durch den Alltag aufgewühlte Innere, und daher streben die meisten Hochsensiblen nach perfekten Lösungen. Es gibt sicherlich auch Ausnahmen, bei denen die Betreffenden diese Art von Harmonie oder Perfektion als unangenehm oder unkreativ empfinden. Die meisten Hochsensiblen fühlen sich jedoch von Harmonie und Perfektion sehr angezogen. Auch haben wir selbst oft ein gutes Händchen dafür, harmonische Situationen oder Dinge zu schaffen.

Generell zeigt sich der Drang nach Perfektion nicht immer in allen Lebens- oder Tätigkeitsbereichen gleichermaßen. Ich kann beispielsweise äußerst pingelig in der Gestaltung meiner Arbeit sein, im Haushalt oder der Pflege meiner Kleidung spielt Vollkommenheit aber keine große Rolle – oder umgekehrt. Wo immer das Verlangen nach Vollkommenheit jedoch vorhanden ist, sorge ich sehr gewissenhaft und zielstrebig für die Umsetzung meiner entsprechenden Vorstellungen. Dies geschieht häufig mit einer hohen Intensität, die andere Menschen irritieren kann. Dann fallen unter Umständen auch einmal Begriffe wie: kleinlich, engstirnig, entrückt, Korinthen und Ähnliches.

Der Wunsch nach einem perfektionistischen Ausdruck scheint sich weitestgehend unbewusst in Szene zu setzen. Es ist mehr ein Drang als ein Wollen. Bewusst wahrzunehmen ist für den hochsensiblen Menschen vornehmlich das Gefühl: „Genau so muss es sein!" und das Empfinden zufriedenstellender Harmonie, wenn die Perfektion in der Situation oder der Erschaffung einer Sache erreicht wurde. Abweichungen von der inneren Vorstellung werden – auch körperlich – als sehr unangenehm empfunden und führen daher rasch zu Widerstand oder Konflikten.

Vielleicht kennen Sie einen Menschen, der stets lange für die Bearbeitung der Arbeitsunterlagen braucht, weil er sie immer wieder durchgeht, prüft und auf etwaige Fehler untersucht? Auf die Frage, warum ein befreundeter Glaskünstler nicht mehr von seinen wunderbaren Werken verkauft, sagte dieser einmal zu mir: „Ich bin zu langsam!" Er nimmt sich die Zeit, seine Werke mit aller ihm zur Verfügung stehenden Perfektion zu gestalten. Diese Haltung kennen vermutlich viele Künstler aller Genres.

Wenn sich das perfektionistische Empfinden ungehindert ausbreiten darf, kann dies zu herausragenden Ergebnissen führen und befriedigt den hochsensiblen Menschen in hohem Maße. Sicherlich kann nicht in jedem Lebensbereich dieser detailverliebten Haltung Tribut gezollt werden. Wenn die Ausübung seines perfektionistischen Handelns bei einem hochsensiblen Menschen zu oft und zu verletzend unterbrochen oder unterbunden wurde, können auch solche Erfahrungen zu Belastungen führen. Andererseits verhilft uns das Wissen über diese Hintergründe, feinfühlige Menschen in ihrem Verlangen nach Perfektion besser zu verstehen und zu akzeptieren. Ein weiterer Schritt wäre dann die Bereitschaft, Menschen mit dieser Veranlagung bewusst mit entsprechenden Aufgaben zu betrauen.

4.10.1 Geht nicht gibt's nicht – oder doch?

Auf der anderen Seite kann uns das Verlangen nach Perfektion auch erschöpfen und blockieren. Wir haben ein Bild der zu gestaltenden Situation oder des zu erschaffenden Gegenstandes. In dem Bestreben, diesem inneren Bild möglichst nahe zu kommen, verstricken wir uns mitunter in kritische Überlegungen, wiederholte Überarbeitungen, Unzufriedenheit und Frustration. Im ungünstigsten Falle werfen wir alles hin, weil wir das Gefühl haben, es „eh nicht zu schaffen", dem inneren Bild nicht gerecht werden zu können.

Auch hier lässt sich dieses Verhalten gut bei hochsensiblen Kindern beobachten. Nach meiner Erfahrung gibt es zwei Typen mit unterschiedlichen Umgangsweisen mit dem eigenen Perfektionismus: Im ersten Fall soll das Kind ein Bild malen, vielleicht eine Blumenwiese mit Haus. Es hat aufgrund der regen Fantasie und Vorstellungskraft des feinfühligen Systems eine sehr genaue Vorstellung, wie dies auszusehen hat. Es beginnt zu malen, stellt fest, dass es nicht der inneren Vorstellung entspricht, und probiert es erneut. Einmal, zweimal, dreimal, immer wieder, über Tage, vielleicht auch Wochen, bis das Ergebnis der eigenen Vorstellung entspricht. Dann lässt es die Aufgabe fallen und wendet sich etwas anderem zu.

Im zweiten Fall hat das Kind die gleiche Aufgabe und ebenfalls eine klare Vorstellung. Es beginnt zu malen, stellt fest, dass das äußere Bild nicht dem inneren entspricht, wirft den Stift in die Ecke und weigert sich beharrlich, es noch einmal zu versuchen. Hier blockiert die innere Haltung in puncto Perfektion das Malen: „So muss es aussehen und wenn es das nicht tut, bedeutet dies, dass ich es nicht kann. Also lasse ich es!" Für diese Kinder ist das Meistern von Lernaufgaben in der Schule häufig schwierig, da sie sich mit ihrem Perfektionsanspruch selbst im Wege stehen. Es scheint, dass sich in einigen Menschen beide Varianten mischen.

4.10.2 Besser geht's immer – Versagensängste

Das Bedürfnis, alles oder zumindest manche wichtigen Aufgaben perfekt zu gestalten und zu lösen, kann zuweilen ein recht agiles Eigenleben entwickeln.

Frei nach dem Motto „höher – schneller – weiter – schöner" baut sich im Innern eine Dynamik auf, die das Bedürfnis nach Perfektion immer weiter anstachelt. Da reicht es dann nicht mehr, ein schönes Bild zu malen, nein, es muss ein wunderbares werden. Da genügt es nicht, eine verständliche und übersichtliche Präsentation zu erstellen, nein, sie sollte einzigartig werden. Der Perfektionsanspruch an sich selbst wächst und wächst und wächst.

Je mehr diese Dynamik ihr Eigenleben entwickeln darf, umso größer ist die Gefahr, dass durch diesen wachsenden Anspruch auf der anderen Seite auch die Angst vor Versagen größer wird. Schaffe ich es, dieses wunderbare Bild zu kreieren? Wird es mir gelingen, eine tatsächlich einzigartige Präsentation zu erstellen? Eine Zwickmühle entsteht: Einerseits ist der große Wunsch vorhanden, die Aufgabe wirklich optimal lösen zu wollen, andererseits bringt mich der dafür nötige Aufwand an meine Grenzen. Die hohen Ambitionen haben ihren Preis in Form von Zeit, Energie und Konzentration. Eine Nichterfüllung der eigenen Vorstellungen hat dann möglicherweise Überforderung, Frustration oder Versagensängste zur Folge.

Sie kennen sicherlich die Aufforderung, beim Herangehen an eine Aufgabe „die Latte nicht zu hoch zu hängen". Nichts anderes ist damit gemeint, als den eigenen inneren Anspruch im Zaum zu halten. Für uns hochsensible Menschen kann diese Aufforderung jedoch manchmal zur Qual werden, da wir uns entweder gegen unser Perfektionsempfinden entscheiden oder das Risiko eingehen müssten, die Latte hoch zu hängen und im Zweifelsfall daran hängen zu bleiben. Die große Herausforderung in dieser Zwickmühle liegt tatsächlich in der Umsetzung kleiner Schritte und bewältigbarer Etappen. Hier bedarf es von uns Hochsensiblen viel Selbstdisziplin, um die Ansprüche nach „höher – schneller – weiter – schöner" auf ein erträgliches und vor allem realistisches Maß herunterzuschrauben.

Wie schrieb bereits Andrea Brackmann in ihrem Buch *Ganz normal hochbegabt* über Zeitdruck und die Leistungsfähigkeit Hochbegabter:

> Da sie immer wieder die Erfahrung machen, dass sie die geforderte Leistung auch unter massivem Zeitdruck noch erbringen, können sie eigentlich auch von vornherein nach der „Letzter-Drücker-Methode" vorgehen und sich vornehmen, das Geplante zum letztmöglichen Zeitpunkt zu erledigen.[10]

Es reicht also, um fünf vor zwölf mit der Arbeit zu beginnen, da das Ergebnis auch dann immer noch besser als gut ist.

---

[10] Brackmann, Andrea, *Ganz normal hochbegabt*, Klett-Cotta, 2010, 4. Aufl., S. 165.

Übertragen auf uns Hochsensible und unseren Selbstanspruch formuliere ich diesen Vorschlag von Brackmann etwas überspitzt dahin gehend um: Halb so gut ist immer noch besser als der Durchschnitt. Haben Sie Mut zu etwas weniger Perfektionismus und dafür etwas mehr Gelassenheit und Genuss.

4.10.3 Perfektion als Schutzschild

Nicht immer ist der Wunsch nach Perfektion wirklich nur Ausdruck eines ästhetischen Bedürfnisses. Er kann auch dafür benutzt werden, um bestimmte Befindlichkeiten nicht zu zeigen beziehungsweise sie selbst nicht fühlen zu müssen. Wenn ich mich mit hingebungsvoller Akribie der Erledigung bestimmter Aufgaben im Beruf oder Haushalt widme, bin ich abgelenkt. Ich übergehe in dieser Zeit meine eigenen Bedürfnisse. Das muss in keiner Weise bewusst oder beabsichtigt sein, aber es kann die sowieso schon geringere Bedürfniswahrnehmung noch weiter schmälern.

Typische Themen, die wir durch Ablenkung vermeiden, sind:

- Angst vor Ablehnung: Je mehr ich mich bemühe, es dem oder der anderen Recht zu machen, und dies möglichst perfekt, umso größer ist die Wahrscheinlichkeit, dass ich damit Ablehnung vermeide. Wenn alles gut läuft, erhalte ich Anerkennung, Liebe, Zuwendung und Respekt. Für feinfühlige Menschen sind dies im sozialen Miteinander sehr wichtige, weil stärkende Signale.
- Angst vor Konflikten: Was immer ich tue, mache ich möglichst gut, möglichst schnell, möglichst perfekt, um meinem Gegenüber keine Möglichkeit zur Kritik zu geben. Kritik beinhaltet ein unüberschaubares Maß an Reizen und möglicherweise auch die Ablehnung meiner Person. Da das Selbstwertgefühl bei uns hochsensiblen Menschen häufig sehr angeschlagen ist, sind wir daher oft bemüht, solche kritischen Situationen zu vermeiden.
- Angst vor Fehlern: Tue ich das, was ich tue, möglichst gut, also fehlerlos, muss ich mich nicht mit den Folgen von Fehlern oder fehlerhaftem Verhalten meinerseits auseinandersetzen. Für die meisten Hochsensiblen sind Fehler etwas sehr Unangenehmes, was sie in der Regel tunlichst vermeiden. Perfektion verspricht Fehlerfreiheit.
- Mangelnder Selbstwert: Die eigene Unsicherheit oder den mangelnden Selbstwert zu fühlen ist für jeden Menschen belastend. Für Hochsensible ist es das verstärkt, da wir solche Gefühle intensiver und früher wahrnehmen. Durch große Vollkommenheit im Handeln verringere ich die Gefahr, weitere, den eigenen Selbstwert untergrabende Situationen zu erleben.

Auch wenn wir Feinfühligen mit großem Engagement für Perfektion in unserem Handeln sorgen, kann nicht alles im Leben ständig optimal gestaltet werden. Dazu ist der Mensch und das Leben einfach zu komplex. Für Hochsensible ist dieser Umstand jedoch oft frustrierend und führt bei manchen dazu, ihre Anstrengungen noch mehr zu intensivieren. Auf Dauer sind massive oder chronische Erschöpfungszustände, Depressionen oder Burnout bei diesen Menschen die logische Folge.

> Im hochsensiblen Integrationsprozess ist es durchaus hilfreich, sich die eigenen Beweggründe für perfektes Handeln anzuschauen. Sie können Aufschluss darüber geben, welche Bedürfnisse wir uns nicht trauen, zu zeigen, welche inneren Bereiche tiefer verletzt sind und in welchen Situationen es für unsere Persönlichkeitsentwicklung förderlich ist, weniger Perfektion, sondern mehr Laissez-faire zu praktizieren.

4.11 Hochsensibler Energiehaushalt

> Gustav ist müde. Und erschöpft. Und frustriert. Und müde … Alles Bitten, alle Argumente, Diskussionen und Beschimpfungen haben im Konflikt mit Frederike nichts gebracht, und nun sitzt er mut- und kraftlos alleine auf seinem schönen, neuen Sofa. Der Streit und seine innere Zerrissenheit nagen an ihm. Zweifel rauben ihm seine Kräfte und Freude. Seine Entschlusskraft schwindet zunehmend und Gustav spürt, dass er immer antriebsloser wird. Eigentlich ist er ja ein harmonischer Typ und genießt Augenblicke der Zweisamkeit sehr. Stattdessen quält er sich nun mit diesem völlig unnötigen Beziehungsstreit herum, der ihn auslaugt. Seine Nerven liegen blank und seine Energiereserven neigen sich bedrohlich ihrem Ende zu, das spürt Gustav.

Ein nicht zu unterschätzender Aspekt für ein erfüllendes Leben ist auch der Zustand unseres individuellen Energiehaushalts. Habe ich eher mehr oder eher weniger Energie in meinem Leben zur Verfügung? Dies hängt von mehreren Faktoren ab. Ich stelle mir hierzu immer das Bild vor, dass wir Menschen mit einem großen Topf voller Energie geboren werden. Daraus schöpfen wir jedes Mal, wenn wir anstrengende oder herausfordernde Situationen zu meistern haben. Bei einem Säugling kann es das Zahnen, Koliken oder die Umstellung von Muttermilch auf Festnahrung sein. Ein Kleinkind braucht für seine körperliche und geistige Entwicklung genügend Energie. Von Pubertierenden ist bekannt, dass sie viel schlafen, weil beispielsweise das ganze physische und neuronale System umgebaut wird. Auch als Erwachsene brauchen wir ständig Energie, um bei der Arbeit, in der Familie oder anderen Lebensbereichen all das zu meistern, das unser Leben zu unserem Leben macht. So gibt es unzählige verschiedene Situationen, in denen wir aus unserem Energietopf schöpfen.

Aber natürlich gibt es auch Situationen, in denen wir den Topf, unser Reservoir, wieder auffüllen können: alle Erlebnisse und Momente, die uns beflügeln, beglücken, entspannen, erleichtern oder einfach nur erfreuen. Wo immer wir uns wohlfühlen und etwas tun und erleben, von dem wir uns bereichert fühlen, geschieht auch genau das: Wir füllen unseren Tank wieder auf, wir reichern uns wieder mit Energie an. Im optimalen Fall entsteht im Leben auf diese Weise ein ausgewogenes Hin und Her zwischen Auftanken und Herausnehmen. Aber leider haben wir nicht immer optimale Lebensbedingungen.

4.11.1 Wer hat die Energie geklaut?

Unterdrückte Energie verbraucht Energie!
(Helga Schäferling)

In den letzten Kapiteln ist deutlich geworden, wie stark gerade hochsensible Menschen durch unpassende Lebenssituationen belastet sind, da die misslichen Lebensumstände oftmals sehr früh beginnen, emotional tief greifende Bereiche berühren und über viele Jahre hinweg anhalten. In der Schule oder im Beruf aufgrund seiner Andersartigkeit gemieden oder gemobbt zu werden, ist weder für ein Kind noch für einen Erwachsenen einfach zu verarbeiten. Neben der Frustration und den emotionalen Verletzungen kostet es auch jede Menge Kraft, solche Situationen auszuhalten und Lösungen für den Umgang damit zu entwickeln. Viele hochsensible Menschen bekommen als Vorschlag zu hören: „Ja, das ist halt so. Dann schaff dir eben ein dickeres Fell an!" Das versuchen sie dann auch tatsächlich – unter Aufbringung eines enorm hohen Energieaufwandes.

Stellen Sie sich bitte vor, Sie gehen jeden Tag zu Ihrer Arbeitsstätte, die für Ihr Empfinden zu laut und zu zugig ist. Sie sind schon immer gut mit Schals, Jacken und warmen Unterhemden ausgestattet, obwohl Sie Unterhemden nicht leiden können. Aber gegen die Lautstärke können Sie nichts ausrichten. Sie lieben Ihre Arbeit und nehmen daher diese Unbill zähneknirschend in Kauf, jeden Tag erneut. Sie versuchen, mithilfe eines „dicken Fells" den Lärm zu überhören und die unangenehmen Temperaturen nicht zu spüren: „Wird schon! Die Arbeit macht ja Spaß und wiegt das auf." Aber im Laufe der Zeit merken Sie, dass die Begeisterung und Freude an Ihrer Arbeit die unangenehmen Bedingungen doch nicht mehr aufzufangen und auszugleichen vermag. Der Gedanke, morgen wieder dorthin zu müssen, erschöpft Sie zunehmend.

An diesem Beispiel wird deutlich, wie sich ein unausgeglichener Energieverbrauch auswirken kann. Überwiegt auf Dauer die Energie raubende Situation, ist irgendwann die Gesamtsituation nicht mehr tragbar. Es entsteht im Tank ein Defizit, es steht immer weniger Energie zur Verfügung.

An dieser Stelle möchte ich gerne die Beschreibung einer hochsensiblen Bekannten einfügen, die verdeutlicht, warum sich solche Belastungen so schlecht mit einem „dicken Fell" übergehen lassen. Sie hat Probleme mit Etiketten in der Kleidung. Sobald es kratzt und juckt, wird sie nervös und beginnt, am Kleidungsstück herumzuziehen, auch wenn sie gerade eigentlich mit anderen, möglicherweise auch sehr schönen Dingen beschäftigt ist. Da das Etikett jedoch angenäht ist, kommt der unangenehme Reiz über kurz oder lang wieder und damit auch die störende Empfindung. Diese kann sie immer schlechter ausblenden. Es ist geradezu so, als ob die Reizung immer intensiver wird und sich damit mehr und mehr in den Vordergrund ihres Bewusstseins drängt. Das, womit sie sich eigentlich beschäftigt hatte, tritt immer mehr in den Hintergrund, bis sie irgendwann nur noch das störende Gefühl des kratzigen Etiketts wahrnimmt. Sie kann es nicht mehr übergehen und muss schnellstens handeln. Meistens fällt das Etikett dann der Schere oder – im ungünstigen Fall – der rohen Gewalt zum Opfer. Hauptsache raus! Aufatmen!

Diese scheinbar banale Ablenkung kostet meine Bekannte einige Energie. Bis zum Entfernen des Etiketts vergeht eine Weile und so manche innere Auseinandersetzung beansprucht sie auf diesem Weg. Im Leben eines hochsensiblen Menschen gibt es viele Etiketten, immer wieder und in unterschiedlicher Intensität. Je mehr solcher Energie raubender „Banalitäten" wir erleben, umso defizitärer gestaltet sich nach und nach das Energieniveau.

4.11.2 Die Reiz-Potenzial-Waage

Energieräuber sind auch sämtliche sensorischen Überreizungen, entstandenen zum Beispiel durch Licht, Lärm, unangenehme Gerüche oder Hautirritationen. Dies geht so weit, dass uns unter Umständen dermaßen viel Energie und Kapazitäten zur Verarbeitung und Abwehr der sensorischen Reizflut abverlangt wird, dass nicht mehr genügend Kraft und Freude verbleibt, um unsere inneren Potenziale adäquat zum Ausdruck zu bringen. Dies kann ein Grund sein, warum wir Hochsensiblen oftmals keinen guten Zugang zu unseren Fähigkeiten haben.

Es entsteht also ein Ungewicht: Je mehr wir sensorisch überstimuliert sind, umso weniger Kapazitäten stehen uns für die Entwicklung und Äußerung eigener Potenziale zur Verfügung (Abb. 4.7). Dies kann für den Einzelnen äußerst einschränkende Auswirkungen haben. Es wäre in etwa so, als ob Sie drei Viertel des Tages damit beschäftigt wären, das unliebsame Schmutzgeschirr aus der Küche zu entfernen, um kurz darauf wieder den nächsten Berg dort zu entdecken. Für das Kochen eines kreativen Mahls, vielleicht sogar mit mehreren Gängen, bliebe Ihnen weder die Zeit noch die Kraft.

Alles, was uns belastet, kostet uns Energie, die wir aus unserem großen Topf entnehmen – bis er im Zweifelsfall leer ist. Dies nennen wir dann Burn-out!

4.11.3 Hochsensibel – der sichere Weg zum Burn-out?

Beim Burn-out haben wir so gut wie unsere ganze Energie verbraucht, ohne für entsprechenden Nachschub gesorgt zu haben. Interessant dabei ist, dass ein Burn-out manchmal auch nur in dem Bereich auftritt, in dem es zur motivationalen Schieflage gekommen ist. Habe ich zu lange einen Beruf ausgeübt, der so gar nicht der meine ist, kann es in diesem beruflichen Feld zum Burn-out kommen. Die Familie, ein anderes Arbeitsfeld oder meine Hobbys sind davon aber nicht betroffen.

Manchmal jedoch dehnt sich das Burn-out tatsächlich auf jeden Lebensbereich aus, sodass ich mich für nichts mehr aufraffen oder begeistern kann. Alles, vom Einkauf bis zum Freundesbesuch ist anstrengend, erschöpfend und deprimierend. Ein solcher Zustand ist im höchsten Maße kritisch und sollte unbedingt ärztlich untersucht und mit psychotherapeutischer Hilfe gelindert werden.

> Bitte beachten Sie: Sollten die Ursachen für Ihr Burn-out in Ihrer Hochsensibilität und an unpassenden Lebensbedingungen liegen, so ist Änderung dieser Bedingungen angeraten.

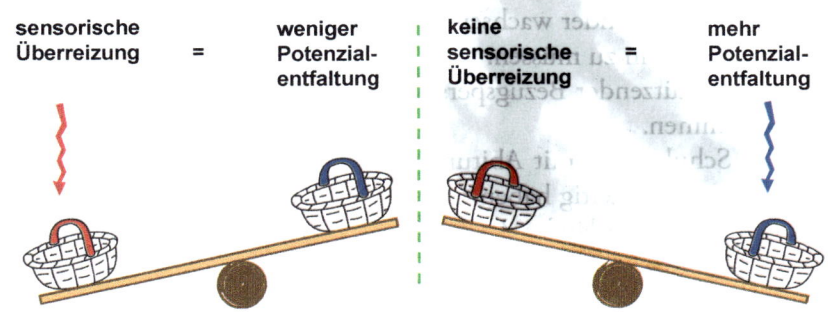

Abb. 4.7 Reiz-Potenzial-Waage

4.11.3.1 Burn-out bei Erwachsenen

Viele normalsensible Menschen geraten etwa zwischen dem 55. und 65. Lebensjahr in ihr energetisches Tief. Damit ist der Zustand gemeint, in dem ein Mensch sein bisheriges Leben infrage stellt, gewohnte Lebensbedingungen nicht mehr gutheißt oder aushält und zum Teil auch in tiefe Erschöpfungszustände gerät. Bei Hochsensiblen geschieht dies nach meiner Beobachtung gut zehn Jahre früher, mit der Tendenz nach vorne. Dies ist ein Hinweis, wie kräftezehrend unsere derzeitigen Lebensbedingungen für uns Hochsensible sind.

4.11.3.2 Burn-out bei Kindern

Inzwischen macht sich ein weiteres Phänomen bemerkbar: Nicht nur Erwachsene, sondern auch Kinder geraten inzwischen immer häufiger in die Mühlen des Leistungsdrucks und der Reizfülle, sind von der Dichte des Alltagsprogramms überlastet und bekommen ein Burn-out.

Michael Schulte-Markwort, Professor für Kinder- und Jugendpsychiatrie, befasste sich eher notgedrungen mit dem neuen Phänomen der „Burnout-Kids". Seit einigen Jahren stellte er zunehmend Erschöpfungszustände, Traurigkeit, Selbstzweifel und Depressionen bei seinen jungen Patienten fest. Er sagte in einem Interview mit dem Spiegel: Wer früh lerne, dass diese Gesellschaft keinen Stillstand, sondern nur Wachstum dulde, der habe von Anfang an Angst, sich in Ruhe auszuprobieren und Fehler zu machen.[11]

Gerade weil Eltern heutzutage die Bedürfnisse der Kinder viel genauer im Blick hätten und er in diesem Falle eine negative Prägung seitens des Elternhauses ausschließen könne, habe er sich auf die Suche nach anderen Gründen für diese massiven Belastungszustände bei Schülern gemacht. Er konnte folgende drei Gründe für Burn-out bei Kindern feststellen:

1. Leistungsdruck: Kinder wachsen mit dem ständigen Anspruch auf, besser als ihre Eltern sein zu müssen.
2. Das Fehlen stützender Bezugspersonen: Zu oft müssen die Kinder alleine zurechtkommen.
3. Problem Schule: Nur mit Abitur kann man sich vermeintlich selbst verwirklichen. Gleichzeitig haben die Lehrkräfte zu wenig Zeit, sich mit den individuellen Lebensläufen der Kinder zu befassen.

---

[11]Schulte-Markwort, Michael, Spiegel online, 24.9.2015, http://www.spiegel.de/schulspiegel/burnout-bei-kindern-wie-kommt-es-so-frueh-zu-depressionen-a-1045734.html.

Seit Jahren mehren sich die Beratungen bei mir, in denen verzweifelte Eltern um Hilfe bitten, da ihre Kinder, teilweise schon in der ersten oder zweiten Klasse, die Schule komplett verweigern. Die Schüler wurden wegen ihrer Andersartigkeit gemobbt oder kommen mit den reizüberflutenden Gegebenheiten in ihrer Schule nicht mehr zurecht. In der Regel sind die Eltern dieser Kinder sehr zugewandt und sehr reflektiert, sodass ich vordergründig nicht von allzu schwerwiegenden familiären Problemen ausgehen konnte.

Meine Erfahrung deckt sich mit den Feststellungen von Schulte-Markwort, was auf eine fatale Fehlentwicklung, nicht nur für hochsensible Kinder hinweist.

4.11.4   Mensch, ist das öde! – Bore-out

Steffen sitzt auf seinem Platz im Klassenzimmer, popelt in der Nase, rutscht und kippelt mit dem Stuhl herum, stöhnt öfter einmal laut auf und lässt sich schnell von allerlei Blödsinn ablenken. Steffen ist 10 Jahre alt und quält sich mit einem Bore-out herum. Er ist unterfordert, und das nicht erst seit gestern.

Bore-out ist das Gegenteil von Burn-out. Bore-out bedeutet, seit einem längeren Zeitraum deutlich unterfordert und gelangweilt zu sein. Erst allmählich wird uns bewusst, wie gravierend auch eine Unterforderung sein kann, denn sie ist noch nicht sonderlich gut erforscht und wurde bislang eher als harmlos eingeschätzt.

Das Schwierige bei einem Bore-out ist, es überhaupt zu erkennen. Durch welches Verhalten kann sich eine Überforderung bemerkbar machen? Unruhe, mangelnde Konzentration, leichte Ablenkbarkeit, Selbstzweifel, Leistungsabfall, Langeweile, Aggressivität, Schlafstörungen oder Depression. Und die Unterforderung? Unruhe, mangelnde Konzentration, leichte Ablenkbarkeit, Selbstzweifel, Leistungsabfall, Langeweile, Aggressivität, Schlafstörungen, Depression. Sie lässt sich auf den ersten Blick kaum von einer Überforderung unterscheiden.

Sowohl bei Kindern als auch bei Erwachsenen wird eine Unterforderung daher oftmals falsch eingeschätzt. Vermute ich bei Steffen eine Überforderung und ein mögliches Burn-out, bin ich bemüht, die Leistungsansprüche und Anforderungen zu reduzieren. Leidet Steffen aber unter einem Bore-out, werden meine Maßnahmen diesen Zustand noch verstärken: Er wird noch unruhiger, noch zappeliger, noch gelangweilter werden, und bei einer Zuspitzung der Lage zum Leistungs- oder Schulverweigerer werden.

Um herauszufinden, ob es sich bei den gezeigten Problemen möglicherweise um eine Unterforderung und Bore-out handeln könnte, geben Sie Steffen eine Aufgabe, die etwas über dem Klassenniveau liegt. Falls Steffen noch nicht völlig frustriert ist und Schule innerlich abgemeldet hat, wird er diese Aufgabe vermutlich konzentriert und mit Interesse umsetzen. Denn endlich entspricht die Herausforderung seinem eigentlichen Leistungsniveau. Ein Schüler, der tatsächlich mit einer Überforderung zu kämpfen hat, würde diese schwierige Aufgabe nicht meistern, ja er würde sie wahrscheinlich frustriert ablehnen, weil sie sein Empfinden der eigenen Unfähigkeit noch bestätigt.

Natürlich können auch Erwachsene unter einem Bore-out leiden. Unzureichende Herausforderungen bei der Arbeit, zu wenige Aufgaben, zu niedriges Leistungsniveau, der falsche Beruf – all das kann auf Dauer zu einem Bore-out führen.

Im Zusammenhang mit Hochsensibilität zeigt sich hier noch eine spezifische Problematik: Es kann bei einer Person gleichzeitig zu einem Burnout und einem Bore-out kommen. Die linke Seite der Reiz-Potenzial-Waage (Abb. 4.7) verdeutlicht dies: Das Burn-out entsteht durch die permanente Überreizung durch sensorische Informationen. Das Bore-out wiederum kann durch die daraus folgende permanente inhaltliche Unterforderung entstehen. In dem Maß, in dem meine Aufmerksamkeit und meine Kräfte stärker an die Bewältigung einer Überreizung gebunden sind, in dem Maß kann ich meine Potenziale weniger ausleben. Dies führt wieder zu den bereits bekannten Schwierigkeiten, als da wären: Frustration, Unsicherheit, Selbstzweifel und so weiter.

> Es ist für Sie im Integrationsprozess daher durchaus sinnvoll, die eigene Leistungsfähigkeit dahin gehend zu beleuchten, ob sie aufgrund von erlebter Überreizung und einem Burn-out gedrosselt ist und ob möglicherweise mehr Potenzial zur Verfügung steht, als Sie bislang dachten.

Eine kleine Anekdote aus meiner eigenen Geschichte dazu: Ich war vor vielen Jahren auf Arbeitssuche, da ich mein Arbeitsfeld ändern wollte. Eines Tages bewarb ich mich auf eine Schulsozialarbeiterstelle in einem Internat. Ich ging zum Vorstellungsgespräch. Das Ambiente, der Ort und die Aufgabe selbst gefielen mir sehr. Dann bekam ich die Zusage, sie wollten mich einstellen. Aber ich freute mich nicht, wie ja eigentlich zu erwarten gewesen wäre. Nein, ich bekam das große Zittern, fühlte mich plötzlich dieser Aufgabe nicht gewachsen und sagte ab. Lange überlegte ich, warum ich diesen Rückzug unternommen hatte. Erst mit dem wachsendem Verständnis für meine Hochsensibilität fand ich die Erklärung dafür: Ich war durch die vielen Jahre der – mir selbst nicht bewussten – Unterforderung mir meiner eigenen Leistungsfähigkeit so unsicher geworden, dass ich mir nichts mehr zutraute. Dies hat sich seit der Integration meiner Hochsensibilität deutlich verändert.

4.12 Stress – ein treuer Begleiter

Stress ist ein Radiergummi
für meine Kreativität.
(Marina Zuber)

> Wenn er es sich recht überlegt, kennt er solche Situationen. Gustav erinnert sich an die Nerven aufreibenden Auseinandersetzungen zu Hause in seiner Kindheit und Jugend. Immer mussten seine Eltern recht und das letzte Wort behalten. Auch seine letzte Partnerin war ein bisschen so. Wenn Gustav einmal einen Vorschlag machte, kamen garantiert fünf Einwände, Anmerkungen oder Gegenvorschläge. Allein sich vorzustellen, dass er etwas ins gemeinsame Gespräch einbringen soll, stresst Gustav bereits enorm. In der Bibliothek geht es ihm mit den Kollegen auch ein wenig so, aber am schlimmsten ist es in seiner Beziehung.

Erschöpfung ist eine Reaktion unseres physischen Systems auf Überlastung. Vor der Entkräftung jedoch liegt der Stress. Jede Situation, jede Erfahrung, die wir als unangenehm bis hin zu schmerzhaft, nicht bewältigbar oder nicht aushaltbar erleben, erzeugt Stress in uns. Hierbei können dauerhafte Belastungen durch unspektakuläre Reize die gleiche Wirkung verursachen wie ein kurzer intensiver Stressor.

Was passiert eigentlich im Gehirn und Körper, wenn wir Stress erleben? Das limbische System und hier im Speziellen die Amygdala registriert die Gefahr, den Stress. Daraufhin wird ein evolutionär altes, im Stammhirn abgespeichertes Überlebensprogramm gestartet.

1. Kämpfen: Zum Überleben war es notwendig, sich einer drohenden Gefahr erwehren zu können. Dazu wird der Körper in einen Kampfmodus versetzt: erhöhte Adrenalinausschüttung, erhöhte Muskelanspannung und erhöhte Atemfrequenz. Was früher vielleicht der Kampf gegen ein wildes Tier war, kann heute die überlaute Musik Ihres Nachbarn sein, die an Ihren Nerven zerrt oder Sie regelmäßig aus Ihrem Schlaf reißt. Ihre

erste und gesunde Reaktion wäre der Widerstand. Sie würden, zuerst freundlich, nach und nach aber mit zunehmend aggressiverem Ton Ihren Unmut äußern, um ein derartiges Verhalten seitens Ihres Nachbarn zu unterbinden. Vielleicht denken Sie auch über das Herausdrehen der Sicherung in Ihrem Haus oder andere unlautere Handlungen nach. Ihnen schwillt sozusagen der Kamm, verbunden mit den entsprechenden oben genannten körperlichen Begleiterscheinungen. Ihr Widerstand fruchtet aber nicht, das „wilde Tier" lässt sich nicht bekämpfen. Der Nachbar ist von Ihrem Ärger nicht beeindruckt und freut sich weiter an seiner Musik. Nun schaltet das alte Überlebensprogramm automatisch auf Stufe zwei:

2. Fliehen: In alten Zeiten versuchten wir, uns vor dem wilden Tier in Sicherheit zu bringen. Schnelle Füße und eine gute Atmung waren zum Weglaufen gefragt, und genau dafür sorgt das Überlebensprogramm automatisch. Der Atem geht schneller, die Beine werden unruhig und beginnen zu zappeln. Sie würden sich nun eigentlich gerne Ihrem Nachbarn beziehungsweise der lauten Wohnsituation entziehen. Das geht in diesem Falle nicht so einfach. Daher versuchen Sie, den direkten Kontakt zu vermeiden, klopfen also an Decke, Wände oder Boden, holen vielleicht auch einmal die Polizei. Aber ganz entziehen können Sie sich dieser Situation nicht, und das macht sie umso unerträglicher. Diese ersten beiden Phasen werden in der Wissenschaft auch als Fight-or-flight-Reaktion bezeichnet. Der amerikanische Physiologe Walter Cannon, ein Pionier der Stressforschung, prägte diesen Begriff. Zurück zu Ihrem Nachbarn: Irgendwann wird die Belastung durch Ihre unveränderliche Situation so groß, dass das Überlebensprogramm automatisch auf die letzte Stufe schaltet:

3. Erstarrung, Totstellreflex: Sie kennen sicherlich auch die Käfer oder Insekten, die, wenn wir sie lange genug mit einem Stöckchen nerven, plötzlich gar nichts mehr machen, wie tot innehalten. Dieses Verhalten ist wohl bei den meisten Lebewesen zu finden, so auch bei uns Menschen. Unser Körper wird dazu in den entsprechenden Modus geschaltet: flache Atmung, schlaffe Muskulatur, vermehrte Schweißausschüttung. So stellten wir uns in früheren Zeiten tot, in der Hoffnung, dass das jagende Tier nur an lebendigem Fleisch interessiert ist und mangels zappelnder Beute an uns vorüberzieht. Ebenso ist es heute, durch Nichtreagieren versucht unser psychisches System, die Gefahr zu reduzieren, zu überleben: „Hoffentlich zieht das Drama dann an mir vorüber!" Im Falle des wilden Tieres mag es vielleicht auch funktionieren oder gar das einzig sinnvolle Verhalten sein. Im Falle des renitenten Nachbarn hilft es leider nicht – und führt dann unter Umständen zu einer Traumatisierung oder einem Nervenzusammenbruch.

Für die Gefahren- und Stressbewältigung ist diese letzte Stufe das absolute Notfallprogramm. Sollte bei dieser letzten Stufe die Gefahr nicht gebannt, also die belastende Situation nicht bewältigt worden sein, kommt es – nach neueren wissenschaftlichen Erkenntnissen – etwa nach einem halben Jahr andauernder oder regelmäßig wiederkehrender Stressbelastung zu einer Traumatisierung.

4.12.1 Stress ist nicht gleich Stress

Es gibt unterschiedliche Formen von Stress: angenehmer, freudiger Stress (Eustress) und unangenehmer Stress (Disstress). Beide stellen an sich noch kein Problem dar, sofern eines stattfindet: Wir kommen damit zurecht, wir können den Stress bewältigen, wir meistern schlussendlich das Problem, das den Stress auslöst. Sicherlich waren Sie schon einmal verliebt und kennen diese aufregenden, vereinnahmenden, im höchsten Maße beglückenden, aber auch ziemlich überflutenden Gefühle, die in diesem Zustand aufkommen. In der Regel finden wir, einmal schneller, einmal langsamer, einen Weg, damit umzugehen. In diesem Fall haben Sie die stressenden Momente Ihrer Verliebtheit bewältigt, und es bleibt kein unangenehmes Gefühl zurück. Im schönsten Falle werden aus den flatternden Schmetterlingen im Bauch wunderschöne stabile Liebesboten.

Weniger schön ist für manche eine Prüfungssituation. Sie haben sich gut vorbereitet, aber es kann ja alles Mögliche passieren: Sie könnten ein Blackout bekommen, es werden schwierige Fragen gestellt oder Sie wissen in einem Gebiet nicht gut Bescheid. Der aufkommende Stress beeinflusst und belastet Sie sehr stark, Sie haben Herzklopfen, Schweißausbrüche, zittern und das Gehirn scheint auszusetzen. Die Prüfung findet statt, Sie beantworten alle gestellten Fragen und die Prüfer sind sehr zufrieden mit Ihnen. Sie haben nicht nur die Situation gemeistert, Sie haben auch den Stress bewältigt! Somit bleibt keine negative Verbindung mit dieser stressbelasteten Situation in Ihnen haften. Sollten Sie jedoch trotz bislang bestandener Prüfungen unter Prüfungsangst leiden, kann dies frühere oder andere Ursachen haben.

Kritischer ist es, sobald wir den Stress nicht mehr bewältigen, das heißt beenden oder auflösen können. Hätten Sie die Prüfung nicht bestanden, würde der dazugehörige Stress in Ihnen gespeichert werden und bei der nächsten Prüfung oder prüfungsähnlichen Situation würde Ihr Organismus sofort Alarm schlagen und den – aus der früheren Situation erfahrenen und abgespeicherten – Stress auf den Plan rufen. Sie würden schon allein bei dem Gedanken an die kommende Prüfung zittern, Schweißausbrüche oder Panik bekommen.

Daher gibt es bei Stress zusätzlich noch die Unterscheidung zwischen bewältigbarem und unbewältigbarem Stress. Das, was uns letztlich so belastet und uns die Energie raubt, sind all die unbewältigten Stresserfahrungen, die sich im Laufe des Lebens angesammelt haben. All die vielen kleinen Momente bewusster und unbewusster Reizüberflutungen, die wir nicht abstellen konnten; all die Situationen mit anderen Menschen, die uns nicht so genommen haben, wie wir sind, und uns damit verletzten; all die Verrenkungen, die wir im Zuge der Anpassung gemacht haben. All das hinterlässt Stressspuren im Körper, solange diese Erfahrungen nicht verarbeitet und positiv gelöst wurden.

4.12.2 Cortisol im Blut

Diese Spuren können mittlerweile im Blut nachgewiesen werden. Bei unverarbeitetem und dauerhaftem Stress wird Cortisol ausgeschüttet, unser körpereigenes Antistresshormon. Seine Aufgabe ist es, den Körper vor Stress zu schützen. Es bewahrt den Körper vor zu großen entzündlichen Prozessen, sorgt für ausgewogene Reaktionen des Immunsystems und hebt den Blutzuckerspiegel – denn Stress liebt Zucker! Inzwischen wissen wir, dass bei vielen hochsensiblen Menschen ein deutlich höherer Cortisolspiegel nachweisbar ist, als ihn Normalsensible vorweisen. Dies ist nicht der Nachweis dafür, dass alle, die einen erhöhten Cortisolspiegel haben, hochsensibel sind, sondern ein Hinweis darauf, mit welcher enormen Stressbelastung Hochsensible zu tun haben – dauerhaft.

Was das Cortisol allerdings nicht kann ist, den gespeicherten Stress zu bewältigen, das heißt: ihn zu verarbeiten und abzubauen. Das Cortisol sorgt für den besagten Schutz, aber die belastenden Erfahrungen und ihre Ursachen sind dadurch nicht vergessen oder gelöscht. Dadurch verbleibt ein permanent erhöhter Erregungspegel, auch ohne aktuelle belastende Erfahrungen, im Organismus.

In Abb. 4.8 sehen Sie eine blaue und eine rote Linie. Die blaue Linie symbolisiert den Verlauf eines gesunden Stresserlebens. Ohne belastenden Impuls pegelt sich unser Stressniveau um den Nullpunkt herum ein. Tritt ein erregendes Erlebnis ein, schnellt die Kurve nach oben, verweilt etwas am Scheitelpunkt und flacht dann allmählich wieder ab. Das Erregungsniveau bewegt sich wieder um den Nullpunkt – bis zum nächsten Ereignis.

Anders verläuft unsere Stresskurve, wenn sich in unserem Körper bereits, wie durch die rote Linie verdeutlicht, ein permanent erhöhtes Erregungsniveau etabliert hat. Selbst ohne akutes Ereignis verläuft diese Linie deutlich höher als im entspannten Zustand. Tritt dann ein belastendes Ereignis ein, ist die darauf folgende Reaktion wesentlich intensiver und stärker. Die Erregungskurve schnellt stark und über Gebühr nach oben; letztlich scheint die Reaktion nicht im Verhältnis zum Ereignis zu stehen. Im Verhalten zeigt sich dies durch starke Ängste, plötzliche Panik, Schweißausbruch, Zittern oder intensive affektive Reaktionen. Auch hier kommt die Erregung irgendwann zur Ruhe, bevor sie langsam wieder abflacht, aber der gesamte Erregungsablauf bleibt auch im beruhigten Zustand auf einem erhöhten Niveau. Das Alarmsystem schaltet sich nicht komplett ab, sondern verbleibt in einer Art Stand-by-Modus. Dieser Modus sorgt für den erhöhten Cortisolspiegel im Körper.

Im Rahmen von Kagans Temperaments-Langzeituntersuchungen[12] wurde bei den, wie er sie nennt, gehemmten Kindern ein erhöhter Cortisolspiegel gemessen. Selbst im entspannten Zustand zu Hause war die Cortisolmenge höher. Bei der nicht gehemmten Kontrollgruppe war der Pegel eindeutig niedriger. Dies interpretiert Kagan als Hinweis, dass die Gehemmtheit nicht Ergebnis einer besonders belasteten oder sehr behüteten Kindheit ist, sondern bereits von Geburt an vorhanden, also genetisch bedingt ist. Inwieweit seine Ergebnisse mit den Forschungen über Hochsensibilität übereinstimmen, bleibt abzuwarten.

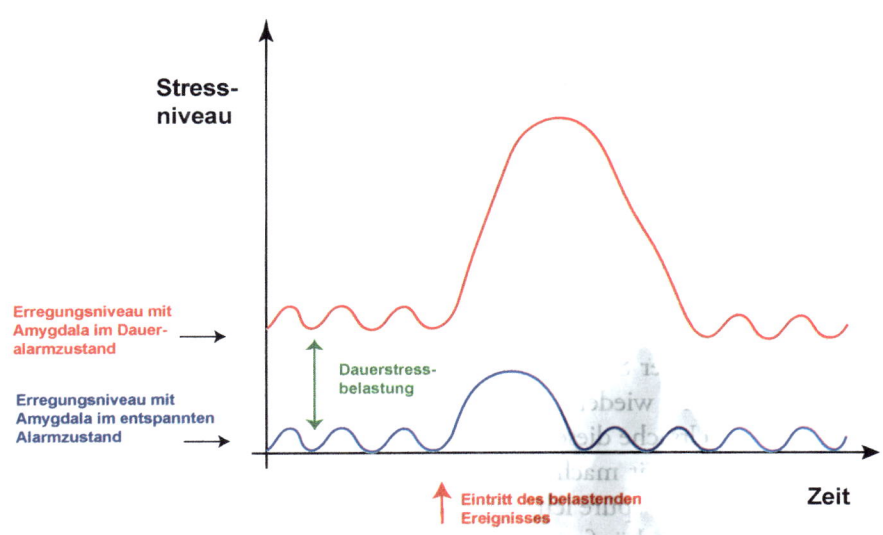

Abb. 4.8 Gesundes Stresserleben (blaue Linie) und Stress bei erhöhtem Erregungsniveau (rote Linie)

---

[12]Parlow, Georg, *Zart besaitet,* Festland, 2003, 2. Aufl.

4.12.3 Ja, das ich kann auch – das hochsensible Trampeltier

Es mag bei all dem, was wir hier über Hochsensibilität und Hochsensible bislang zusammengetragen haben, eigentlich eher als unwahrscheinlich erscheinen, dass ein feinfühliger Mensch unsensibel auftreten kann. Aber dazu kann es tatsächlich kommen. Es gibt hochsensible „Trampeltiere" – und nicht gerade selten. Wie kommt das?

Dafür gibt es zwei Gründe: Der erste ist wieder einmal das Problem der Anpassung und die daraus resultierende Überreizung. Sicherlich haben Sie sich schon häufiger an die Umgangsformen Ihrer Kolleginnen bei der Arbeit oder Ihrer Freunde angepasst! Es gelingt aber nicht immer, ein solcher Versuch fühlt sich meist schrecklich an, wie ein Tanzabend in einem völlig verschnittenen Tanzkleid oder Anzug. Nicht nur der Anpassungsakt als solcher (Abschn. 4.5), sondern auch der scheinbar misslungene Versuch der Anpassung und das Unterdrücken der eigentlichen Bedürfnisse und Gaben führen zu Frustration und Gereiztheit. Unter solchen Bedingungen fällt es vielen Menschen schwer, noch die nötige Energie für ein achtsames und sensibles Verhalten aufzubringen.

Der zweite Grund kann das Erleben akuten Stresses sein. Ihr neuronales System ist möglicherweise plötzlich massiv reizüberflutet und sucht nach kurzfristiger Entladung – Sie werden zum „Trampeltier". Dann kann Ihre Stimme in einem Konflikt mit der Partnerin ungewohnt laut und aggressiv werden, dann gehen auch Sie womöglich Ihr gerade nervendes Kind härter an als normalerweise oder Sie werfen den Papierstapel krachend auf den Tisch, wenn der Kollege mit Inkompetenz oder unangemessenem Verhalten Ihre Grenzen über Gebühr strapaziert.

Ich bastle gerne und hatte früher immer die Eigenart, wenn etwas nicht rasch so funktionierte, wie es sollte, binnen von Sekunden hochaggressiv zu werden. Noch heute besitze ich einen alten Küchenstuhl, der mit seinem – kleinen – Loch in der Sitzfläche Zeugnis einer meiner Wutausbrüche ist und bei Freunden immer wieder für Schmunzeln sorgt. Die bewusste Auseinandersetzung mit der Ursache dieser spontanen Wutausbrüche und dem Wissen um meine Hochsensibilität machte es mir möglich, solche Situationen anders zu gestalten. Heutzutage spüre ich, dass ich mich tendenziell derartigen Anwandlungen nähere, je erschöpfter und überreizter ich bin. Ich bastle immer noch sehr gerne, aber inzwischen stoppe ich in einem solchen Moment mein Tun, mache Pause, esse etwas, kümmere mich um anderes oder ruhe mich aus. Seither musste kein Stuhl oder anderes Möbelstück mehr daran glauben.

Zu unsensiblem Verhalten kann es andererseits aber auch kommen, wenn Sie dauerhaft unter Stress stehen. Anhand von Abb. 4.8 ist erkennbar, wie sich eine solche Dauerbelastung im Körper niederschlagen kann. Durch den permanent erhöhten Cortisolspiegel fällt die Reaktion auf stressende oder belastende Momente wesentlich intensiver und oft auch aggressiver aus. Das Ergebnis kann dann erstaunlich unsensibles Verhalten in Situationen mit eigentlich kleinen Auslösern sein. Es ist daher wichtig, wenn wir das Verhalten einer Person nicht nachvollziehen können, genau auf deren Umstände, Hintergründe und ihre Geschichte zu schauen.

4.13 Psychische Belastung, Trauma und Hochsensibilität

> Die Krise weckt in Gustav immer mehr Erinnerungen an früher. Neben den seelischen Schmerzen und der Trauer, die in ihm aufsteigen, erkennt er aber auch langsam, warum er in diese Misere mit seinem Zimmer gekommen ist. Arglos hat er alten Staub aufgewirbelt und nun das biografische Husten davon bekommen. Die Umgestaltung seines Zimmers stellt einen Wendepunkt in Gustavs Leben dar. Jetzt ist die Zeit gekommen, erst einmal „reinen Tisch zu machen", bevor er mit seiner Erneuerung fortfahren kann.

Vorweg möchte ich darauf hinweisen, dass das Thema dieses Abschnitts äußerst komplexe und emotional aufwühlende Sachverhalte anspricht und möglicherweise bei Ihnen eigene belastende Erinnerungen wecken kann. Lesen Sie die folgenden Seiten daher bitte mit entsprechender Achtsamkeit für sich selbst! Sobald Sie merken, dass Sie sich unwohl, traurig oder anderweitig berührt fühlen, legen Sie entweder eine Pause ein oder überspringen Sie diesen Abschnitt einfach.

Sollten Sie bereits unter starken oder länger anhaltenden psychischen Problemen leiden, ist es auch angeraten, dafür kompetente ärztliche oder psychotherapeutische Hilfe in Anspruch zu nehmen.

Auch wir Hochsensiblen sind nicht vor psychischen Verletzungen gefeit, im Gegenteil. Durch unsere hohe Wahrnehmungsqualität sind wir auch für verletzende Informationen sehr empfänglich. Dieses Thema hier angemessen umfangreich darzustellen würde leider den Rahmen sprengen. Ich versuche jedoch, die wichtigsten Sachverhalte zu erläutern, sodass **Sie einen Einblick** in prinzipielle Zusammenhänge und Auswirkungen traumatischer **Erlebnisse** gewinnen können, damit Sie durch dieses Wissen mehr Verständnis für sich selbst und dadurch gegebenenfalls auch helfende Lösungsschritte entwickeln können.

Es ist in den vorangegangenen Kapiteln bereits aus unterschiedlichen Blickwinkeln deutlich geworden, dass wir Hochsensiblen stärker zu psychischen Beeinträchtigungen neigen als Normalsensible. Zu den innerfamiliären prägenden Belastungen der ersten Lebensjahre addiert sich für uns noch die permanente Auseinandersetzung mit sensorischer Überreizung durch die Umwelt sowie das ständige, wenn auch unterschwellige Empfinden der eigenen Andersartigkeit zu einer heraus- und überfordernden Mischung. Für manch empfindsame Seele mag dieses Paket zu schwer sein. Psychische Störungen und Erkrankungen sind mögliche Folgen. Es muss jedoch nicht immer so weit kommen. Nicht jede psychische Störung ist so schwerwiegend, dass sie der professionellen Hilfe bedarf. Aber dennoch sollte sie erkannt, verstanden und gelindert werden.

4.13.1 Was ist ein Trauma?

Psychische Belastungen oder Störungen entstehen für gewöhnlich in der Kindheit und sind hoch komplex und vielschichtig. Es bedarf sowohl fundierten Wissens als auch einer guten Portion Sensibilität, sich damit zu befassen. Wie bereits erwähnt, laufen Hochsensible schneller Gefahr, durch verletzende Erlebnisse und überreizende Umgebungen psychisch belastet zu werden. Dauern solche Erfahrungen länger an oder wiederholen sich regelmäßig über einen längeren Zeitraum, kann es zu einer Traumatisierung kommen.

Heutzutage sprechen wir von einem Trauma, wenn einerseits die Stress auslösende Situation weder durch Kampf noch durch Flucht bewältigt werden konnte und länger als ein halbes Jahr anhält, beispielsweise bei häuslicher Gewalt. Das Kind wird geschlagen, wieder und wieder. Es kann sich der Situation nicht entziehen, und so führt die immer wiederkehrende Verletzung zu einer Traumatisierung.

Andererseits kann sich ein Trauma durch ein plötzliches Schockerlebnis wie ein Gewitter oder den Biss eines Hundes entwickeln.

4.13.1.1 Trauma durch Schock

Für einen plötzlichen Schock reicht bereits ein Erlebnis. Dieses Geschehen ist derartig überflutend und verletzend, dass sich die Psyche sofort verschließt und das Ereignis abspaltet. Sich daran zu erinnern wäre erneut dermaßen aufwühlend, dass das psychische System sich davor durch Vergessen – in diesem Zusammenhang Abspaltung genannt – schützt. Dem Betreffenden ist daher die Schock auslösende Erfahrung später nicht mehr präsent. Allerdings entstehen Reaktionen auf das Schockerlebnis, zum Beispiel Angst vor Gewitter oder Hunden. Da das ursächliche Erlebnis jedoch abgespalten wurde, wird die Angst oftmals gar nicht verstanden. Hier gilt es, sich detektivisch auf die Spur des Vergessens zu begeben, um die Ängste wieder abbauen zu können.

4.13.1.2 Trauma durch Wiederholung

Die zweite Form der Traumaentstehung ist die Wiederholung, entweder der Verletzung selbst oder der Erinnerung daran. Das Kind erlebt immer wieder gewalttätige Situationen, es wird immer wieder lächerlich gemacht oder es wird immer wieder geschlagen. Solche und ähnliche Erfahrungen können durch die ständigen Wiederholungen über einen längeren Zeitraum zu einer Traumatisierung führen, da das Kind, wie in Abschn. 4.12 beschrieben, die Situation nicht beenden und nicht verarbeiten kann. Es kommt zur Erduldung der belastenden Situation und ein Schutzverhalten entwickelt sich, um die Seele und unter Umständen auch den Körper bestmöglich vor weiterer Verletzung zu bewahren.

Auch die Erinnerung an verletzende Erfahrungen kann traumatisieren. In diesem Falle spricht man von der sogenannten Retraumatisierung. Sie kennen dies sicherlich: Sie erinnern sich an eine sehr verletzende Situation, zum Beispiel als eine Beziehung auseinanderging oder eine äußerst unangenehme Erfahrung aus Kindertagen. Im Moment des Erinnerns sind plötzlich alle Gefühle und Empfindungen, wie Sie sie in der damaligen Situation hatten, wieder präsent. Das kann für Sie unter Umständen sehr schmerzhaft sein.

Aber auch durch tiefenpsychologische Prozesse kann es durch Wiedererinnerung zu einer Retraumatisierung kommen. Moderne psychotherapeutische Verfahren gehen daher dazu über, die Rückerinnerung nicht zu intensiv zu gestalten, um die Aufarbeitung zu erleichtern.

4.13.2 Wenn die Seele leidet

> Da man uns verletzt hat, errichten wir eine
> Mauer um uns herum, damit man uns nie wieder
> verletzt; und wenn man eine Mauer um sich herum
> errichtet, [...] wird man nur noch mehr verletzt.
> (Krishnamurti)

Die Auswirkungen emotionaler oder psychischer Belastungen und Verletzungen sind generell nicht zu unterschätzen. Gerade Säuglinge und kleine Kinder sind aufgrund ihrer existenziellen Abhängigkeit von ihren Bezugspersonen extrem aufnahmefähig für jegliche Formen von Informationen, positive wie auch negative. Um sich möglichst gut zu entwickeln, brauchen sie natürlich positive, förderliche Impulse. Für hochsensible Menschen mit ihrer umfassenderen Aufnahmefähigkeit gilt dies umso mehr. Aron schreibt, dass nach ihrer Erfahrung hochsensible Kinder deutlich besser auf förderlichen Umgang reagieren als normalsensible.[13] Fehlen diese unterstützenden Impulse und werden stattdessen negative Erfahrungen gemacht, führt dies meist zu massiven Verletzungen im psychischen System. Je nachdem, wie intensiv und lange anhaltend diese Erfahrungen waren, hinterlassen sie unterschiedlich starke Spuren in der Psyche des Menschen.

Die Seele ist jedoch stets bemüht, den psychischen Zustand des jeweiligen Menschen so stabil und funktionsfähig wie möglich zu erhalten. Kommt es zu verletzenden Erfahrungen, entwickelt das psychische System Verhaltensweisen, die den belastenden Faktor bestmöglich abschirmen oder minimieren, ein sogenanntes Schutzverhalten.

Am Beispiel einer Muschel können wir dieses Prinzip gut erkennen: Dringt ein Fremdkörper (die belastende Erfahrung), zum Beispiel ein Sandkorn, in die Muschel ein, verschließt sie sich als Erstes. Da jedoch das Sandkorn sich dadurch nicht entfernt, beginnt die Muschel, es mit Schichten von Perlmutt zu umhüllen (Schutzverhalten), um nicht von dem Sandkorn verletzt zu werden. Nun beginnt eine interessante Metamorphose, die wir auch auf uns Menschen übertragen können: Durch diesen Prozess wird aus dem einst störenden Element ein Kleinod – eine Perle.

4.13.2.1 Fähigkeiten durch Krisen entwickeln

Auch wir Menschen verschließen uns bei Verletzungen, auch wir bilden Perlmuttschichten um unsere inneren Wunden. Es bedarf bestimmter Fähigkeiten, um schmerzende Erfahrungen abzupuffern, zu vermeiden oder gar überhaupt nicht mehr zu spüren. Ein kleines Beispiel: Ein Kind wird von seinen Eltern stets verlacht und lächerlich gemacht. Das ist sehr demütigend. Wenn das Kind spürt, dass sein Protest die Eltern nicht zur Veränderung ihres Verhaltens bewegt, beginnt es, ein entsprechendes Schutzverhalten zu entwickeln. Durch Kontaktvermeidung kann es bei-

---

[13] Aron, Elaine, *Sind Sie hochsensibel?* mvg 2009.

spielsweise lernen, alleine zurechtzukommen. Es lernt auch, sehr schnell und feinfühlig die Stimmungen der Eltern zu orten, um sich bei Gefahr in Sicherheit bringen zu können, also sich der Gefahrenzone zu entziehen. Das Kind lernt weiterhin, sich innerlich abzuschirmen, die Schmach an sich abprallen zu lassen. Selbstständigkeit, sensible Wahrnehmung und Abgrenzung können somit aus einer Krise erwachsen. Sind dies Fähigkeiten, die wir ablehnen? Nein!

Keine Frage, all diese Fähigkeiten sind in diesem Beispiel aus Schmerz geboren, und es wäre ungleich schöner, wenn sie durch beglückende Erlebnisse erwachsen wären. Aber funktionieren wir Menschen so? Entwickeln wir uns durch Harmonie und Wohlempfinden weiter? Kennen Sie das Phänomen, dass Sie aus schweren Krisen letztlich gereifter hervorgehen? Sie haben durch die Herausforderung etwas gelernt, Sie haben sich durch sie weiterentwickelt. Wir brauchen Krisen, um durch die Auseinandersetzungen mit ihnen unsere Fähigkeiten zu Schätzen zu entwickeln. Wo bliebe die Perle, wenn sich in der Muschel kein Sandkorn befände?

Der wesentliche Unterschied zwischen einer in einer Krise erlernten Fähigkeit und eines aus traumatisierenden Erfahrungen entwickelten Schutzverhaltens ist, dass mich die Fähigkeit weiterbringt, das Schutzverhalten mich im Erwachsenenalter hingegen blockiert. Am Beispiel des verlachten Kindes möchte ich dies kurz verdeutlichen: Das blockierende Schutzverhalten bestünde zum Beispiel darin, über eigene Gefühle nicht zu sprechen, anderen Menschen und ihrem Feedback nicht zu trauen und Kontakte eher zu meiden. Die aus dieser frühkindlichen tiefen Krise erwachsenen Fähigkeiten wären das Vermögen, Stimmungen anderer Menschen und Gefahrenmomente schnell zu erfassen und schon früh selbstständig zu sein.

Es ist keine Frage, dass sowohl Krisen als auch Traumatisierungen starke und tief greifende Verletzungen in der Psyche hinterlassen können. Die Abspaltung der eigenen Gefühle ist zum Beispiel ein starkes Schutzverhalten, welches zu gravierenden Auswirkungen im Erwachsenenleben führen kann. Aber erst wenn ich erkenne, dass und was genau in der Krise und auch in der Traumatisierung mein Schatz ist, kann ich ihn bergen und für mich, für meine Aufarbeitung der Traumatisierung verwenden.

Mir ist es ein Anliegen, an dieser Stelle auf diese beiden Seiten der Medaille hinzuweisen. Denn auch im Schatten liegen so manche Schätze verborgen. Welche Schätze wir letztlich durch diese Verwandlung in uns tragen, wird in der Regel jedoch erst in der psychotherapeutischen Aufarbeitung deutlich.

Es ist daher hilfreich, Folgendes zu unterscheiden:

1. die Fähigkeit, die wir genutzt oder entwickelt haben, um das Schutzverhalten aufzubauen,
2. das Schutzverhalten selbst.

Das Schutzverhalten, um das es nun im Weiteren geht, wird in der Psychologie psychische Störung oder Erkrankung genannt.

4.13.2.2 Schutzverhalten als Erwachsener

In der Krisenbewältigung spielt noch ein weiterer Umstand eine Rolle, der auf der Funktionsweise unseres Gehirns beruht. Das Gehirn besteht aus verschiedenen Bereichen evolutionär unterschiedlichen Alters. Der jüngste Bereich ist das Frontalhirn, das direkt hinter der Stirn liegt. Dort werden überwiegend soziale Erfahrungen und bewusstes Denken verarbeitet. Die anderen Bereiche sind ältere Strukturen. Alles, was dort an Prozessen und Verarbeitung geschieht, ist für uns in der Regel nicht bewusst wahrnehmbar. Machen wir nun verletzende Erfahrungen – vorzugsweise vor dem sechsten Lebensjahr, denn erst danach beginnt die bewusste und analytische Verarbeitung von Erlebtem –, wird eine Art Paket, bestehend aus Gefühlen, Körperempfindungen und, ganz wichtig, den entwickelten Schutzverhaltensweisen, in diesen älteren Teilen unseres Gehirns bearbeitet und gespeichert.

Erleben wir heute etwas, das uns – und seien es auch nur kleine Teile – unbewusst an die verletzende Erfahrung von damals erinnert, werden sämtliche Komponenten dieses Pakets wieder aktiviert: die Gefühle, die Körperempfindungen und das entsprechenden Schutzverhalten. Der portugiesische Neurologe Antonio Damasio nennt diese abgespeicherten Pakete die „Somatischen Marker"[14]. Da die Ursprungserfahrung damals nicht mit dem analytischen Verstand verarbeitet werden konnte, ist sie auch heute genauso unbewusst und affektgeladen wie damals. Das bedeutet, dass wir uns heute in einem angetriggerten Moment genauso fühlen und verhalten, als wären wir das vielleicht vierjährige Kind von damals. Antriggern bedeutet etwas auslösen, in Gang bringen. Dies sind dann jene Momente, in denen ein Mensch sich plötzlich, für uns nicht nachvollziehbar, recht emotional und nicht der Situation entsprechend verhält. Er oder sie befindet sich dann in einem „angetriggerten Zustand".

---

[14]Damasio, Antonio, *Descartes' Irrtum*, List 2006.

In der Regel ist dem Betreffenden ein solcher Zustand nicht bewusst. Die Person versteht in diesem Moment überhaupt nicht, warum die anderen möglicherweise so ablehnend, so zurückhaltend oder vermeintlich aggressiv reagieren. Der Betroffene bemerkt dabei gar nicht, dass er selbst Auslöser der merkwürdigen Umstände ist. Dies kann zu schwierigen oder skurrilen Situationen führen.

Ein altes Schutzverhalten zeigt sich aber nicht nur im angetriggerten Zustand, sondern auch in alltäglichen Situationen. In diesem Fall ist das Schutzverhalten bereits eine feste Verhaltensgröße im Repertoire des Betreffenden. Die Abspaltung der eigenen Gefühle des verlachten Kindes können sich beim Heranwachsen zu einem solchen alltäglichen Verhalten entwickeln, bei dem die Person beispielsweise generell ihre Gefühle nicht zeigt, das heißt nicht zeigen kann. Was also ursprünglich einmal ein hilfreicher Mechanismus war, um zu überleben, wird im Erwachsenenalter zu einer Blockade.

Stellen Sie sich vor, unser Kind von damals ist zu einer reifen Frau herangewachsen und hat sich verliebt. In diesem Zustand ist es durchaus üblich, einander Gefühle mitzuteilen. Anfangs, im Schwung der Verliebtheit, mag dies für unsere Protagonistin noch gehen. Wenn aber die Verliebtheit in einen Alltag der Liebe übergeht, kann das ursprüngliche Problem wieder auftauchen. Bei fortschreitender Beziehung verhärtet sich auch die Schwierigkeit der Gefühlsäußerung. Ein Beziehungsproblem ist geboren, entstanden durch ein ungelöstes Schutzverhalten.

> Psychische Probleme, die durch verletzende Erfahrungen entstanden sind, zeigen sich oft erst ab Mitte zwanzig oder Anfang dreißig als Lebensprobleme. Zuvor scheinen sie nicht zu existieren, und wir wundern uns dann, woher diese Schwierigkeiten plötzlich kommen. Wir können vermuten, dass sich im Alter von etwa Mitte Zwanzig bis Mitte dreißig ein Zeitfenster für die Verarbeitung seelischer Probleme und die erste Phase einer grundlegenden Persönlichkeitsentwicklung öffnet.

4.13.3 Traumafolgestörungen

Eine seelische Verletzung bleibt nicht ohne Folgen. Eine fehlende Verarbeitung der Verletzung verhindert die Linderung dieser Folgen. Bleibt zum Beispiel das Schutzverhalten „Ich zeige meine Gefühle nicht" oder in der Sprache der Psychologie eine „Verhaltensstörung" bestehen und verfestigen sich, resultiert daraus ein der realen Lebenssituation nicht angemessenes Verhaltensmuster: „Nie zeigst du deine Gefühle. Ich kann so keine Beziehung mit dir leben!" Im weiteren Verlauf kann bei zunehmender Verhärtung des

Schutzverhaltens in Kombination mit einer fehlenden psychotherapeutischen Aufarbeitung eine sogenannte Traumafolgestörung entstehen.

Welche Art von kritischem Erleben sich tatsächlich zu einer Traumafolgestörung entwickeln kann, können wir im Vorfeld nur bedingt sagen. Es gibt natürlich Erfahrungswerte, und je schwerer eine Verletzung ist, umso wahrscheinlicher ist auch eine Traumatisierung. Aber letztlich können wir nicht einmal mit Sicherheit behaupten, dass eine scheinbar kleine Verletzung auch keine tief greifende Auswirkungen haben wird, weil wir meist nicht wissen, auf welchen emotionalen Nährboden diese Erfahrung bei unserem Gegenüber fallen wird. Das merken wir in der Regel immer erst an der Reaktion des Betreffenden. In welcher Weise eine traumatische Erfahrung die Person tatsächlich mittel- und langfristig belasten wird, hängt zum Beispiel auch davon ab, wie sehr sie direkt nach der traumatisierenden Erfahrung emotional wieder aufgefangen wird oder wie hoch die eigenen Resilienzfaktoren sind. Dazu in Abschn. 4.13.7 mehr.

> **Sogenannte Traumafolgestörungen können sein:**
>
> **Handlungsstörungen:** Aufschieben von Aufgaben, Vergessen von Terminen, Vernachlässigen der Kontakte, Widerstände bei Amtsangelegenheiten, Angst vor Telefonaten etc.
> **Oppositionelles Verhalten:** aggressives Verhalten, Wutausbrüche, häufige Streits, starke Reizbarkeit, Schuldzuweisungen (Projektion), Schwierigkeiten, Regeln einzuhalten etc.
> **Emotionale Störungen:** Verlustängste, gestörte Kontaktfähigkeit (zu Geschwistern und anderen), Angst vor eigentlich unbedenklichen Dingen oder Situationen etc.
> **Angststörungen:** nicht steuerbare, unangemessen starke Ängste vor Menschen, Dingen oder Situationen. Verstärken sich diese Ängste, können daraus Phobien entstehen.
> **Störungen des Sozialverhaltens:** gesteigertes antisoziales Verhalten im Kontakt, z. B. starke Aufsässigkeit oder Aggressivität, mangelndes Schuldbewusstsein, Streiten, Tyrannisieren oder Grausamkeiten anderen gegenüber etc.
> **Affektive Störungen:** deutliche, die normale Intensität über- beziehungsweise unterschreitende Veränderung der Stimmung einhergehend mit Änderungen des Aktivitätsniveaus; damit sind nicht Veränderungen der Alltagsstimmung gemeint („Ach, heute fühl' ich mich nicht so!").
> **Bipolare Störungen:** teils plötzliche Wechsel der Stimmung: 1. gehobene, aktive Stimmung mit viel Aktivität (Manie), 2. Stimmungssenkung, verminderter Antrieb (Depression).
> **Selbstverletzendes Verhalten:** Handlungen, bei denen es zu einer bewussten Schädigung der eigenen Körperoberfläche kommt. Diese Handlungen sind sozial nicht akzeptiert und nicht suizidal ausgerichtet. Ist kein eigenständiges Krankheitsbild.

> **Störungen des Persönlichkeitsverhaltens:** tief verwurzelte Verhaltensmuster und starre Reaktionen auf verschiedene Lebenslagen, z. B. geringe Flexibilität, Verhaltenswiederholung trotz negativer Erfahrungen, etc. Typische Störungen: Borderline, antisoziale, narzisstische, schizotypische, selbstunsichere, abhängige oder zwanghafte Störungen.
> **Drogenmissbrauch:** unkontrollierter Gebrauch von Drogen (Suchtverhalten) jeglicher Art.
> **Dissoziative und somatoforme Störungen:** (soma = körperlich); sind Störungen, bei denen es zu partiellem oder völligem Verlust der Integration vergangener Ereignisse, des Identitätsbewusstseins oder der Wahrnehmung kommen kann. Zusätzlich treten Störungen des Körperempfindens und der Körperkontrolle auf.
> Alle hier aufgeführten Störungen sind nicht ausschließlich typische Folgeerscheinungen bei seelisch verletzten, hochsensiblen Menschen. Sie sind typische Reaktionen der Psyche auf starke emotionale Belastungen. Aber es ist zu bedenken, dass feinfühlige Menschen früher, schneller und intensiver mit entsprechenden Störungen auf gravierende psychische Erfahrungen reagieren.

Traumafolgestörungen treten meist in Kombinationen auf und sind hier auch nur sehr kurz dargestellt. Erkennen Sie einige dieser Störungsbilder aus Ihrem Leben wieder, sollten Sie dies mit einer Ärztin oder einem Arzt, einer Psychotherapeutin oder einem Psychotherapeuten besprechen.

4.13.4 Psychische Störung oder Hochsensibilität?

„Kenne ich!", sagen Sie? Und fühlen sich dennoch nicht psychisch gestört oder krank? Dann sind Sie mit dieser Wahrnehmung nicht alleine. Ich erlebe in meinen Beratungen immer wieder, dass Betroffene ihre Hochsensibilität entdecken, zuvor aber schon eine mehr oder weniger lange und leidvolle Odyssee bei Ärzten und Psychotherapeuten hinter sich haben. Dort wurden bei ihnen einige der oben aufgeführten Störungen diagnostiziert, mit denen sie jedoch nichts anfangen konnten. Sie fühlten sich stattdessen nicht gesehen und falsch behandelt.

Ich kann und werde solche Diagnosen nicht infrage stellen. Ich möchte nur auf die Ähnlichkeit mancher Symptome einer nicht erkannten und gelebten Hochsensibilität mit einer psychischen Erkrankung hinweisen. Welche Aussagekraft hat eine Diagnose, wenn in ihr eine so grundlegende Disposition wie die Hochsensibilität nicht berücksichtigt wird? Welche Wirkung kann eine psychotherapeutische Behandlung haben, die die Folgen einer inadäquat gelebten Hochsensibilität als mögliche Ursache nicht beachtet? Mögen diese Fragen einige Überlegungen initiieren, die es wert wären, auch wissenschaftlich überprüft zu werden.

> Die Klärung, welche Aspekte des Verhaltens und Empfindens aus einer möglichen hochsensiblen Veranlagung entspringen oder als Folge einer durch andere Ursachen entstandenen Traumatisierung zu betrachten sind, ist in der Therapie oder Beratung hochsensibler Menschen eine der schwierigsten Aufgaben. Was ist Henne, was ist Ei? Denn es macht im weiteren Verlauf einer Behandlung einen grundlegenden Unterschied, ob auf Traumafolgestörungen eingegangen wird oder auf die verkannten Bedürfnisse einer ungelebten Hochsensibilität. Unter Umständen ist beides nötig. Wenn jedoch die Stärkung der hochsensiblen Aspekte unterbleibt, wird sich die betreffende Person nicht gesehen und falsch behandelt fühlen, die traumatischen Verletzungen lassen sich nicht grundlegend lösen und die Behandlung wird nicht den gewünschten Erfolg erzielen.

Ein Beispiel aus der Psychotherapie: Eine Patientin war schon einige Jahre in psychotherapeutischer Behandlung. Die Therapeutin wies die Patientin immer wieder auf ihre Hochsensibilität hin, aber die Patientin nahm dies nicht wahr. Durch Zufall las sie später einen Artikel über diese Veranlagung und urplötzlich fiel es ihr wie Schuppen von den Augen. Sie stellte fest, dass sie mit dieser Disposition überhaupt nicht alleine war, konnte einige Ursachen ihrer Lebensschwierigkeiten erkennen und vor allem konnte sie zum ersten Mal spüren: „Ich bin überhaupt nicht falsch!" Sie fühlte sich daraufhin sehr erleichtert und war in der Lage, binnen kurzer Zeit ihre Probleme an ihrer Arbeitsstelle zu reduzieren: Ihr Stress dort ließ spürbar nach, indem sie ihr Arbeitsmaß verringerte. Sie war fortan in der Lage, ihre Kollegen so zu lassen, wie sie waren, und insgesamt wurde sie viel ruhiger. All diese Probleme, Unruhe, zu hoher Arbeitsdruck, Fremdheitsempfinden, Unzufriedenheit und Isolation hatten unsere Patientin so stark belastet, dass sie deswegen eine Psychotherapie aufgesucht hatte.

Zwei Dinge können wir anhand des Beispiels erkennen:

1. wie sehr sich das Erkennen der eigenen Disposition lindernd auf bereits bestehende psychische Probleme auswirken kann,
2. dass ein Erkennen unter Umständen zu sofortigen Änderungen psychischer Schwierigkeiten führen kann.

Bislang können wir ja – zumindest wissenschaftlich gesehen – noch nicht darauf pochen, dass das Phänomen der Hochsensibilität zweifelsfrei existiert. Somit können wir auch nicht zielsicher bestimmen, welche vermeintlich gestörten Verhaltensweisen eigentlich gar nicht unpassend, sondern lediglich typische Merkmale einer unerkannten Hochsensibilität sind. So bliebe die Frage, was im Wesen der Betreffenden ist der Hochsensibilität und was ist einer psychischen Störung zu schulden, oftmals offen.

Wenn da nicht noch eine andere Wissenschaftsrichtung wäre, der wir in unserer Kultur allerdings herzlich wenig Wert beimessen, obwohl die naturwissenschaftlichen Verfahren sie durchaus nutzen: die Erfahrungswissenschaft. Diese Wissenschaft basiert auf der durch Beobachtung gegründeten Erfahrung. Und was anderes ist es, wenn viele Hochsensible bei sich selbst oder anderen Feinfühligen bestimmte Merkmale erkennen, wenn sie immer wieder ähnliche Erfahrungen durch Überreizung, Unterforderung oder fehlende Anerkennung machen? Aus rein (natur-)wissenschaftlicher Sicht sind auch diese Erkenntnisse nicht gültig, denn sie wurden nicht durch die dafür vorgesehenen wissenschaftlichen Verfahrensregeln gewonnen. Aber lassen wir die Wissenschaft einmal Wissenschaft sein, denn mir scheint, dass die menschlichen Erfahrungen hier derzeit weiter – oder vielleicht auch nur schneller – sind als unsere Wissenschaftler.

Letztlich ist für die Behandlung psychischer Probleme bei hochsensiblen Menschen vorerst die Frage relevant: Wodurch sind die vorhandenen Schwierigkeiten oder Störungen entstanden? Sind innerfamiliäre Konflikte die Ursache, stellt sich im Weiteren die Frage, ob diese durch die Hochsensibilität des Kindes entstanden sind oder nicht? Wären sie tatsächlich durch das Kundtun oder Missachten hochsensibler Bedürfnisse oder Verhaltensweisen entstanden, ist es in der akuten psychotherapeutischen Behandlung notwendig, beides zu berücksichtigen: die Folgen der Traumatisierung und die durch die Veranlagung entstehenden Bedürfnisse.

4.13.5 Wenn Wahrnehmung zum Trauma wird

Für hochsensible Menschen kommt noch ein weiterer Punkt hinzu: die alltägliche belastende sensorische Reizüberflutung. Dies erfahren leider auch schon die Kleinsten, aber vielen Eltern, Bezugspersonen oder Fachkräften ist dieser Umstand bislang nicht genügend präsent.

Stellen Sie sich bitte vor, Sie liegen im Kinderbettchen und um Sie herum wird geschnattert, das Radio oder der Fernseher läuft, ständig klingelt irgendein Handy, der Wasserkocher zischt, und dann wirft Mutter oder Vater auch noch den Staubsauger an. Ich vergaß zu erwähnen, dass die Deckenlampe blendet, das Spielzeug am Bettchenrand freudig vor sich hin blinkt und trällert – und Sie können sich nicht dagegen wehren! Sie können weder aus dem Bettchen aussteigen, noch können Sie Ihren Eltern oder Geschwistern Bescheid sagen, dass Ihnen alles zu viel, zu laut, zu unruhig ist. Und dies ist jeden Tag so, über Wochen und Monate. Sie können nur schreien.

Die Aufzählung mag ein wenig übertrieben wirken, aber stellen Sie sich bitte vor, Sie gehen mit Ihrem kleinen Liebling in den Supermarkt – eine wirklich alltägliche Situation. Glücklich sind dann all jene Kinder, deren Eltern oder Bezugspersonen das Schreien korrekt interpretieren. Oftmals wird nämlich vermutet, dass einem Kind, das schreit, etwas fehlt oder ihm langweilig ist. Also wird noch mehr Abwechslung, Lautstärke oder Animation angeboten. Bei Hochsensiblen kann es jedoch genau anders herum sein: ihnen ist etwas oder vieles zu viel.

Die permanente Informationsflut und die fehlenden, im hochsensiblen System so nötigen Pausen bringen das neuronale System an seine Grenzen und lösen Stress aus. Dieser wird im Gehirn vom limbischen System als Gefahr ausgelegt. Entsprechend reagiert es und startet das alte Überlebensprogramm. Je nach Temperament versucht ein Mensch, sich länger oder intensiver dagegen zu wehren, aber im Zweifelsfall kommt dann irgendwann der Punkt, an dem auch der stärkste Charakter „aufgibt", in die Erstarrung gerät und die Erfahrung der sensorischen Überreizung zum Trauma wird.

Dass wir durch sensorische Reize das psychische System eines Menschen massiv verletzen können, macht uns das Militär auf sehr unschöne Weise deutlich: Dort wird – zwar verbotenerweise, aber dennoch – mit akustischen Signalen gefoltert. Dauerhaft unangenehme Geräusche wie verzerrte Klänge, Rauschen oder überlaute Musik können einen Häftling zum Wahnsinn treiben. Sie mögen den Vergleich mit Folter vielleicht etwas übertrieben finden, aber was ist es anderes als Folter, wenn ein Mensch sich durch ständige Reizüberflutung in einer ausweglosen Situation befindet, die sein körperliches und psychisch-seelisches Empfinden gravierend belastet? Der desolate Zustand mancher Hochsensibler lässt hier eine Erklärung vermuten.

> Wir haben es bei Hochsensiblen unter Umständen also mit Traumata aufgrund von drei verschiedenen Ursachen zu tun: Einerseits kann eine (früh-)kindliche psychische Belastung durch inadäquaten Umgang vorliegen. Andererseits kann der Betreffende einen Schock erlebt und ihn nicht verarbeitet haben. Oder der Hochsensible kann eine, ich nenne es, sensorische Traumatisierung in sich tragen.

Im Umgang und der Therapie mit Hochsensiblen ist daher eine möglichst klare Differenzierung der Traumaursachen erforderlich. Während bei den ersten beiden Formen die verletzten inneren Anteile und die entstandenen Verhaltensmuster beleuchtet werden sollten, bedarf es bei der letzteren Form der Überprüfung der Reizsituationen, sowohl aus der Vergangenheit als auch im heutigen Alltag. So können beispielsweise die Eltern in der Vergangenheit durchaus für ein liebevolles Zuhause gesorgt haben, aber die Reizsituationen im Kinderzimmer, der Kita oder Schule waren höchst belastend und haben das Kind stark gestresst.

Das Schwierige hierbei ist, dass sowohl emotionale als auch sensorische Traumatisierungen sich in ähnlichen Verhaltensweisen zeigen können, wie Unruhe, Unkonzentriertheit, Schlafstörungen, Bettnässen, (Selbst-)Unsicherheit oder übermäßigem Rückzug. Gerade weil wir Hochsensiblen im Zusammensein mit anderen Menschen unsere eigene Empfindsamkeit als unpassend oder übertrieben gespiegelt bekommen, lösen auch sensorische Überlastungen solche Reaktionen aus: „Was hast du bloß? Das ist doch nicht zu laut hier!".

Hochsensiblen wird auch nachgesagt, dass sie schnell gereizt, überfordert oder einfach zu übertrieben reagieren. Dies sind typische Verhaltensweisen, wenn wir unter Dauerstress stehen oder unter einer sensorischen Traumatisierung leiden. Gemeinhin sprechen wir dann auch von blank liegenden Nerven, aber die Komplexität dieser Tatsache scheint mir mit dieser Bezeichnung nicht ausreichend erfasst zu sein.

Ich hatte über drei Jahre lang Nachbarn unter mir wohnen, die nicht einsichtig waren, dass ihre sehr laute Musik und vor allem die starken Bässe mich äußerst belasteten. Noch viele Jahre später begann ich in Sekundenschnelle zu zittern und bekam Panikgefühle, wenn nur ein Auto mit aufgedrehten Bässen vorbeifuhr.

Wenn wir uns nun vorstellen, dass ein kleines Kind solche Erfahrungen sammelt und sich der Reizflut nicht angemessen entziehen kann, sondern ein entsprechendes Schutzverhalten entwickelt, wird verständlich, warum es bei manchen Hochsensiblen zu einer sehr starken sensorischen Empfindsamkeit beziehungsweise einer abwehrenden Haltung kommen kann. In diesem Fall dann von einer psychisch Störung oder Erkrankung auszugehen würde das ursprüngliche Problem, nämlich die dauerhafte Überstimulierung, nicht berücksichtigen.

4.13.6 Widerstände und Trauma

Niemandem ist die Auseinandersetzung mit alten Wunden, ganz gleich, wann und wie sie entstanden sind, angenehm. Wie ich bereits erwähnte, ist die Psyche ja stets bemüht, den Status quo zu erhalten, auch wenn er sich für unser Leben nicht positiv gestaltet. Widerstände Veränderungsvorhaben gegenüber sind daher selbstverständlich und nachvollziehbar. Jede tiefere Verarbeitung stellt eine solche Veränderung dar.

Auch durch den Integrationsprozess können – teils unbewusste – Traumata aufbrechen und uns im Alltag belasten. Linderung, das heißt Aufarbeitung dieser inneren Verletzungen, ist unumgänglich, wenn Sie Ihr Leben zukünftig genießen und aus Ihren – neu entdeckten – hochsensiblen Vollen schöpfen wollen. Gerade für uns Hochsensible stellt sich diese Aufgabe, denn die Integration verändert unser fest gefügtes Gerüst, rüttelt an dem Bestehenden und fordert uns zur Überprüfung und Neugestaltung auf.

> Die gute Nachricht dabei ist: Wir Hochsensiblen sind für einen solchen Weg bestens ausgerüstet! Unser Feingefühl, unsere Reflexionsfähigkeit, das gute Verständnis für komplexe Zusammenhänge, Neugier und ein tiefes Gefühl für Authentizität helfen uns in diesem Prozess.

Da unsere Psyche genau diese Neugestaltung anfangs boykottiert, ist es für uns gut zu wissen, auf welche Weise sie dies denn gerne tut. Die Klassiker dabei sind Unlust, Unwille, Abwehr und Verniedlichung des Problems. Wir haben plötzlich keine Krise mehr, alles ist nicht mehr so schlimm, obwohl wir gestern nicht mehr wussten, wie wir den heutigen Tag überstehen sollten. Auch ist die Notwendigkeit, sich zum Beispiel um einen neuen Arbeitsplatz zu bemühen, nicht mehr so dringend; entweder weil es ja angeblich eh nichts bringt oder wir es beim alten Job doch noch aushalten können. Auch die Ehe- oder Partnerschaftskrise, die uns bereits seit einigen Jahren zutiefst frustriert, ist plötzlich nicht mehr so kritisch.

Eine weitere Form des Widerstands ist Vergesslichkeit: „Ach Mist, da habe ich gestern doch meinen Therapietermin verschwitzt!" Oder Sie brauchen Wochen und Monate, um Ihren Partner zum gemeinsamen Mediationsgespräch einzuladen.

Aber eine der beliebtesten Widerstandsform ist die Projektion, in Kurzform: „Du bist schuld!" Hierbei ist die innere, meist unbewusste Abwehr gegen das eigene Problem so groß, dass es von der eigenen Person abgespalten wird und beim Gegenüber, also Partner, Kollegin, Kind oder Freundin, lokalisiert wird. Da wird die Kollegin der schlampigen Arbeit bezichtigt, der Partner ist angeblich immer müde und bringt nichts in die Beziehung ein, oder das Kind ist viel zu aufmüpfig. Dass möglicherweise Sie selbst nicht immer Lust haben, die Arbeit optimal zu gestalten, sich Ihrer Partnerschaft öfter lustlos und erschöpft entziehen oder selbst immer das letzte Wort behalten müssen, entgeht dem inneren Blick.

Der Haken bei diesem Verhalten ist nur, dass das Problem nicht gelöst, sondern bestenfalls aufgeschoben wird. Möchten Sie aber die Schätze, also die Gaben Ihrer Hochsensibilität heben, ist die Konfrontation mit Ihrer Sie belastenden Vergangenheit unvermeidlich.

> Ein Therapeut sagte in einer intensiven Verarbeitungsphase einmal zu mir, dass der Verstand, der all die Widerstände managt, äußerst trickreich sei. Ihm fällt immer etwas ein, um den Veränderungsprozess auszubremsen. Aus meiner Erfahrung kann ich dies nur betätigen. Es bedarf also eines kritischen Blicks auf die eigenen Ausreden und Vermeidungstaktiken sowie eines starken Willens, um sich selbst weiterentwickeln zu wollen und das Ziel nicht aus den Augen zu verlieren.

Leider sind auch wir Hochsensiblen nicht vor solchen Widerständen gefeit. Aber wie bereits gesagt, wir sind gut ausgestattet, um diesen Weg der Wandlung zu beschreiten. Haben Sie also Mut und vor allem Vertrauen zu sich selbst und suchen Sie sich die passenden Menschen, die Sie auf diesem Weg in der einen oder anderen Form begleiten können!

Die hier dargestellten psychischen Mechanismen und angesprochenen Störungsbilder gelten für Hochsensible und Normalsensible gleichermaßen. Der wesentliche Unterschied ist jedoch die schnellere, intensivere und empfindlichere Reaktion Hochsensibler auf belastende Umstände. Im therapeutischen Prozess ist es daher wichtig, sehr genau herauszufiltern, welche Schwierigkeiten auf der Basis verletzender Prägung jenseits einer feinfühligen Veranlagung und welche Probleme aufgrund inadäquater Berücksichtigung des hochsensiblen Wesens entstanden sind. Die Verquickung beider Felder ist zuweilen recht stark.

Der zweite Unterschied ist die Auftrittshäufigkeit psychischer Belastungen und Störungen. Aron schreibt, dass nach ihrer Erfahrung etwa 20 % der Population der Normalsensiblen in therapeutischer Behandlung sind. In der Gruppe der Hochsensiblen sind es hingegen etwa 50 %. Dies macht deutlich, wie verbreitet psychische Belastungen bei Feinfühligen sind. Allerdings weist Aron auch darauf hin, dass die Zahl der in psychotherapeutischer Behandlung befindlichen Hochsensiblen so hoch ist, da sie von sich aus oftmals das Bedürfnis haben, psychische Probleme verändern zu wollen und sich initiativ in Behandlung begeben.

4.13.7 Resilienz

Unter Resilienz wird die Widerstandsfähigkeit oder die innere Stärke, Notlagen zu bewältigen und sich durch sie weiterzuentwickeln, verstanden. Was führt also dazu, dass ein Mensch unter der Bürde einer Krise zusammenbricht und ein anderer in einer vergleichbaren Situation nicht?

Der Begriff Resilienz stammt von dem lateinischen Wort *resiliere* „abprallen" ab. Die Resilienzforschung im Bereich Psychologie begann in den 1950er-Jahren, als die amerikanische Entwicklungspsychologin Emmy Werner eine Studie auf der hawaiianischen Insel Kauai durchführte. Sie beobachtete vier Jahrzehnte lang etwa siebenhundert Jungen und Mädchen, deren Chancen auf ein erfolgreiches Leben durch Armut, Vernachlässigung und Misshandlung denkbar ungünstig waren. Häufig waren die Ehen der Eltern zerrüttet und viele Väter alkoholsüchtig. Das Ergebnis der Studie überraschte jedoch. Eigentlich war zu erwarten gewesen, dass allen beobachteten Probanden ein schwieriges Leben bevorstünde. Doch ein Drittel der Kinder und Jugendlichen wuchs zu starken, fürsorglichen und leistungsfähigen Persönlichkeiten heran. Es wurde eines deutlich: Diese Kinder hatten etwas, was den anderen fehlte. Es gab in ihrem Leben wenigstens eine liebevolle Bezugsperson, die sich um sie kümmerte. Das konnte die Großmutter, ein Lehrer, die Tante oder ein Nachbar gewesen sein.

Die Resilienzforschung zog aus dieser Studie und weiteren Untersuchungen ihre Schlüsse und stellte sechs grundlegende Resilienzfaktoren heraus:

1. eine realistische Selbst- und Fremdwahrnehmung,
2. die Fähigkeit, das eigene Verhalten auch unter Stress zu beeinflussen (Selbststeuerung),
3. die Überzeugung, aus eigener Kraft etwas verändern zu können (Selbstwirksamkeit),
4. soziale und kommunikative Kompetenzen,
5. ein konstruktiver Umgang mit Stress,
6. abrufbare Problemlösestrategien.

Zusätzlich bedarf es noch weiterer, innerer Potenziale, um in der Krise selbst zurechtzukommen:

- optimistische Lebenseinstellung,
- Planungskompetenz und Zielorientierung,
- aktive Bewältigungsstrategien und Kreativität, sowohl in Form von künstlerischer Verarbeitung von Erlebnissen also auch durch die Variabilität von Problemlösungen,
- persönliche Ressourcen und Strategien, wie starker Wille, Intelligenz, körperliche Konstitution oder eigene Haltung zum Problem.

Resilienz ist jedoch kein Fixum, sondern kann durch die Veränderung der Umwelt und der eigenen Kompetenzen beeinflusst werden.

Für uns Hochsensible ist dieses Thema durchaus interessant, da wir in der Analyse unserer individuellen Geschichte rückblickend erkennen können, was uns möglicherweise stabilisiert hat. Identifizieren wir die stärkenden Faktoren, können wir diese auch ganz gezielt für unseren aktuellen Integrationsprozess nutzen.

Viele Hochsensible berichten mir von besonderen Menschen, die in ihrer bedrückenden Kindheit für Erleichterung oder Kraft gesorgt haben. Diese Menschen haben heute natürlich meist nicht mehr den Stellenwert wie damals, aber sie mögen ein Hinweis darauf sein, welche Menschen und welche sozialen Bedingungen heute zur Unterstützung unseres Veränderungsprozesses beitragen können. Vielleicht haben Sie in Kindertagen ein bestimmtes Hobby ausgeübt, das Sie über die missliche Lage hinweg getröstet hat. So könnte auch heute dieses Hobby oder generell die Ausübung eines Hobbys Ihnen den Umgang mit schwierigen Situationen erleichtern. Möglicherweise war es aber auch Ihre Kontaktfreude oder intensive Zeiten in der Natur, die Sie die Belastungen ertragen ließ.

> Zu erkennen, was Ihnen damals die Kraft zum Überleben gab, ist ein wichtiger Wegweiser, um heutige Krisen zu meistern. Wenn Sie durch Umwälzungen in Ihrem Leben plötzlich ziemlich alleine dastehen, kann das Wissen um Ihre mögliche Kontaktfähigkeit Sie darin ermutigen, wieder auf andere Menschen zuzugehen. Sind Sie hingegen ein Mensch, der meist durch Rückzug und in der Stille wieder zu seinen Kräften findet, können Sie die gut gemeinten Ratschläge Ihrer Freunde nach mehr sozialem Austausch in der Krise gelassen entgegennehmen und sich auf Ihr Wesen und Ihre Stärken konzentrieren.
>
> Ihre individuellen Resilienzfaktoren zu kennen, wird Sie im Integrationsprozess in Ihrer Hochsensibilität stärken und stabilisieren.

4.14 Zusammenfassung und Schlussfolgerung

Die Phase der geistig-emotionalen Integration ist eine der zentralen Etappen im hochsensiblen Integrationsprozess. Sie ist umfangreich und fordert von Ihnen ein hohes Maß an Neugier, Mut, Vertrauen, Reflexionsfähigkeit und Analyseverständnis. Es mag zu tief greifenden emotionalen und psychischen Prozessen bei Ihnen kommen, die scheinbar vieles Ihres bisherigen Lebens infrage stellen. Sie mögen aber vielleicht auch schnell zu Ihrem ursprünglichen inneren Wesen finden und die Integration als große Erleichterung erleben – oder beides zugleich. Fakt ist, wer sich ernsthaft auf den Weg zur eigenen hochsensiblen Veranlagung begibt, hat eine spannende und lehrreiche Zeit vor sich.

Die zweite Integrationsphase beginnt mit der Überprüfung der eigenen Lebensumstände in Hinblick auf die eigene feinfühlige Veranlagung. Es geht hierbei um das wachsende Verständnis von Hintergründen, Prinzipien und Zusammenhängen, die zu den typischen Belastungen eines hochsensiblen Lebens führen.

Dazu gehören sowohl vergangene Erfahrungen als auch die aktuellen Alltagsbedingungen. Das Reframing, also die Umdeutung früherer schmerzhafter Erlebnisse ermöglicht ein neues Verständnis für die damalige Situation und für sich selbst. Ein positiv verlaufendes Reframing kann zu einer inneren Versöhnung mit Menschen oder eigenen, bislang abgelehnten Persönlichkeitsanteilen führen.

Um für diesen Weg ausreichend zu Kräften und zur Ruhe zu finden, ist eine gut austarierte Komfortzone notwendig. Es gilt daher im Vorfeld Antworten auf Fragen wie „Was tut mir gut?", „Was strengt mich zu sehr an?", „In welchen Situationen oder bei welchen Menschen fühle ich mich wohl?" zu finden.

Da die übermäßige Anpassung Hochsensibler an Menschen und Situationen, die nicht zum eigenen Wesen passen, enorm viel Energie kostet, ist die Bewusstwerdung des eigenen Verhaltens eine weitere zentrale Bedingung für eine positive Integrationsgestaltung. Die Auswirkung des überhöhten Anpassungsverhaltens zeigt sich in der Regel in einer diffusen Identität. Nicht selten wurde auf diesem Weg ein sogenanntes „falsches Selbst" entwickelt.

Wer sich übermäßig stark anpasst, grenzt sich nicht genügend ab. Auch dies ist eine große Schwierigkeit vieler feinfühliger Menschen. Ängste, Schuldgefühle oder Unsicherheiten können Hinderungsgründe sein, die erkannt und verstanden werden sollten, bevor sie in Phase III konkret verändert werden.

Dies alles, Anpassung, falsches Selbst und fehlende Abgrenzung können zu einem schlecht ausgebildeten Selbstwertgefühl führen. Welche Ängste auf der Basis der hochsensiblen Veranlagung entstanden sind und in welcher Weise sie dazu beitragen, das Selbstwertgefühl zu mindern, gilt es zu erfassen.

Der hochsensible Energiehaushalt ist vielen Erschütterungen ausgesetzt. Dazu gehört auch das meist große Bedürfnis nach Perfektion, welches sich mitunter auch über das verträgliche oder notwendige Maß hinaus ausdehnt. Logische Folge solcher Beanspruchungen kann erhöhter Stress sein. Da Anpassung, ungünstige frühkindliche Prägungen, Ängste und mangelnder Selbstwert noch das ihre zu solch ungünstigen Bedingungen beitragen, wundert es nicht, dass sich die Belastungen über die Jahre hinweg zu einem Dauerstress aufsummieren.

Daher sind psychische Belastungen und Störungen keine Seltenheit bei hochsensiblen Menschen. Inwieweit sie tatsächlich der feinfühligen Veranlagung oder anderer Erlebnisse zu schulden sind, sollte in einem unterstützenden Setting in Form von Beratung, Coaching oder Psychotherapie geklärt werden.

5

Phase III: Die praktische Integration der Hochsensibilität

Im Leben geht es nicht darum zu warten,
dass das Unwetter vorbeizieht,
sondern zu lernen, im Regen zu tanzen.
(Autor unbekannt)

Sie haben erkannt, dass Sie hochsensibel sind, Sie haben sich informiert und sich auf den Weg gemacht, Ihre hochsensiblen Seiten zu erkunden und zu entfalten. Dabei sind Sie auf Reizfallen gestoßen, durch die Sie immer wieder überlastet wurden und die Sie an die Grenzen Ihrer Belastbarkeit gebracht haben. Auch haben Sie einige Ihrer alten Muster und Glaubensvorstellungen entdeckt, die Ihr Leben bislang beeinflusst und mehr oder weniger stark ausgebremst haben. Nun ist es Zeit zum Handeln! Nun geht es darum, Ihre Veranlagung anzunehmen und zumindest in Ihrem eigenen Leben aktiv zu praktizieren. Zusätzlich gilt es, die alten Verletzungen, die möglicherweise in der Phase II zutage getreten sind, zu heilen. Nun können Sie mithilfe Ihrer Gaben und Qualitäten Ihre lichtvollen und hochsensiblen Seiten ins Leben bringen.

In den vorangegangenen Kapiteln ist deutlich geworden, dass eine nicht erkannte Hochsensibilität zu sehr einschneidenden psychischen Beeinträchtigungen oder gar Störungen führen kann. Je klarer Ihr Bild von Ihrer eigenen seelischen Verfassung wird, umso gezielter können Sie durch die Integration Ihrer hochsensiblen Wesenszüge wieder in Ihr psychisch-seelisches Lot kommen.

Dazu benötigen Sie auch ganz praktische Veränderungen in Ihrem Leben. Sobald Sie wissen, dass Sie zum Beispiel über Gebühr von großen Menschengruppen oder lauter Umgebung überreizt werden, können Sie Ihr eigenes Bedürfnis nach Ruhe oder kleinen Gruppen nicht mehr übergehen. Sie brauchen Ideen und konkrete Schritte, um Ihr altes Lebensfeld umzugestalten.

Werden Sie aktiv und sorgen Sie für angenehme Menschen in Ihrem Umfeld und passende Rahmenbedingungen, so wie Gustav in unserer kleinen Serie. Beginnen Sie mit dem, aus meiner Sicht wichtigsten Schritt in dieser Phase: der Suche nach anderen Hochsensiblen.

5.1 Ich bin nicht allein! – Kontaktsuche

> Gustav hat wieder Mut gefasst. Er sitzt auf seinem schönen, neuen Sofa und lässt den Blick durch sein Zimmer schweifen. Es gibt schon sehr schöne Bereiche, manch andere Stellen müssen noch etwas überarbeitet werden. Beim Blick über die – immer noch lindgrünen – Wände fällt ihm auf, dass er im Zuge seiner Aufräum- und Entrümpelungsaktion nur noch ein Bild an der Wand hat hängen lassen. „Das ist jetzt aber doch ein wenig nackig, ziemlich kahl die Wand", denkt Gustav sich. Bilder müssen her! Wieder durchforstet Gustav das Internet und besucht zusätzlich Galerien und Museen. Er spricht mit Galeristen, Besuchern und Kunden. Er hätte nicht gedacht, dass sich auf seiner Suche solch interessante Gespräche ergeben würden …

Für gewöhnlich entsteht der Wunsch nach Kontakt zu anderen Hochsensiblen im Integrationsprozess recht schnell. Die meisten möchten nach der Vergewisserung, dass sie tatsächlich hochsensibel sind, sich darüber austauschen, wissen, wie andere Hochsensible mit ihrer Veranlagung umgehen, und spüren, dass sie mit dieser Eigenart nicht mehr alleine sind.

Auch bei mir kam dieser Wunsch nach etwa anderthalb Jahren der inneren Verarbeitung auf. Keine Sorge, einige Hochsensible sind damit viel schneller, andere wiederum lassen etliche Jahre ins Land ziehen! Es gibt hierbei keinen richtigen oder falschen Moment. Es gibt nur den für Sie stimmigen Zeitpunkt!

Als ich dann offen für andere Feinfühlige war, begab ich mich in Berlin auf die Suche – per Internet und einschlägigen Magazinen, in denen ich Informationen über Selbsthilfegruppen, Treffen oder Vorträge zu finden hoffte. Aber da gab es nichts. Mein kleiner Freundeskreis war nach meiner Einschätzung überwiegend hochsensibel, aber ich wollte ja mit anderen, mir fremden Menschen über dieses Thema sprechen.

Wenn es nichts Entsprechendes gibt, ich es mir aber wünsche, muss ich es eben selbst initiieren, dachte ich mir, und entschied mich nach einigen Wochen, selbst ein Treffen zu einzurichten. Ich schaltete also eine kleine Anzeige in einem der erwähnten einschlägigen Magazine, und beim ersten Treffen waren wir zu viert. Am selben Abend wurde klar, dass wir die Treffen fortsetzen wollten und so hat sich das Offene Berliner HSP-Treffen etabliert. Das war 2009.

Inzwischen erhalte ich immer wieder E-Mails, in denen mich Hochsensible aus anderen, meist kleineren Städten fragen, ob es entsprechende Treffen bei ihnen gibt. In der Regel muss ich dies leider verneinen, jedoch mehren sich langsam die privaten Initiativen. Aber ich lade immer wieder dazu ein, selbst aktiv zu werden. Sie kennen die Möglichkeiten und Örtlichkeiten bei Ihnen vor Ort am besten. Sie fühlen selbst, welche Art von Aktivität Sie mit anderen Hochsensiblen bevorzugen und interessiert. Folgen Sie diesen Gefühlen und Wünschen. Auch dies ist ein zentraler und wichtiger Schritt im Annehmen Ihrer eigenen Veranlagung.

Schauen Sie also, ob Sie lieber ein großes Treffen oder eher Begegnungen mit einzelnen Hochsensiblen bevorzugen. Sind Sie ein Bewegungsmensch und würden gerne etwas gemeinsam in der Natur erleben oder mögen Sie es gemütlich auf dem Sofa oder bei einem Glas Wein? Möchten Sie sich fachlich austauschen oder suchen Sie nach anderen, mit denen Sie zusammen in einer Selbsthilfegruppe Ihre spezifischen, aus der Hochsensibilität entstandenen Probleme besprechen können? Je genauer Sie wissen, was Sie brauchen, umso genauer können Sie suchen beziehungsweise selbst ein Angebot ins Leben rufen.

5.1.1 Wer ist unterm blauen Mäntelchen? – Das Memory-erkenn-mich-Spiel

Sie mögen sich vielleicht fragen, warum ich nicht vorschlage, in Ihrem direkten Umfeld nach Gleichartigen zu suchen. Das sollten Sie auf jeden Fall tun oder haben es im Rahmen der ersten Integrationsphase, Ihrer Erkenntnis, möglicherweise auch schon umgesetzt. Dabei können sich jedoch folgende Schwierigkeiten auftun:

1. Sie stoßen auf Abwehr, Intoleranz oder Desinteresse beim Gegenüber. Das ist für Sie sehr verletzend und kann möglicherweise alte Erinnerungen an ähnliche Erlebnisse mit den entsprechenden Schmerzen und Frustrationen hervorholen. Eine Reaktion Ihrerseits könnte dann Rückzug oder Verärgerung sein. Aber auf jeden Fall hätten Sie Ihr Ziel nicht

erreicht und Ihr Wunsch nach Austausch und Kontakt wäre nicht befriedigt. Hier heißt es: nicht entmutigen lassen und gezielt weiter nach Gleichartigen schauen. Bei ihnen ist die Gefahr geringer, wegen Ihrer Veranlagung und Ihren speziellen Bedürfnissen abgelehnt zu werden.
2. Die zweite Schwierigkeit kann sein, dass Sie andere Hochsensible in Ihrem Umfeld nicht als solche erkennen. Dies passiert häufiger als wir denken, da wir ja in der Regel erst dann nach feinfühligen Menschen Ausschau halten, wenn wir aufgrund eigener Betroffenheit gezielt nach ihnen suchen oder wir für einen bestimmten Zweck genau solche Menschen brauchen – zum Beispiel empathische Therapeuten, Erzieher, Lehrer, Ärzte oder besonders kreative Kollegen. Vorher ist unser Blick für diese Menschen nicht geschärft und sie drängen sich uns in der Regel auch nicht auf.

Wie in Abschn. 4.5 beschrieben, haben wir Hochsensiblen im Zuge der Anpassung oft das blaue Mäntelchen umgehängt. Das bedeutet, unsere Verhaltensweisen sind dem normalsensiblen Lebensstil möglichst gut angepasst. Das klappt zwar nicht immer zu hundert Prozent, aber oft genug ist die Anpassung so gut, dass wir einander nicht erkennen. Da scheint der Erzieher nicht so empathisch zu sein und sich ruppiger zu zeigen, als er ist, weil er einer möglichen Verunglimpfung als „Weichei" entgehen möchte. Da wirkt die Therapeutin nicht so sensibel, weil sie eingangs erst nach den Methoden ihrer Ausbildung arbeitet und sich nicht traut, ihrer Intuition zu folgen. Oder der Kollege lebt seine Kreativität an ganz anderen Orten als am Arbeitsplatz aus, weil er die Erfahrung gemacht hat, dass seine ungewöhnlichen Ideen nicht erwünscht sind.

> Für Sie beginnt auf der Suche nach Gleichgearteten also eine Art Suchspiel, bei dem Sie mithilfe Ihres neu gewonnen Wissens und Ihrer Intuition versuchen, herauszufinden, ob sich hinter Ihrem Bruder, Ihrer Tante, Ihrer Kollegin oder Ihrem Freund vielleicht doch ein unerkannter Hochsensibler verbirgt. Sie beginnen vielleicht, die Merkmalslisten zu durchforsten und mit der entsprechenden Person zu vergleichen. Sie fühlen mitunter die Zwischentöne im Gespräch mit dem anderen und werden hellhörig. Auf diese Weise erkennen Sie nach und nach andere Feinfühlige, aber Sie werden in diesem Prozess auch sich selbst immer genauer (wieder-)erkennen.

5.1.1.1 Von Kisten, Kartons und Kategorien

Auch wenn Sie das Kategorisieren von Verhaltensweisen oder Menschen überhaupt nicht mögen, Ihr Unbewusstes wird es immer wieder tun, denn unser Gehirn arbeitet genau so. Es nimmt auf, überprüft, legt Kategorien an, falls es noch keine dafür gibt, und speichert die neue Information dann in der entsprechenden Abteilung ab. Dort kann es sie schnell wiederfinden und nutzen – zur Erinnerung oder Vernetzung mit anderen Informationen. Es ist wie in einem gut sortierten Büro: Alles wird in Ablagen, Ordnern, Kisten einsortiert – und was ausgedient hat, kommt in einen großen Karton.

Scheuen Sie sich daher nicht, genauso mit Ihrem neuen Wissen umzugehen. Das ist völlig natürlich und stabilisiert anfangs die für Sie neuen Informationen. Dieser Umgang damit gibt Ihnen Sicherheit und Orientierung, etwas, das Sie bei der Komplexität der neuen Eindrücke immer wieder brauchen.

Einzig, wenn Sie in der Bewertung von Situation und Mensch in einmal gefassten Kategorien verharren, ist dies unpassend, verletzend und schädlich – für Sie und Ihr Gegenüber. Leben ist Veränderung, auch unsere Verarbeitungssysteme im Körper unterliegen ständigen Veränderungen. Und so werden auch Sie dann irgendwann beginnen, Ihre heute angelegte Kategorie morgen oder übermorgen wieder zu erweitern oder komplett über Bord zu werfen – zum Beispiel in einem Karton. Aber heute brauchen Sie die Kategorien.

5.1.2 Ich trau mich nicht – Angst vor unbekannten Menschen und Situationen

Bereits C. G. Jung schrieb im Rahmen unterschiedlicher Charakterbeschreibungen über die besondere Wesensart der Introvertierten, die er für völlig normal hielt.[1] Ein typisches Merkmal hierbei ist der starke Rückzug aus sozialen Kontakten und Situationen. Vielen Hochsensiblen sind große Gruppen ein Gräuel, sie mögen keine oberflächlichen Unterhaltungen oder sind von einer Fülle an Reizen schnell überflutet.

Soweit stellt dies alles kein Problem dar. Es wird erst dann zu einem, wenn diesen Bedürfnissen entweder überhaupt nicht oder zu sehr entgegengekommen wird, wenn wir also jedwede Unbill vom Hochsensiblen fernhalten oder jeden Wunsch nach besonderer Rücksichtnahme möglichst rasch und passend umzusetzen versuchen.

Übrigens: Kennen Sie den Unterschied zwischen Wunsch und Bedürfnis? Ein Bedürfnis sollte erfüllt werden, es ist Ausdruck eines lebensnot-

---
[1]Jung, C.G., *Typologie*, dtv 2014.

wendigen Anliegens. Einen Wunsch können wir erfüllen, müssen es aber nicht tun. Hinter einem Wunsch steht keine existenzielle Dringlichkeit. Ein Wunsch könnte beispielsweise sein, mit Freunden zusammen ins Theater oder gemeinsam essen zu gehen. Ein Bedürfnis hingegen ist es, Kontakt zu anderen Menschen zu pflegen. Ein Wunsch des Kindes kann es sein, einen bestimmten Fruchtsaft trinken zu wollen, ein Bedürfnis ist es, dass es trinken muss. Oder etwas zu tun und darauf eine Rückmeldung von anderen zu erhalten ist ein Bedürfnis, denn wir Menschen brauchen als soziale Wesen die Bestätigung unserer Wirksamkeit. Ein Wunsch wäre es, von einer bestimmten Person dieses Feedback haben zu wollen.

Wir Menschen brauchen Reibung, wir brauchen Herausforderungen, Grenzen und Krisen, um wachsen und uns entwickeln zu können. Krisen sind wie Gewitter: reinigend und klärend, wenn sie stark genug sind. Sind es Unwetter, zerstören sie das Land oder den Menschen. Sie haben sicherlich auch schon selbst erlebt, dass Sie nach einer schweren Auseinandersetzung zwar gut durchgeschüttelt, aber auch gereinigt und gereift daraus hervorgegangen sind. Sie haben durch und in der Krise etwas für sich gelernt.

Gibt es zu wenig Reibung und Herausforderung im Leben, werden wir engstirnig und ängstlich, weil wir nicht gelernt haben, Veränderungen zu akzeptieren und mit Krisen umzugehen. Haben wir zu viel Unsicherheit im Leben, mangelt es uns irgendwann an Vertrauen und (Selbst-) Sicherheit.

Dies ist sehr gut im Umgang mit Kindern zu beobachten. Eine Klientin erzählte mir von morgendlichen Problemen mit ihrer sechsjährigen Tochter vor der Schule. Die Kleine trödelte herum, wollte sich nicht anziehen und sorgte für morgendlichen Stress. Irgendwann fragte ich nach dem Schulweg. Die Mutter brachte ihre Tochter bis ins Klassenzimmer und holte sie dort auch wieder ab. Ich schlug vor, etappenweise diese Begleitung, soweit es die Verkehrsverhältnisse zuließen, zu reduzieren, also die Tochter nicht mehr bis in die Klasse begleiten, sondern nur bis zum Schultor und so weiter. Nach einer Woche erzählte mir die Mutter, dass es ihrer Tochter so gut damit ging, dass sie das nicht nur morgens – wie besprochen –, sondern auch nachmittags umsetzten. Das Kind konnte seine wachsende Eigenständigkeit er- und ausleben und wurde wieder zufriedener und selbstsicherer. Daher hatte es morgens auch keinen Grund mehr zu nerven. Diese Selbstständigkeit ist ein wichtiges Bedürfnis – kein Wunsch! – in dieser Altersstufe.

Auch bei Erwachsenen können zu geringe Herausforderungen im Leben zu wachsenden Unsicherheiten oder Ängsten führen. Wenn Sie jedoch unter massiven Ängsten leiden, ist dies vorrangig mit einem Arzt oder Psychotherapeuten zu besprechen. Parallel dazu können Sie schauen, welches der für Sie kleinstmögliche Schritt in die gewünschte Richtung wäre. Stellen Sie sich bitte vor, Sie hätten als Kind einmal auf Rollschuhen oder Inlineskates gestanden, aber da es nicht gleich funktionierte, hätten Sie die Inliner in den Keller verbannt. Heute ist allein die Vorstellung, darauf zu fahren, beängstigend. Was wäre also ein kleiner Schritt? Vielleicht sich in den Sessel zu setzen, die Schuhe umzuschnallen und die Füße langsam auf dem Boden vor und zurück zu bewegen. So kann sich Ihr Körper in seinem Tempo an das merkwürdige Gefühl rollender Füße gewöhnen.

Oft haben wir die Einstellung, wenn wir etwas tun, dann wollen wir es auch richtig machen. Für alle zwischenmenschlichen Situationen ist dies eine äußerst anspruchsvolle, wenn nicht gar unerfüllbare Vorstellung. Aber viele Hochsensible tragen eine solche Haltung in sich. Ich vermute, dass dies dem perfektionistischen Anspruch zu schulden ist.

Wenn Sie also den Wunsch haben, sich mit Freunden zu treffen, dann dürfen Sie auch hier kleinschrittig vorangehen: Verabreden Sie sich mit nur einer Freundin, sagen Sie nur für einen kurzen und überschaubaren Zeitraum zu, legen Sie sich einen passenden Satz zurecht, wenn Sie merken, dass Sie früher gehen müssen oder gar nicht erst von zu Hause los wollen. Und überlegen Sie sich, wann und mit wem Sie sich zu Hause verabreden mögen. Dort können Sie nämlich nicht gehen, wenn es Ihnen zu viel wird. Sie haben das Recht, nicht alles auf einmal wollen oder können zu müssen!

Da Sie ja Gleichgearteten begegnen werden, können Sie auch genau dieses Bedürfnis ansprechen. Viele Hochsensible waren in den Offenen Berliner HSP-Treffen höchst erstaunt, dass ihre Bedürfnisäußerungen im Kreise der Anwesenden nicht auf Unmut oder Unverständnis, sondern auf Wohlwollen und Akzeptanz gestoßen sind. Den anderen geht es doch genauso wie Ihnen!

> Gestatten Sie sich, bei einem Treffen nur so lange zu bleiben, wie es Ihnen – nicht den anderen! – guttut. Üben Sie, früher von einem Treffen zu gehen, um zu spüren, dass Sie das dürfen, dass Sie bestimmen, was und wie viel Ihnen angenehm ist.
>
> Erlauben Sie sich auch, nichts zu sagen. Sie müssen nicht reden, wenn Sie nicht wollen. Das sollte bei einem Treffen unter Hochsensiblen möglich sein, wenn der Rahmen entsprechend gesteckt ist.

All diese kleinen Schritte – und all jene, die Sie selbst noch entwickeln werden – dienen dazu, die aufgebaute Hemmschwelle „Ich kann das nicht. Ich habe Angst davor" bereits gedanklich zu reduzieren. Denn was uns in der Regel am meisten ausbremst, ist nicht die Handlung als solche, sondern sind die Gedanken, die wir haben, bevor wir handeln. Ich habe einen Spruch von

Seneca im Büro an meiner Pinnwand hängen, der mich all die Jahre meiner Arbeit mit Hochsensiblen und Hochsensibilität begleitet hat und unter anderem auch dafür sorgte, dass Sie heute dieses Buch lesen können:

> Nicht weil Dinge unerreichbar sind,
> wagen wir sie nicht,
> sondern weil wir sie nicht wagen,
> bleiben sie unerreichbar (Seneca).

Für Hochsensible aus Ballungsgebieten ist es bislang zugegebenermaßen deutlich leichter, andere Hochsensible und entsprechende Angebote zu finden. Für Feinfühlige aus ländlichen Gebieten ergeben sich etliche Hürden wie zum Beispiel weniger Menschen im Umfeld, weite Wege oder eine traditionellere Haltung der Mitbürger. Um dennoch Kontakte zu anderen Hochsensiblen zu bekommen, bietet sich entweder das Internet an, oder Sie setzen Prioritäten und entscheiden sich, für spezielle Veranstaltungen eine längere Anfahrt in Kauf zu nehmen. Andere fahren ins Kino, Sie zum HSP-Treffen.

5.1.3 Aliens unter uns? – Identitätsfindung im Kontakt

> Beziehung ist der Spiegel, in dem wir
> uns selbst so sehen, wie wir sind.
> (Krishnamurti)

Ist es überhaupt notwendig, anderen Hochsensiblen im Zuge des Integrationsprozesses zu begegnen? Ich finde ja. Vor allem dann, wenn Sie mit Ihrer Veranlagung oder Ihrem Wesen hadern. Wieso das so sein mag, haben mir einige Gäste der Offenen Treffen verdeutlicht:

Nach etwa sechs bis neun Monaten regelmäßig stattfindender und zunehmend gut besuchter HSP-Treffen in Berlin kamen immer wieder Hochsensible unabhängig voneinander auf mich zu und teilten mir ihr Erstaunen und ihre Freude darüber mit, dass sie nun endlich Gleichgeartete gefunden haben. Nun endlich konnten sie spüren, dass sie mit ihrer Art und ihrem Wesen nicht alleine waren. So oft hatten sie sich im Zusammensein mit anderen Menschen fast als Aliens empfunden, sodass sie kaum mehr glauben konnten, dass es noch etwas anderes gibt.

Ich spürte bei ihnen die unglaubliche Erleichterung und die tiefe Verletzung, die dahinter lag, und fragte mich, warum dieser Umstand die Betreffenden so stark bewegte. Ich kam zu dem Schluss, dass wir Menschen für eine gesunde Identitätsbildung nicht nur einfach andere Menschen brauchen, sondern einen zu uns passenden Spiegel, wie ich in Abschn. 4.5 und 4.6 beschrieben habe.

Wir benötigen als Kind ein Gegenüber, dass erkennt, wann es uns zu viel ist, warum wir über Nähte, Gerüche oder ruppige Mitschüler schimpfen. Wir blühen als Erwachsene auf, wenn wir auf erkennendes Verständnis stoßen, und gleiche Bedürfnisse beim anderen erkennen. Nun erhalten die Feinfühligen einen passenden Spiegel, sie erkennen sich im Gegenüber, und tiefe Erleichterung bricht sich bahn.

Ohne diese positiven Erfahrungen ist es nur schwer möglich, die aus der Not heraus entstandenen unpassenden Verhaltensweisen, Wertvorstellungen und Empfindungen abzulegen. Denn es braucht dafür eine Art Ziel, eine positive Vorstellung, wohin ich mich denn eigentlich bewegen beziehungsweise verändern möchte. Die eigenen Bedürfnisse, Fähigkeiten und Grenzen sind auf jeden Fall wichtige Wegweiser, aber da wir Menschen soziale Wesen sind, braucht es eben auch das Wiedererkennen unserer selbst im anderen. Dies ist eine wichtige und stärkende Komponente in der Identitätsbildung.

Verhalten von sogenannten Wolfskindern, also Kindern, die von anderen Menschen isoliert eine Zeit lang bei Tieren aufwuchsen, verdeutlichen diese Problematik der Identitätsfindung auf tragische Weise. In Russland wurde zum Beispiel 2009 das Mädchen Natascha entdeckt, dass seine ersten Lebensjahre verwahrlost unter den Hunden und Katzen der Familie verbrachte. Sie hat gebellt und gekratzt und sich teilweise wie die Tiere bewegt. Da diese ihre einzigen Vorbilder und eben auch Identifikationsflächen waren, anhand derer das Mädchen sein eigenes Verhalten erlernen konnte, hat sie genau das getan und sich ebenfalls wie ein Tier benommen. Erst im Kinderheim, in das sie nach der Entdeckung gebracht wurde, erlernte sie langsam die Sprache und menschliche Verhaltens- und Reaktionsweisen.[2]

Anders als bei Natascha, aber mitunter ebenso tragisch und emotional sehr tief greifend kann die verzerrte Identifikation für Hochsensible sein. Es ist ein bisschen so, als ob Sie eine Zeit lang in zu kleinen Schuhen gelaufen sind. Sie haben dies nicht bemerkt, weil Sie noch ein Kind waren. Da Sie aber signalisiert bekamen, dass die Schuhe so zu sein haben, oder Sie keine Veränderungsmöglichkeiten hatten, haben Sie sich damit arrangiert. Bekommen Sie nun aber plötzlich passende Schuhe, mit genügend Platz für alle Zehen, merken Sie erst, was alles zu eng und zu beklemmend war. Die Erleichte-

---

[2]*Frankfurter Rundschau*, „Mogli aus Sibirien", 29.05.2009, http://www.fr-online.de/home/russland-mogli-aus-sibirien,1472778,3256262.html.

rung, endlich Platz im Schuh zu haben, sich beim Laufen wieder entspannt bewegen zu können, ist enorm. Vielleicht spüren Sie auch allmählich, wie die Verkrampfungen in den Beinen, Gelenken und der Hüfte wieder nachlassen – alles mögliche Auswirkungen der verkehrten Schuhe.

> Die neuen Schuhe stehen hier für andere Hochsensible, denen Sie begegnen, die Ihnen neue Eindrucke und verständnisvolle Bestärkung geben können. Schauen Sie daher, in welchem Rahmen Sie Kontakt zu anderen Feinfühligen aufbauen können. Natürlich passt nicht jeder zu jedem, denn auch bei Hochsensiblen spielt die Chemie eine wichtige Rolle. Aber dennoch sind die bestärkenden Aspekte solcher Begegnungen nicht zu unterschätzen. Der neue Schuh mag nicht hübsch sein, aber zu wissen, dass es überhaupt passende Schuhe für Sie gibt und wo Sie sie erhalten können, ist schon einmal ein wichtiger Schritt und sehr erleichternd.

5.1.4 Wie sag ich's meinem ...? – Hochsensibilität ansprechen

> Es wird immer gleich ein wenig anders,
> wenn man es ausspricht.
> (Hermann Hesse)

Die Erleichterung, die viele Feinfühlige in Gesprächen bei HSP-Treffen, Foren oder Selbsthilfegruppen mit anderen Hochsensiblen empfinden, spricht für die Notwendigkeit, sich über all die bewegenden Aspekte der eigenen Hochsensibilität auszutauschen. Wie Hermann Hesse schon sagte: Darüber zu sprechen, verändert bereits!

Darüber zu sprechen, bestärkt aber auch, bringt Klarheit über eigene Gefühle und schafft Verbindung zu anderen Menschen. Obwohl sich mitzuteilen, so hilfreich ist, haben viele von uns dies jedoch nicht gelernt, und so ist der Akt der persönlichen Mitteilung mit Hemmungen, Unsicherheiten, Ängsten oder Scham behaftet. „Über Privates spricht man nicht mit anderen!", „Gefühlsmitteilungen haben beim Meeting nichts zu suchen!", „Gar zu Persönliches regeln Sie bitte lieber mit Ihrem Mann oder Ihrer Mutter!", „Mit meinen Problemen will ich niemanden zur Last fallen!" sind nur einige der typischen Sätze, die wir gelernt und verinnerlicht haben und die nun dafür sorgen, dass wir mit unserem Innenleben unsichtbar bleiben.

5 Phase III: Die praktische Integration der Hochsensibilität

> Über die Integration Ihrer Hochsensibilität sollten Sie aber unbedingt sprechen. Sie brauchen das Feedback anderer Hochsensibler für das Erkennen Ihres Wesens. Damit meine ich nicht, dass Sie Ihr Fähnlein nach dem Winde hängen sollten, sondern dass der Austausch zwischen Feinfühligen identitätsstiftend und -stärkend ist, wie schon in Abschn. 4.6 beschrieben. Gerade, weil die Erfahrung und der Umgang mit dem Phänomen so neu und unvertraut ist, bedarf es des Rückhalts und eines inhaltlichen (Meinungs-)Austausches mit Gleichartigen.

Aber nicht nur das Gespräch mit Ihresgleichen ist nötig oder sinnvoll. Wenn Sie Ihre Veranlagung entdecken, werden einige gewollte und ungewollte Situationen auf Sie zu kommen, in denen Sie sich erklären sollten oder müssen. Hierfür ist es von Vorteil, wenn Sie sich bereits im Vorfeld darüber Gedanken machen, ob, wie oder wann Sie mit anderen Menschen jenseits Ihres Vertrauensbereichs über Ihre Hochsensibilität sprechen möchten. Finden Sie Ihre Position nicht erst, wenn Sie in Erklärungsnot geraten. Gerade weil wir Hochsensiblen empfindlich auf überraschende oder kritische Situationen reagieren, gibt es Ihnen mehr Sicherheit, zumindest gedanklich vorbereitet zu sein.

Die Berücksichtigung folgender Aspekte kann hierbei hilfreich sein:

- Suchen Sie sich den richtigen Gesprächspartner aus! Da ein Gespräch über Ihre eigenen, möglicherweise noch recht unvertrauten Wesenszüge emotional sehr aufwühlend sein kann, wählen Sie genau aus, mit wem Sie über Ihre Hochsensibilität sprechen wollen. Sie dürfen sich die Situation so angenehm und leicht wie nur möglich gestalten. Auch hier gilt, dass das Ansprechen und das Sprechen über Ihre Veranlagung geübt werden will, denn alles, was wir nicht regelmäßig tun, macht uns mit der Zeit Angst.
- Sie dürfen auch nur Teile erzählen! Es ist völlig legitim, nur bestimmte Dinge über sich mitzuteilen. Unser hochsensibler Perfektionsanspruch mag uns mitunter dazu verleiten, zu meinen, eine Offenbarung müsse dann schon mit Haut und Haaren vorgenommen werden. Nein, muss sie nicht! Fühlen Sie, was Sie von sich zeigen möchten – und auch da können Sie Unterschiede zwischen verschiedenen Personen machen.
- Sie dürfen Stopp sagen! Es kann auch vorkommen, dass nicht Sie von sich erzählen, sondern jemand Sie fragt. Fühlen Sie, wie viel Sie von sich zeigen mögen. Auch in einer solchen Situation bestimmen Sie darüber, was und wie intensiv Sie über sich berichten. Die Tatsache, dass Sie gefragt wurden, ist keine Verpflichtung, das symbolische letzte Hemd auszuziehen. Wenn die andere Person insistiert, sagen Sie Stopp!

- Üben Sie sich im Mitteilen! Über so viele Jahre haben Sie unter Umständen nicht über sich oder Ihre wahren Empfindungen gesprochen. Nun, da Sie es dürfen und es auch für Ihre persönliche Weiterentwicklung von Vorteil ist, verunsichert es Sie natürlich. Es ist in etwa so, als ob Sie als Kind zuletzt auf Skiern standen, und nun als Erwachsene sollen Sie plötzlich mit den Freunden im Urlaub die Abfahrt meistern. Suchen Sie sich passende Übungsfelder, sozusagen Übungspisten.
- Überprüfen Sie Ihre eigenen hemmenden Empfindungen: „Über Gefühle spricht man nicht!", „Das hat hier nichts zu suchen!", „Wenn ich das von mir erzähle, bin ich ja ganz verletzlich!" oder „Der/die versteht mich doch eh nicht!". Wir haben viele Verhaltensregeln mitbekommen, und Vorurteile prägen unser tägliches Handeln. Nicht alle diese Regeln und Urteile sind heute noch sinnvoll oder angemessen. Spüren Sie, welche Sie ausbremsen und einen konstruktiven und bereichernden Kontakt zu anderen Menschen verhindern. Dann sind sie nicht mehr nützlich! Beginnen Sie, Ihre eigene innere Haltung an diesem Punkt zu verändern. Ein Beispiel: Sie spüren, dass der Kontakt zu einem Kollegen in dem Maße schwieriger wird, in dem Sie sich aufgrund Ihrer Wesensintegration verändern. Sie schätzen diesen Kollegen aber sehr und bedauern diese zunehmenden Schwierigkeiten. Bislang war Ihr Kontakt freundlich, aber recht formal, was Ihnen nichts ausmachte. Nun droht dieses Beziehungsgefüge zu kippen, und das möchten Sie nicht. Ihnen ist gleichzeitig klar, dass der Kontakt nur zu halten ist, wenn Sie das Tabu „Über Privates spricht man nicht auf der Arbeit!" brechen. Also liegt es nun an Ihnen, zu überprüfen, ob es Ihnen der Kontakt wert ist, dieses Risiko einzugehen und tatsächlich etwas Persönliches von sich einzubringen.

„Gut, dass wir darüber gesprochen haben!" Wenn Sie dies nach Offenbarungen Ihrerseits, vor denen Sie im Vorfeld Angst oder Sorgen hatten, sagen können, sind Sie auf dem richtigen Weg. Wagen Sie diesen Schritt und verabschieden sich von alten, aber überholten Geboten. Ins Gespräch kommen schafft Verbindung und Öffnung, sowohl zu Ihnen selbst, aber auch zu anderen Menschen. Sie werden merken, dass sich dadurch Türen öffnen, von denen Sie nicht einmal wussten, dass sie existieren.

5.2 Reframing in kleinen Schritten

> „Warum traue ich mir eigentlich immer nichts zu?", Gustav sitzt im Bett und grübelt vor sich hin. Die Gespräche in den Galerien haben ihm gutgetan, aber jetzt zweifelt er wieder daran, ob er den Leuten mit seinen vielen Fragen nicht doch auf den Geist gegangen ist, ob er zu distanzlos war, ob er zu neugierig war, ob er dies und ob er das. „Schluss!", befiehlt sich Gustav. „Es reicht. Heute war es schön, heute habe ich mich getraut, und es war gut, dass ich es getan habe. Niemand hat sich bei mir beschwert, und eine Menge über Bilder habe ich auch gelernt!"
> Gustav legt sich auf den Rücken und beginnt seine Sternchen an der Decke zu zählen, um nicht an morgen zu denken.

Es gibt viele innere Bilder und Glaubenssätze über uns selbst, die wir nach der Erkenntnis der eigenen Hochsensibilität im Zuge des Reframing überprüfen und verändern können. Kein Lebensbereich ist davon ausgenommen. Dieser Prozess entwickelt sich in Etappen, nach und nach, schnell oder mit Pausen. Auch kann er, wie in Abschn. 4.3 beschrieben, Widerstände auslösen, da die neue Sichtweise unvertraut ist oder Ängste aufkommen, wenn es noch zu wenige positive Faktoren im eigenen Umfeld gibt.

Aber nicht in jedem Lebensbereich beziehungsweise zu jedem Thema ist zwingend ein umfangreiches, möglicherweise psychotherapeutisch unterstütztes Reframing nötig. Daher hier einige kleine Tipps zur alltäglichen Nutzung:

- Fügen Sie in Gedanken oder Sätzen, in denen Sie sich selbst nicht so gut darstellen, das Wörtchen „noch" ein. So wird der Satz: „Ich kann nicht mit Computern umgehen" zu: „Ich kann *noch* nicht mit Computern umgehen." Das Endgültige des ersten Satzes verschwindet, und es entsteht stattdessen Handlungsspielraum.
- Eine weitere Möglichkeit wäre, das Wort „immer" durch „im Moment" zu ersetzen. „Ich bin immer viel zu langsam" wird dann zu: „Ich bin *im Moment* viel zu langsam." Auch hier wird aus der Endgültigkeit im ersten Satz eine Option für ein veränderbares Verhalten.
- Wenn Ihnen Ihr Kopf sagt, dass die Positiv-Bewertung eines bislang negativ eingestuften Verhaltens Quatsch sei, dann probieren Sie Folgendes aus: Lassen Sie den Kopf sagen, was er will, und wenden Sie sich für einen Augenblick ausschließlich Ihrem Bauchgefühl zu. Spüren Sie, was Ihr Bauch Ihnen signalisiert, wenn Sie sich sagen, dass Sie sich ruhig langsam entscheiden dürfen, dass Sie dafür Zeit haben und dass nichts und

niemand Sie drängt: „Ich darf und werde mich langsam entscheiden!" Welches Gefühl kommt auf – und nehmen Sie immer (!) unbedingt das allererste Körpersignal oder den ersten Impuls, den Sie wahrnehmen können. Das ist die Information und das Wissen Ihres Körpers! Dieses Verfahren kann etwas der Übung bedürfen, aber es lohnt sich auf jeden Fall.
- Eine weitere Unterstützung für Ihren Reframingprozess kann der Satz „Wer weiß, wofür das (gerade) gut ist" sein. Damit räumen Sie der momentanen Situation einen Sinn ein, den Sie möglicherweise in diesem Augenblick noch nicht erkennen können, ihn aber auch nicht ausschließen wollen. Auch das schafft wieder inneren Raum für neue Impulse und Empfindungen. Dadurch können die alten Bilder verblassen und neue Erfahrungen erhalten Platz, sich in Ihnen zu verankern.

5.3 Anpassung anders herum – Lebensumstände werden passend gemacht

> Bei der Suche nach den passenden Bildern ist Gustav immer verwirrter geworden. Die Vielfalt der Möglichkeiten hat ihn schier erschlagen. Gustav wird klar, dass er besser nicht herausfinden sollte, was gerade hip ist, sondern was gut und harmonisch in sein Zimmer und zu seinem anderen Bild passt. Ein Gemälde? Fotografien? Oder lieber asiatische Kalligrafie? Er setzt sich auf sein Sofa, schließt die Augen, lässt all die aufgenommenen Eindrücke wirken und fühlt sich in sein Zimmer hinein.

Es gibt einen Slogan, der da lautet: „Was nicht passt, wird passend gemacht!" Dieser Satz drückt genau aus, worum es an dieser Stelle im Integrationsprozess geht. All das, was für Sie und Ihr Leben nicht stimmt, Sie behindert und blockiert hat, sollten Sie verändern oder, falls nötig, aus Ihrem Leben verabschieden. Raus damit, aus und vorbei!

Alles? Sofort? Nein, nicht sofort. Und schon gar nicht alles sofort! Vielleicht mag es Ihnen im Moment der Selbsterkenntnis und des Wandels ein tiefes Bedürfnis sein, tatsächlich all die blockierenden und belastenden Aspekte aus Ihrem Leben zu verbannen, aber es zeigt sich immer wieder, dass – gerade für uns Hochsensible – ein behutsames Vorangehen wichtig ist. Machen Sie soviel Ihnen möglich ist, für Sie passend, aber tun Sie es in Ihrem Tempo! Und dieses Tempo bestimmt niemand anderer als Sie selbst.

Aus meinen Gesprächen und Kontakten mit Hochsensiblen habe ich den Eindruck gewonnen, dass viele von uns innerlich einen Druck empfinden, die neuen Erkenntnisse auch rasch umzusetzen. Dieser Druck mag zum einen aus der jahrelangen Frustration, das „falsche Leben" gelebt zu haben, entstanden sein. Er kann sich aber auch durch das Bedürfnis, die neue Situation möglichst schnell und perfekt anzupassen, entwickeln. Wie auch immer, Wandlungsprozesse brauchen ihre Zeit und sie brauchen – Leere.

5.3.1 Das Phänomen der Leere

Tiefgreifende Veränderungen
geschehen nicht über Nacht.
(Dalai Lama)

Woher wissen Sie, was Sie an der Stelle des Alten gerne hätten? Welche Fähigkeiten? Welche Lebensbedingungen? Welche Menschen? Oft wissen wir es nicht, und das ist verunsichernd oder gar beängstigend. Nur schlecht halten wir dann die Ungewissheit und Leere aus, die durch die Verabschiedung des Alten entsteht. Sie kennen das sicherlich: Sie mögen ein Möbelstück nicht mehr und entfernen es. Eine Lücke entsteht. Einerseits ist es erleichternd, das unerwünschte Stück los zu sein. Andererseits stört der Leerraum. Sofort kreisen die Gedanken, was Sie damit tun könnten oder sollten. Umstellen? Füllen? Die Lücke vorerst so sein zu lassen, wie sie ist, ist allerdings am schwierigsten.

Das wundert auch nicht sehr, denn offensichtlich mag auch die Natur keine Lücken. Sobald wir ein Gewächs, einen alten Baum oder Busch zum Beispiel, entfernen, wachsen relativ schnell an dieser Stelle neue Pflanzen. Meist erst Wildkräuter und Gräser, später vielleicht auch ein Busch oder Baum. Aber leer bleibt die Stelle nicht.

Allerdings haben die Leerstellen in unserem Leben – und auch in der Natur – eine wichtige Aufgabe. Sie sind Räume der Regeneration und kreativen Weiterentwicklung. 1999 fegte das Orkantief Lothar über den Schwarzwald hinweg und hinterließ eine Spur der Verwüstung. Ganze Berghänge waren wie platt gemäht, kein einziger Baum stand mehr dort. Damals sprach man von einer gravierenden Umweltkatastrophe für die Region.

Eine Gruppe von Biologen untersuchte wenige Jahre nach dem Sturm die nicht aufgeforsteten Bereiche und stellte Interessantes fest: Bislang gab es in der Region fast ausschließlich Fichtenbestand. Nach dem Sturm wuchsen an den „leeren" Stellen zuerst niedrige Gewächse wie Gräser und Büsche. Einige Zeit später siedelten sich dort auch verschiedene Baumsorten wie zum Beispiel Buche, Ahorn oder Esche an. Ein Mischwald entstand, wo vorher nur Monokultur existierte. Diese Wandlung zog auch die unterschiedlichsten Tiere wieder an, die in den ausgedehnten Monokulturen der Fichtenwäldern des Schwarzwaldes keine Lebensräume mehr gefunden hatten.

Ein anderes Beispiel aus der Natur ist die Dreifelderwirtschaft. Hierbei lässt der Bauer das dritte Feld unbepflanzt, damit es sich in dem Jahr erholen und regenerieren kann. Im Folgejahr ist das nächste der drei Felder mit Erholung dran – und so weiter.

Auch in der Kreativitätsforschung ist die Notwendigkeit der Leere bekannt. David Goleman stellt in seinem Buch *Kreativität*[3] sein Kreativitätsmodell dar, das aus vier Phasen besteht. Die erste Phase ist die Ideenfindung. Hier dürfen und sollen sämtliche Ideen zum Problem oder Projekt sprudeln und fließen. In der zweiten Phase, der Inkubation – die für unser Anliegen interessante Phase –, geht es darum, alle Ideen und Gedanken zum Thema ruhen zu lassen. Dieser Zeitraum dient dazu, dass die Ideen und Gedanken ins Unbewusste absinken können, sich dort mit anderen Informationen vernetzen und als Geistesblitz – die dritte Phase in Golemans Modell – in erweiterter oder gewandelter Form wieder zum Vorschein kommen. Die vierte Phase ist das Umsetzen der neuen Inspirationen.

Auch wir Menschen brauchen unsere Leerräume im Leben. In diesen Zeiten können Impulse aus dem Unbewussten aufsteigen, lang verdrängte Wünsche oder Bedürfnisse wieder fühlbar werden

Das Traurige ist nur leider, dass wir in unserer Kultur immer weniger Mut und Gelegenheit zur Leere haben. Im Gegenteil, oft vermeiden wir sie mit allen Kräften, um die Ungewissheit und Unsicherheit – Was wird kommen? Was wird geschehen oder entstehen? – nicht spüren zu müssen. Und somit verhindern wir oftmals auch, durch unser inneres Gefühl oder unsere Intuition im passenden Moment an den richtigen Platz zu den richtigen Menschen geführt zu werden.

> Haben Sie den Mut, Leere aufkommen zu lassen. Auch wenn Sie beispielsweise wissen, dass der Beruf oder der Partner nicht der richtige für Sie ist, gehen Sie nicht sofort los und suchen sich etwas Neues. Geben Sie sich Zeit, fühlen Sie in die Leere und spüren, welche Gefühle Sie wahrnehmen können, in welche Richtung Sie sich bewegen möchten und welche Bedürfnisse sich in Ihnen zeigen.

---

[3]Goleman, David, *Kreativität entdecken*, Hanser 1997.

5.3.2 Darf's ein bisschen mehr sein? – Hochsensible Bedürfnisse und Fähigkeiten erkennen

Für uns hochsensible Menschen sind die Wahrnehmung und das Zeigen eigener Bedürfnisse oftmals schwierig oder unangenehm. Mit den Fähigkeiten verhält es sich häufig ähnlich. Es fällt uns einerseits schwer, weil wir im Zuge der Anpassung gelernt haben, unsere eigenen Bedürfnisse zum Beispiel nach mehr Ruhe, Stille, Kreativität oder Intensivität zurückzustellen oder sie gar abzulehnen und abzuspalten. Als Kind haben Sie vielleicht gerne lange beobachtet, bevor Sie selbst aktiv geworden sind. Wenn Sie für dieses Verhalten zu oft gehänselt oder verachtet wurden, haben Sie heute vielleicht kein Vertrauen mehr in Ihre eigene Beobachtungsgabe.

Durch die Negierung unsere eigenen Gefühle, Bedürfnisse und Gaben haben wir diese negativ besetzt, das heißt, wir selbst empfinden sie als falsch. Das hat zur Folge, dass wir uns nur ungern mit ihnen befassen, beziehungsweise wir erkennen sie gar nicht, da sie durch innere Abspaltung zu lange ein Schattendasein führten und somit nicht mehr fühlbar sind. Um wieder an die Oberfläche des Bewusstseins zu gelangen, bedürfen unsere verdrängten Empfindungen der besonderen Förderung, wie beispielsweise durch Meditation, Körper- und Wahrnehmungsübungen oder auch Psychotherapie,

Mehr vom inneren Reichtum zu zeigen ist für viele Hochsensible jedoch auch unangenehm, weil sie es als peinlich empfinden, durch dessen Präsentation plötzlich so im Mittelpunkt zu stehen. Die meisten Feinfühligen mögen eine derart gebündelte Aufmerksamkeit auf ihre Person überhaupt nicht. Auch eine solche Situation beinhaltet wieder ein gehöriges Maß an Stimulation.

Hochsensible Bedürfnisse sind zuweilen auch tatsächlich ein wenig anders. Ich erlebe sie immer wieder, sowohl bei mir selbst als auch bei anderen Hochsensiblen, als intensiver und drängender. Da wird die lobenswerte Gewissenhaftigkeit zur Pingeligkeit, weil ich es mit der Erledigung meiner Aufgabe sehr genau nehme. Da wächst sich die Neugier der Freundin zur unangenehmen Grenzüberschreitung aus, weil sie alle Details wissen möchte. Oder es gerät die Partnerin mit ihrem Wunsch nach Rückzug immer mehr in die Isolation, weil das Rückzugsbedürfnis so intensiv ist. Es ist halt von allem ein bisschen mehr.

Für uns Feinfühlige bedeutet das, im Alltag achtsam zu schauen, wann welches Bedürfnis sich bemerkbar macht, und möglichst rasch darauf einzugehen, damit die Dringlichkeit nicht zu groß wird und dadurch vielleicht noch zu Problemen führen könnte. Warten Sie also nicht so lange, bis Sie sagen, dass die Kollegen oder Ihre Kinder Sie nerven, dass Sie sich mehr Nähe oder mehr Abstand in Ihrer Partnerschaft wünschen oder einfach erschöpft sind und eine Auszeit brauchen. Ja, dieser Umgang mit den eigenen Bedürfnissen gilt natürlich ebenso für Normalsensible, allerdings gilt auch hier wieder: Bei Hochsensiblen ist alles ein bisschen schneller, früher und intensiver.

Es mag hier so klingen, als wären im Zweifelsfall alle authentischen Bedürfnisse verdrängt und nicht spürbar. Nach meiner Erfahrung zeigen sie sich oft, aber meist in verdeckter, abgeschwächter oder verwandelter Form. Der Wunsch nach Nähe ist dann nicht direkt spürbar, sondern äußert sich in Form von Verlassenheitsängsten oder einem stärkeren Kontrollverhalten. Oder Ihre Kreativität ist Ihnen gar nicht bewusst, zeigt sich aber in den kunstvollen Verpackungen Ihrer Geschenke und Ähnliches mehr. Achten Sie daher bei der Entdeckung Ihrer Bedürfnisse und Gaben auf scheinbare Nebensächlichkeiten, auf ungewöhnliche Gestaltung alltäglicher Situationen Ihrerseits. Und achten Sie auf die Signale Ihres Körpers. Er ist der beste Chauffeur für die Reise durch Ihre Innenwelten. Er sagt Ihnen immer und schnell, was unstimmig oder genau das Richtige ist.

5.3.3 Haben Sie einen Hammer? – Gedanken verändern Leben

Paul Watzlawicks Geschichte von dem Mann mit dem Hammer ist eine schöne Metapher für die (Aus-)Wirkungen unserer Gedanken: Ein Mann will ein Bild aufhängen. Den Nagel hat er, nicht aber den Hammer. Der Nachbar hat einen. Also beschließt unser Mann, hinüberzugehen und ihn auszuborgen. Doch da kommt ihm ein Zweifel: Was, wenn der Nachbar mir den Hammer nicht leihen will? Gestern schon grüßte er mich nur so flüchtig. Vielleicht war er in Eile. Aber vielleicht war die Eile nur vorgeschützt, und er hat etwas gegen mich. Und was? Ich habe ihm nichts angetan; der bildet sich da etwas ein. Wenn jemand von mir ein Werkzeug borgen wollte, ich gäbe es ihm sofort. Und warum er nicht? Wie kann man einem Mitmenschen einen so einfachen Gefallen abschlagen? Leute wie dieser Kerl vergiften einem das Leben. Und dann bildet er sich noch ein, ich sei auf ihn angewiesen. Bloß weil er einen Hammer hat. Jetzt reicht's mir wirklich. – Und so stürmt er hinüber, läutet, der Nachbar öffnet, doch bevor er „Guten Tag" sagen kann, schreit ihn unser Mann an: „Behalten Sie Ihren Hammer, Sie Rüpel!"[4]

---

[4]Watzlawick, Paul, *Anleitung zum Unglücklichsein*, Piper 2005.

Kennen Sie dieses Phänomen? Es muss nicht immer so drastisch enden wie in Watzlawicks Geschichte, aber oft biegen wir schon weit vor dem Ziel ab, weil wir denken, aus diesen oder jenen Gründen wird es nicht klappen. Diesen oder jenen Einwand wird der Partner, die Kinder oder die Vorgesetzte bestimmt haben – und schon stehen wir wieder unverrichteter Dinge da, und alles ist wie zuvor, so, wie wir es nicht mehr haben wollten. Dann sind wir frustriert und schimpfen darüber, dass sich nichts ändert, dass sich sowieso nichts ändern lässt oder dass andere daran schuld sind, wenn sich nichts ändert.

Unsere Gedanken spielen bei der konkreten Umgestaltung unseres Lebens eine zentrale Rolle. Sie können nichts verändern, egal was und wie, wenn Sie nicht zuvor Ihre Gedanken entsprechend ändern. Haben Sie schon einmal etwas hergestellt? Einen Strickpullover, ein Modellflugzeug oder einfach nur ein Essen? Wenn ja, dann wissen Sie, dass in der Regel ein Bauplan, eine Zeichnung oder einige Überlegungen über die vorhandenen Nahrungsmittel ganz praktisch sind. Und was kommt vor dem Plan oder Entwurf? Der Gedanke, beziehungsweise viele Gedanken.

Im Integrationsprozess Ihrer eigenen Hochsensibilität ist es nicht anders. Sie haben Ihre Erkenntnis gewonnen, haben begonnen, einzelne Aspekte Ihres Lebens zu hinterfragen und zu überprüfen und sind jetzt an dem Punkt angelangt, erste konkrete Schritte umzugestalten. Dies kann vielleicht die Umgestaltung Ihres Wohnzimmers sein, wie in unserer kleinen Kapitelserie. Vermutlich wird es aber um andere Bereiche gehen wie zum Beispiel die Veränderung Ihres Freundeskreises, die Umgestaltung Ihres Arbeitsplatzes oder gar einen Umzug mit der Familie.

Wir können für diesen Prozess der Wandlung eine Art Fahrplan zu Hilfe nehmen:

- Klären Sie zuerst Ihre Bedürfnisse (vor allem die lange nicht mehr gespürten und vielleicht fast vergessenen). Was mögen Sie, was ist Ihnen unangenehm, wo spüren Sie Widerstände und in welchen Momenten Freude? Für diesen Schritt können Achtsamkeitsmethoden, Meditationen oder Techniken der Körperwahrnehmung hilfreich sein. In Abschn. 4.12 finden Sie dazu weitere Hinweise.
- Entscheiden Sie, welche Veränderung für Sie im Moment am drängendsten, am wichtigsten ist, womit Sie beginnen beziehungsweise weitermachen wollen. Steht im Vordergrund, bestimmte Aspekte Ihres Berufs wie Inhalt Ihrer Tätigkeit, Raumgestaltung oder Kontakt zu Ihren Kollegen zu klären, oder kriselt es heftig in Ihrer Partnerschaft und der offensive Umgang mit Ihrer Hochsensibilität könnte zu einer Klärung führen?

Oder sind Sie zutiefst erschöpft und suchen nach Wegen, wieder zu Kräften und zu sich zu kommen?
- Machen Sie sich Gedanken über das Wie, Wo, Wann und Mit-Wem. An dieser Stelle gilt es, sich darüber Klarheit zu verschaffen, wen Sie möglicherweise zur Unterstützung Ihrer Schritte an Ihrer Seite wissen wollen, wann Sie vielleicht eine Kur anvisieren oder wo und wie Sie auf andere Hochsensible treffen können.
- Entscheiden Sie sich, was der erste und auch der für Sie angemessenste Schritt Ihrer Veränderung ist. Sind Sie erst einmal losgegangen, werden die Schritte von alleine größer. Der erste ist immer der schwierigste Schritt!
- Nehmen Sie sich Ihrer möglicherweise aufkommenden Zweifel und Ängste an. Sie sind wegweisende Stolpersteine, die meistens eine Weiterentwicklung verhindern, wenn wir sie nicht berücksichtigen. Hinterfragen Sie sie nach ihrem eigentlichen „Anliegen". Was versucht die Angst zu verhindern beziehungsweise zu blockieren? Ist es hilfreich, in der Teamsitzung aus Angst, sich zu blamieren, nichts zu sagen, oder blockieren die inneren Befürchtungen Ihre Kompetenzen und persönliche Entwicklung?
- Gehen Sie los! Wie gesagt, erst einmal nur einen Schritt und gestalten Sie diesen möglichst angemessen. Sprechen Sie einen einzigen Punkt, vielleicht einen nicht ganz so persönlichen, in der Teamsitzung an. Wenn Sie Ihrer Partnerin oder Ihrem Partner nicht sagen können, was Sie gerade belastet, legen Sie einen Zettel mit der Bitte um ein Gespräch auf ihren oder seinen Platz. Vereinbaren Sie ein kurzes Gespräch, wenn Sie wissen, dass es Sie stark aufwühlen oder verunsichern wird. Haben Sie für Ihren ersten Schritt nicht so hohe Ansprüche an sich selbst.
- Genießen Sie Ihren Erfolg! Trinken Sie ein Glas Sekt, gönnen Sie sich einen lang ersehnten Theaterbesuch oder belohnen Sie sich mit einem guten Buch, wenn Sie Ihren ersten und auch den entscheidenden Schritt tatsächlich getan haben. Das ist sehr wichtig. Wir Hochsensible sind mit Erfolgserlebnissen nicht gerade verwöhnt. Oft setzen wir uns selbst dermaßen unter Druck, dass wir selbst häufig meinen, es gäbe keinen Grund zum Selbstlob. Das, was wir geleistet haben, wäre doch selbstverständlich. Nein, es ist nicht selbstverständlich, und selbst wenn es das wäre, dürfen Sie Ihren Mut, Ihren Willen, Ihr Durchhaltevermögen und Ihre Tatkraft feiern!

Ein wichtiges Wort möchte ich Ihnen zum Thema Gedanken vor dem Handeln noch mitgeben: *trotz!* Gehen Sie los *trotz* Ihrer Ängste, Zweifel oder Sorgen. Nehmen Sie sie mit und erklären Sie ihnen, wie einem kleinen

Kind, was Sie jetzt tun werden. Die Ängste, Zweifel und Sorgen sind Ihre inneren kleinen Kinder, die ängstlich sind und sich vor dem Unbekannten sorgen. Sie werden sehen, dass, wenn Sie sie einladen und ihnen Ihr Vorhaben und die Welt erklären, sie aufhören werden, so laut zu weinen. Auch wenn dies hier jetzt für Sie etwas eigentümlich wirkt, probieren Sie es aus und schreiben Sie mir, wie es Ihnen damit ergangen ist.

5.4 Das neue Spielfeld – Grenzen setzen

> Hilmar ist zu Besuch. Gustav freut sich, hat leckeren Kuchen besorgt und ausgefallen Tee zubereitet. Letztens hat er sich auch endlich das Teeservice besorgt, das er sich schon so lange gewünscht hat. Hilmar allerdings sitzt da, ein Häufchen Elend und zetert über seine blöden Kollegen von der Arbeit. Hilmar zetert oft über seine Kollegen. Gustav gibt ihm gerne gute und einfallsreiche Ratschläge, aber das scheint nicht wirklich viel zu bewirken. Beim nächsten Mal meckert Hilmar wieder. Gustavs Geduld neigt sich ihrem Ende zu, er mag nicht mehr zuhören. Er holt tief Luft und sammelt all seinen neu gewonnen Mut: „Stopp!" Hilmar schaut ihn verdutzt an …

Wie ich schon in Abschn. 4.7 beschrieben habe, ist Abgrenzung für uns Hochsensible schwierig, da wir durch oft jahrelange übermäßige Anpassung gelernt haben, unsere eigenen Bedürfnisse und Grenzen zum Wohle der sozialen Anerkennung und der Gemeinsamkeit zurückzustellen.

Nun, im Zuge der Entdeckung unseres wahren Wesens bleiben Momente und Situationen, die der Abgrenzung bedürfen, nicht aus. Da wir Hochsensiblen häufig nicht gelernt haben, Grenzen zu setzen, stehen wir möglicherweise hilflos vor der Notwendigkeit, ein Nein zu formulieren, aber nicht zu wissen, auf welche Weise. In der Regel schießen wir dann weit über das Ziel hinaus und knallen unser Nein in aller angesammelten Wut oder Frustration unserem Gegenüber vor den Latz. Dass dies nicht zu Begeisterung und Verständnis auf der anderen Seite führt, ist nachvollziehbar.

Nein zu sagen ist ein Prozess, ein Weg in der Praxis. Es ist ein bisschen wie mit dem Schwimmen: Das können Sie nur erlernen, indem Sie ins Wasser springen und loslegen. Trockenübungen an Land werden auf Dauer nicht ausreichen. Sie können sich so viele Neins denken, wie Sie wollen. Wenn Sie es nicht hörbar ausdrücken, wird sich die Situation nicht Ihrem Bedürfnis entsprechend verändern. Nein zu sagen können Sie nur lernen, indem Sie es tun, Moment für Moment, Situation für Situation. Auf diese Weise setzen Sie Ihren (Lebens-)Rahmen, gestalten Ihre Spielfläche neu, geben Ihren hochsensiblen Bedürfnissen und Fähigkeiten Raum.

5.4.1 Oh, es zwackt!? – Ihr Körper als Wegweiser

Jetzt könnten Sie einwenden, dass wir Menschen aber auch über die Körperhaltung unsere Ablehnung kundtun. Das ist richtig. Allerdings hat dies den Nachteil, dass Körperhaltung für das Gegenüber ziemlich variabel interpretierbar ist. Ist das Kinn jetzt vorgeschoben, weil mein Mann erbost oder weil er in Gedanken ist? Hat die Kollegin in der Auseinandersetzung die Augen so aufgerissen, weil sie Angst hat oder wütend ist? Ist es eher Skepsis oder wirklich Ablehnung, die ich im Gesicht meiner besten Freundin erkenne? Sie sehen, so einfach lässt sich die Körpersprache des anderen nicht entschlüsseln.

Körpersprache ist in Teilen universell, ansonsten aber höchst individuell. So ist das Lächeln wohl auf der ganzen Welt Ausdruck von Freude. Wenn Sie allerdings in Indien das Angebot des Taxifahrers mit einem Kopfschütteln ablehnen, so wird dieser Ihnen freudig ins Auto helfen. Dort heißt Kopfschütteln „ja". Zu den kulturellen Unterschieden gesellen sich noch die individuellen körperlichen Ausdrucksformen. Dies alles zusammen korrekt zu interpretieren kann eine Herausforderung sein.

Bei aller Variabilität haben Sie aber dennoch die Möglichkeit, körperliche Aussagen zu nutzen, nämlich die Ihres eigenen Körpers. Sie können lernen, ihn zu spüren und zu verstehen. Fühlen Sie bei Ärger eher ein Zusammenziehen des Bauches oder Anspannung in den Armen? Bleibt Ihnen sprichwörtlich die Luft weg, wenn Sie zu einem Nein ansetzen oder werden Sie eher unruhig oder ganz kraftlos? Ihr Körper ist, jenseits organischer Probleme, Mittler und Wegweiser für Ihre, größtenteils aus dem Unbewussten kommenden Gefühle. Wenn wir nicht wissen, was wir empfinden oder wie es uns gerade geht, brauchen wir nur unseren Körper zu befragen. Er gibt stets und zumeist sehr genaue Auskunft darüber.

Es gibt mittlerweile viele Schulen und Methoden, die sich unter anderem auf die Wahrnehmung und Interpretation eigener Körpersignale spezialisiert haben. Um Ihnen eine Vorstellung davon zu geben, was alles ein Körpersignal sein könnte, hier eine kleine Auflistung:

- Atemnot – „Mir verschlägt es die Sprache", Erschrecken, Entsetzen, aber auch Hilflosigkeit,
- Kratzen im Hals (ohne Erkältung), Räuspern – „Was sagst du nicht?", Gefühle oder (kontroverse) Gedanken zurückhalten,
- gebeugte Schultern – „Ich ertrage das nicht mehr", zu viel Be*last*ung, Frustration, Trauer,

- zappelige Hände oder Beine – „Ich stehe unter Druck", Zurückhalten von Gefühlen, Fähigkeiten, Ideen, Impulsen,
- Schnupfen – „Ich habe die Nase voll", zu viel von allem, der Ruf nach Pause,
- Kopfschmerzen, Migräne – „Mir platzt der Schädel", zu viele Eindrücke, der Ruf nach Pause,
- scharrende Füße – „Ich will hier weg", die Situation wird als unangenehm, belastend empfunden.

Praktische Wege, die Signale Ihres Körpers besser kennenzulernen, können unterschiedliche Formen von Meditation, Bewegungskünsten und Körperübungen sein. Bitte beachten Sie: Je ruhiger, feiner oder gleichmäßiger die Bewegungen sind, umso intensiver können Sie durch Ihre bewusste Achtsamkeit die Sprache des Körpers fühlen und verstehen lernen. Schnelle und abwechslungsreiche Bewegungen, wie wir sie oft im Alltag oder beim Sport durchführen, sind dafür nicht gut geeignet. Allerdings heißt das nicht, dass Sie dabei nichts von Ihrem Körper wahrnehmen, ganz im Gegenteil. Aber es handelt sich dann eher um körperbezogene und nicht emotionale Informationen.

Hier einige Beispiele gut geeigneter Bewegungskünste zur inneren Wahrnehmung:

- (Bewegungs-)Meditationen, bei denen Körperbereiche oder Körperempfindungen gezielt wahrgenommen werden, wie beispielsweise Yoga,
- einige östliche Bewegungs- und Kampfkünste, solange die dahinterliegende Philosophie mit transportiert und gelehrt wird, als da wären: Tai-Chi, Chi Gong oder Aikido,
- auch viele Tanzformen, gerade freier Tanz oder Ausdruckstanz, sind gut zur Bewusstwerdung geeignet, wenn ein entsprechender Wahrnehmungs- und Achtsamkeitsprozess angegliedert wird. Dies können beispielsweise sein: Tanzmeditationen, Kontaktimprovisation, rituelle Tänze wie Kreistänze oder Derwischtanz,
- auch im psychotherapeutischen Kontext wird gerne mit Bewegung und Tanz gearbeitet, da die Verbindung von Gefühl und Körper dabei genutzt wird, um alte Blockaden jenseits des Verstandes zu lösen. Dazu gehören unter anderem: Tanztherapie oder bioenergetische Methoden.

Darüber hinaus gibt es natürlich auch andere Formen, sich der Ausdrucksweise des eigenen Körpers bewusst zu werden. Vielleicht nutzen Sie ja schon welche für sich? Schauen Sie sich im Internet nach interessanten Angeboten um oder fragen Sie in Ihrem Freundes- und Bekanntenkreis, ob jemand schon gute Erfahrungen mit bestimmten Methoden gemacht hat. Aber Vorsicht: Nur weil es Ihrem Freund guttut, muss es für Sie noch lange nicht das Richtige sein. Vereinbaren Sie also erst eine oder mehrere Probestunden, um selbst zu spüren, ob es auch zu Ihnen passt.

Haben Sie dann allmählich ein Verständnis und Zutrauen zu den Signalen Ihres Körpers gewonnen, wird das Erspüren Ihrer Grenzen rascher gehen. Sie können sie früher und mit größerer Gewissheit wahrnehmen und gewinnen dadurch mehr Spielraum, darauf einzugehen.

Ich bekam zum Beispiel früher oft einen eigenartigen Druck im Hals, wenn mir etwas oder jemand zu viel war. Damals konnte ich dieses Gefühl nicht verstehen und nichts damit anfangen. Durch Körpertherapie und andere die Wahrnehmung schulende Praktiken lernte ich, die dem Körpergefühl innewohnende Information zu entschlüsseln. Heute weiß ich, wenn dieser Druck im Hals wieder spürbar wird, muss ich einen Gang zurückschalten und mich von der Situation oder dem Menschen abgrenzen.

5.4.2 Ich möchte jetzt nicht – Menschen Grenzen setzen

> Nichts ist schwerer und nichts erfordert mehr Charakter,
> als sich in offenem Gegensatz zu seiner Zeit
> zu befinden und laut zu sagen: Nein.
> (Kurt Tucholsky)

Dies ist emotional eine der schwersten Aufgaben im Integrationsprozess. Ja, in anderen Lebenszusammenhängen auch, aber zur Integration der eigenen Hochsensibilität gehört leider auch immer wieder die Distanzierung oder gar Verabschiedung mancher Menschen aus dem eigenen Leben. Dieser Schritt ist unter Umständen mehrfach nötig. In der Regel wurde er zuvor nicht „geplant", das heißt, dieses Bedürfnis hat sich bislang nicht organisch aus den bisherigen Kontakten entwickelt und ist von daher eine besondere Belastung im Leben eines Hochsensiblen.

Das Nein zu einem Menschen kann klein sein: „Nein, ich möchte jetzt nicht mit dir Fernsehen schauen" und bis hin zu dem großen „Nein, ich will dich nie wieder sehen!" reichen. Es mag scheinen, dass die kleinen Neins leichter wären, aber letztlich hat jede Abgrenzung so ihre Tücken und Schwierigkeiten. Bei einem kleinen Nein neigen wir dazu, es zu verniedlichen, es nicht ernst oder wichtig genug zu nehmen. Große Neins schieben wir so lange wie möglich hinaus, um die Wucht des Ereignisses oder die Reaktion unseres Gegenübers zu vermeiden. Einzelne Hochsensible mögen mit dem Grenzensetzen keine so großen Probleme haben, aber zum Beispiel in den monatlichen Offenen HSP-Treffen kommt dieses Thema regelmäßig auf den Tisch.

5.4.2.1 Das kleine Nein

Bei Hochsensiblen ist das Leben voller kleiner Neins, da es viele Situationen im Alltag gibt, in denen nur ein kleines Nein vonnöten ist. Da wäre das Nein zur Tasse Kaffee oder das Nein zum Glas Wein beim Geschäftsessen, weil Sie beides nicht vertragen. Ein kleines Nein wäre vielleicht auch die Absage zum gemeinsamen Radausflug, weil Sie von der Woche so erschöpft sind, oder die Weigerung, jetzt vom Sofa oder Sessel aufzustehen und Ihrer Partnerin oder Ihrem Partner ein Getränk zu holen – so, wie Sie es sonst vielleicht immer tun.

Aber sprechen wir dieses Nein aus? Oftmals nicht. Oder wenn doch, dann nur zögerlich und für unser Gegenüber nicht klar erkennbar: „Aber das nächste Mal gehe ich lieber lesen. Dann weißt du schon mal Bescheid." Was bedeutet das? Ist es heute in Ordnung, gemeinsam Fernsehen zu schauen, aber Sie wissen jetzt schon, dass es dies das nächste Mal, wann immer das sein wird, nicht ist? Oder haben Sie jetzt eigentlich keine Lust zum Filmgucken, aber … Sie haben Ihr kleines Nein auf morgen verschoben und Ihr momentanes Bedürfnis nicht ernst genommen. Ihr Partner oder Ihre Partnerin jedenfalls wird mit dieser Aussage nicht wirklich viel anfangen können, sondern eher irritiert sein. Auch die zwei Worte: „Na gut …" drücken in der Regel immer ein verdrängtes Nein aus. Wenn Sie ehrlich sind, möchten Sie nicht – aber … Sie sehen, unsere Vermeidungstaktiken sind trickreich. Und unsere Sprache ist es auch.

Ein anderes Beispiel: Es klingelt an der Tür. Sie öffnen und sehen sich einem adretten jungen Mann gegenüber, der Sie sogleich wortgewandt mit der größten Erfindung aller Zeiten überfällt. Ehe Sie sich's versehen steht der Herr bereits in Ihrem Flur und wedelt mit einem noch nicht entzifferbaren Prospekt herum. Ihr Nein steckt Ihnen im Halse, aber Sie kommen gegen den geschulten Wortschwall nicht an. Ich weiß, dies ist ein nicht so ganz alltägliches Beispiel, aber es kommt vor! Warum werden auch noch heute, im Zeitalter der Onlineshops, Haustürvertreter losgeschickt? Weil nicht nur Sie und ich wissen, wie schwer es ist, ein spontanes und vor allem überzeugendes Nein in Bruchteilen weniger Sekunden zustande zu bringen.

Vielleicht halten Sie es so wie ich: Sobald ich merke, dass es sich um einen Vertreter handelt, murmele ich ein muffeliges „Nein, danke" und knalle der Person die Wohnungstür vor der Nase zu. Das ist zwar nicht nett, aber auf jeden Fall die sicherste Variante, nicht in – emotionale und sensorische – Bedrängnis zu kommen.

5.4.2.2 Das kleine, spontane Nein

Viele alltägliche Situationen, die ein kleines Nein benötigen, passieren genau so: spontan und überraschend. Da ist der plötzliche Streit mit dem Partner, oder das Kind stellt sich quer und will sich nicht anziehen, nicht losgehen, etwas nicht sein lassen und so weiter. Warum ist es so schwierig, sich freundlich das Anliegen oder Argument anzuhören und erst dann zu reagieren? Weil so viele die Situation beeinflussenden Komponenten zusammenkommen, die unser hochsensibles System so richtig auf Hochtouren bringen.

Da ist zuerst der Überraschungsmoment als solcher, der für uns Hochsensible oft schwierig zu handhaben ist, da wir uns gerne auf Situationen einstellen und vorbereiten. Das ist an der Haustür oder in einem anderen spontanen Moment nicht möglich. Als Nächstes brauchen wir einen schnellen Überblick über die Lage, was uns Hochsensiblen meist gut gelingt. Anschließend müssen wir in Bruchteilen von Sekunden entscheiden, ob in dieser Situation ein Ja oder ein Nein angemessen oder notwendig ist. Und dann will das Nein auch noch gesagt sein – am besten freundlich und verständnisvoll.

Das alles ruft geradezu explosionsartig einen Schwall von Reizen und Informationen auf den Plan – sowohl äußerliche als auch innere. Gedanken, Empfindungen und verschiedene Gefühle rauschen in diesem Moment durch uns hindurch. Wir müssen sofort reagieren, und das versetzt uns in Stress. Unter Stress reagieren wir entweder abwehrend, aggressiv oder gar nicht, denn unter Stress ist das Frontalhirn blockiert – der Bereich, der unter anderem zuständig für Denken und Planen ist –, und wir reagieren nur noch in alten, rudimentären, abgespeicherten Verhaltensmustern.

Dies mag alles ein wenig einfach und banal klingen, aber so spielt es sich in etwa in unserem neuronalen System bei spontanen und emotionsgeladenen Situationen ab. Nun wird sicherlich nachvollziehbar, warum Auseinandersetzungen mit den Kindern oder dem Partner häufig so impulsiv und aggressiv verlaufen.

Was kann in solchen Situationen hilfreich sein? Meist helfen als Allererstes tatsächlich einige tiefe Atemzüge. Nicht umsonst gibt es in unterschiedlichen Stressbewältigungsmethoden den Hinweis, erst einmal bis 10 zu zählen. Die tiefen Atemzüge signalisieren unserem Alarmsystem, das in einem solchen Moment angesprungen ist, dass sich die Lage wieder beruhigen kann.

Manchmal ist es aber auch nötig, aus dem Raum zu gehen, weil die Emotionen derart hochkochen beziehungsweise Sie in Gegenwart Ihres Gegenübers nicht in Ruhe ein paar Atemzüge vollbringen können.

Generell gilt für solche Momente: Verschaffen Sie sich Zeit! Und wenn es auch nur ein paar Sekunden sind. Dies ist oftmals ausreichend, um aus dem Alarmzustand zu kommen und wieder etwas klarer zu denken. Versuchen Sie dann, ein Gespräch in ruhiger Atmosphäre zu initiieren. Damit nehmen Sie den inneren wild gewordenen Emotionen den Wind aus den Segeln.

Bei einer Auseinandersetzung mit einem Kind kann dies vielleicht so aussehen, dass Sie sich neben das Kind setzten, es liebevoll berühren – falls es das zulässt – und fragen, was eigentlich los ist. Oder sie sagen ihm, dass Sie seinen Ärger verstehen, aber die Situation im Moment nicht anders zu handhaben ist, und dass es darüber auch sauer oder traurig sein darf. Trösten Sie das Kind, sofern es das zulässt, erklären Sie ihm unter Umständen noch einmal, was Sie warum und in welcher Weise getan haben oder vorhaben, und fahren dann mit der eigentlichen Handlung fort. Oft hat sich dadurch bereits der Alarmzustand beim Kind wieder beruhigt, das erregte Nervensystem entspannt sich wieder, und das Kind lenkt wohlwollend ein. Sollte es sich dennoch nicht beruhigen, kann womöglich ein tiefer liegendes Bedürfnis Grund der Auseinandersetzung sein. Hier hilft tatsächlich nur die Suche nach dem ursprünglichen Bedürfnis und dessen Befriedigung, soweit dies die Situation erlaubt.

Bei Erwachsenen gilt zuweilen Ähnliches wie bei einem Kind. Versuchen Sie die Situation zu stoppen, fragen Sie nach den Hintergründen des Ärgers oder der Wut und zeigen Sie Verständnis – sofern Sie dafür Verständnis haben (können). Wenn Sie merken, dass hier eine umfangreichere Klärung vonnöten wäre, schlagen Sie ein geplantes Gespräch in ruhigerer Atmosphäre und mit einem begrenzten Zeitrahmen vor. So können Sie sich auf die Situation und den Inhalt des kommenden Gesprächs vorbereiten.

Sollte Ihr Gegenüber einen Schwall von Vorwürfen, Beleidigungen oder anderen unangenehmen Mitteilungen über Sie ausgießen, sagen Sie laut und entschieden „Stopp!". Manchmal muss dies mehrmals wiederholt werden, da die oder der andere im Schwung der Gefühle Ihr Stopp nicht mitbekommt oder nicht innehalten will. Gehen Sie nicht auf Vorwürfe ein, bleiben Sie bei Ihrem Stopp, bis Sie merken, dass es beim anderen angekommen ist. Es scheint anfangs merkwürdig, das eine Wort immer nur zu wiederholen und nicht argumentativ auf die Vorwürfe Ihres Gegenübers einzugehen, aber glauben Sie mir, die stetige Wiederholung wird irgendwann ankommen und möglicherweise für ein irritiertes Innehalten sorgen. Das reicht oft schon, um einer Auseinandersetzung eine andere Richtung zu geben.

5.4.2.3 Das Ja aus Gewohnheit

Kleine Neins konfrontieren uns oft mit Gewohnheiten, Erwartungen und Enttäuschungen. Gewohnheiten sind einerseits angenehme Begleiter des Alltags, die uns Sicherheit, Orientierung und Wohlempfinden vermitteln, andererseits uns aber auch festlegen: „So hast du das immer gemacht. Bitte mache es wieder so." Aber manchmal möchten Sie etwas anders gestalten und verändern, vielleicht weil Sie selbst sich inzwischen verändert haben. Und dann braucht es ein Nein, um deutlich zu machen: „Ich mache es nicht mehr so wie bisher, nein." Dies führt unweigerlich zu Reibung, manches Mal auch zu Unverständnis oder Verärgerung des Gegenübers, wenn dieser die Veränderung in Ihnen nicht mitbekommen hat oder nachvollziehen kann. Dann kann aus dem kleinen: „Nein, ich stehe jetzt nicht auf. Hole dir dein Getränk bitte selber" eine größere Auseinandersetzung entstehen.

Ihr Gegenüber hat erwartet, dass Sie wie gewohnt handeln, und da dies nicht geschieht, kommt Enttäuschung auf. Für uns Hochsensible ist genau dies der empfindliche Punkt beim Grenzensetzen: das Enttäuschen des anderen. Ehe wir durch Nichterfüllung einer Erwartung Frustration bei unserem Gegenüber auslösen, negieren wir lieber bereits im Vorfeld unsere eigenen Bedürfnisse. Dann sagen wir Ja aus Gewohnheit und Angst vor einer Auseinandersetzung. In solchen Situationen fühlen wir uns häufig unter Druck, und das Zurückstellen eigener Ansprüche oder Wünsche entlastet, auch wenn dies wiederum mittel- und langfristig für neue Probleme sorgt.

5.4.2.4 Das große Nein

Zu einem großen Nein kommen wir in der Regel nicht plötzlich und spontan. Meist haben sich entsprechende Situationen mit ihren Problemen derart angehäuft, dass das Nein unausweichlich erscheint. Wir wägen alle Für und Wider ab, türmen haufenweise Wenn und Aber auf, motivieren uns selbst zum Durchhalten: „Eigentlich ist es doch gar nicht so schlimm". Denn ein großes Nein wirkt auf uns bedrohlich, beängstigend und unwiederbringlich.

Es gibt sicherlich auch jene Situationen, in denen wir freudig unser großes Nein kundtun können: „Endlich ziehen wir um. Kein Straßenlärm mehr, keine verpestete Luft. Oh, wie schön ist Panama!" Aber oft zögern wir

5 Phase III: Die praktische Integration der Hochsensibilität

die Umsetzung möglichst lange hinaus: „Wenn ich ihn jetzt rausschmeiße, dann brauche ich mich nie wieder bei ihm zu melden" oder „Wenn ich jetzt kündige, werde ich in meinem Alter keine passende Stelle mehr finden".

Was ist aber so schwierig an dem großen Nein, wenn wir doch im Vorfeld alles durchdenken und abwägen? Wir wissen mehr oder weniger, worauf wir uns einlassen werden, warum wir zu etwas oder jemandem Nein sagen. Zwei Faktoren spielen meines Erachtens hierbei eine wichtige Rolle: die Sorge vor der Ungewissheit, die das Bedürfnis nach Sicherheit auslöst, und die Angst beziehungsweise Trauer vor Verlust.

Stellen Sie sich vor, Ihre Tochter ist inzwischen über 18 Jahre alt, also erwachsen, und hat ihren Schulabschluss in der Tasche. Nun beginnt in absehbarer Zeit die Ausbildung in der Stadt unweit Ihres Wohnortes. Es ist also nicht zwingend notwendig, dass Ihre Tochter für den Besuch der Ausbildungsstätte auszieht, aber die kleinen alltäglichen Reibereien mehren sich deutlich, und Sie sind schon lange davon genervt. Eigentlich möchten Sie, dass sie auszieht und selbstständig wird, aber Sie sind hin und her gerissen. Braucht Ihr Kind noch das schützende Zuhause, oder ist es reif, eigenständig in die Welt hinaus zu gehen? Sie überlegen, sprechen mit Ihrer Partnerin oder Ihrem Partner darüber, holen sich die Haltung Ihrer Tochter dazu ein, die gerne noch das behagliche Heim inklusive Versorgung genießen möchte. Letztlich entscheiden Sie sich für einen Auszug. Die Fakten sind klar, die unterschiedlichen Bedürfnisse und Grenzen der Protagonisten ebenfalls. Dennoch zögern Sie mit Ihrem Nein Ihrer Tochter gegenüber. Was hält Sie zurück?

Einerseits die Sorge, ob Ihre Tochter den Weg in die Selbstständigkeit tatsächlich gut meistern wird. Die Entwicklung ist im Moment noch nicht zu überblicken, und so entsteht in Ihnen Zweifel. Dieser Zweifel löst wiederum Unsicherheit in Ihnen aus. Wird die Tochter den Umgang mit dem Geld, der Miete, den anderen Formalitäten und der Anwesenheitspflicht in der Ausbildung meistern können?

Auch wenn Sie mit Ihrer Tochter über diese Dinge sprechen und Ihrer Sorge Ausdruck verleihen, können Sie dennoch nicht sicher davon ausgehen, dass alles so funktionieren wird, wie Sie sich das vorstellen und wünschen. Anbei: Das wäre auch nicht Sinn und Zweck der Sache. Schließlich müssen die flügge werdenden Kinder respektive jungen Erwachsenen ihre Erfahrungen machen, um daran zu reifen, auch wenn diese eventuell schmerzhaft sind. Sie also quasi in einem Sicherheitspaket loszuschicken würde bedeuten, sie ihrer Entwicklung zu berauben.

Auch wenn Ihre Tochter nicht weit entfernt wohnen wird, so ist sie doch nicht mehr täglich im Haus. Verlustgefühle kommen bei diesem Gedanken auf. Auch das ist nachvollziehbar und völlig normal.

Um nun zu einem stabilen Nein zu finden, braucht es Ihre innere Auseinandersetzung mit diesen Gefühlen. Können Sie Ihre Tochter in eine vermeintliche Ungewissheit ziehen lassen? Was ängstigt Sie an der Unsicherheit des Vorhabens und wie gehen Sie selbst mit unsicheren Momenten im Leben um? Und finden Sie andere Formen des Kontakts zu Ihrer Tochter, bei denen sie beide mögliche Verlustgefühle verringern können?

5.4.2.5 Das Nein im Wachstumsprozess

In jedem persönlichen Wachstumsprozess und somit auch in der Integration der eigenen Hochsensibilität kommt es zur Notwendigkeit, sich abzugrenzen. Dies entsteht durch die Bewusstwerdung eigener, oft verdrängter Bedürfnisse und Grenzen. Sie bemerken, dass Sie womöglich die „falschen" Freunde haben, dass Sie manche gemeinsamen Aktivitäten nicht mehr miteinander teilen wollen, oder spüren, dass der Kontakt zu bestimmten Familienmitgliedern Sie anstrengt und schwächt. Nach und nach wächst in Ihnen das Bedürfnis, ein oder mehrere Neins auszusprechen. Für viele Hochsensible ist dies eine sehr unangenehme Phase, da sie sich entweder mit ihrer neu entdeckten Veranlagung zeigen und erklären müssten, was sie nicht immer wollen. Oder sie machen einen radikalen Schnitt ohne viele Erklärungen und riskieren damit, einen möglicherweise noch größeren Unmut Ihres Gegenübers auf sich zu ziehen.

Ich habe öfter in Gesprächen mit Feinfühligen die Trauer und Unsicherheit vernommen, wenn die oder der Betreffende zwar spürte, dass der Freund oder gar ein Elternteil überhaupt nicht mehr in das werdende hochsensible Leben passt, der Hochsensible aber nicht wusste, wie er oder sie mit diesem Spagat umgehen sollte.

Lassen Sie sich für diese Entwicklung Zeit! Auch wenn Ihr inneres Empfinden nach einer raschen Lösung der beklemmenden Situation verlangt, gehen Sie vor allem mit sich selbst achtsam um. Sie müssen es niemandem recht machen. Stabilisieren Sie sich so weit, dass eine Konfrontation Sie nicht umhaut. Suchen Sie sich, wenn möglich, bereits parallel dazu schon neue und gleichgeartete Kontakte.

Unter Umständen verlangt die Situation von Ihnen, sich der entstehenden Leere zu stellen. Diese Phase ist tatsächlich für viele Menschen eine sehr schwierige Zeit. Es verschließt sich eine Tür, ohne dass gleichzeitig eine neue

5 Phase III: Die praktische Integration der Hochsensibilität

aufgegangen wäre. Menschen gehen aus dem eigenen Lebensumfeld, aber neue Freundschaften oder Kontakte haben Sie noch nicht aufgebaut. Dies hat durchaus seinen Sinn. Ähnlich wie das ruhende Feld in der Dreifelderwirtschaft in der Landwirtschaft braucht auch unsere Psyche Auszeiten, Zeiten der Verarbeitung und der Umstrukturierung. Dies ist eine solche Phase.

Ihr Inneres beginnt sich neu zu strukturieren. Neue Informationen werden integriert, wiederentdeckte Bedürfnisse oder Fähigkeiten wollen gelebt werden. Alte Empfindungen verlieren ihre Berechtigung, neue entstehen und suchen nach Formen des Ausdrucks. Dies alles kann zeitweilig zu innerer Unruhe, Desorientierung oder Unsicherheit führen. Sie sind mit sich selbst quasi auf der Wanderschaft. Wie bei einer tatsächlichen Wanderschaft durchschreiten Sie auch bei Ihrer inneren Reise unterschiedliche Landschaften, erleben verschiedene Zustände. Wenn Ihnen dies bewusst ist, kann es durchaus angenehm sein, neue Menschen als zeitweilige Wegbegleiter in Ihr Leben zu lassen. Ziehen Sie dann weiter, mag es sein, dass diese neuen Freunde Sie wieder verlassen (sollten), denn Sie wandeln sich. Hierzu gibt es einen schönen Sinnspruch:

> Einige Menschen kommen in dein Leben für einen Grund.
> Einige Menschen kommen in dein Leben für eine gewisse Zeit.
> Einige Menschen kommen in dein Leben für ein Leben lang.

In einer Zeit des inneren Wandels neue Kontakte zu knüpfen, kann daher zu wechselnden Freundschaften oder auch Partnerschaften führen. Sorgen Sie sich deswegen nicht. Wenn Sie das nicht mögen und lieber erst einmal alleine sein wollen, so ist auch das völlig legitim. Nutzen Sie die Zeit der Wandlung, um sich selbst, Ihr Inneres, Ihr Wesen besser kennenzulernen. Methoden wie Selbstreflexion, Meditation, Therapie oder Coaching können Ihnen dabei behilflich sein.

> Aus meiner Erfahrung kann ich Sie nur darin ermutigen, sich dieser Herausforderung zu stellen und nicht aus Gewohnheit oder Angst die Leere vorschnell mit Menschen zu füllen, die nach kurzer Zeit wieder nicht zu Ihnen passen. Spüren Sie in sich hinein, wann der richtige Zeitpunkt für Sie gekommen ist, sich in Ihrem Wandlungsprozess nach außen zu begeben. In der Regel werden in der Außenwelt entsprechende Ereignisse und die richtigen Menschen erscheinen, wenn Sie innerlich dazu bereit sind.

5.5 Reiz voll – Schutz vor Überreizung

Lärm ist das Geräusch der anderen.
(Kurt Tucholsky)

> Gustav hat herausgefunden, welche Art von Bildern gut in sein neues Zimmer passen. Um nicht wochenlang herumfahren zu müssen, hat er sich etliche zur Ansicht per Internet bestellt. Die Auswahl fällt direkt im Zimmer ja auch viel leichter! Die Bilder kommen an, Gustav packt aus. Kartons, Papier, Schutzfolien und die Bilder stapeln sich auf dem Fußboden. Und es werden immer mehr, denn gerade hat die Postbotin wieder drei Pakete geliefert. Gustav wird ob der wachsenden Unordnung und Bilderauswahl immer gereizter. Nein, so geht das nicht. Er überlegt und entscheidet sich, immer nur ein Bild auszupacken, die Verpackung ordentlich zur Seite zu räumen und das ausgepackte Bild in Ruhe im Raum und an der Wand auf sich wirken zu lassen.

Ein zentrales Thema in der Grenzsetzung ist für uns Hochsensible natürlich der Umgang mit Reizüberflutung. Viele Reize, die in unser System strömen, nehmen wir als solche nicht bewusst wahr. Somit ist es auch schwierig, sie zu umgehen. Wie bereits beschrieben, bedürfen wir dann der aufmerksamen Beobachtung unserer Befindlichkeiten und Lebensbedingungen, um sie zu lokalisieren. Aber wie können wir die Reize begrenzen?

Zu Beginn ist es sinnvoll, die Reizquellen auszumachen, die für Sie offensichtlich sind und Ihnen besonders oder immer wieder zu schaffen machen. Nicht immer lassen sie sich dann auch gleich entfernen, man denke an den Musik liebenden Nachbarn oder die Straße vorm Haus. Aber je mehr dieser Störquellen Sie entdecken und Ihren Bedürfnissen entsprechend umgestalten können, umso entspannter wird Ihr neuronales System und umso zufriedener und kraftvoller werden Sie sich fühlen. Führen Sie sich bitte noch einmal die Energiewaage aus Abschn. 4.11.2 (Abb. 4.7) vor Augen: Je mehr Überreizung Sie erfahren, desto weniger Kraft und Energie steht Ihnen zum Ausleben Ihrer Potenziale zur Verfügung – und umgekehrt.

Wann immer Sie störende Situationen oder Dinge in Ihrem Leben ausfindig gemacht haben, analysieren Sie sie genauer. Schauen Sie, was genau daran so belastend ist: Ist es die Menge oder Intensität an Reizen? Sind es bestimmte Reize oder Situationen? Sind es viele Menschen, manche Menschen oder ist es ein bestimmter Mensch? Es geht nicht darum, generell belastende Situationen oder Dinge aus Ihrem Leben zu verbannen. Das wird nicht gehen und ist auch nicht Sinn unseres Lebens. Wir brauchen Herausforderungen, um zu wachsen. Aber sind die darin enthaltenen sensorischen Aspekte zu überflutend, bewirken sie das Gegenteil: Wir wachsen nicht, sondern werden im schlimmsten Falle krank davon.

> Erst wenn Sie die belastenden Faktoren präzise ausmachen können, werden zielgenaue Schritte der Veränderung möglich sein. Manchmal reichen kleine Alternativen wie der Wechsel einer Glühbirnenart, spezielle Ohrstöpsel – falls Sie so etwas vertragen –, zeitliche Begrenzungen für den Aufenthalt in lauten oder überfüllten Situationen oder weniger Bilder an der Wand.

Üben Sie sich in Achtsamkeit und Beobachtung, denn die unbewussten – meist ganz alltäglichen – Reizquellen sind die wahren Herausforderer. Diese zu entdecken ist nach dem Erkennen der offensichtlichen Störquellen der nächste Schritt. Das braucht zuweilen mehr Zeit, da wir ja nicht wissen, worauf genau wir achten sollten. Ich habe oft erst durch Zufall in einem Gespräch mit einer anderen Person die versteckten Reizquellen erkannt.

Sorgen Sie, wenn irgendwie möglich, also immer öfter dafür, passende Bedingungen in Ihrem Leben zu kreieren. Das wird Sie nicht nur glücklicher, sondern auch gesünder und stabiler werden lassen.

5.5.1 Sie mag es, wenn es laut ist

In seinem Lied besingt Herbert Grönemeyer auf gefühlvolle Weise die Flexibilität unserer Sinnesorgane. Sie mag es laut, da sie nichts hört, aber die Vibrationen der Musik kann sie auf der Haut und am Körper spüren.

All unsere Sinne sind Kanäle für Informationen. Sie sind permanent auf Empfang geschaltet, außer wenn wir schlafen. Dann empfangen sie weniger. Die Kanäle einfach zu verschließen, weil wir im Moment genug auf- und wahrgenommen haben, ist nur äußerst begrenzt möglich und auf Dauer recht anstrengend. Wir können unsere Augen schließen, aber wer mag schon den halben Tag mit geschlossen Augen verbringen? Die Nase können wir uns mit der Hand zuhalten, und einige Menschen können dies auch ohne Hände von innen her tun. Aber auch das ist recht anstrengend und wenig lustvoll. Ohren und Haut lassen sich überhaupt nicht verschließen. Das heißt: Wir sehen viel, wir riechen meist, wir hören und fühlen immer.

Neben der Gestaltung einer reizärmeren Umgebung können auch kleine Hilfsmittel für ein gewisses Maß an Reizreduzierung sorgen:

- **Ohrstöpsel:** Inzwischen gibt es unterschiedliche und auf verschiedene Lärmsituationen zugeschnittene Geräuschfilter. Es gibt einfache und kostengünstige Ausführungen, aber auch individuell angepassten Gehörschutz. Ich kenne jedoch viele Hochsensible, denen dieses Hilfsmittel im Ohr sehr unangenehm ist.

- **Schallschutzkopfhörer:** Mittlerweile gibt es schon einige Schulen, die ihren Schülern einen solchen Gehörschutz anbieten, damit sie konzentrierter arbeiten können. Allerdings sollte der Lehrer das Umfeld darüber informieren, warum diese Kopfhörer im Unterricht getragen werden. Da wir in der Regel Kopfhörer zum Hören von Musik nutzen, ist es für Außenstehende möglicherweise nicht sofort nachvollziehbar, dass diese genau das Gegenteil bewirken sollen, und die entsprechende Situation würde fehlinterpretiert werden.
- **Nahtlose Kleidung:** Gerade hochsensible Kinder können sehr unter einer empfindsamen Haut leiden. Die Qual, den richtigen Pullover zu finden, oder die Hektik, um morgens noch pünktlich in die Kita zu kommen, weil das Kind die Socken zum fünften Male aus- und wieder anzieht, damit sie nicht zwicken oder schief sitzen, kennen so manche Eltern. Einige Eltern ziehen dem Kind bei entsprechender Empfindlichkeit – schweren Herzens – schon einmal die Kleidung vom Vortrag an, weil diese bereits eingetragen und somit weicher ist. Auch für hochsensible Erwachsene sind nahtlose Kleidungsstücke oder Kleidung aus weichen und hautfreundlichen Stoffen hilfreich. Manche Feinfühligen haben auch große Probleme mit dem Duschen, weil ihnen das Perlen des Wasserstrahls auf der Haut zu unangenehm ist. Dann hilft nur ein Waschlappen oder ein Vollbad.
- **Schließen der Augen:** Unsere Augen können wir zwar verschließen, aber nicht in jeder Lebenslage wollen wir dies tun. Dennoch ist das Schließen der Augen tatsächlich eine gute Möglichkeit, Reizüberflutung punktuell zu verringern, da wir zu 70 % Informationen über die Augen wahrnehmen. Alle Entspannungstechniken, bei denen wir die Augen schließen können, zum Beispiel Meditationen, sind hilfreich, um die visuelle Sinnesebene zu entlasten. Auch kurze Momente geschlossener Augen oder das Auflegen der Hände auf sie kann sehr entspannenden sein. Im visuellen Bereich gibt es zusätzlich ein Phänomen, das für ein irritierendes, verzerrtes oder verschwommenes Sehen sorgt: das Irlen-Syndrom.

5.5.2 Irlen-Syndrom

Im Zuge meiner Arbeit für Hochsensible kam eines Tages eine junge Kollegin auf mich zu und fragte mich, ob ich schon einmal etwas vom Irlen-Syndrom gehört hätte. Ich verneinte, und sie erläuterte es mir.

Dieses Syndrom gilt als eine visuelle Wahrnehmungsstörung, die durch Überempfindlichkeit gegenüber bestimmten Lichtfrequenzen ausgelöst wird.

Etwa 10 bis 12 % der Bevölkerung sind betroffen. Die Symptome können sich in Form von verschwommenen oder verzerrten Bildern und Zeilen, verschiedenen Arten von Unschärfe oder tanzenden Buchstaben sowie Unkonzentriertheit oder Kopfschmerzen zeigen. Entdeckt hat das Syndrom die amerikanische Schulpsychologin Helen Irlen, nachdem einer ihrer erwachsenen Legasthenikerprobanden plötzlich bemerkte, dass er den Text unter einem roten Einband gut lesen konnte. Irlen erhielt einen Forschungsauftrag und inzwischen kann die sogenannte Irlen-Sichtigkeit mithilfe spezieller Farbfolien gut behandelt werden. Im Zuge dieser Erkenntnisse wurden in Amerika etwa 30 bis 40 % der Legastheniediagnosen aufgehoben.

Inwieweit das Irlen-Syndrom durch eine dahinterliegende Hochsensibilität ausgelöst wird, gälte es zu erforschen, denn eine Wahrnehmungsüberempfindlichkeit könnte auf eine größere Reizfilteroffenheit hinweisen – und damit wären wir wieder beim Phänomen der Hochsensibilität.

Wie wird behandelt? Wenn die passende Farbfolie gefunden ist und in Form einer Brille oder direkt als Folie benutzt wird, zeigt sich sofort eine Besserung. Die junge Frau führte bei mir den Test durch, um mir das Ganze praktisch zu demonstrieren. Sie legte mir dazu ein Blatt Papier mit einer Grafik, bestehend aus lauter X-Buchstaben, vor. Einzig eine gerade Linie war rechts und links von zwei kleinen Quadraten begrenzt. Meine Aufgabe bestand nun darin, die Anzahl der X zwischen diesen Quadraten zu zählen. Ich kam, trotz mehrerer Versuche nur bis fünf oder sechs, danach verschwamm alles, die X wurden zu O und ich gab auf. Der nächste Schritt war die Austestung verschiedener Farbfolien, ähnlich wie bei der Schärfentestung für eine Brille. Nachdem meine Kollegin die richtige Folie herausgefunden hatte, bat sie mich die Grafik, nun mit der diagnostizierten Farbfolie obendrauf, erneut anzuschauen und wieder alle X in der geraden Linie zu zählen. Ich kam problemlos bis ans Ende.

Ich stelle dieses Phänomen oder diese Wahrnehmungsstörung hier vor, damit Sie für sich überprüfen können, ob Sie möglicherweise darunter leiden. Beim Irlen-Syndrom ist es wie bei der Hochsensibilität: Wenn ich nicht weiß, dass ich davon betroffen bin, kann ich mögliche, daraus resultierende Schwierigkeiten nicht adäquat zuordnen und behandeln. Auch eine unerkannte Irlen-Sichtigkeit kann neben körperlichen Problemen zu psychischen Belastungen führen, wie zu Konzentrationsproblemen, Selbstzweifel, schneller Gereiztheit oder Burn-out.

Anbei noch eine Bemerkung zum Begriff Wahrnehmungsstörung, der auch im Zusammenhang mit der Diagnose einer Irlen-Sichtigkeit verwendet wird: Ich bin in der Regel mit dem Begriff „Störung" recht vorsichtig, denn ich empfinde ihn durch die mittlerweile fast inflationäre Benutzung schnell stigmatisierend. Zusätzlich gilt es im Zuge einer Diagnose zu prüfen, ob es sich tatsächlich um eine Störung, also eine Dysfunktion handelt, oder um ein, aufgrund physiologischer Gegebenheiten variierendes Verhalten. Letzteres wäre dann, sofern keine organische Krankheit vorliegt, normal und das daraus resultierende Verhalten sollte es ebenfalls sein. Die erhöhte visuelle Wahrnehmungsfähigkeit hochsensibler Menschen könnte also zu den visuellen Irritationen führen, die im Irlen-Syndrom beschrieben werden.

5.6 Reges Innenleben

> Ein heftiger Wind kommt auf, schlagende Fensterflügel, lindgrüne Vorhänge flattern wild, Bilder fliegen durch die Luft und zu den Fenstern hinaus. Frederike ruft aus weiter Ferne: „Gustav! Gustaaav!" und wieder „Gustaaav!". Frederike hat bei Gustav übernachtet, endlich einmal wieder. Der Streit um die Wandfarbe und alles, was noch damit in Verbindung stand, hat ihre Beziehung doch sehr strapaziert. Gustav wacht nur langsam auf. Welch ein gruseliger Traum, all die schönen Bilder sind davongeflogen. Gustav spürt, wie sehr ihn die Krise und die vielen Eindrücke der letzten Wochen innerlich beschäftigen. Bis in seine Träume hinein …

Nicht selten begleiten uns unsere Gedanken und aufgenommene Informationen bis in unsere Träume hinein. Wo viel eingekauft wurde, will auch viel einsortiert, weggestellt oder auch gleich benutzt werden. Das innere System von uns Hochsensiblen ist ständig aktiv, einmal mehr und einmal weniger, meistens aber doch eher mehr.

An sich wäre das auch kein Problem, wenn es nicht gerade bei erhöhtem Gedankenaufkommen und intensiver Verarbeitung zu unangenehmen Begleiterscheinungen käme. Die Tatsache, dass der „Kopf" nie zur Ruhe kommt, belastet viele Hochsensible stark. Die Gedanken hören nicht auf zu kreisen, es kommt zum sogenannten Gedankenkarussell, dem Gefühl, nicht abschalten zu können. Entscheidungsschwierigkeiten oder intensive Grübeleien über Vergangenes oder Zukünftiges sind weitere Merkmale der regen inneren Verarbeitung. Aber auch die Gefühle und Emotionen sind bei uns Hochsensiblen recht agil. So schnell wie Gedanken durch Reize und Impulse aktiviert werden, so schnell werden auch unsere Gefühle angeregt. Impulsive Reaktionen sind daher, gerade wenn wir vielen Reizen ausgesetzt sind, keine Seltenheit. Ob und in welcher Form sie jedoch zum Ausdruck gebracht werden, liegt am Charaktertypus, dem kulturellen Kontext, den früheren Erfahrungen sowie der Prägung in Bezug auf die Offenheit oder Zurückhaltung von Gefühlsäußerungen.

Das rege Innenleben gehört bei uns Hochsensiblen zu unserem Wesen. Wir können es nicht abschalten, und wir sollten dies auch nicht versuchen. Das wäre in etwa so, als ob wir überlegten, das Atmen einzustellen, weil Husten in manchen Situationen so unangenehm ist. Unser neuronales System ist für die Aufnahme und Verarbeitung dieser Vielfalt ausgelegt, um entsprechende Aufgaben lösen zu können. Für diesen Prozess braucht es Verarbeitungszeit, um genau jene außergewöhnlichen Leistungen, egal auf welchem Gebiet, erbringen zu können. Die Frage ist daher: Wie können wir damit umgehen, falls uns unser reges Innenleben belasten sollte?

Was Ruhe und Ordnung bringt

- Akzeptieren Sie, dass Sie ein aktiveres Innenleben haben. Wenn Sie sich damit anfreunden, haben Sie schon viel gewonnen, denn Sie wehren sich nicht mehr dagegen, Sie lehnen es nicht mehr ab. Und somit lehnen Sie auch einen wesentlichen Teil Ihrer selbst nicht mehr ab. Sie sind hochsensibel? Dann gehört das dazu!
- Nehmen Sie sich Auszeiten und Ruhe, in denen Ihr System Zeit bekommt, um die „liegengebliebenen Informationen" zu verarbeiten. Der Schlaf alleine reicht dafür meist nicht aus. Sie können sich das in etwa wie einen unaufgeräumten Schreibtisch vorstellen. Sie waren auf einer Messe, haben Berge von Broschüren, Flyern, Heftchen und Mappen mitgebracht und alles erst einmal auf den Schreibtisch gepackt – unsortiert und ungesichtet. Nun gilt es, sich daran zu setzen, zu sichten, zu ordnen und wegzuräumen. Dafür benötigen Sie wahrscheinlich eine gewisse Zeit, und auch Ruhe sollte dabei möglichst herrschen. Stellen Sie sich nun bitte vor, dass plötzlich in diesem Ordnungsprozess jemand hereinkommt und Ihnen einen weiteren Haufen mit Infomaterial auf den Tisch legt, mitten hinein in die beginnende Übersichtlichkeit und Ihre Systematik. Wie fänden Sie das? Wie ginge es Ihnen damit? Vermutlich wären Sie genervt, gereizt, würden durcheinanderkommen, und Stress würde in Ihnen entstehen. Nicht anders geht es Ihrem inneren System, wenn Sie ihm nicht die nötige Zeit einräumen. Übrigens: Nicht immer braucht das hochsensible System Stunden für diese Aufräumaktionen. Da es ja bereits während der Reizaufnahme sortiert und zuordnet, reicht manchmal auch eine kleine, aber effektive Pause. Sie werden fühlen, ob Ihr Inneres gerade mehr oder weniger viel Zeit benötigt.
- Neben der Ruhe für die Verarbeitung ist es auch wichtig, hin und wieder alleine zu sein. Andere Menschen, und seien sie Ihnen noch so nah und lieb, bedeuten eine Anregung für Ihr neuronales System. Sie müssen oder

wollen sich auf sie einstellen, vielleicht bestimmte Rücksichten nehmen, Sie unterhalten sich oder reagieren auf den oder die andere. Das alles ist – hoffentlich – schön, aber es führt zu weiterer Reizaufnahme, sozusagen zur nächsten Flyerflut auf Ihrem Schreibtisch.

- Erledigen Sie Unerledigtes so weit wie möglich zeitnah. Alles, was Sie nicht bearbeitet haben, beschäftigt Sie innerlich weiter, völlig egal, wie wichtig oder nebensächlich die Sache an sich ist. Das können liegen gebliebene Rechnungen sein, unerledigte E-Mails, die Planung der nächsten Geburtstagsfeier, das Rahmen eines Bildes für Ihr Wohnzimmer und so weiter. Ihr hochsensibles System kann das Thema nicht abhaken, also bringt es diesen Punkt immer wieder auf Ihren inneren virtuellen Schreibtisch. Je mehr solcher offenen Aufgaben auf Ihrem Tisch liegen, umso aktiver ist Ihr Innenleben damit beschäftigt. „Das geht doch allen Menschen so!", sagen Sie. Korrekt, aber wieder einmal brillieren wir Hochsensiblen an dieser Stelle mit einer schnelleren und intensiveren Reaktion auf solche Umstände.
- Schaffen Sie die Ordnung in Ihrem Umfeld, die Sie als angenehm empfinden. Eine zu starke Unordnung regt unser neuronales System immer wieder an, weil unser Blick an diesem oder jenem hängen bleibt: Hier hängt ein Zettelchen, das es einzusortieren gilt, dort liegt Wäsche, die in den Wäschebottich gehört, da stapelt sich das schmutzige Geschirr oder auf besagtem Schreibtisch häufen sich unerledigte Papiere. Was man als angenehme Ordnung oder angenehm kreative Unordnung empfindet, ist von Mensch zu Mensch verschieden. Finden Sie Ihre Form und Ihr Maß heraus. Ich kenne Menschen, die es eigentlich ordentlich mögen. Dann räumen sie schön auf, um spätestens nach einem Tag wieder das gleiche Chaos um sich zu haben. Ordnung ist kein statischer Zustand. Dass sie sich dauernd verändert, ist völlig normal und gehört zum kreativen Wesen eines Menschen.
- Bereiten Sie sich auf Veränderungen vor, und bitten Sie Ihre Mitmenschen, Sie rechtzeitig über mögliche Veränderungen zu informieren. Wie bereits erwähnt, braucht Ihr hochsensibles System Zeit, sich auf veränderte Bedingungen oder Situationen einzustellen. Geben Sie ihm die Zeit.
- Sagen Sie „Stopp" zu sich selbst, wenn es bei der Nachbereitung vergangener Situationen zur Grübelei kommt. Oftmals ist die Ursache dafür der starke Perfektionsanspruch, vorzugsweise an sich selbst. Klären Sie für sich, ob Sie das Bestmögliche in der konkreten Situation getan haben. Alles andere wäre Fiktion. Das bedeutet, überprüfen Sie Realität und Anspruch. Dieser Schritt erfordert von Ihnen gedankliche Disziplin! Wir sind es nicht gewohnt, unseren Gedankenstrom zu kontrollieren oder zu reglementieren. Daher bedarf es wahrscheinlich der Übung, sich selbst immer wieder dazu aufzufordern, die Gedanken, sofern sie nicht mehr konstruktiv

sind, zu stoppen. Experimentieren Sie ruhig damit, was Ihnen dabei helfen könnte: singen, tanzen, schweigen, ein Gespräch mit jemandem, Radio, Hörbuch oder Musik hören, meditieren, in die Natur gehen usw.
- Gönnen Sie sich gezielte Entspannung mithilfe spezieller Übungen zur Besänftigung der neuronalen Aktivitäten. Gerade buddhistische Methoden bieten hier gute Unterstützung. Einige Verfahren sind in Abschn. 5.9.3 dargestellt. Generell gilt: Achtsamkeitsübungen, sanfte Körpermeditationen, stille Meditationen oder Begegnungen in der Natur sind hilfreiche Wege, da sie die rege Gedankenwelt beruhigen und gleichzeitig die Selbstwahrnehmung stärken.

Das rege Innenleben ist eines der deutlichsten Merkmale unserer hochsensiblen Veranlagung. Andere Auswirkungen können individuell recht unterschiedlich ausfallen, werden nicht zwingend bewusst wahrgenommen oder als selbstverständlich und nicht als sonderbar empfunden. Das rege Innenleben spüren die meisten Hochsensiblen und viele von ihnen belastet es.

> Ändern Sie Ihre Haltung zu Ihrem regen Innenleben und beginnen Sie, es gezielt für Ihre Belange und Wünsche zu nutzen. Richten Sie Ihre Gedanken aus, geben Sie ihnen ein Ziel und einen Rahmen. Sobald Sie dies tun, werden Sie spüren, dass sich der Gedankenstrom zum einen nicht mehr so unangenehm anfühlt, denn er erfüllt nun einen gewünschten Zweck. Zum anderen kann er sich auch wieder schneller beruhigen, denn nach Erreichen des Zwecks kann das Gedankenkarussell zur Ruhe kommen. Die Fahrt ist beendet. Ziehen Sie ein neues Ticket mit Ziel und Rahmen, bevor es weitergeht.

5.7 Nichts bleibt, wie es war – Umgang mit Veränderungen

Jede Veränderung beginnt in uns.
(Dalai Lama)

> In der Bibliothek wird umgebaut. Sein Arbeitsplatz soll umgestaltet werden. Gustav steht wie vom Donner gerührt mitten in seinem Büro und schweigt. Warum hat ihn niemand vorher über diese Pläne informiert? Was heißt das nun konkret? Wird er in den nächsten Wochen in Staub und Dreck arbeiten dürfen? Oder kommt er in ein anderes Büro? Womöglich in eins im Keller? Wird er weiterhin alleine dort arbeiten können oder muss er sich den Raum mit Kollegen teilen? Wenn ja, mit welchen? Und wie vielen? Tausend Fragen stürzen auf Gustav ein. Benommen lässt er sich auf seinen Bürostuhl sinken und versucht, das Chaos in seinem Kopf zu ordnen.

Viele hochsensible Menschen haben Probleme mit Veränderungen, denn sie bringen Unvorhersehbares, eine Reduzierung von Vertrautem oder eine vorzeitige Beendigung der momentanen Tätigkeit mit sich. Das alles birgt eine höhere Reizintensität, denn jede Veränderung bedeutet vor allem eines: sich umstellen müssen. Für ein hochsensibles System bedeutet dies, dass alles neu eingeschätzt, überdacht und überprüft werden muss. Diesen Schritt nehmen wir Hochsensible uns nicht vor, sondern er passiert unbewusst, sozusagen voll automatisch.

Wenn Sie beispielsweise Ihrer kleinen Tochter sagen: „Morgen fahren wir zur Oma! Was hältst du davon?", kann es passieren, dass Ihr hochsensibles Kind vielleicht muffelig reagiert und sagt, dass es keine Lust dazu hat. Sie wundern sich, da Ihre Tochter doch immer so gerne zur Oma fährt. Was ist also los?

Sie haben Ihr Vorhaben relativ kurzfristig angekündigt. Das feinfühlige System arbeitet nun auf Hochtouren, um die rasch eintretende Veränderung möglichst umfassend in allen Facetten vorzubereiten: Wann geht es los? Wer kommt alles mit? Was brauche ich dort? Dann bin ich morgen nicht zu Hause! Wie geht's Oma eigentlich? Wir waren schon drei Wochen nicht mehr bei ihr. Und was mache ich mit meiner Verabredung mit Stefanie? Um dem neuronalen System dafür Zeit zu verschaffen, sagt Ihre Tochter erst einmal „Nein". Ist dann innerlich so weit alles vorbereitet, dass es losgehen kann, könnte es sein, dass Ihre Kleine nach einer halben oder einer Stunde zu Ihnen kommt und Sie fragt: „Und wann fahren wir los?"

5.7.1 Wir werden umziehen – Veränderungen ankündigen

Je nachdem, ob eine Veränderung kurzfristig, langfristig oder gar nicht angekündigt wird, wird unser hochsensibles System mehr oder weniger gut damit zurechtkommen. Generell ist es hilfreich, Veränderungen anzukündigen. Große Veränderungen wie beispielsweise ein Umzug oder Schulwechsel sollten langfristig angekündigt werden. So hat das sensible System Zeit genug, sich mit allen Für und Wider vorzubereiten. Bei Kindern ist es auch sinnvoll, das Anstehende im Vorfeld nicht nur einmal, sondern immer wieder anzusprechen, dem Kind zu erläutern, was passieren wird und aufkommende Überlegungen, Sorgen und Fragen ernst zu nehmen. So kann das Kind sich in seinem Tempo gedanklich und emotional auf das Kommende vorbereiten. Es kann natürlich dennoch zu Abwehr und Unwillen kommen.

Dann ist es gut, dem Kind möglichst nachvollziehbar zu erklären, warum diese Veränderung nötig ist. Wenn auch das nicht hilft, könnte die Frage, was dem Kind so zu schaffen macht, vielleicht Hinweise darauf geben, was das Kind in dieser Situation braucht.

Wir Erwachsenen machen diesen Prozess meist mit uns selbst aus. Aber versuchen Sie gerne, Ihre Überlegungen, Sorgen und Fragen bezüglich einer bevorstehenden Veränderung mit Ihrer Partnerin oder einem guten Freund zu besprechen. Oft möchten wir Hochsensiblen mit unseren reichhaltigen Gedanken und Empfindungen anderen zwar nicht zur Last fallen, aber die Kehrseite dieser Medaille ist dann oft das innere Gedankenkarussell, bei dem wir in Wiederholungen hängen bleiben. Im Gespräch mit anderen können Sie Ihre Sorgen und Überlegungen aus Ihrem Kopf entlassen und erhalten im Gegenzug dafür, wenn es ein konstruktives und inspirierendes Gespräch ist, neue Ideen und Impulse oder auch einfach nur Verständnis und Mitgefühl.

5.7.2 Der Zug fährt nicht – alltägliche Veränderungen

Niemand ist vor unvorhersehbaren oder kurzfristigen Veränderungen gefeit, auch wir Hochsensiblen nicht. Für uns bedeuten solche Moment meist relativ viel inneren Stress, da das sensorische System nur wenig Zeit hat, die Fülle der Informationen und Optionen zu bearbeiten. Sie erinnern sich, das feinfühlige System bereitet ja stets alle ihm bekannten Eventualitäten vor – das kann dauern. Daher reagieren wir Hochsensiblen auf kurzfristige Veränderungen oft auch zurückhaltend. Wir sind dann schnell gereizt, missmutig, desorientiert, verwirrt oder ablehnend.

Wie können Sie also mit solchen Lebensmomenten umgehen, damit es nicht zum Konflikt mit Ihrer Familie, Arbeitskollegen oder Freunden kommt und Sie dennoch eine zufriedenstellende Lösung oder Gestaltung der Situation finden? Nach meiner Erfahrung hilft hier tatsächlich – bis zu einem gewissen Grad – üben. Zusätzlich ist Selbstwahrnehmung wichtig.

Stellen Sie sich kleinen, ungewohnten Situationen und überlegen Sie sich im Vorfeld, was Sie schaffen können und wo Ihre Grenzen sind. Wenn es Ihnen zum Beispiel schwerfällt, eine fremde Person nach dem Weg zu fragen, dann üben Sie dies. Vielleicht nehmen Sie sich jemand Vertrautes mit oder Sie legen sich einen passenden Satz zurecht, der es Ihnen erlaubt, die Situation möglichst schnell wieder zu verlassen: „Ach, jetzt fällt mir der Weg wieder ein. Haben Sie vielen Dank. Auf Wiedersehen."

Selbstwahrnehmung hilft Ihnen zu spüren, welche Punkte Ihnen schwerfallen. Ist es die Angst vor der Reaktion des Gegenübers? Ist es die Sorge, sich zu blamieren oder Fehler zu machen? Ist es die Unsicherheit, wie Sie sich in der dann entstehenden Situation verhalten sollten? Je genauer Sie dies herausfinden, umso passender können Sie Übungssituationen gestalten, sich ein gewisses Handwerkszeug aneignen oder tiefer liegende Ängste, gegebenenfalls mit Unterstützung, beleuchten.

Eine andere, sehr hilfreiche und wichtige Methode, mit kurzfristigen Veränderungen umzugehen, ist die Auszeit. Nehmen oder erbitten Sie sich eine Pause, einen Moment des Reflektierens, um Ihrem inneren System die nötige Zeit zur Verarbeitung zu geben. Klären Sie gegebenenfalls vorab, wie schnell Sie tatsächlich auf die Veränderung eingehen müssen. Wenn Ihr Anschlusszug ausfällt, sollten Sie ziemlich rasch eine Alternative finden. Wenn die Kollegen Sie heute zum abendlichen Bowling einladen, haben Sie durchaus etwas Zeit, darauf zu reagieren: „Ich überlege es mir und sage euch nachher Bescheid." Im Zuge unserer hochsensiblen Neigung zu Höflichkeit und Anpassung sind wir in solchen Situationen zwar oft bemüht, uns schnell zu entscheiden, um den anderen nicht warten zu lassen. Auch möchten wir nicht den Eindruck vermitteln, uns nicht entscheiden zu können, aber Sie haben das Recht, sich für Ihre Umstellung und Entscheidungen die Zeit zu nehmen, die Sie brauchen!

Hochsensible Kinder, die öfter solchen flexiblen Bedingungen ausgesetzt sind, zeigen später eine größere Gelassenheit oder Sicherheit in diesen Situationen. Eine Bekannte hat einen Sohn, bei dem das Asperger-Syndrom diagnostiziert wurde. Er wuchs in einer Großfamilie mit vielen Kindern, viel Besuch und vielen Aktivitäten auf. Entsprechend seiner Erkrankung hatte er immer seine Probleme mit dieser Reizfülle, bekam aber seine speziellen Auszeiten, klare Ablaufstrukturen und Veränderungen wurden, so weit wie möglich, immer angekündigt. Heute, als junger Erwachsener, ist er in der Lage, trotz seines Autismus, relativ gut mit kurzfristigen Veränderungen umzugehen. Er kann seine Grenzen setzen, wenn er die Situationsänderung nicht möchte, und er hat Techniken und Verhaltensabläufe eingeübt, die er in den jeweiligen Momenten anwenden kann. Dadurch hat er Handlungsspielräume im Alltag gewonnen und muss fremde oder ungewohnte Situationen nicht aus Angst vor Überreizung oder mangelnder Bewältigbarkeit meiden.

5.8 Versuch macht klug – Ängsten begegnen

> Gustav ärgert sich über die Umgangsweise auf der Arbeit. Es ist für ihn ein Unding, jemanden so kurzfristig über solch einschneidende Veränderungen zu informieren. Jetzt sitzt er mit Herrn Schröder und Frau Jankowski in einem Zimmer – immerhin mit Hinterhofblick. Der Keller ist ihm erspart geblieben. Dennoch wurmt ihn die Sache, und er möchte sich bei seinem Vorgesetzten beschweren, wenn da nicht das Magengrummeln wäre. Wieder diese Angst, für seine Wünsche, nein, für seine Bedürfnisse einzustehen.
> „Wer, wenn nicht ich, soll für meine Bedürfnisse einstehen?" Dieser Satz imponierte Gustav schon vor geraumer Zeit sehr und bewegte ihn tief. Er nimmt ihn sich nun zu Herzen, sammelt sich, atmet mehrmals tief ein und aus, legt sich in Gedanken noch einmal seine Argumente zurecht und geht los.

Stellen Sie sich vor, Sie hätten keine Ängste! Kein bisschen Angst vor nichts und niemand und zu keiner Zeit. Sie könnten sich in jede Situation angstfrei und unbeirrt hineinbegeben. Keine Bedenken, keine Vorsicht oder Zögerlichkeit würde Ihren Elan bremsen. Ist das nicht wunderbar? Stünde Ihnen die Welt dann nicht offen, und Sie könnten tun, wonach immer Ihnen der Sinn stünde? Ist das nicht ein schöner, befreiender Gedanke?

Ich mag darüber kein Urteil abgeben, aber biologisch und psychologisch betrachtet wissen wir inzwischen, dass Ängste durchaus ihren Nutzen und ihre Berechtigung haben und uns in der einen oder anderen Form ständig begleiten. Wenn sie uns vor Gefahren bewahren, sind wir dankbar und froh, dass es sie gibt. Es stellt sich jedoch die Frage, welche und wie viel Ängste sind wann tatsächlich nützlich. Und wie gehen wir mit Ängsten um, die ihren Nutzen verloren haben oder weit über das Ziel hinausschießen?

Behindert die Angst unseren Lebensfluss oder löst gar Paniken oder Phobien aus, sind wir darüber mehr als nur verärgert und unwirsch. Dann lehnen wir die Angst ab, in der Hoffnung, ohne sie besser zurechtzukommen. Und weil wir sie ablehnen, sie davon aber nicht geringer, sondern eher größer wird, entwickeln wir irgendwann Angst vor ihr. Und schon sind sie zu zweit: die Angst und die Angst vor der Angst. Die Psychologie nennt dieses Phänomen die Erwartungsangst.

Wie können wir mit diesem Paar umgehen? Eigentlich braucht es die Haltung, zuerst keine Angst mehr vor der Angst zu haben! Allerdings muss es hierfür eine Möglichkeit geben, die ursprüngliche Angst im Zaum zu halten oder zu verringern.

Angst ist immer im menschlichen Gepäck, also laden wir sie doch ein, dabei zu sein. Ich gehe jetzt gemeinsam mit meiner Angst auf den menschengefüllten Platz. Ich habe Angst zu stottern? Also stottere ich absichtlich besonders viel. Paradoxe Intention (PI) nennt die Psychologie diese Methode, die auf den österreichischen Neurologen und Psychiater Victor Frankl (1905–1997) zurückgeht: das Gegenteil von dem tun, zu dem uns die Angst verleiten möchte.

> Bei PI wird der Patient aufgefordert, sein symptomatisches Verhalten nicht zu bekämpfen, sondern bewusst herbeizuführen und auszuüben. Dabei soll die Angst vor dem Symptom durch einen paradoxen ironischen Wunsch ersetzt und eine Distanzierung zur Angst erreicht werden.[5]

In manchen Fällen kann dies tatsächlich eine wirksame Lösung sein und die Angst abbauen. Allerdings sollte eine solche Maßnahme nur in einem medizinischen und psychotherapeutischen Kontext angewendet werden. An dieser Stelle möchte ich erneut darauf hinweisen, dass Sie, wenn Sie unter massiven Ängsten oder Phobien leiden, zuerst zu einer dafür ausgebildeten Fachkraft wie einem Arzt oder einer Psychotherapeutin gehen sollten. Selbsthilfemethoden oder -gruppen, besonders mit der Ausrichtung auf Hochsensibilität, können eine durchaus sinnvolle Ergänzung sein, wenn dort ein positiver und stärkender Umgang gepflegt wird.

Welche Möglichkeiten jenseits klinischer Interventionen gibt es, mit angstbesetzten Situationen umzugehen, beziehungsweise was braucht es dafür? Es bedarf einer zunehmend stabilen und gereiften Persönlichkeit. Je selbstsicherer Sie werden, umso vertrauensvoller begegnen Sie herausfordernden Situationen. Dafür braucht es jedoch nicht nur Selbstvertrauen, sondern auch das Urvertrauen in die Welt und die tiefe innere Sicherheit, dass alles, was gerade geschieht, seinen Sinn hat, auch für Sie selbst und das eigene Leben. Aber gerade dieses Urvertrauen ist so oft bei uns Hochsensiblen angeschlagen. Zu oft und zu früh haben wir durch unsere Andersartigkeit erfahren, dass wir vermeintlich verkehrt sind. Daher hadern wir Hochsensiblen aus den unterschiedlichsten, zum Teil bereits genannten Gründen mit uns und der Welt. Dieses Hadern kann zu unterschiedlichen Ängsten führen.

Auch wenn wir nicht über das erstrebenswerte Selbst- oder Gottvertrauen verfügen, heißt das nicht, dass wir uns ständig und anhaltend unseren Ängsten ergeben müssen. Im Gegenteil, nehmen wir unsere Ängste als Wegweiser. Folgen wir ihren Spuren, um immer mehr zu unserem Kern, zu uns selbst und unserem Wesen zu finden. Ein Therapeut sagte mir vor vielen Jahren einmal: „Da, wo die Angst ist, geht's lang!" Ich habe diesen Satz nie wieder verges-

---

[5]Dorsch – *Psychologisches Wörterbuch*, Hans Huber 2004, 14. Aufl.

sen, und inzwischen ist er auch schon recht bekannt. Und es stimmt, die Angst bewahrte uns in früheren Zeiten und in manchen Situationen vor Gefahren und Unbill, heute kann sie unser Wegweiser zu innerem Wachstum sein.

5.8.1 Politik der kleinen Schritte

Wenn Sie beginnen, sich mit Ihren Ängsten auseinanderzusetzen, machen Sie sich die Ursachen Ihrer Ängste klar und prüfen Sie, ob diese Ursachen heute noch eine Rolle spielen. Schauen Sie, welche Kompetenzen Sie in der Zwischenzeit entwickelt haben und wie Sie sie nutzen können, um angstbesetzte Situationen heute zu meistern. In diesem Zusammenhang gilt es auch, die der Hochsensibilität eigene Vorsicht zwar zu berücksichtigen, aber das Leben und die individuellen Entwicklungsschritte nicht nach ihr auszurichten.

Was ist der kleinstmögliche Schritt, den Sie wagen können? Stellen Sie sich diese Frage, bevor Sie ein angstbesetztes Vorhaben abbrechen, da Ihnen die Hürden zu hoch oder das Ziel zu weit entfernt erscheinen. Das ist die Kunst der Angstbewältigung oder -reduzierung. Es ist kein ausschließlich für Feinfühlige geeignetes Verfahren, aber wir Hochsensiblen brauchen gute Möglichkeiten, da wir leider öfter als Normalsensible mit Ängsten zu tun haben.

Ein uraltes, aber nach wie vor probates Mittel ist die Übung. Sie benötigen sie, um in angstbesetzten Situationen neue Handlungsabläufe zu entwickeln und zu etablieren. Üben Sie in kleinen Schritten. Sicherlich ist Ihr Verstand und Ihre Vorstellung von dem, was und wie es sein sollte, bereits weit fortgeschritten, aber in diesem Falle nützt Ihnen das leider nicht viel. In der Realität braucht es klare Handlungen, und die wollen geübt sein.

Manche Hochsensible trauen sich zum Beispiel nicht zu den Offenen Berliner HSP-Treffen. Ich schlage ihnen dann immer vor, vorbeizukommen, wenn sie sich gut fühlen, und solange zu bleiben, wie es ihnen guttut. Sie müssen auch nichts sagen außer ihrem Vornamen. Die Offenen HSP-Treffen sind genau aus diesem Grund sehr „offen" konzipiert: Niemand braucht sich anzumelden, jeder kann gehen, wann er mag, es gibt keine Verpflichtungen.

5.8.2 Raus aus der Komfortzone

Zur Praxis der kleinen Schritte gehört auch das zeitweilige Verlassen Ihrer Komfortzone. Probieren Sie Ungewohntes aus oder gehen Sie überschaubare Risiken ein. Sie gehen zum Beispiel nicht gerne an fremde Orte? Setzen Sie sich wenigstens ein oder zwei Mal im Monat in ein Café Ihrer Wahl. Entscheiden Sie, ob Sie immer das gleiche Café besuchen oder hin und wieder die Örtlichkeit wechseln. Nehmen Sie sich vielleicht ein gutes Buch mit und trinken Sie einen Tee oder Kaffee. Sie müssen nicht lange dort verweilen, aber probieren Sie es so oft aus, wie Ihr Alltag es Ihnen gestattet. Immer wieder. Beobachten Sie, wie Sie sich fühlen und was sich dabei verändert, Besuch für Besuch.

Statt eines Cafés können Sie natürlich auch etwas anderes wählen, zum Beispiel eine Bibliothek, ein Museum, einen Bahnhof, oder schließen Sie sich einer Sport-, Lese- oder Wandergruppe an. Wichtig ist, nicht dauerhaft im Gewohnten zu verharren und den Ängsten Macht über Sie zu geben. Die Angst hatte ihre Berechtigung, denn Sie hat Sie ursprünglich einmal vor etwas beschützt. Aber heute ist das in dieser Weise nicht mehr nötig. Wenn Sie spüren, dass diese Schritte für Sie alleine nicht zu bewältigen sind, bitten Sie entweder eine Vertrauensperson, Sie anfangs zu begleiten oder zu ermutigen, oder suchen Sie sich professionelle Hilfe, um Ihre Ängste zu verringern.

> Die vertraute und sichere Komfortzone zu verlassen hat zwar etwas Beängstigendes, aber nur, weil es ungewohnt ist. Sie werden merken, wenn Sie das Neue öfter wagen, wird es irgendwann nicht mehr neu sein, nicht mehr ungewohnt, sondern mehr und mehr zur Selbstverständlichkeit werden und auf diese Weise Ihre Lebenskompetenzen erweitern. Ja, Sie können an fremde Orte gehen.
>
> Der amerikanische Pastor und Autor von *Einwand*frei Will Bowen fragte einst seine Frau, wie man denn am besten das Reiten erlerne. Sie antwortete kurz und bündig: „Zeit im Sattel ... Zeit im Sattel."[6]

5.9 Umgang mit Stress

> Der „neue" Arbeitsplatz ist unangenehm. Sehr sogar. Die ganze Arbeitssituation ist nach dem Umzug viel stressender. Gustav läuft den halben Tag mit seinen Unterlagen treppauf und treppab, da seine Abteilung zum Großteil noch am alten Platz ist. Der neue Arbeitsraum ist eng, ziemlich dunkel und stickig, Herr Schröder riecht ständig nach Zigarettenqualm, und Frau Jankowski ist nett, aber eine Plaudertasche. Gustav fühlt sich zunehmend schlechter und erschöpfter. Abends fällt er nur noch ins Bett. Hilmar und Peter haben sich schon beschwert, die vorsichtige Annäherung zwischen ihm und Frederike stockt. Und das i-Tüpfelchen sind seine Ängste vor dem Gespräch mit dem Chef. Schon drei Mal ist er vor seiner Tür wieder abgebogen.
>
> Als rettende Maßnahmen entschließt Gustav sich, Ohrstöpsel zu besorgen und eine kleine Duftlampe im Büro aufzustellen. Für das Problem mit dem Chef hat er noch keine Lösung.

---

[6]Bowen, Will, *Einwandfrei*, Goldmann Arkana 2008.

Stress ist leider oftmals ein treuer Begleiter hochsensibler Menschen. Aber das muss nicht so bleiben. Stress lässt sich reduzieren, jedoch leider nicht gänzlich vermeiden. Generell gilt: Je belasteter oder erschöpfter Sie sind, umso schneller werden Sie sich von Reizen überflutet fühlen! Daher ist die Stressvermeidung und -bewältigung für ein ausgeglichenes und stabiles hochsensibles Leben so wichtig. Bitte versuchen Sie jedoch nicht, nun auf Biegen und Brechen jegliche möglicherweise Stress auslösende Situation zu vermeiden. Das würde Ihre Komfortzone nach und nach einengen und Ihre persönliche Entwicklung hemmen.

5.9.1 Vermeidung von Stress

Der erste Schritt ist immer die Lokalisierung der stressenden Reize, Menschen oder Situationen. Finden Sie dazu heraus, auf welchem Sinneskanal Sie besonders empfänglich sind. Meist mischen sich zwei bis drei Sinnesbereiche in ihrer Empfindsamkeit, aber auch dabei scheint es noch gewisse Abstufungen zu geben. Dort wo Sie im positiven Falle feine Details wahrnehmen und zu besonderen Ergebnissen in Ihrem Handeln in der Lage sind, sind Sie im kritischen Falle auch besonders empfindlich. Dann reizt Sie als visueller Typ das Licht überaus intensiv, Sie ertragen die ganz normale Geräuschkulisse im Büro nicht mehr, wenn Sie ein auditiver Typ sind, oder Sie sind schnell von intensiven Gerüchen genervt, falls Ihr olfaktorischer Sinn stark ausgeprägt ist.

Da sich die Reduzierung solcher Reizquellen jedoch nicht immer einfach so umsetzen lässt, ist es ratsam, parallel dazu Stressbewältigungsmethoden für Akutsituationen zu erlernen.

Leider gibt es immer wieder Menschen, die durch ihr grenzüberschreitendes Verhalten Stress in uns auslösen. Das mag die Schwiegermutter mit ihrer übergriffigen Art sein, ein Kollege, der sich nicht an Absprachen hält, oder ein Freund, der uns durch seine psychische Belastung viel Aufmerksamkeit und Energie abverlangt. Hier ist es hilfreich zu schauen, in welcher Form Sie sich abgrenzen und Nein sagen können (vgl. Abschn. 5.4.2). Anfangs mag Sie das wiederholte Grenzensetzen anstrengen und stressen, da es vielleicht ungewohnt ist und Ihr Gegenüber auch nicht immer sofort entsprechend auf Ihr Nein reagiert. Bleiben Sie dennoch am Ball. Je öfter Sie üben, Menschen gegenüber, die Sie belasten, Nein zu sagen, desto leichter wird es Ihnen fallen. Wenn Ihnen dies zunächst schwerfällt, sprechen Sie mit Vertrauten darüber. Möglicherweise haben sie hilfreiche Tipps für Ihr konkretes Anliegen.

In manchen Fällen reichen jedoch leider ein oder mehrere Neins nicht aus, und nur eine Trennung oder Kontaktvermeidung hilft weiter. Dies sollte jedoch immer die letzte Option sein. Überprüfen Sie im Zuge der Integration Ihrer Hochsensibilität, welche Menschen Ihnen wirklich guttun und welche nicht. Es ist völlig legitim, sich mit den Menschen zu umgeben, die wirklich zu Ihnen passen. Auch das ist in dieser Phase ein zuweilen schmerzhafter, aber wichtiger und letztlich erleichternder Schritt.

Auch lösen Situationen in uns Stress aus. Dies kann die Fahrt mit den öffentlichen Verkehrsmitteln sein, das Morgenritual mit den Kindern, der unruhige Arbeitsplatz und vieles mehr. Generell gilt: Schauen Sie, welche Situationen Sie vermeiden können. Fahren Sie zum Beispiel mit dem Rad zur Arbeit, oder setzten Sie sich in der Bahn an einen anderen Platz oder – nein, überlassen Sie die Kinder sich nicht alleine ihrem morgendlichen oder abendlichen Schicksal. Aber möglicherweise können Sie diese regelmäßigen Abläufe mit ihnen durch feste Strukturen und Rituale reizarmer gestalten: kein Radio oder Fernsehen nebenbei, gesunde Ernährung, Ablaufpläne, eventuell auch in bildhafter Form. Das hilft auch hochsensiblen Kindern, sich besser im Tag zurechtzufinden.

Je genauer Sie in einer Situation das Sie stressende Element ausmachen, umso punktgenauer können Sie anschließend die Belastung reduzieren. Die Tatsache, dass Sie sich überhaupt in einer Situation gestresst fühlen, hängt meist stark von Ihrer eigenen Befindlichkeit ab, und Lösungen hierfür sind oftmals sehr individuell. Sind Sie müde, erschöpft, unwillig oder sowieso schon überreizt? Dann wäre der erste Schritt zur Stressreduzierung eine gute Selbstfürsorge. Beruhigen Sie Ihre Nerven, füllen Sie Ihre Energiereserven wieder auf, schaffen Sie stille und ruhige Momente in Ihrem Alltag und tun Sie möglichst viel von dem, was Sie erleichtert und beschwingt.

5.9.2 Inneren Stress reduzieren

Häufig sind die belastenden Reizquellen gar nicht so sehr in der Außenwelt zu finden, sondern vielmehr in uns selbst. So sorgt das rege Innenleben bei uns Hochsensiblen für ständige neuronale Aktivität im Gehirn. Die Wahrnehmung an sich, die entsprechend intensive innere Verarbeitung, aber auch das Nach- und Vordenken von Erlebtem und Zukünftigem, das Abwägen und Einschätzen führt in seiner Summe oftmals zu reichlich Stress. Die große Frage, die sich viele Hochsensible hierbei stellen, ist: „Wie kann ich meinen Kopf ausschalten?"

Nun ja, so richtig ausschalten können wir den Kopf natürlich nicht, aber er lässt sich etwas beruhigen. Folgende Techniken oder Verhaltensweisen können dabei helfen:

5.9.2.1 Gedanken aufschreiben

Sicherlich kennen Sie das auch: „Ach, das merke ich mir für nachher." Ja, das tun Sie. Von diesem Moment an ist Ihr Gehirn, Ihr Gedächtnis ständig damit beschäftig, den Gedanken oder die Idee nicht mehr zu vergessen. Das sorgt auf Dauer für rege Aktivität im Kopf, und im Zweifelsfall funktioniert es nicht einmal – Sie stehen Stunden später da und überlegen, was Sie sich eigentlich hatten merken wollen. Also strengen Sie sich an, sich wieder zu erinnern, und sämtliche Überlegungen, vergangene Tätigkeiten und Örtlichkeiten werden nach Hinweisen auf den verschwundenen Gedanken durchwühlt. Da Sie sich in der Regel aber nicht nur einen Gedanken pro Tag auf diese Weise merken wollen, kann es insgesamt zu reichlich neuronalen Aktivitäten kommen.

Schreiben Sie daher wichtige Gedanken auf, vorzugsweise wenn Sie sie erst einige Zeit später wieder benötigen. Was Sie aufgeschrieben haben, können Sie dann getrost vergessen. Sie haben es ja aufgeschrieben. Sie sollten sich dann nur merken, wo! Das führt zu mehr Ruhe und innerer Entspannung. Keine Sorge, es bleiben noch genügend andere Gedanken übrig …

5.9.2.2 Alltag entschleunigen

Die zunehmende Geschwindigkeit aller Lebensabläufe fordert uns Hochsensiblen einiges ab. Während Normalsensible derzeit mit dem Eilzug fahren, fühlen wir uns wie im ICE. Setzen Sie einen oder mehrere Kontrapunkte in Ihrem Alltag. Nehmen Sie das Tempo heraus, um wieder Luft zu kommen und Ihrem Organismus Zeit zur Verarbeitung zu verschaffen. Das können kleine Pausen zwischendurch sein. Sie müssen dafür auch nicht das Rauchen beginnen... Setzen Sie eine Zeit fest, bis wann Sie abends im Haushalt und mit den Kindern aktiv sind. Danach haben Sie Zeit für sich oder Ihre Partnerschaft. Seien Sie nicht ständig für jeden und alles verfügbar. Gehen Sie bestimmte Wege zu Fuß, um sie langsamer und genüsslicher zu gestalten, zum Beispiel einen Teil des Wegs nach Hause. Lesen Sie, gehen Sie in die Natur und reagieren Sie nicht auf jedes Klingeln Ihres Telefons – es gibt Anrufbeantworter.

Delegieren
Häufig geben wir zu wenig Aufgaben ab. Da erledigen wir noch schnell das Schreiben – wir haben es ja eh schon im Kopf vorformuliert; da räumen wir lieber selbst auf – geht schneller und wir müssen die Sachen nachher nicht wieder suchen gehen; da organisieren wir noch schnell die Reise, die Reparatur des Autos, den Arztbesuch mit dem Kleinsten, die Einweisung des neuen Azubis – ach ja, und zwischendurch kochen wir noch schnell den ausgegangenen Kaffee für die Belegschaft und sorgen für die Erledigung der Tagespost … Perfektionismus, Verantwortungsgefühl, mangelndes Selbstwertempfinden und das Bedürfnis nach Kontrolle – da weiß ich, was (an Reizen) auf mich zukommt – sind ein guter Nährboden für ein solches Verhalten.

Unter hochsensiblen Menschen ist ein solches Gebaren ziemlich verbreitet. Die Angst, etwas falsch zu machen, für Kollegen oder Familienmitglieder entbehrlich zu sein, niemals genug zu tun, all diese Ängste treiben Sie möglicherweise an, alles zu übernehmen und nichts abzugeben. Dass hierbei Stress aufkommt, ist nicht verwunderlich. Allerdings ist es nicht zwingend der äußere, sondern tatsächlich der innere Stress, nicht loslassen zu können, der Sie in einem solchen Fall belastet.

Delegieren Sie, geben Sie ab und konzentrieren Sie sich auf die Aufgaben, die wirklich nur Sie erledigen können und sollten. Und wenn Sie nicht delegieren können, so frage Sie sich, warum und klären Sie diese Blockaden.

5.9.3 Methoden zur Stressbewältigung

Eine Stresserfahrung können wir nicht mehr rückgängig machen. Mithilfe unterschiedlicher Stressbewältigungsmethoden können Sie jedoch Ihren inneren Stress reduzieren und teils auch ganz abbauen. Stressbewältigung teilt sich in zwei Bereiche auf, wobei beide auch ineinandergreifen:

1. Entspannungstechniken und
2. Stress reduzierende Maßnahmen.

Sie finden anschließend einige ausgewählte Methoden aus jedem Bereich.

Manche dieser Methoden werden durch einige gesetzliche oder private Krankenkassen bezuschusst. Ob und in welchem Rahmen ein solches Angebot von Ihrer Krankenkasse finanziert wird, erfahren Sie direkt bei Ihrer Kasse.

Um das Richtige für sich zu finden, machen Sie sich schlau, fragen Sie Freunde oder Kollegen nach Meinungen und Erfahrungen, schauen Sie, von welcher Methode Sie sich emotional angesprochen fühlen, und wählen Sie dann in Ruhe aus.

5.9.3.1 Entspannungsmethoden

PMR – Progressive Muskelrelaxation
PMR (progressive Muskelrelaxation) oder auch PR (progressive Relaxation) nach Edmund Jacobson ist ein Selbsthilfeentspannungsverfahren, bei dem durch die willentliche und bewusste An- und Entspannung bestimmter Muskelgruppen ein Zustand tiefer Entspannung des ganzen Körpers erreicht werden soll. Dabei werden einzelne Muskelpartien in einer bestimmten Reihenfolge angespannt, dann wird die Anspannung kurz gehalten, und anschließend wird sie wieder gelöst. Ziel des Verfahrens ist eine Senkung der Muskelspannung unter das normale Niveau aufgrund einer verbesserten Körperwahrnehmung.

Das Verfahren ist klinisch hinreichend bestätigt und wird häufig in psychosomatischen Kliniken und als Präventivmaßnahme angeboten. Bei Angst- und Spannungszuständen inklusive den damit verbundener körperlicher Beschwerden ist die spezifische Wirksamkeit der PMR gut belegt, aber auch andere Beschwerden lassen sich dadurch gut lindern.

Autogenes Training
Autogenes Training ist eine Entspannungsmethode, die auf Autosuggestion basiert. Der Berliner Psychiater Johannes Heinrich Schultz hat sie aus der Hypnose weiterentwickelt und 1932 erstmals in seinem Buch *Das autogene Training* veröffentlicht.

Autogenes Training setzt formelhafte Redewendungen ein, die dem Unterbewusstsein helfen, an etwas zu glauben. Diesen Prozess nennt man Autosuggestion. Voraussetzung ist eine ruhige Körperhaltung, in der die Muskeln völlig entspannen können.

Die Wirksamkeit des Autogenen Trainings wurde inzwischen in vielen Studien nachgewiesen.

Asiatische Entspannungstechniken: Hatha-Yoga – Tai-Chi – Qigong
Hatha-Yoga ruht im Wesentlichen auf drei Säulen: den Körperübungen (Asanas), den Atemübungen (Pranayamas) und den Meditationsübungen (Dhyanas). Hatha-Yoga hält in erster Linie den Körper fit und gesund. Aber

durch die Kombination der Körperübungen mit den Atem- und Meditationsübungen führt es auch zu geistiger Ruhe und Stärke. Diese kombinierte Wirkung sowie die relativ einfache Erlernbarkeit sind die Gründe für die weite Verbreitung dieser Yoga-Form.

T'ai Chi Ch'uan oder kurz Tai-Chi war ursprünglich eine chinesische Kampfkunst. Sie besteht aus Abläufen, die nach vorgeschriebenen Formen ausgeführt werden. Es gibt hierbei Abläufe, die allein, andere wiederum mit einem Partner durchgeführt werden. In der Entwicklungsgeschichte des Tai-Chi richtete sich die Aufmerksamkeit mehr und mehr auf die meditativen und gesundheitsfördernden Aspekte. So verlangsamte sich das Tempo der Bewegungen erheblich. Im Laufe der Zeit entstanden verschiedene Stile, die zwischen 24 und 108 Bewegungsfiguren umfassen.

Das chinesische Qigong beinhaltet vielfältige Atem- und Bewegungsübungen, die zur Verbesserung des Wohlbefindens beitragen können. Grundlage dieser Entspannungstechnik sind die sogenannten Meridiane oder Energiebahnen. Diese verlaufen der Theorie zufolge durch den gesamten Körper und werden nach den Organen benannt, die sie besonders betreffen. Wenn diese Bahnen blockiert sind, kommt es zu Krankheiten und Schmerzen. Durch die speziellen Atem- und Bewegungsübungen können diese Blockaden gelöst werden.

5.9.3.2 Stressbewältigungsmethoden

EFT – Emotional Freedom Techniques®
EFT® ist eine Methode der energetischen Psychologie, die als Selbsthilfeinstrument und als therapeutisches Verfahren auch mit anderen Methoden kombiniert sehr gute Ergebnisse zeigt. Sie ist eine Form von psychologischer Akupunktur ohne Nadeln, die das Meridiansystem der traditionellen chinesischen Medizin benutzt, um psychischen Stress und negative Emotionen aufzulösen.

MBSR – Mindfulness-Based Stress Reduction
Das Antistressprogramm MBSR wurde in den 1970er-Jahren von Dr. Jon Kabat-Zinn (USA) entwickelt. Es ist ein Selbsthilfetrainingsprogramm für unseren Geist und beinhaltet meditative Übungen in Ruhe und Bewegung. Damit wird eine größere innere Ruhe erreicht und gleichzeitig die Wahrnehmung von Gedanken, Gefühlen und Körperempfindungen vertieft. Wissenschaftlich fundierte Ansätze aus Psychologie und Stressforschung ergänzen das Programm. MBSR bietet praktische Übungen im Umgang mit Stress,

schmerzhaften Emotionen, körperlichen Schmerzen oder schwierigen Kommunikationssituationen.

ROMPC® – Relationship-oriented Meridian-based Psychotherapie, Councelling and Coaching
ROMPC® ist ein innovatives Verfahren zur Stressreduktion und zur Überwindung von emotionalen Blockaden. Das Motto lautet: „Wir sind durch Beziehungen krank geworden und wir werden durch Beziehungen wieder gesund!" Das ROMPC® wirkt mithilfe einer Kombination aus Beziehungsarbeit, Klopfen speziell ausgewählter Meridianpunkte, Affirmationen sowie bestimmter Augenbewegungen aus dem EMDR®. Es wirkt auf gespeicherte Stresserfahrungen im Gehirn ein und reduziert sie. Die inneren Blockaden verringern sich und Kommunikation wird in einer geheilten Form möglich.

5.9.3.3 Andere Möglichkeiten zur Stressreduktion

Sport
Viele Menschen sind Bewegungsmenschen, das heißt, sie fühlen sich bei Bewegung wohl und können dabei abschalten und entspannen. Vielleicht gehören auch Sie zu ihnen. Dann schauen Sie, ob und welche sportlichen Aktivitäten Ihnen guttun. Es müssen ja nicht Kampfkünste oder Wettbewerbe sein. Suchen Sie sich einen Sport aus, bei dem Sie sich wohlfühlen und den Sie gut und regelmäßig in Ihren Lebensalltag integrieren können.

Lesen
Im Zeitalter der Medien ist das Lesen eines echten Buches schon fast ein Luxus. Gönnen Sie Ihren Augen eine Auszeit vom Bildschirm: kein PC, kein Laptop, kein Kindle. Nehmen Sie ein gutes Buch in die Hand, spüren das Papier, genießen Sie das Cover und ziehen Sie sich damit aus dem Trubel des Alltags zurück, hinein in eine stille Welt, die nur zwischen Ihnen und dem Buch existiert. Auch das kann Ihr aufgewühltes Nervensystem wieder beruhigen und entspannen.

Natur
Die Natur war schon immer ein kraftspendender Ort. Ihre Klarheit und Ruhe ist Balsam für das feinfühlige System. Nutzen Sie dies. Gehen Sie, wann immer Sie Zeit und Lust haben, in die Natur, zum Beispiel in einen Wald direkt in Ihrer Nähe oder weiter weg.

Kontakt zu Tieren
Auch der Kontakt zu Tieren ist immer wieder beruhigend und erdend. Viele Menschen haben deswegen Haustiere. Nicht ohne Grund gibt es inzwischen tiergestützte Therapien, zum Beispiel mit Delfinen, Hunden oder Pferden. Dabei wird die Fähigkeit der Tiere genutzt, die Gefühle des Menschen direkt und unverfälscht widerzuspiegeln und dadurch innere Prozesse sichtbar und bewusster werden zu lassen, sodass sie therapeutisch genutzt werden können.

Dies ist nur eine winzige Auswahl dessen, was uns heute zur Entspannung und Stressreduktion zur Verfügung steht. Da Sie vermutlich nicht alle Methoden durchforsten wollen, lassen Sie sich von Ihrer Intuition, von Ihrem Bauchgefühl und vom sogenannten Zu-Fall leiten. Schauen Sie, was fällt Ihnen zu, wenn Sie Ihre innere Aufmerksamkeit auf Ihren Wunsch ausrichten: „Ich möchte eine passende Methode oder Aktivität für mich finden." Gerade für uns Hochsensible ist dies eine gute Übung, denn in der Regel haben wir einen guten Zugang zu unserem Bauchgefühl – vorausgesetzt, wir haben es nicht zu lange und zu stark unterdrückt.

5.9.4 Wider die Perfektion – Fehlerkultur pflegen

> Es kommt zu einem Entwicklungsdefizit, wenn jemand
> den Fehler macht, zu wenig Fehler zu machen.
> (Arnold Retzer)

Kinder lieben Fehler. Meist schütten sie sich vor Lachen dabei aus. In meiner psychosozialen Beratung von Familien habe ich häufig Ausflüge mit Kindern unternommen. Eines Tages begann ich, absichtlich Fehler in unsere Ausflugsabläufe einzubauen. Keine gravierenden Fehler, gerade so groß, dass sie bemerkt werden konnten. Sobald die Kinder sie herausfanden, zum Beispiel sind wir einen falschen Weg entlang geradelt, haben sie sich nach einem kurzen Moment der Irritation köstlich amüsiert.

So paradox es klingen mag: Fehler können uns entstressen. Ich meine hier nicht die gravierenden Fehler, die zu Verletzungen von Mensch, Tier oder Umwelt führen könnten oder unseren beruflichen Werdegang gefährden. Ich spreche hier von den kleinen Alltagsmalaisen: das Paket zu spät abgeschickt, vergessen, dem Kind den Apfel mit in die Schule zu geben, die Wand nicht perfekt gestrichen – die eigene natürlich – und viele dieser Dinge mehr.

Vielleicht wird die Aussage nachvollziehbarer, wenn wir uns das Gegenteil anschauen: Durch den Wunsch oder gar den Drang, alles einer Sache oder Situation möglichst perfekt zu gestalten, setzen wir uns selbst enorm unter

Druck. Wir sind stark auf ein bestimmtes Ergebnis fokussiert. Dadurch spannen wir uns innerlich erheblich an, sowohl geistig also auch körperlich. Das bedeutet: Perfektionismus strengt uns an und stresst.

Lassen wir hingegen etwas ab von unserer perfekten Vorstellung, gönnen uns ein wenig Laissez-faire und räumen so manchem Lapsus ein, uns erheitern zu dürfen, können wir selbst uns wieder etwas entspannen. Ich habe einige Zeit gebraucht, Unterrichtsfehler meinerseits – sie sind letztlich unvermeidbar – gelassen zu nehmen und sie zu einem liebevollen Accessoire meiner Person umzugestalten. Das schönste Kompliment, das mir eine Kursabsolventin dazu einmal sagte, war: „Bei Ihnen habe ich den Mut zur Lücke gelernt", und sie meinte dies durchaus positiv. Fehler sind menschlich und sie machen uns liebenswert. Wie würden Sie sich an der Seite eines Menschen fühlen, der immer alles richtig macht, der immer alles perfekt gestaltet?

Es braucht an dieser Stelle die Gegenüberstellung von Anspruch und Angemessenheit der Situation. Ist es wirklich nötig, das verfasste Protokoll zum vierten Mal durchzugehen? Was würde passieren, wenn im Reisgepäck die Zahncreme oder die Socken fehlen? Für uns Hochsensible ist es daher angeraten, unterscheiden zu lernen, wann Perfektionismus wirklich einen Sinn hat und wann es sich dabei „nur" um einen Drang handelt, es aber nicht der Situation angemessen wäre, ihm zu folgen.

Eine Freundin erzählte mir eines Tages, als wir uns über Kindererziehung unterhielten, Folgendes: Seit sie festgestellt habe, dass sie in der Erziehung Fehler nicht vermeiden könne, strenge sie sich nicht mehr so maßlos an, diese zu vermeiden. Seitdem sei sie viel entspannter mit ihrem Kind, und es gehe beiden damit sehr gut. Dies hat mir sehr zu denken gegeben.

Fehler zuzulassen heißt nicht, unreflektiert in jede Situation zu schlittern oder achtlos mit Menschen, Dingen oder Situationen umzugehen. Entwickeln Sie ein Gespür dafür, wie viel Perfektion für eine Arbeit nötig ist und wie viel Perfektion Sie gerade wirklich gerne erbringen wollen.

Der Autor Olaf Jacobsen stellt seinen Umgang mit Fehlern in seinem Buch *Ich stehe nicht mehr zur Verfügung* vor:

> Je klarer wir wissen, was wir falsch machen, desto klarer können wir es auch sein lassen. [...] Ich übe manchmal gezielt meine Fehler und wiederhole sie so lange, bis ich sie genau kenne und beherrsche. Anschließend übe ich das Richtige – und innerhalb kürzester Zeit spiele ich nur noch richtig. [...] Im Grunde geht es also nicht nur darum, Fehler zu bekämpfen, sondern darum, Fehler erst einmal genau kennenzulernen, um sie dann wissend vermeiden zu können. Das können Sie auf jeden Lern- oder Veränderungsprozess übertragen.[7]

---

[7]Jacobsen, Olaf, *Ich stehe nicht mehr zur Verfügung*, Windpferd 2008, 6. Aufl.

> Werden Sie entspannter mit Ihren inneren Ansprüchen, werden Sie wieder kindlich und genießen Sie Fehler. Provozieren Sie kleine, überschaubare Fauxpas, um sich an das Gefühl der Unperfektheit und die darin liegenden Situationsvariationen zu gewöhnen. Fehler amüsieren uns, lockern die Situation auf und geben uns Hinweise, an welchem Punkt etwas auch anders geschehen könnte oder es einfach eine Pause braucht. Die Kunst dabei ist dann nur, zu entscheiden, in welchen Momenten das Loslassen des Perfektionismus sinnvoll ist.

5.10 So mach ich's! – Entscheidungen treffen

> Gustav wird klar, dass Entscheidung nicht gleich Entscheidung ist. Schließlich hat er sich schon drei Mal entschieden, zum Chef zu gehen, und hat es – letztlich – drei Mal nicht getan. Peter meint, auch das wäre eine Entscheidung, aber nun mal wirklich? Was soll denn das für eine Entscheidung sein?!
>
> Gustav gesteht sich aufgrund der aktuellen Erfahrungen ein, dass er wohl ein ernstes Problem hat. Nach langen Überlegungen trifft er die Entscheidung, sich dafür professionelle Hilfe zu holen. Die Gespräche mit Frederike, Hilmar oder Peter sind ja schön und manchmal auch sehr hilfreich, aber das hier ist etwas anderes. Da muss ein Profi ran. Dieses Mal geht er los und kehrt auch nicht vor der Tür des Therapeuten um.

Wir fällen jeden Tag, jede Stunde, jede Minute Entscheidungen, hunderte, tausende von Entscheidungen. Trinke ich heute Morgen lieber Kaffee oder Tee? Fahre ich mit der Bahn oder dem Fahrrad? Ausflug oder Sofasession am Wochenende? Schokolade oder doch lieber den Müsliriegel? Gehen wir zu mir oder zu dir?

Wir entscheiden uns permanent und doch ist die Entscheidungsfindung für viele Menschen oftmals ein schwieriger Prozess. Viele Fragen, Ängste, Befürchtungen und Ungewissheiten lassen unsere Entscheidung ins Wanken geraten. Wir trauen unserem eigenen Urteil nicht mehr, zumal wenn es um Entscheidungen mit größerer Tragweite geht.

Inzwischen wurde wissenschaftlich festgestellt, was viele Menschen tagtäglich fühlen und – teils unbewusst – nutzen: dass nämlich Bauchentscheidungen durchaus stimmig sind. Bei Bauchentscheidungen zapfen wir sozusagen unser Unbewusstes an, Sie erinnern sich, das große Fußballfeld, das Meer der Möglichkeiten. Somit verfügen wir über eine kraftvolle und selbstständige Entscheidungshilfe, sozusagen einen Entscheidungsautopiloten. Allerdings braucht es etwas, damit wir ihn tatsächlich auch nutzen können: Wir müssen uns entscheiden, dieser Möglichkeit zu vertrauen! Dann könnten wir so manche Entscheidungsprozesse erleichtern, anreichern und letztlich beschleunigen.

In unserer verstandesgesteuerten Kultur ist es leider nicht selbstverständlich, Mechanismen und Kräften zu vertrauen, die wir nicht sehen, nicht messen und nicht wirklich erfassen können. Sie als hochsensibler Mensch haben jedoch aufgrund Ihrer Veranlagung unter Umständen mehr Zugang zu den unsichtbaren Ebenen, den Zwischentönen im Leben. Den Autopiloten für Ihre Bauchentscheidungen zu nutzen, wäre für Sie als Feinfühligen eine große Erleichterung und Hilfe. Vielleicht mögen Sie ihn zukünftig einmal bewusst ausprobieren …

Dennoch können sich für uns Hochsensible Entscheidungsfindungen schwieriger gestalten, da wir aus unserer Veranlagung heraus viele Überlegungen anstellen, Für und Wider gegeneinander abwägen, sämtliche Optionen durchgehen und dann das Ganze noch einmal von vorne beginnen – wir hätten ja etwas übersehen können. Das ist, was die neuronale Aktivität anbelangt, ein ungeheurer Aufwand. Im positiven Falle führt er zu gut durchdachten Ergebnissen, worin ja auch die besondere Qualität der hochsensiblen Disposition besteht. Auf der anderen Seite erfordert dieser Vorgang aber enorm viel Energie. Optimieren Sie daher Ihre Entscheidungsprozesse. Ich weiß, das ist leichter gesagt als getan. Dennoch gibt es einige Möglichkeiten, einerseits die Hemmnisse in der Entscheidungsfindung zu orten und zu verändern und andererseits Entscheidungsprozesse zu erleichtern.

5.10.1 Hemmende Faktoren

Mit folgenden Hemmnissen könnten Sie bei der Entscheidungsfindung konfrontiert werden:

5.10.1.1 Angst, etwas falsch zu machen

Dies ist eine häufige Angst. Prinzipiell beschützt uns Angst vor Gefahren. Einer angstbesetzten Entscheidungsfindung wird daher meist auch eine genauere Überprüfung der Komponenten vorgeschaltet. Dies ist völlig normal und zuweilen auch nötig. Schwierig wird es, wenn die Angst Sie ausbremst, Sie blockiert. Dann gilt es, die Hintergründe und Ursachen der Angst zu beleuchten und zu bearbeiten. Ohne diesen Schritt würde die Angst immer wieder auftauchen und Sie erneut ausbremsen.

In der Angst, etwas falsch zu machen, liegt auch die Sorge, sich falsch entschieden zu haben. In diesem Falle wissen wir nicht, ob das Ergebnis so stimmig und für uns selbst angemessen sein wird, wie wir es uns wünschen. Dies ist für uns Hochsensible unangenehm, da die Unvorhersehbarkeit, die durch diese Ungewissheit entsteht, wieder eine Fülle von unberechenbaren Reizen bedeutet.

Aber auch eine bestimmte Sichtweise auf menschliches Leben kann helfen, Angst vor Entscheidungen zu reduzieren. Mir hilft oft ein recht pragmatisches Verfahren: Vor vielen Jahren besuchte ich ein Seminar für Persönlichkeitsentwicklung, bei dem es unter anderem auch um das Thema „Die Wahl haben" ging. Die Quintessenz des Seminars besagte, dass es völlig egal ist, für welche der Optionen wir uns entscheiden. Jede Entscheidung führt zu einem Weg. Jeder Weg ist in Ordnung, weil wir jedes Mal dabei Erfahrungen sammeln. Jede Erfahrung ist wertvoll, weil sie zu unserem Lebensweg gehört. Letztlich besagt dieser Ansatz: Entscheide dich für deine Entscheidung! Diese Sichtweise ist allerdings kein Freifahrtschein für unmoralisches oder kriminelles Handeln. Wofür auch immer Sie sich entscheiden, es sollte stets zum Wohle aller und Ihrer selbst sein! Sobald Sie diese Prämisse befolgen, ist jede Entscheidung in Ordnung, egal welche.

5.10.1.2 Angst vor Konsequenzen

In der Sorge, was sich aus oder durch die Entscheidung entwickeln wird, werden die Befürchtungen deutlich, sich möglicherweise doch falsch entschieden zu haben oder die Auswirkungen der Entscheidung nicht meistern zu können. Auch hier könnte es ja unter Umständen zu einer unvorhersehbaren Reizfülle oder ungeplanten Situationen kommen. Bei solchen Ängsten kann die Haltung helfen, dass keine Herausforderung in das eigene Leben tritt, die nicht zu bewältigen wäre. Allerdings ist hier vorausgesetzt, dass Sie psychisch und körperlich relativ stabil sind. Leiden Sie an massiven körperlichen oder psychischen Problemen oder Erkrankungen, die Sie in der Gestaltung Ihres Alltags deutlich einschränken, ist dieser Ansatz mit Vorsicht zu genießen, und medizinische oder psychologische Hilfe angeraten.

5.10.1.3 Zu viele Alternativen

Dies ist ein Hemmnis, das hochsensible Menschen nur allzu gut kennen. Nehmen wir aufgrund unserer reizempfänglichen Veranlagung doch viele Details und somit auch alle möglichen Alternativen wahr. Hier kann die

Fokussierung auf das eigentliche, möglicherweise auch mittel- oder langfristige Ziel helfen, sich besser auszurichten und somit die Auswahl zu verringern. Machen Sie sich klar, warum Sie sich wofür entscheiden wollen und wägen Sie ab, wie relevant der Einbezug vieler Wahlmöglichkeiten tatsächlich ist. Es soll Ihnen ja nicht so gehen wie einer Interviewpartnerin aus meinem ersten Buch[8], die sich im Laden nicht für ein Handtuch entscheiden konnte und nach einer halben Stunde mit Kopfschmerzen, aber ohne Handtuch wieder hinausging.

5.10.1.4 „Was sollen die anderen denken?"

Wer kennt diesen Satz nicht! Durch unsere intensive Anpassung ist er für viele zu einem verinnerlichten Maß der eigenen Entscheidungsfreiheit geworden. Etliche Hochsensible tun sich daher mit Entscheidungen sehr schwer, bei denen möglicherweise nicht mit der Zustimmung anderer Personen zu rechnen ist. Verschiedene Faktoren kommen hier zusammen:

- Mit der Entscheidung müsste ich zu mir und meinen Bedürfnissen oder Grenzen stehen.
- Es könnte sein, dass durch meine Entscheidung andere Personen belastet werden oder ich durch meine Veränderung für andere unzumutbar werde.
- Mit meiner Entscheidung grenze ich mich eventuell aus der Gruppe aus, ohne dies zu beabsichtigen. Wenn ich es jedoch beabsichtige, könnte mir die Haltung der anderen zu meiner Abgrenzung eigentlich egal sein, aber als Hochsensible tut es das dennoch nicht immer. Auch die Anpassung ist eine treue Gesellin …

> Letztlich ist jede Angst im Entscheidungsprozess ein Hemmschuh, der Sie, neben einer möglichen Bewahrung vor Gefahren, an der Veränderung des Status quo hindert. So mag es lohnenswert sein, auch diesen Gedanken zu verfolgen und zu sehen, was passieren würde, wenn sich Ihre Situation, die Sie mit Ihrer Entscheidung ja zu verändern suchen, tatsächlich verändern sollte. Was wären die Vorteile? Was wären die Nachteile? Hält etwas in Ihnen daran fest, den Istzustand beizubehalten?

---

[8]Roemer, Cordula, *Ich bin wie ich bin – hochsensible Menschen erzählen aus ihrem Leben*, Schibri 2012.

5.10.2 Erleichternde Faktoren

Neben der Bewältigung ausbremsender Ängste gibt es auch Möglichkeiten, Entscheidungsprozesse zu erleichtern. Hier einige Beispiele dafür:

5.10.2.1 Auswahl verringern

Wählen Sie nicht zwischen fünf oder acht Optionen. Wählen Sie zwischen zwei. Falls dann noch weitere Möglichkeiten berücksichtigt werden müssen, wählen Sie wieder zwischen zwei. Und so weiter. Dies ist nicht nur für Sie als erwachsener Mensch hilfreich, sondern auch für hochsensible Kinder. So können sie die Entscheidungsfindung erlernen, ohne dabei von einem Zuviel an Möglichkeiten überflutet zu werden.

Von uns Erwachsenen erfordert diese Methode etwas gedankliche Disziplin, falls wir wissen, dass es eigentlich mehr Optionen zu berücksichtigen gilt. Aber bleiben Sie mit sich streng und klar – zwei Möglichkeiten. Nicht mehr.

5.10.2.2 Kompromisse gestatten

Es mag vorkommen, dass wir uns partout nicht für eine Sache entscheiden können: ins Kino gehen oder Freunde treffen? Freunde treffen oder zu Hause lesen? Arbeiten oder mit den Kindern spielen? In solchen Momenten können Kompromisse helfen. Suchen Sie nicht nach dem Entweder-oder, sondern finden Sie heraus, was das optimalste Und in der Situation wäre: ins Kino gehen *und* – davor/danach/dabei – Freunde treffen; zuhause lesen *und* – davor/danach/dabei – Freunde treffen; Arbeiten *und* – in einer Arbeitspause – mit den Kindern spielen. Durch das Und werden die Lebensmomente weicher, allerdings bedarf der Kompromiss einer klaren Vorstellung und Durchführung. Was möchten Sie also wie lange tun? Drei Stunden mit den Freunden zusammen sitzen oder heute vielleicht nur eine Stunde? Sie wollen ja noch ins Kino. Nicht zwei Stunden mit den Kindern toben, sondern heute eine halbe Stunde, denn danach werden Sie noch arbeiten.

5.10.2.3 Prinzip „Scheuklappe"

Nicht jeder oder jedem Hochsensiblen liegt das Prinzip „Scheuklappe". Hierbei entscheiden Sie sich zügig und aus dem Bauch heraus am besten für das Naheliegendste oder das Angenehmste oder das Notwendigste und schließen dabei alle anderen Überlegungen und Optionen kategorisch aus: „Es interessiert mich nicht, was noch alles möglich, was noch alles interessant wäre." Ich bin damit oft ganz gut gefahren, aber es führt natürlich manchmal auch zu – kleineren – Fehlentscheidungen und Irritationen bei Freunden. Diese sind dann über manch spontane, kurz gefasste, scheinbar unüberlegte oder ablehnende Entscheidung brüskiert. Aber letztlich entscheide ich mich ja für meinen Weg, und Sie entscheiden sich für den Ihren, oder? Das Prinzip „Scheuklappe" ist jedoch nicht wirklich sinnvoll, wenn es um langfristige und wegweisende Überlegungen geht. Den Arbeitsplatz- oder Berufswechsel beispielsweise sollten Sie schon ein wenig genauer unter die Lupe nehmen.

5.10.2.4 Der Adler hat's im Blick

Die Unüberschaubarkeit oder Verzwicktheit so mancher Entscheidungen lässt sich verringern, indem wir uns zwischendurch auf die Metaebene begeben, die Vogelperspektive einnehmen und auf diese Weise eine innere Distanz zum Entscheidungsprozess schaffen. Dieser Schritt kann helfen, sich aus möglichen Verzettelungen in der Lösungssuche zu befreien und Details des Ganzen wieder zu erkennen, die im Tiefgang der inneren Auseinandersetzung aus dem Blick geraten sind. Manchmal hilft dabei auch ein Gespräch mit einer vertrauten und eingeweihten Person.

> Im hochsensiblen Integrationsprozess fallen viele und schwerwiegende Entscheidungen an: Passt dieser Mensch, dieser Beruf, diese Umgebung zu mir? Tut mir der Umgang mit Person X oder das Hobby Y gut? Und wenn nicht, was und wie soll beziehungsweise kann ich es verändern? Da Sie in der Aufarbeitung Ihrer Geschichte viel Tiefgründiges an die Oberfläche holen, um Ihre hochsensiblen Wesenszüge wiederzuentdecken, sind auch die Entscheidungsfragen, die in diesem Zusammenhang aufkommen, entsprechend tief greifend und berührend.

5.11 Ich bin richtig! – Traumafolgen lösen

Um zu werden, wie man sein will, muss
man erst sein wollen, wie man ist.
(Andreas Tenzer)

> „Sie sind hochsensibel. Wissen Sie, was das für Ihr Leben und Ihre Geschichte bedeutet?" Der Therapeut spricht seit Wochen mit Gustav über seine Kindheit, seinen Alltag, seine Ängste, seine Wahrnehmung, einfach alles. Zumindest fühlt es sich für Gustav so an. Anfangs hat er nur sehr zögerlich von sich erzählt. Vieles war Gustav abgrundtief peinlich, an manches konnte er sich gar nicht mehr erinnern, häufig blockierten ihn seine Ängste. Aber so langsam fasst er wieder Zutrauen zu sich selbst, versteht seine Empfindungen besser, und warum er diese Schwierigkeiten hat, die ihn schon so lange belasten. Auch kann er nach und nach die Auswirkungen seiner Hochsensibilität erkennen – in seiner Geschichte und heute. Gustav verspürt zunehmend Erleichterung. Nun kann er sich auch an Dinge wagen, die er früher immer gemieden hat.

Vielen hochsensiblen Menschen geht es so wie Gustav. Erst in der Therapie, der Beratung oder einem Coaching erkennen sie die ganze Dimension ihrer Veranlagung und auch die Folgen möglicher einschränkender Lebensbedingungen aus der Kindheit und anderen Zusammenhängen. Das kann zu Beginn zu Erschrecken und Ablehnung der eigenen Veranlagung führen, frei nach dem Motto: „Wenn es mir durch diese Veranlagung so schlecht ergangen ist oder ergeht, kann die Sache an sich ja nicht gut sein!" Ich möchte Sie ermutigen, falls Sie derart empfinden, sich davon nicht verschrecken zu lassen. Nicht die Disposition der Hochsensibilität ist das Übel, sondern das unpassende Umfeld, in dem Sie möglicherweise aufgewachsen sind oder das Sie punktuell immer wieder verletzt hat. Daher ist einer der ersten und wichtigsten Schritte in der Verarbeitung Ihrer psychischen Belastungen oder Traumata die Erkenntnis, dass Sie trotz und mit Ihrer Veranlagung völlig richtig sind.

5.11.1 Jetzt bin ich richtig, jetzt darf ich's sein!

Alles *wird* gut, posaunt das Positive Denken.
Alles *ist* gut, flüstert das Urvertrauen.
(Andreas Tenzer)

Es bedarf möglicherweise einer gewissen Zeit, vor allem aber genügend positiver Erlebnisse und Erkenntnisse, denen Sie entnehmen können, dass *Sie*,

Sie als Mensch in Ihrer Ursubstanz völlig in Ordnung sind. Weswegen ist es so wichtig, dies zu fühlen? Nur wenn wir Menschen uns in unserem inneren Wesen angenommen und akzeptiert fühlen, können und mögen wir gedeihen und wachsen. Da gerade wir Hochsensiblen genau diese Bestärkung oftmals haben missen müssen, ist es zur Stabilisierung des Selbstbewusstseins und einer gesunden und positiven Haltung zum eigenen Wesen von zentraler Bedeutung, dass unser innerer Kern an sich akzeptiert wird. Um dies spüren zu können bedarf es der Berücksichtigung einiger Aspekte:

Sie sind nicht nur Ihre Hochsensibilität. Die Hochsensibilität ist ein Wesensmerkmal von vielen. So wie es sich darstellt, scheint es zwar ein sehr zentrales und grundlegendes zu sein, aber dennoch gibt es noch einige andere Faktoren, die eine Person ausmachen. Das heißt, die Hochsensibilität ist nicht das Einzige, was Sie und Ihre Art im Leben zu stehen, beeinflusst und prägt. Schauen Sie daher auch, welche Qualitäten Sie ansonsten noch mitbringen und auf welche Weise diese Sie im Leben mit Ihrer Feinfühligkeit unterstützen können.

Wie im Abschn. 4.6.2.1 beschrieben, macht es in unserer Kommunikation und Wortwahl einen wesentlichen Unterschied, ob Sie als Mensch in Ihrer Ganzheit beurteilt oder kritisiert werden oder ob tatsächlich nur Ihre Handlung beurteilt wird. Lernen Sie diesen Unterschied in Gesprächen herauszuhören. Achten Sie auf Ihre eigene Sprachwahl. Sie werden spüren, dass eine aktive Änderung der Wortwahl Ihre Einstellung zu sich selbst und Ihrem Gesprächspartner viel respektvoller werden lässt.

In meine Beratungen kommen Hochsensible teils in einem emotional und körperlich angeschlagenen Zustand und möchten gerne wieder möglichst schnell „fit" sein, möglichst schnell wieder funktionieren. Faszinierend finde ich, dass diese Menschen sich trotz ihrer extremen Erschöpfung immer noch in jene Situationen oder Verpflichtungen „verbeißen", die zu ihrer Belastung beitragen. Es scheint, als ob ein Loslassen dieser Bereiche die Angst auslöst, sich dann völlig aufzulösen, dann komplett den Lebensfaden zu verlieren.

Auf meine Frage, wie sie ihren Alltag entstressen und sich entspannen können, schauen sie mich meist mit ziemlich ratlosen Augen an. Ihr Pflichtgefühl, ihre Gewissenhaftigkeit und das große Perfektionsempfinden erschweren es Hochsensiblen oftmals, eine distanzierte Haltung selbst zu dem einzunehmen, das sie belastet und krank macht. Dies führt zu dem Empfinden, sich in einer Zwickmühle zu befinden: Einerseits ist da die große Erschöpfung, die ein Loslassen, eine Reduzierung erforderlich macht, andererseits verhindert sowohl das Pflicht- und Verantwortungsgefühl als auch die Angst vor Verlust genau dieses Loslassen.

> Üben Sie sich einerseits in sanfter Abgrenzung und im Neinsagen, denn im Zuge Ihrer Ich-Werdung dürfen Sie Nein sagen, sollten Sie auch Nein sagen. Schauen Sie parallel dazu aber auch, in welcher Weise Sie sich mit Ihrem Wesen in genau jenen belastenden Situationen nicht entsprechend eingebracht haben. Hier liegt ein wesentlicher Schlüssel zu einer zufriedenen und gesunden Gestaltung Ihrer Lebensbedingungen. Sie dürfen so sein, wie Sie sind, Sie sollten so sein, wie Sie in ihrem innersten Wesen sind. Denn nur dann können Sie aus den Vollen schöpfen und Ihre Lebenssituationen zu Ihrem Gefallen gestalten.

5.11.2 Nachreifen

Wenn wir uns mit unseren psychisch-emotionalen Verletzungen befassen, beschäftigt uns meist die Frage: „Wird sich mein Zustand verbessern, werde ich das Problem lösen?" Die Unsicherheit in dieser Fragestellung ist nachvollziehbar, denn diese Verletzungen begleiten uns meist schon über viele Jahre.

Die Tiefenpsychologie hat in diesem Zusammenhang den Begriff des „Nachreifens" entworfen. Der (früh-)kindliche Reifungsprozess stagniert, wenn schmerzhafte Erfahrungen sich nicht ändern und verarbeitet werden können. Die Psyche friert den Entwicklungsstand des Menschen quasi ein, und zwar passgenau in dem betreffenden Lebensbereich und zum Zeitpunkt der Entwicklungsverletzung. Dadurch bleibt die Person genau in diesem Bereich in einem bestimmten Stadium der Reife stecken. Andere Kompetenzen können sich mehr oder weniger unberührt weiterentwickeln. Anhand des Balkendiagramms (Abb. 5.1) können Sie erkennen, dass wir durch gelungene oder blockierte Entwicklungsprozesse in verschiedenen Kompetenzbereichen unterschiedlich weit gereift sein können.

Um das Prinzip in groben Zügen ein wenig zu verdeutlichen, entwerfen wir ein fiktives Bild von Gustavs psychischer Konstitution. Nehmen wir einmal folgende ungünstigen Bedingungen an, unter denen er aufgewachsen sein mag: Sein Urvertrauen konnte sich nicht adäquat entwickeln, da die zerstrittenen Eheleute zu sehr mit sich und zu wenig mit ihrem Kind beschäftigt waren. Gustav erlebte daher zu wenig Fürsorge, Annahme seiner Person und Bedürfnisse sowie zu wenig Liebe. Die Befriedigung dieser Bedürfnisse ist jedoch existenziell wichtig, um das Urvertrauen in sich und in andere Menschen entwickeln zu können. Ein Defizit an Urvertrauen und emotionaler Sicherheit ist das Ergebnis. Daher sind in der Abbildung die entsprechenden Balken kürzer. Der Reifeprozess in diesen Lebensbereichen konnte sich nicht in Gänze entwickeln und stagnierte, nämlich genau dann, als Gustav spürte, dass seine kindlichen Bedürfnisäußerungen nicht registriert und sein Widerstand nicht berücksichtigt wurde. Das Kind Gustav gab

5 Phase III: Die praktische Integration der Hochsensibilität

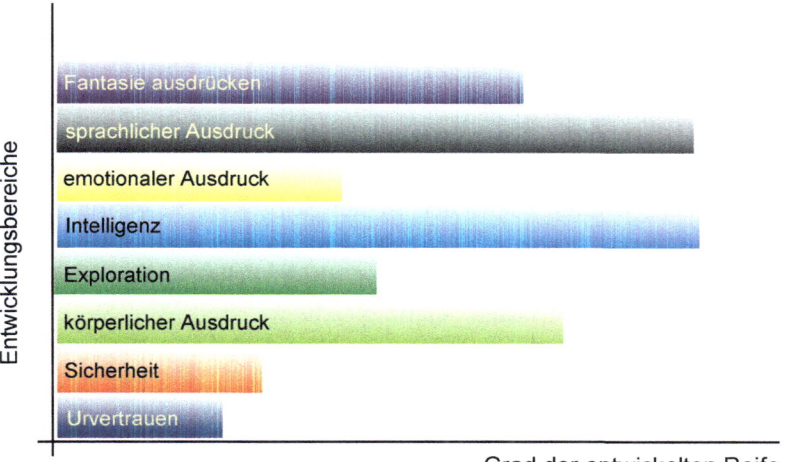

Abb. 5.1 Entwicklungsprozesse können je nachdem, ob im jeweiligen Lebensbereich Verletzungen erfahren wurden, unterschiedliche Reifegrade erreichen

irgendwann seinen Widerstand auf, resignierte und der Entwicklungsprozess stoppte.

Das Erkunden der Welt braucht immer eine gute Portion Vertrauen und emotionale Sicherheit. Da Gustav beides fehlte und er auch heute in neuen Situationen zuweilen stark verunsichert ist, ist auch der Explorationsbalken in der Abbildung kürzer dargestellt.

Gleichzeitig hat Gustav sich sprachlich gut entwickelt, da er sich verbal den streitenden Eltern erwehren musste und die Diskussionen um das letzte Wort ihm nicht nur ein gutes Sprachverständnis, sondern auch ein gewisses Maß an Intelligenz abverlangten. Um nicht permanent zwischen den Eltern aufgerieben zu werden, hat sich Gustav immer wieder in seine Fantasiewelten zurückgezogen. Daher sind die entsprechenden Balken in den Bereichen Sprache, Intelligenz und Fantasie deutlich ausgeprägter.

Körperlich konnte er sich durchaus altersgemäß entwickeln, aber dies ist nicht seine Stärke. Er ist ein Denker, wie wir es an seinem Beruf als Bibliothekar erkennen können. Daher ist der Balken für den körperlichen Ausdruck etwas kürzer.

In Gustavs Situation läge der Schwerpunkt einer möglichen Psychotherapie beim Nachreifen der verletzten Bereiche Urvertrauen, Sicherheit und seinem emotionalen Ausdruck. Wenn Gustav in der Psychotherapie den Schmerz über die fehlende Sicherheit und die erfahrene emotionale Vernachlässigung als Säugling und Kleinkind überwindet, wird er mehr und mehr in die Lage versetzt werden, selbstsicherer, neugieriger und vertrauensvoller in neue Situationen und seine Zukunft zu gehen.

5.11.3 Ich bin gut! – Selbstwert aufbauen

Bei vielen hochsensiblen Menschen ist der Selbstwert zu gering ausgeprägt. Eine der möglichen Ursachen hierfür habe ich in Abschn. 4.5 beschrieben.

Nun geht es darum, Wege zu finden, Ihren Selbstwert wieder zu stabilisieren und wachsen zu lassen. Ganz gleich, welchen Weg Sie einschlagen und welche Schritte Sie dafür gehen werden, eines ist wichtig, sich zu vergegenwärtigen: Das Wachsen des Selbstwerts braucht Zeit! Ein verletztes Selbstwertempfinden ist in der Regel eine tiefe emotionale und psychische Verletzung. Üben Sie sich daher an diesem Punkt in Geduld – aber seien Sie gewiss, dass der Weg sich lohnt.

Wir Hochsensiblen bringen gute Potenziale mit, um einen solchen Heilungsweg kreativ und effektiv gestalten zu können – und die Veränderungen, die Sie hierfür vornehmen werden, stärken nicht mehr nur Ihr Selbstwertgefühl, sondern auch generell Ihre hochsensible Identität. Dies wiederum führt dann zur Stärkung Ihrer Selbstsicherheit.

Einige weitere Punkte gilt es in diesem Zusammenhang aktiv zu berücksichtigen, als da wären:

- Sorgen Sie für die Aufarbeitung emotional-psychischer Verletzungen. Unverarbeitete Verletzungen blockieren Sie und bremsen Ihr inneres Wachstum aus. Forschen Sie nach den Ursachen Ihres geringen Selbstwertempfindens und suchen Sie sich gegebenenfalls professionelle Unterstützung, um diese Blockaden zu lösen. Auch Stressbewältigungsmethoden können hilfreich sein, je nachdem, wie stark die psychische Verletzung ist.
- Sorgen Sie für reichlich positive Erlebnisse in Ihrem Leben. Durch die moderne Hirnforschung wissen wir, dass der erste Eindruck zählt und dass die erste Erfahrung sitzt. Um die Speicherung dieser negativen Erfahrungen zu schmälern, bedarf es unter anderem vieler positiver Erfahrungen. Tun Sie also viele Dinge, die Sie mögen und gut können. Machen Sie dies so oft beziehungsweise so intensiv es Ihnen nur möglich ist. Seien Sie offen für wertschätzende Rückmeldungen und nehmen Sie sie vor allem an! Keine falsche Scham! Das A und O der Selbstwertentwicklung ist das Fühlen positiver Selbstwirksamkeit – wieder und wieder und wieder.
- Nehmen Sie sich selbst ernst! Sie sind der wichtigste Mensch in Ihrem Leben, denn ohne Sie gäbe es Ihr Leben nicht. Mehr dazu können Sie

in Abschn. 5.12.1 nachlesen. Ein geringer Selbstwert „funktioniert" nur, wenn die betreffende Person nicht an sich selbst glaubt, sondern den leider demotivierenden Aussagen anderer mehr Glauben schenkt. Für uns Hochsensible ist es daher so wichtig, die eigenen Empfindungen und Qualitäten spüren und schätzen zu lernen. Auch dies bedarf häufiger Wiederholungen, da der mangelnde Glaube an sich selbst leider oft sehr tief sitzt.

- Umgeben Sie sich mit Menschen, die Sie nicht nur schätzen, sondern die Ihre Potenziale und Kompetenzen einfordern. Freunde, die Ihnen nur nach dem Mund reden, sind für diesen Weg nicht wirklich hilfreich. Dort, wo Ihr Gegenüber Ihnen eine Fähigkeit zutraut oder von Ihnen auch eine bestimmte Kompetenz erwartet, bedeutet dies gleichzeitig, dass die Person in Ihnen diese Qualitäten auch sieht oder fühlt. Sie werden wohl kaum von einer Freundin erwarten, dass sie Ihnen Ihren zusammengebrochenen Tisch repariert, wenn sie zwei linke Hände hat. Wenn diese Freundin jedoch wunderschöne Kleidung nähen kann, würden Sie sie vielleicht bitten, etwas für Sie herzustellen.
- Fordern Sie sich selbst heraus! Wie bereits in Abschn. 4.4 beschrieben, schrumpft unser Wohlfühlbereich und zugleich auch unsere Selbstsicherheit, wenn wir uns nur in unserem Sicherheitsbereich bewegen. Stellen Sie sich Herausforderungen, die einerseits am oberen Rand Ihrer Fähigkeiten und Kompetenzen und andererseits am äußeren Rand Ihrer Komfortzone liegen. Dies kann zwar aufregend und auch beängstigend sein, aber was glauben Sie, welchen Sprung Ihr Selbstwertempfinden macht, wenn Sie diese Herausforderung ganz bewusst und eigenmächtig gemeistert haben! Erweitern Sie auf diese Weise Ihren Kompetenzspielraum und gewinnen Sie mehr und mehr Vertrauen zu sich selbst. Und vergessen Sie nach gelungener Tat bitte nicht, sich selbst sinnbildlich auf die Schulter zu klopfen! Der beste Erfolg nützt Ihnen nichts, wenn Sie ihn nicht selbst auch wertschätzen. Mein Präsentationstraining, bei dem ich mir für zwei Jahre monatlich das Halten eines Vortrags verordnet hatte, mag ein Beispiel dafür sein.

> Nicht jeder und jedem Hochsensiblen liegt ein solches Trainingsprogramm. Das muss auch nicht sein. Es genügen kleine, aber prägnante Alltagssituationen, in denen Sie sich und Ihre Qualitäten gut annehmen und spüren können, dass Sie ein wertvoller Mensch sind. Um mehr geht es erst einmal nicht. Aber wenn Sie diesen Schritt meistern, ist schon viel für Ihr Selbstwertgefühl gewonnen.

5.11.4 Meine Verantwortung ist meine Verantwortung

Hochsensible Menschen haben meist ein sehr feines Gespür für Verantwortlichkeiten, sowohl im zwischenmenschlichen Kontakt als auch für Situationen und Handlungskonsequenzen. Wir können bereits bei feinfühligen Kindern eine hohe Bereitschaft zur Verantwortungsübernahme beobachten. Wer ist aber eigentlich für was verantwortlich? Nicht immer sind die Zuständigkeiten klar und allen Beteiligten verständlich.

Nehmen wir noch einmal das Beispiel von dem Menschen zu Hilfe, der Sie ungefragt mit seinem Leid beschäftigt. Sie stellen fest, Sie haben keine Lust darauf, es ist Ihnen zu viel oder es interessiert Sie nicht. Sie sagen Nein. Vermutlich kommt sofort das Gefühl oder der Gedanke auf: „Das kann ich doch nicht tun. Der Person geht es doch so schlecht. Ich bin ein schlechter Mensch, ich bin ein Egoist, wenn ich jetzt nicht weiter zur Verfügung stehe." Die Verantwortlichkeit für diese Situation gestaltet sich nun wie folgt:

- Sie sind für Ihre eigenen Empfindungen und Bedürfnisse verantwortlich. Wenn es Ihr Bedürfnis ist, in diesem Moment nicht weiter zur Verfügung stehen zu wollen, so ist das Ihr gutes Recht, und Ihre Verantwortung ist es, dafür zu sorgen, dass Sie dieses Bedürfnis mitteilen und umsetzen. Sie sind auch für die Form Ihrer Mitteilung verantwortlich. Schnauzen Sie Ihr Gegenüber an oder finden Sie moderate Worte?
- Die andere Seite ist dafür verantwortlich, Sie ungefragt beschäftigt zu haben. Ebenso ist die andere Person nun auch dafür verantwortlich, mit Ihrer Reaktion umzugehen. Ob sie ablehnend oder verständig auf Sie reagiert, liegt in der Persönlichkeitskompetenz Ihres Gegenübers.

Wenn Sie nun aus Rücksicht Ihre Bedürfnisse nicht vermitteln oder umsetzen, entsteht im Miteinander eine Schieflage. Die andere Person spürt auf der unbewussten Ebene, dass „etwas" nicht stimmt, kann dies aber nicht verstehen und nicht zuordnen. Ist der andere Mensch ein Hochsensibler, kann es Ihnen passieren, dass dieser dann fragt: „Ist alles in Ordnung?" Ein Normalsensibler nimmt diese feinen Dissonanzen möglicherweise nicht so schnell wahr.

Da die Kommunikation und die Positionierung der jeweiligen Verantwortlichkeiten in der Regel auf der unbewussten Ebene stattfinden, ist es meist schwierig, diese Muster zu entlarven und zu verändern. Hier hilft aktive Bewusstwerdung und Wahrnehmung der eigenen Grenzen, Bedürfnisse und der inneren Haltung zu Verantwortlichkeiten.

5 Phase III: Die praktische Integration der Hochsensibilität

Im Zuge des inneren Wachstums ist Eigenverantwortung ein sehr wichtiges und heilsames Thema. Gerade wenn wir uns unserer hochsensiblen Veranlagung bewusst werden und sie als einen wesentlichen Teil unserer selbst akzeptieren, ist die Gefahr zuweilen recht groß, bestimmte Schwierigkeiten genau auf diesen Umstand zu schieben: „Ich kann nicht mit der U-Bahn fahren, weil mich die Reize dort völlig überlasten" oder „Ich halte die langweiligen Gespräche meiner Kollegen nicht aus, weil ich hochsensibel bin. Deswegen ziehe ich mich lieber zurück" oder „Ich vermeide Auseinandersetzungen, wo ich nur kann. Sie wühlen mich so auf und dann geht es mir noch schlechter".

Das alles sind im Rahmen einer hochsensiblen Veranlagung nachvollziehbare Reaktionsweisen. Wenn sie nicht zu weiteren Problemen führen, ist daran auch nichts auszusetzen. Kritisch wird es jedoch, wenn durch solche Reaktionen das eigene Leben unkomfortabler, weniger kreativ und befriedigend wird. Dann gilt es, etwas zu verändern. Nur was? Den Fakt Ihre Hochsensibilität können Sie nicht verändern. Auch nicht die Tatsache, dass es in der Bahn laut zugeht, die Gespräche der Kollegen mitunter langweilig sind oder Auseinandersetzungen aufwühlen.

Machen Sie sich nicht selbst zum Opfer der Umstände, sondern nehmen Sie Ihr Leben aktiv in die Hand. Nehmen Sie Ihre Eigenverantwortung an und gestalten Sie damit Ihr Leben. Es gibt Möglichkeiten, die Situationen anders zu lösen, die in Ihrem Handlungsspielraum liegen. Wie könnte dies konkret in diesen vier Beispielen aussehen?

1. **Belastende Situationen generell:** Ganz generell gilt es wie immer, als Erstes die kleinste Veränderungsmöglichkeit ausfindig zu machen und umzusetzen. Generalisieren Sie nicht jede belastende Situation, sondern differenzieren Sie sie nach Aspekten der Veränderbarkeit und der Unveränderlichkeit. Das inzwischen berühmte Gelassenheitsgebet, vermutlich von dem amerikanischen Pastor Reinhold Niebuhr, kann für diesen Weg eine gute Orientierung sein: „Gott, gib mir die Gelassenheit, Dinge hinzunehmen, die ich nicht ändern kann, den Mut, Dinge zu ändern, die ich ändern kann, und die Weisheit, das eine vom anderen zu unterscheiden."

2. **Die Fahrt mit der Bahn:** Die Eigenverantwortung liegt hierbei in der aktiven Entscheidung und Umsetzung, tatsächlich reizreduzierende Maßnahmen zu finden und anzuwenden. Schauen Sie, welche Möglichkeiten Ihnen bereits bekannt sind: Kopfhörer mit Musik, Ohrstöpsel, sich im Buch versenken, Entspannungsübungen vor der Fahrt anwenden, mit dem Fahrrad oder Auto fahren … Setzen Sie sich damit auseinander, auf welche Weise Sie am besten mit Reizüberflutung umgehen können. Ich

sage nicht, dass die genannten Varianten eine Überstimulation generell eindämmen, aber Sie gewinnen dadurch möglicherweise Handlungsspielräume, weiter aktiv am Leben und in der Gesellschaft teilnehmen zu können.
3. **Langweilige Gespräche der Kollegen:** Mit dem Rückzug verschärfen Sie eher das Problem der Langeweile und der daraus resultierenden sozialen Isolation. Das ist vermutlich nicht, wonach Sie sich sehnen. Natürlich könnten Sie sagen, dass die Kollegen sowieso uninteressant sind und Sie nichts verpassen. Tun Sie das wirklich nicht? Vielleicht sind Sie auch ganz frustriert von dieser Situation, weil Sie sich eigentlich eine andere Form des Kontakts wünschen, aber ihn bislang nicht bekommen haben.
Nehmen wir einmal an, Sie wagen den Schritt, Ihrerseits ein Gesprächsthema einzubringen. Vielleicht stoßen Sie bei den Kollegen auf Verwunderung oder Irritation, weil diese Ihr aktives Verhalten nicht kennen. Aber es kann auch passieren – vielleicht nicht gleich beim ersten Mal –, dass plötzlich aus der grauen Masse der Kollegen eine Person im „blauen Mäntelchen" sichtbar wird, weil sie sich engagiert und interessiert ins Gespräch einbringt. Hätten Sie diese Person erkannt ohne Ihren Gesprächsvorschlag? Möglicherweise nicht. Und dadurch wäre Ihnen dann doch etwas entgangen, nämlich die Entdeckung eines anderen hochsensiblen oder zumindest interessanten Menschen.

Somit liegt Ihre Eigenverantwortung in einer solchen oder ähnlichen Situation darin, sich Ihrer eigenen Bedürfnisse bewusst zu werden, und auszuprobieren, inwieweit und in welcher Form Sie für deren Erfüllung sorgen können.
4. **Vermeiden von Auseinandersetzungen:** Ich glaube, die wenigsten Menschen mögen Konflikte, und uns Hochsensible belasten sie durch ihre Unberechenbarkeit und emotionale Reizfülle besonders. Dennoch ist dies kein Grund, sie zu meiden. Ihre Eigenverantwortung liegt in einem solchen Falle in der Gestaltung einer Auseinandersetzung. Entscheiden Sie sich, ob Ihnen die Situation oder der andere Mensch so wichtig ist, dass Sie die Konfrontation austragen möchten, zum Beispiel in einer Partnerschaft, und sorgen Sie dann aktiv für die entsprechenden, Ihnen angenehmen Rahmenbedingungen. Das kann eine zeitliche sowie thematische Begrenzung des Gesprächs oder das Mitbringen einer Gedankenliste sein. Auch wenn Sie sich zum Beispiel Vorwürfen gegenüber sehen, haben Sie immer noch das Recht und eben auch die Eigenverantwortung, die Klärung der Situation Ihnen angemessen zu gestalten und Stopp zu sagen.

Andernfalls bestünde die Gefahr, in die Opferrolle zu rutschen und Ihrem Gegenüber die Schuld für Ihre missliche Lage zuzuschreiben: „Immer wenn wir uns streiten, bin ich hinterher völlig fertig, weil du einfach nicht aufhören kannst." Damit wäre jedoch niemandem geholfen.

Bevor Sie frustriert in einer Situation abwinken „Ach, das funktioniert sowieso nicht!" überprüfen Sie, ob, auf welche Weise und mit welcher inneren Haltung Sie bereits bei früheren Gelegenheiten solche Versuche der Einflussnahme ausprobiert haben. Oftmals wird in der klärenden Analyse eines Coachings oder einer Beratung deutlich, dass entweder die Haltung nicht stimmte, die Intervention der Situation nicht angemessen oder der Zeitpunkt schlicht der falsche war.

> Sie haben immer und in jeder Situation eine Eigenverantwortung. Um diese herauszufinden, stellen Sie sich zwei Fragen: „Was habe ich damit zu tun, dass die Situation ist, wie sie ist?" und „Wo endet meine Verantwortung und wo beginnt die des anderen?". Lassen Sie sich von der Entdeckung Ihrer hochsensiblen Veranlagung nicht dazu verleiten, die Ursache vieler Schwierigkeiten und unangenehmen Erlebnisse nun darin zu suchen. Und selbst, wenn Sie besondere Belastungen durch Ihre Veranlagung erfahren, haben Sie immer noch genügend Freiräume, andere Lösungen für die belastenden Situationen zu finden – sofern Sie sich von der Opferrolle verabschieden und Ihr Leben verantwortungsvoll in Ihre Hände nehmen.

5.11.5 Therapiesuche

Manchmal jedoch reichen die sanfteren (Selbsthilfe-)Methoden nicht aus. Es bedarf fachkundiger und tiefer gehender Unterstützung. Derzeit gestaltet sich die Suche nach geeigneten niedergelassenen, also von den gesetzlichen Krankenkassen finanzierten, Ärzten und Therapeuten aus zwei Gründen leider noch sehr schwierig.

1. Die meisten niedergelassenen Psychotherapeuten sind völlig überlaufen, und man muss lange Wartezeiten in Kauf nehmen.
2. Da das Phänomen Hochsensibilität sich bislang wissenschaftlich kaum etabliert hat, gibt es nur wenige darüber informierte und entsprechend ausgebildete Therapeuten.

In Deutschland sorgt die Psychologin Sandra Konrad derzeit mit ihrem Forschungsunterfangen zwar für ein Vorankommen, aber um sich im Reigen der wissenschaftlich anerkannten psychologischen Phänomene einreihen zu können, bräuchte es noch weiterer und intensiver Forschung. Auch das Phänomen der Hochbegabung kämpft mit diesen Schwierigkeiten. Obwohl diese Veranlagung bereits hinlänglich wissenschaftlich bewiesen ist, ist es dennoch nach wie vor schwierig, entsprechende Förderung für Kinder, Schüler und auch unerkannte Erwachsene zu erhalten.

Die Folge dieses Informationsmangels ist, dass Ärzte und Therapeuten selten über Hochsensibilität Bescheid wissen oder gar damit arbeiten. Die Entwicklung geht zwar langsam in die Richtung, dass sich vereinzelte Fachkräfte durch Eigeninitiative informieren und sich dem Thema beruflich widmen, aber es bedürfte sehr viel mehr Aufklärung und Engagement dafür.

Besser sieht es bei den freien Therapeuten, Coaches und Beratern aus. Da diese nicht an die kassenärztlichen Vorgaben gebunden sind, haben sie auch mehr Auswahl in Bezug auf ihre Methodenangebote. Allerdings sind hier die Leistungen selbst vom Klienten oder Patienten zu zahlen. Ausnahmen bieten in einem gewissen Rahmen die privaten Krankenkassen. So gibt es inzwischen, vorzugsweise in den Großstädten, einige psychologische Berater und Therapeuten, die ihre Angebote auch für hochsensible Menschen erweitert oder spezialisiert haben.

Was können Sie nun tun, falls Sie fachkundige Hilfe für ein seelisches oder psychisches Problem benötigen? Selbstverständlich können Sie niedergelassene Ärzte und Therapeuten in Ihrer Umgebung ausfindig machen und sie auf das Thema Hochsensibilität ansprechen. An ihrer Reaktion werden Sie merken, ob der Therapeut bereits etwas von Hochsensibilität gehört hat, damit vertraut ist und arbeitet oder das Thema gar ablehnt.

Wenn Sie den Eindruck haben, der Therapeut oder die Ärztin ist nicht gut auf dieses Thema zu sprechen, insistieren Sie nicht unbedingt. Sie könnten verletzt werden, und das sollte nicht geschehen! Seien Sie achtsam mit sich selbst, Ihren Empfindungen und Wahrnehmungen und halten Sie sich zurück, falls Sie auf der anderen Seite Ablehnung spüren. Auch dieser Respekt für sich selbst ist ein wichtiger Bestandteil des hochsensiblen Integrationsprozesses.

Sie haben bei niedergelassenen Psychotherapeuten die Möglichkeit, fünf Probestunden, die sogenannten probatorischen Sitzungen, in Anspruch zu nehmen, und können auf diese Weise mehrere Therapeuten „ausprobieren". Nutzen Sie sie bei Bedarf!

Da seelische oder psychische Probleme oftmals aus mehreren Komponenten bestehen, könnten Sie sich auch dafür entscheiden, bestimmte Aspekte Ihrer Schwierigkeiten bei einem niedergelassenen Psychotherapeuten zu besprechen, Hochsensibilitätsthemen jedoch bei einem HSP-Coach oder

-Berater. Allerdings sollte Ihnen in diesem Falle bewusst sein, dass frühkindliche Verletzungen, die durch Ihre hochsensible Veranlagung entstanden sind, unter Umständen nicht angemessen behandelt werden können. Denn wird die Hochsensibilität in der Therapie als auslösender Moment nicht berücksichtigt, bleiben wichtige Erkenntnis- und Lösungskomponenten außen vor.

Daher ist manchmal der Biss in den berühmten sauren Apfel, also die Wahl eines kostenpflichtigen freien Therapeuten, Beraters oder Coaches der hierfür effektivere Weg. Hochsensibilität und Traumatisierung liegen oftmals sehr dicht beieinander. Dennoch lassen sich in einer Beratung oder einem Coaching gezielt manche, rein hochsensible Aspekte klären und verändern. Die Erfahrung zeigt, dass sich bei feinfühligen Menschen auch psychische Belastungen bereits durch eine gezielte Bewusstwerdung und aktive Integration ihrer feinfühligen Veranlagung deutlich verbessern. Letztlich können Sie Ihre Probleme nur überwinden, wenn Sie die durch die Hochsensibilität verursachten Belastungen bearbeiten, um anschließend wieder über mehr Energie und Lebensfreude zu verfügen.

5.11.6 Therapiemethoden

Es gibt derzeit an die fünfhundert Methoden zur Behandlung seelischer und psychosomatischer Beschwerden. Nur vier der psychotherapeutischen Verfahren sind von den gesetzlichen Krankenkassen in Deutschland anerkannt, eine weitere ist anerkannt, wird aber nicht gesetzlich finanziert. Manche dieser Verfahren sind ausschließlich auf die Behandlung psychischer Störungen ausgerichtet, andere beziehen den Körper mit ein oder sind ausschließlich auf ihn ausgerichtet, weitere wenden sich mehr der energetischen Heilung zu. Da viele Therapeuten heutzutage auch nicht mehr nur eine Methode erlernt haben, kann es auch zu Mischungen unterschiedlicher Verfahren kommen. Sie finden in der Linkliste mehrere Webseiten mit vielen Hintergrundinformationen, Therapeutenlisten sowie Auflistungen und Erläuterungen der meisten Methoden.

Ich möchte hier nur einige wenige dieser Methoden darstellen, die auf dem Weg der Integration der Hochsensibilität interessant sein können. Bitte fühlen Sie sich frei, sich auch über andere Behandlungsformen zu informieren und das für Sie Passende auszuwählen und auszuprobieren.

5.11.6.1 Von den Kassen anerkannte Methoden

Verhaltenstherapie
Diese Therapieform basiert auf der Annahme, dass menschliches Verhalten erlernt sei und daher auch wieder verlernt werden könne. Einmal gelernte Verhaltensweisen können durch geeignete Reize oder Signale jederzeit in Gang gesetzt werden. Dieser Ansatz beruht auf der von Ivan Pawlow entdeckten Konditionierung. Verhalten, das eine positive Bestärkung erfährt (Belohnung), wird beibehalten. Ausbleibende oder negative Verstärkung (Bestrafung) führt zu einer Löschung des erlernten Verhaltens.

> Kritik: Bei dieser Therapieform werden emotionale Aspekte sowie systemische Hintergründe (z. B. Familiensysteme) nicht immer berücksichtigt.

Psychoanalyse
Psychoanalyse ist eine klassische, sehr intensive Langzeitmethode und gehört zur Kategorie der tiefenpsychologischen Methoden. Sie ist eine von dem Nervenarzt Sigmund Freud Ende des 19. Jahrhunderts in Wien begründete und seitdem ständig weiterentwickelte eigenständige Disziplin. Meist wird sie bei schweren psychischen Krankheiten angewandt, wie bei Depressionen, Angstneurosen, Essstörungen, sexuellem Missbrauch, psychosomatischen Erkrankungen. Die Psychoanalyse fragt nach dem „Warum" und dem „Wozu" menschlichen Erlebens und Verhaltens. Sie untersucht neben den unbewältigten Kindheitserlebnissen ebenso deren bedeutsame Bezüge in den gesamten lebensgeschichtlichen und aktuellen Erfahrungen sowie ihre Auswirkungen auf die Zukunftsgestaltung.

> Kritik: Es gibt viele Kritikpunkte daran. Prüfen und informieren Sie sich genau, ob diese Methode zu Ihnen und Ihrem Anliegen passt.

Tiefenpsychologisch fundierte Psychotherapie
Die tiefenpsychologisch fundierte Psychotherapie ist eine Abwandlung der klassischen Psychoanalyse. Allerdings gibt es einige wesentliche Unterschiede. Der tiefenpsychologische Ansatz geht von aktuellen, psychischen Konflikten aus. Das „Jetzt" ist wichtig. Von da aus werden dann Erinnerungen an Kindheits- und Jugenderlebnisse mit dem Ziel aufgegriffen, die aktuellen Lebenseinstellungen zu verändern. Verschiedene tiefenpsychologische

Verfahren beruhen auf diesem Prinzip. Deshalb kann man sagen, dass die tiefenpsychologisch fundierte Psychotherapie eigentlich ein Sammelbegriff für diese Verfahren ist.

Systemische Therapie
Die systemische Therapie versteht die seelischen Probleme einer Person nie als Problem des Einzelnen, sondern als Folge von komplexem Beziehungsgeschehen innerhalb eines Systems, z. B. innerhalb der Familie oder eine Paarbeziehung. Entwickelt ein Mensch seelische Probleme, bedeutet dies eine besondere Anforderung für das System, in dem er lebt. Daher bezieht die systemische Therapie meist auch andere Mitglieder des Systems in die Therapie mit ein, z. B. Partner oder Kinder.

Eine weitere Grundidee des systemischen Ansatzes ist, dass ein System nicht nur Schwierigkeiten produzieren kann, sondern auch Ressourcen und Stärken hervorbringt, die es gilt, bewusst zu aktivieren. Die Behandlung ist somit hochgradig lösungsorientiert und appelliert an die Selbstheilungskräfte der Person beziehungsweise des Systems.

5.11.6.2 Anerkanntes Verfahren, aber nicht über gesetzliche Kassen finanziert

Gesprächspsychotherapie oder klientenzentrierte Psychotherapie
Der Personzentrierte Ansatz wurde von dem amerikanischen Psychologen Carl R. Rogers auf der Grundlage seiner psychotherapeutischen und pädagogischen Arbeit mit Erwachsenen und Kindern entwickelt. Im Mittelpunkt von Therapie und Beratung steht die Person – nicht das Problem.

Das Konzept beruht auf zwei Säulen: die sogenannte personzentrierte Haltung des Therapeuten und der Grundannahme über die Natur des Menschen, seine sogenannte „Aktualisierungstendenz". Die Tendenz wird als die wichtigste Triebfeder menschlichen Erlebens und Verhaltens angesehen. Es ist die Tendenz des Organismus, sich zu erhalten und zu entfalten. Sie bewirkt, dass der Mensch innerlich wachsen will. In diesem Streben ist der Mensch grundsätzlich konstruktiv, sozial und intelligent. Leidet er unter seelischen Störungen, verhält er sich irrational, destruktiv, asozial.

Die personzentrierte Haltung ist eine bestimmte Einstellung von Therapeuten und Beratern, die dem Rat suchenden Menschen hilft, innere Blockaden zu überwinden und wieder Anschluss an seine Aktualisierungstendenz zu finden.

5.11.6.3 Weitere Verfahren

Gestalttherapie
Die Gestalttherapie steht in der Tradition der humanistischen Verfahren und basiert auf einem ganzheitlichen Weltbild, in dem der Mensch als Einheit von Körper, Seele und Geist, eingebunden in ein soziales und ökologisches Umfeld, betrachtet wird. Sie wurde in den 1940er-Jahren von Fritz und Lore Perls, beide zu der Zeit als Psychoanalytiker tätig, sowie dem Soziologen Paul Goodman entwickelt.

Die Gestalttherapie geht von einem lebenslangen Wachstumsprozess aus sowie von dem Potenzial und der inneren Motivation zu geistig-seelischer Gesundheit, Wachstum und kreativen Lösungen. Die Person und ihr Umfeld werden als ein Feld ständiger Wechselwirkung und gegenseitiger Beeinflussung gesehen. In kreativer Anpassung gestaltet der Mensch seine Kontaktprozesse mit der Umwelt. Anpassungsformen, die in der Vergangenheit sinnhafte Antworten auf defizitäre und destruktive Erziehungs- und Umwelteinflüsse gewesen sein mögen, sind in der Gegenwart sowohl für die Personen als auch für die Umwelt oft dysfunktional und zerstörerisch. Indem diese Anpassungsformen im psychotherapeutischen Prozess und mit bewusstseinsfördernden, erlebensorientierten Methoden aufgearbeitet werden, können Möglichkeiten zur Neugestaltung erkannt und realisiert werden.

Familien(auf)stellung
Durch das Lösen von Verstrickungen mit den Schicksalen anderer Familienmitglieder kann der „richtige" Platz im Leben gefunden werden. Dadurch gewinnen Klienten oft überraschende Klarheit und tiefes Verständnis für bisherige seelische und körperliche Leiden. Auch Beziehungs- und Familienkonflikte sowie berufliche Probleme können mit den Schicksalsbindungen zusammenhängen und durch Aufstellungen gelöst werden.

Tanztherapie
Tanztherapie ist eine integrationsfördernde psychotherapeutische Methode, deren primäre Ansätze die Bewegung und der Tanz sind. Sie hilft, psychische und psychosomatische Störungen zu beheben, und wird darüber hinaus in angrenzenden Bereichen präventiv, entwicklungsfördernd und stützend angewandt. Tanztherapie kann übungs-, erlebnis- und konfliktzentriert eingesetzt werden. Ihre Mittel sind die Improvisation, die Gestaltung sowie spezifische strukturierte Übungen. Tanz meint hier nicht das Einüben von festen Schrittkombinationen, sondern freie, spontane Bewegungen, ohne Norm und Leistungsanspruch.

Traumatherapie

Die Psychotherapie hat im Laufe der Zeit verschiedene Methoden entwickelt, die sich als hilfreich bei der Verarbeitung von traumatischen Erlebnissen erwiesen haben, als da wären: Verhaltenstherapie, EMDR®, Gestalttherapie, Somatic Experiencing, ROMPC® oder Brainspotting. Ihnen gemeinsam ist das Entwickeln von Ressourcen, die zur Zeit des traumatischen Geschehens nicht zur Verfügung standen, sowie die Integration der abgespaltenen Erlebnisse und Empfindungen. Die Klienten sollen nach einer Traumatherapie in der Lage sein, die traumatischen Symptome zu kontrollieren, zu begrenzen oder aufzulösen.

Bei bestimmten Störungsbildern oder ab einem bestimmten Schweregrad der Symptome kann eine medikamentöse Therapie der Traumafolgestörungen sinnvoll sein. Dabei werden neben Psychotherapie auch Psychopharmaka eingesetzt. Da diese jedoch nicht ursächlich wirken, können sie die Traumtherapie nicht ersetzen, sie aber manchmal vorbereiten oder begleiten.

Eye Movement Desensitization and Reprocessing (in der internationalen Abkürzung EMDR®) ist eine von Dr. Francine Shapiro 1987 bis 1991 entwickelte neuartige traumabearbeitende Psychotherapiemethode. Mithilfe von Lichtreflexen wird eine Serie von Augenbewegungen, ähnlich den REM-Phasen beim Träumen, ausgelöst. Dadurch werden die Gehirnströme verändert, und beim Patienten wird ein Heilungsprozess eingeleitet. Bei Traumaopfern in der ganzen Welt findet diese Methode mit steigender Tendenz Anwendung.

Brainspotting ist eine körperfokussierte Methode der Behandlung und Verarbeitung emotionaler und/oder körperlich belastender Themen und Traumata auf neurophysiologischer Basis. Sie basiert unter anderem auf der Erkenntnis, dass unsere Blickrichtung bestimmt, wie stark wir uns emotional mit einem Thema verbinden. Zu jedem Thema findet sich ein Punkt, bestimmt durch die Blickrichtung, an dem die dazugehörigen Emotionen und Körperempfindungen maximal spürbar sind, und auch eine Blickrichtung, bei der das Thema in maximaler Entspannung erkennbar ist. Durch dieses Phänomen steht Therapeut und Klient gewissermaßen ein „emotionaler Schieberegler" zur Verfügung, sodass einer möglichen emotionalen Überflutung durch das zu verarbeitende Thema durch eine entsprechende Blickrichtung begegnet werden und die Erregung herunterreguliert werden kann.

Biodynamische Körperpsychotherapie

Die Biodynamische Körperpsychotherapie wurde von der norwegischen Psychologin und Physiotherapeutin Gerda Boyesen, Mitte der 1950er-Jahre, entwickelt. Es handelt sich um ein wissenschaftlich anerkanntes, nicht provozierendes, tiefenpsychologisch fundiertes Verfahren, das einen Zugang zu tieferen Schichten der Persönlichkeit, insbesondere zu frühen Verletzungen aus der vorsprachlichen Entwicklungszeit, über den direkten Körperkontakt ermöglicht. Dabei besteht eine akzeptierende Grundeinstellung zu psychologischen Widerständen, die als schützend gedeutet werden. Neben der direkten Körperarbeit werden, wie üblich in einer tiefenpsychologisch fundierten Therapie, aufsteigende Emotionen, aktuelle Konflikte, Träume, freie Einfälle, begleitend bearbeitet.

Transpersonale Psychotherapien
Dies sind therapeutische Methoden und Verfahren, die sich mit den Erfahrungen veränderter Bewusstseinszustände befassen. Bei diesen Ansätzen wird die klassische Psychologie um (fernöstliche) philosophische und spirituelle Aspekte erweitert. „Spirituelle Ansätze schließen alles mit ein, was die Menschen tun, um die nicht materielle Seite ihres Daseins und der Welt zu erforschen. Solche Ansätze beruhigen und vermitteln uns, dass unser Leben aus mehr besteht als aus dem, was wir vor Augen haben", sagt Aron dazu.[9] Da wir Hochsensiblen oftmals einen guten Zugang zu diesen Ebenen haben, sind solche Verfahren durchaus interessant für feinfühlige Menschen.

Therapeutische Methoden sind zum Beispiel: Transpersonale Therapie, Hypno- oder Körpertherapie, verschieden Formen der Meditation oder schamanistische Heilwege.

> Wählen Sie sich die Therapieform, die Ihnen am meisten zusagt. Hören Sie auf Ihr inneres Gefühl, auf die Stimme aus Ihrem Bauch, bei der Wahl der Therapeutin oder des Therapeuten. Je nach Ihrem Thema kann eine spezielle Geschlechterwahl sinnvoll sein. Setzen Sie finanzielle Prioritäten, falls die Kosten für eine Therapie oder einen Therapeuten Ihrer Wahl nicht von einer gesetzlichen Krankenkasse übernommen werden.

---

[9]Aron, Elaine, *Sind Sie hochsensibel?* mvg 2009.

5.12 Das Leben ist schön! – Eigene Gaben und Fähigkeiten erkennen und leben

> Er hat's getan! Und er hat's geschafft. Gustav geht pfeifend und innerlich jubilierend zur Bahn. Er hat mit seinem Chef gesprochen und dieser war – überraschenderweise – von Gustavs Einwänden und Vorschlägen, die er auch gleich mitgebracht hatte, sehr angetan. Ja, er könne ihn verstehen, sagte der Chef. Und mit den Ideen ließe sich durchaus etwas anfangen, sagte sein Chef. Was er, also Gustav, so an speziellen Fähigkeiten dazu beisteuernd könne, fragte ihn sein Chef.
> Beschwingt betritt Gustav die Bahn und fährt zu Frederike. Ja, das Leben ist schön!

Wie inzwischen deutlich geworden ist, sorgt die Intensität der unangemessenen Anpassung und die Menge der verletzenden Erfahrungen aus der Vergangenheit für eine mehr oder weniger starke Verdrängung eigener Qualitäten. Im Zuge der Anerkennung der eigenen Hochsensibilität und der inneren Verarbeitung der belastenden Vergangenheit dürfen diese nun wieder ins Licht treten. Für viele hochsensible Menschen ist das jedoch erst einmal ein irritierender Schritt. Gerade weil die eigenen Gaben so lange verschüttet gewesen sind, ist es so schwierig, sie zu erkennen oder zu fühlen. Immer wieder sagen mir Klienten, dass sie keine Begabungen hätten, dass sie sie nicht spüren können oder sich ihrer nicht sicher sind. Je weiter die innere Aufarbeitung dann aber gedieht, umso deutlicher treten die eigenen Fähigkeiten hervor. Der Wunsch, sie auch leben zu wollen, wird dann stärker und stärker. Dies ist ein wichtiger Schritt im hochsensiblen Integrationsprozess.

Ich finde es interessant, dass bei den Offenen HSP-Treffen erst nach einigen Jahren das Erkennen der eigenen Veranlagung und das Verringern der damit in Verbindung stehenden Belastungen die Gesprächsrunden nicht mehr so stark dominierte, sondern der Wunsch nach positiver Gestaltung der eigenen Hochsensibilität und Wiederentdeckung der inneren Schätze verstärkt geäußert wurde.

Wenn Sie sich auf Ihren Weg begeben, schauen Sie, wann es für Sie an der Zeit ist, sich auch Ihren Gaben zuzuwenden. Gehen Sie diesen Schritt zu früh, werden Ihnen verinnerlichte und blockierende Glaubenssätze das Unterfangen madig machen. Sie werden Ihnen die passenden Einschränkungen präsentieren, die Sie bezüglich Ihres Vorhabens stets zu hören bekamen: „Das kannst du sowieso nicht!" oder „Du sollst niemals erfolgreicher als ich (Eltern) sein" oder „Du bist viel zu empfindlich, um das zu schaffen!". Es braucht bereits ein gewisses Maß an Selbstvertrauen und Erfahrung, um zu erkennen, dass diese Überzeugungen nicht mehr der Realität entsprechen.

Aber verharren Sie dennoch nicht zu lange in der Analyse und Verarbeitung Ihrer persönlichen Geschichte! Sorgen Sie bereits parallel dazu schon für stärkende Erlebnisse. Erinnern Sie sich, was Sie als Kind gerne mochten, und schauen Sie, ob es Ihnen auch heute noch Spaß machen würde. Haben Sie vielleicht gerne gemalt? Oder Geschichten geschrieben? Waren Sie als Kind sportlich, haben dies aber wegen Familie, Beruf oder körperlicher Probleme aufgegeben? Dann suchen Sie sich heute ein Feld, in dem Sie sich auf ähnliche Weise ausdrücken können.

Auch hier ist der Verstand, der so gerne den Status quo aufrechterhalten will, ein starker Herausforderer. Auch wenn er Ihnen sagt, dass Sie nicht mehr beweglich genug für Sport seien, dass Sie gar nicht malen könnten, dass Sie nur langweilige Geschichten schreiben, die niemanden interessieren, dass Sie eigentlich gar keine besonderen Gaben hätten – setzen Sie sich darüber hinweg und machen es trotzdem. Finden Sie heraus, wo Ihr Herz zu hüpfen beginnt, Sie innerlich grinsen oder Sie sich leicht und beschwingt fühlen. Das sind die körperlichen Wegweiser zu Ihren Gaben und Fähigkeiten.

Eine Klientin, Verwaltungsangestellte von Beruf, erzählte mir immer wieder, dass sie als Kind so gerne gemalt hatte, ihre Eltern dies aber nicht wertschätzten. Im Gegenteil, sie vermittelten ihr immer wieder, wie dumm sie doch eigentlich sei, und sie solle einen anständigen Beruf erlernen – was sie dann auch tat. In den Beratungen fasste sie zunehmend Zutrauen zu ihrer früheren Begabung und begann wieder zu malen. Sehr zögerlich, unsicher und sehr verschämt, aber sie tat es. Der Spagat zwischen ihrer Freude darüber und dem alten Glaubenssatz „Du kannst das doch eh nicht!" waren ihr sehr deutlich anzumerken. Aber da sie ihre künstlerischen Ambitionen nur für sich selbst ausübte, setzte sie sich nicht damit unter Druck. Das ist eine gute Einstellung.

> Bei der Entdeckung und Belebung der eigenen Qualitäten geht es zu Beginn nicht zwingend darum, dies gleich in die Öffentlichkeit zu tragen. Für manche Hochsensible mag dies ein guter Schritt sein, da sie sich damit stark motivieren. Aber den meisten Feinfühligen reicht es anfangs, erst einmal sanft und vorsichtig für sich selbst herauszufinden, was sie können, wo ihre Begabungen und Interessen liegen, und diese ins Leben zu holen.

Meiner Meinung nach gibt es keine, speziell für hochsensible Menschen geeigneten Methoden oder Techniken, die die Tür zu den eigenen Ressourcen öffnen. Es gibt viele Methoden für alle, und je nach Vorlieben, Interessen und Notwendigkeiten wählen Sie die Ihre aus.

Wir leben mittlerweile in einer Zeit der Informations- und Angebotsvielfalt, das heißt, es gibt eine große Auswahl an unterschiedlichsten Angeboten. Inzwischen haben wir eher die Qual der Wahl. Da gibt es Hochsensible, die mit Begeisterung jede Kletterwand erklimmen oder auf lange Wandertouren gehen, sich immer wieder in tiefe Meditationen versenken oder mit ihrer Kunst auf der Bühne stehen. Es zählt, was Ihnen angenehm ist und womit Sie Ihr wahres Inneres ausdrücken können.

Welche Richtung Sie einschlagen, welches Angebot oder welche Aktivität letztlich zu Ihnen passt, ob Sie sich lieber alleine oder gemeinsam mit anderen auf den Weg machen, finden Sie – sofern Sie nicht schon aus früheren Zeiten gute Hinweise haben – durch Ausprobieren heraus. Gönnen Sie sich Testphasen. Sie dürfen (sich) ausprobieren, Nein sagen, Ja sagen und übermorgen wieder weitergehen. Besuchen Sie einen Kurs, ein Seminar und entscheiden Sie erst danach, ob die Inhalte oder Menschen dort Ihnen gutgetan haben und Sie weiterbringen. Das mag anfangs für Sie und vielleicht auch für Ihre Familie oder Freunde recht ungewohnt sein, aber seien Sie gewiss, nach einigen Versuchen setzt ein Gewöhnungseffekt ein, der Sie unterstützt. Sollte dieser nicht eintreten, wirken vielleicht im Hintergrund alte Blockaden Ihrem Streben entgegen.

5.12.1 Ich zuerst! – Von Hasenfüßen und Egoschweinen

> Mögen hätt ich schon wollen, aber
> dürfen hab ich mich nicht getraut.
> (Karl Valentin)

Sich selbst in den Mittelpunkt der eigenen Aufmerksamkeit zu stellen, fällt vielen Hochsensiblen schwer. Schnell kommt die Befürchtung auf, als Egoist oder unsensibel gehalten zu werden, und das empfinden viele als sehr unangenehm.

Dieses Empfinden kommt nicht so ganz von ungefähr. In unserer Gesellschaft ist der Begriff Egoist negativ besetzt. Gemeinhin verstehen wir darunter einen Menschen, der nur sich selbst und seine Bedürfnisse im Blick hat, ohne dabei – und das ist das zentrale in der Bewertung – Rücksicht auf Belange anderer Menschen zu nehmen. Die Ellbogengesellschaft fördert oder erschafft solche Menschen.

Der Begriff Egoist leitet sich von dem lateinischen Wort *ego* ab und bedeutet „das Ich". Egoistisch zu sein heißt also nichts anderes, als sich um sich selbst zu kümmern, also um die eigenen Befindlichkeiten, Bedürfnisse und Ziele. Im Prinzip ist dies nicht nur eine gesunde, sondern für ein ausgewogenes Leben auch eine notwendige Haltung, dient dies ja schließlich auch der Selbsterhaltung. Die Kunst dabei ist jedoch, die Ausgewogenheit zwischen den eigenen Belangen und derer unserer Mitmenschen und Umwelt zu finden. Erst dieses Gleichgewicht führt zu einem wohlwollenden und förderlichen zwischenmenschlichen Klima.

Da in unserer Kultur über viele Jahre hinweg ein egoistisches Verhalten ohne Achtsamkeit für Menschen, Tiere oder Umwelt gefördert wurde, scheuen viele Hochsensible sich davor, in den Verdacht eines Egoisten zu geraten. Letztlich schaden sie sich damit aber selbst, denn die Pflege und Kräftigung der eigenen Befindlichkeit gerät dadurch teils stark ins Hintertreffen.

Wir Hochsensiblen nehmen schnell und intensiv die Bedürfnisse anderer und die Schwingungen in Situationen wahr und können meist sehr feinfühlig darauf eingehen. Aber ohne die Achtsamkeit für uns selbst ist eine solche Gabe immer im Ungleichgewicht. Es fehlt eine wichtige „Komponente", nämlich der Hochsensible selbst. Es ist in etwa so, als ob Sie Ihren Freunden ein schönes Mahl herrichten, und wenn es ans Essen geht, sind Sie verschwunden.

Im Integrationsprozess Ihrer eigenen Hochsensibilität ist der Schritt zum gesunden Egoismus daher sehr wichtig. Werden Sie zum Egoschwein! Zu einem schönen, runden, genesenden Egoschwein, das mit innerer Zufriedenheit die leckeren Trüffel zutage bringt. Was brauchen Sie, um sich stabil und gesund zu fühlen? Nehmen Sie es sich oder tun Sie es! Wo sind Ihre Grenzen, wenn Ihr Gegenüber Sie bereits seit zwanzig Minuten ungefragt mit seinem Leid beschäftigt? Sagen Sie „Stopp", wenn Sie zu einem solchen Gespräch gerade nicht bereit oder in der Lage sind! Sie möchten nicht mehr der Seelenmülleimer für andere sein? Dann sagen Sie Nein! Sie wollen auch einmal umsorgt oder gesehen werden? Machen Sie sich sichtbar mit Ihren Wünschen und Bedürfnissen! Nehmen Sie sich selbst ernst und das Recht heraus, gut für sich zu sorgen, denn dann sind Sie auch für andere eine wertvolle Stütze oder ein wertvoller Partner. Sie als hochsensibler Mensch haben sicherlich das entsprechende Feingefühl, zu spüren, wann Gefahr droht, andere Menschen dabei zu übergehen oder zu verletzen. Vertrauen Sie auf Ihre Gaben und bereichern Sie das leckere Mahl mit Ihrer Anwesenheit – nicht nur physisch.

5.12.2 Jammern ade

> Gefällt dir etwas nicht, dann ändere es.
> Kannst du es nicht ändern, ändere
> deine Einstellung. Jammere nicht.
> (Maya Angelou)

Eigentlich ist es nicht ganz richtig, dass wir Hochsensiblen uns nicht zeigen. Es fällt uns in der Regel schwer, uns mit unseren positiven Seiten, unseren Schätzen und Gaben in den Mittelpunkt zu stellen, was nicht wirklich verwundert, haben wir doch so viele ablehnende Erfahrungen ob unserer besonderen Fähigkeiten gesammelt.

Oft tauschen wir uns jedoch über unsere Probleme, Hemmnisse und Schwierigkeiten aus. Diese starke Ausrichtung auf die negativen Seiten des Lebens, auch des eigenen, ist jedoch nicht befremdlich, denn dieses Verhalten ist in unserer Gesellschaft generell stark ausgeprägt. Insofern ist es nicht wirklich ein hochsensibles Merkmal, aber wir Feinfühligen haben nun einmal leider mehr Lasten abbekommen als Normalsensible, beziehungsweise wir werden durch unser Anderssein täglich daran erinnert.

So einige wird dieser Umstand zum Jammern einladen: „Weil ich dies nicht kann oder jenes habe, deswegen geht es nicht oder wollte ich nicht gekonnt haben …" Jammern gehört inzwischen schon zum guten Ton. Der amerikanische Pastor Will Bowen hat sein interessantes Buch *Einwandfrei* genau diesem Phänomen gewidmet. Er schreibt:

> Klagen und Jammern bedeutet, dass wir uns auf die Dinge konzentrieren, die wir nicht wollen. Es bedeutet, dass wir über das reden, was schiefläuft, was nicht in Ordnung ist. Und worauf wir unser Augenmerk richten, was wir in den Brennpunkt rücken, das breitet sich aus.[10]

Aber nun ist Schluss damit, Sie dürfen sich Ihrer guten und schönen Seiten bewusst werden und sie zeigen. Werden Sie vom zögerlichen Hasenfuß zum Egoschwein. Ja, wenn das einmal so einfach wäre, sagen Sie? Aber wer, wenn nicht Sie, soll Ihre Schätze bergen und sie ins rechte Licht rücken?

Kennen Sie die Redensart „Eigenlob stinkt!"? Was besagt sie eigentlich? Nichts anderes, als dass die positive Selbstbetrachtung unangemessen sei. Schon von klein auf lernen wir, dass es verkehrt ist, sich selbst gut zu finden und dies auch noch zu zeigen. Also vermeiden wir solche Äußerungen, spä-

---

[10]Bowen, Will, *Einwandfrei*, Goldmann Arkana, 2. Aufl. 2008.

ter vermeiden wir auch die Wahrnehmung solcher Eigenschaften. Und dann werden wir womöglich zum Jammerlappen und Hasenfuß, weil wir durch die Verdrängung unserer inneren Kräfte unsicher und ängstlich geworden sind. Auch dies sorgt für die Schwierigkeit, die eigenen Gaben zu erkennen und anzunehmen. Sagen Sie den beiden Gesellen adieu! Sie brauchen sie nicht mehr, es sei denn, Sie möchten an Ihrem Zustand nichts ändern und Ihren Status quo beibehalten.

In Beratungen, im Freundeskreis und bei mir selbst erlebe ich immer wieder, wie herausfordernd es ist, sich positiv auszurichten. Dabei geht es nicht um das bekannte Tschakka-ich-schaff-das!-Gefühl oder die Alles-ist-wunderbar-Einstellung. Für eine gesunde Haltung zu sich selbst und zu den eigenen positiven Seiten gehört auch der Blick auf den Schatten – aber in Maßen! Durch den Schatten erfahren Sie, an welcher Stelle und in welche Richtung Sie sich weiterentwickeln können beziehungsweise wo es nicht weitergeht. „Ich habe Angst, auf Menschen zuzugehen, aber ich würde es gerne". Durch Ihre Schätze erhalten Sie für Ihren einzuschlagenden Weg wichtige Handwerkszeuge und die innere Ausrichtung. „Was kann ich gut oder mache ich gerne? Wo will ich damit hin?" Ihre Gaben, Ihre Fähigkeiten und Ihre Motivation gestalten die Landkarte, mit deren Hilfe Sie durch Ihr Leben reisen.

Finden Sie heraus, ob und wie stark verinnerlichte Glaubenssätze Sie prägen und blockieren. „Eigenlob stinkt!" ist nur einer von vielen. Machen Sie sich klar, dass solche Gebote nur dazu dienen, den Menschen kleinzuhalten, ihn nicht sein ursprüngliches Potenzial entfalten zu lassen. Das entspricht unserer gesellschaftlichen Geschichte mit Autoritäten, in der willige und wenig selbstständige Bürger erwünscht waren. Aber in den letzten Jahrzehnten wendete sich das Blatt und wir öffnen uns zunehmend der Einstellung, dass die Gaben des Einzelnen auch für die Gemeinschaft wichtige Ressourcen sein können. Reflektieren Sie Ihre Einstellung zu sich selbst, sprechen Sie vielleicht auch mit anderen, Ihnen vertrauten Menschen darüber und lassen Sie sich von aufkommenden Ängsten nicht entmutigen. Und ganz wichtig: Lassen Sie das Jammern sein! Mit jedem Jammern ziehen Sie sich selbst immer wieder in den Sumpf und binden sich an die unguten Gefühle, die Sie eigentlich abzulegen versuchen.

So wie ich an anderer Stelle schrieb „Da, wo die Angst ist, geht's lang", sage ich hier: „Da, wo Freude aufkommt und Sie sich glücklich und erleichtert fühlen, geht's lang!", ganz egal, ob anderen das gefällt oder sie es gutheißen. Erinnern Sie sich: Es geht um Ihr Leben! Nicht um das der anderen. Das Leben der anderen zu leben gehört ab sofort der Vergangenheit an. Auch diese Hemmschwelle zu überwinden gehört zum hochsensiblen Integrationsprozess.

5.12.3 Empathie gesund leben

Die Fähigkeit zu intensivem und authentischem Mitgefühl ist eine der typischen und herausragenden Gaben hochsensibler Menschen. Allgemein wird sie geschätzt und gerne angenommen, ganz im Gegensatz zu anderen Merkmalen der Feinfühligkeit, wie zum Beispiel die schnelle Überreizbarkeit oder das hohe Rückzugsbedürfnis. Und weil unsere Empathiefähigkeit so gerne genutzt wird, drohen hier zwei Gefahren, die es in einem gesunden hochsensiblen Selbstverständnis zu beachten gilt.

Einerseits kann von der Umwelt diese Gabe zu häufig eingefordert werden. Da bittet der Kollege in einer Konfliktsituation Sie vielleicht: „Ach, sprechen Sie doch mit dem Kollegen. Sie können so gut auf andere eingehen!" Es geht im Zweifelsfall gar nicht darum, ob tatsächlich Sie sinnvollerweise das Gespräch führen sollten, sondern Sie werden aufgrund Ihrer Gabe für solche Aufgaben einfach herangezogen. Das ist schmeichelhaft, und oft genug gehen wir Feinfühligen auch darauf ein. Aber wie viele Hochsensible haben mir erzählt, dass sie eigentlich davon entnervt sind, viel zu oft als „Seelenmülleimer" fungieren zu müssen, weil sie einfach gute, achtsame und eben empathische Zuhörer sind. Aber eigentlich haben sie gar keine Lust auf diese Rolle, weil sie der Kummer oder die Energien des anderen zu sehr belasten. Wie oft sind Sie in einem solchen Moment über Ihre Grenzen gegangen, weil Sie dachten, Sie können den anderen mit seinem Problem jetzt nicht alleine lassen, ihn nicht durch Ihr Nein womöglich verletzen?

Genau hier zeigt sich die zweite Gefahr oder Schwierigkeit: mangelnde Abgrenzung seitens uns Hochsensibler. Aufgrund der häufigen Ausgrenzung erleben wir die Akzeptanz unserer Empathiefähigkeit als wohltuend. Endlich werden wir gesehen und in unserer Art angenommen. Diesen Bonus möchten wir uns natürlich nur ungerne durch Ablehnung oder Zurückweisung verscherzen. Also gehen wir öfter, als es uns guttut, über die eigenen Grenzen und stellen uns zur Verfügung. Aber ist es genau das, was Ihnen in dem entsprechenden Moment angenehm ist? Haben Sie dafür genügend eigene Kapazitäten frei? Möchten Sie tatsächlich dieser Person zur Verfügung stehen? Und wenn ja, in welchem Umfang, in welcher Form, wie lange?

Was bedeutet es daher, Empathie gesund zu leben? Seien Sie mitfühlend, wann immer Sie dieses Gefühl gerne, von sich aus und ohne druckvolle Verpflichtung empfinden und geben wollen. Achten Sie dabei auch auf Ihren eigenen Energiehaushalt. Haben Sie gerade die Kraft, den Kummer oder die Bürde des anderen anzunehmen? Falls nicht, seien Sie ehrlich zu sich selbst und schützen Sie sich, indem Sie für diesen Augenblick Nein sagen. Würden Sie dennoch über Ihre Grenzen gehen, könnten Sie sich selbst und der anderen Person schaden, denn Sie signalisieren in dem Moment ein Jein. Da Sie hierbei Ja sagen und Nein fühlen, sind Sie und Ihr Handeln nicht mehr authentisch – selbst wenn Sie vom Kopf her gerne zur Verfügung stünden. Nicht nur Sie spüren dieses Jein. Auch Ihr Gegenüber kann dies fühlen, ganz gleich, ob es ihm bewusst ist oder nicht. Ihr Jein kann ein Gefühl von Unklarheit und Ablehnung beim anderen auslösen. Daher seien Sie achtsam und ehrlich mit Ihrer eigenen Motivation und Ihren eigenen Ressourcen.

> Nutzen Sie zusätzlich Ihre hohe Empathiefähigkeit, um zu spüren, ob für Ihr Gegenüber in diesem Moment ein empathischer Kontakt angemessen wäre. Auch wenn jemand traurig oder verletzt ist, kann es sein, dass er diesen Schmerz für sich fühlen möchte, und allein die Tatsache, zu wissen, dass im Hintergrund ein Mensch zur Verfügung stünde, ihm im Moment ausreicht.

5.12.4 Muss das sein? – Sinn und Ohn-Sinn

Sinn heilt Wunden.
(Andreas Tenzer)

Fußball zu spielen hat für Sie keinen Sinn? Oder Walken? Oder Bügeln? Oder Zeitungen lesen finden Sie sinnlos? Das ist völlig in Ordnung – für Sie! Möglicherweise kennen Sie ja einen Menschen, für den Fußballspielen durchaus viel Sinn macht. Oder Walken! Oder Bügeln oder Zeitung lesen.

Die Frage der Sinnhaftigkeit ist in höchstem Maße individuell. Der Sinn, den wir einer Sache beimessen, hängt immer von unseren eigenen Wertevorstellungen, Erfahrungen und Motivationen ab und ist an die Bestimmung des eigenen Lebens geknüpft. Durch die Veränderlichkeit von Motiven oder Lebenszielen im Laufe des Lebens kann sich auch die empfundene Sinnhaftigkeit einer Sache oder Situation für uns verändern. Dies ist kein Zeichen von Wankelmütigkeit oder Unentschlossenheit, sondern von Wachstum und innerer Veränderung.

Für die meisten hochsensiblen Menschen ist die Sinnfrage des eigenen Handelns enorm wichtig. Dies steht mit der kleineren Komfortzone in enger Verbindung. Denn wenn alles, was wir erleben und tun, unserem Wesen genauer angepasst sein muss als bei Normalsensiblen, dann sollte auch das, was, wo, wie und mit wem wir uns durch unser Leben bewegen, einen Sinn ergeben. Denn nur wenn wir diesen Sinn spüren, empfinden wir die Situationen als harmonisch und stärkend. Somit reduziert sich der Reizpegel und die Situationen (be-)stärken uns.

Nehmen Sie Ihr Bedürfnis nach Sinnhaftigkeit Ihres Handelns oder Seins ernst. Gerade im Beruf erleben viele Hochsensible heutzutage sinnlose Situationen, oder der Beruf als solcher wird als sinnentleert empfunden. Das führt oft zu Frustration, Gefühlen von Hilflosigkeit und Erschöpfung bis hin zum Burn-out. Unser Körper reagiert sehr deutlich auf das Empfinden von Sinn, denn Sinnhaftigkeit vermittelt uns ein Gefühl von Wohlempfinden, Kraft oder Zuversicht. Prickeln im Bauch, freudige Aufgeregtheit, Neugier, Sich-hingezogen-Fühlen oder kindliche Nervosität können Anzeichen dafür sein.

> Auch wenn Ihnen selbst in der aktuellen Situation oder der Planung der Sinn des Ganzen möglicherweise noch nicht erkennbar zu sein scheint, so kann Ihnen Ihr Körper diesen durchaus verdeutlichen. Folgen Sie Ihren Körpersignalen und schauen Sie, wo er Sie hinführt. Auf diese Weise kann eine spannende Reise beginnen.

5.13 Zusammenfassung und Schlussfolgerung

Die Phase III im hochsensiblen Integrationsprozess zeichnet sich durch viele praktische Schritte aus. So steht in der Regel das Bedürfnis nach Kontakt mit anderen hochsensiblen Menschen ganz oben auf der Wunschliste. Dies ist nachvollziehbar, aber mit einigen Hürden versehen, als da zum Beispiel das Problem wäre, dass wir einander aufgrund unserer Anpassung oftmals nicht erkennen.

Haben wir dann Gleichgeartete kennengelernt, können wir bewusst die positive Erfahrung machen, auf einen adäquaten Spiegel unser selbst zu treffen – für viele ein bewegendes, aufwühlendes, aber auch beglückendes Gefühl. Dies mag das Bedürfnis oder auch manchmal die Notwendigkeit aufkommen lassen, sich über den beglückenden Umstand auszutauschen und anderen Menschen von sich und den neu entdeckten Erkenntnissen zu berichten – aber wie? Nicht immer und nicht jedem sollten wir alles erzählen, und zuweilen blockieren auch alte erlernte Glaubenssätze unser Mitteilungsbedürfnis. An dieser Stelle tritt wieder das Reframing mit kleinen sprachlichen Tipps auf den Plan, um unsere inneren Hemmnisse etwas auszuhebeln.

Der nächste große Bereich, der im Zuge der aktiven Integration der eigenen Hochsensibilität geändert werden will, sind die Lebensumstände. Früher passte so einiges nicht, heute gilt es, das Leben an die eigenen Bedürfnisse und Gaben anzupassen. Dies bedeutet, Veränderungen vorzunehmen: Altes wird losgelassen, aber das Neue ist noch gar nicht da. Leere entsteht, und leer sollte es auch eine Weile bleiben, damit sich das Neue aus Ihrem Inneren heraus entwickeln kann – es soll ja zu Ihnen passen!

Bedürfnisse und Gaben tauchen aus dem Dunst des Vergessens und der Verdrängung auf. Nun ist die Frage, wie Sie darauf eingehen, was Sie über das denken, was da so erscheint. Welchen Raum weisen Sie dem Neuen zu? Wo sind Ihre Grenzen? Um dies zu erkennen, hilft Ihnen Ihr Körper als Wegweiser. Je nachdem, ob es zwackt oder sich wunderbar anfühlt, zeigt er Ihnen, welche Richtung Sie auf dem ungewohnten Terrain einschlagen sollten. Manche Menschen mögen Ihnen eine stützende Begleitung dabei sein, aber anderen gegenüber braucht es Ihre klaren Grenzen, um Ihr neu entdecktes Wesen zu wahren.

Auch der Umgang mit den vielen Reizen unserer Zeit will neu erlernt beziehungsweise austariert werden. Die Fülle der Stimuli ist vielfältig, und nicht alle kommen von außen. So sorgt das rege Innenleben häufig für viel Beschäftigung im Kopf – manchmal zu viel und zu durcheinander. Ordnung und gezielte Gedankenausrichtungen beruhigen die Vielfalt.

Aber keine Sorge, für Nachschub ist jederzeit gesorgt. So führen Veränderungen wieder zu aufregenden Impressionen, es sei denn, Sie geben Ihnen einen überschaubaren Rahmen und lassen sich von Ihnen nicht überrumpeln.

Bei so viel Innenschau und Umgestaltung wird nicht nur Staub aufgewirbelt. Auch Ängste melden sich zu Wort und erzählen von alten Zeiten. Wie viel Gehör schenken Sie Ihnen? Wann wird es Ihnen zu viel, oder ist es gar zu wenig? Das Austarieren der Komfortzone ist der eine Schritt, sie wieder zu verlassen, um die Welt und sich selbst zu erkunden, ein anderer. Achten Sie darauf, dass Ihre Exkursionen nicht in Stress ausarten, dies wäre kontraproduktiv.

Fehler sind auf diesem gewundenen Pfad nicht gern gesehen, aber selbstverständlich. Dies zu erkennen, gilt es im weiteren Verlauf. Auch wenn es ungewohnt erscheinen mag, so kann der eine oder andere Fehler zum Entscheidungshelfer avancieren. Und Entscheidungen gibt es im Integrationsprozess derer viele. Daher ist es nützlich zu wissen, was sie verhindert und was sie andererseits erleichtert.

Bei derart vielen Umwälzungen ist es gut zu wissen: „Ich bin richtig!" Ja, das sind Sie, auch wenn alter Schmerz zuweilen an die Tür klopft und Ihnen anderes suggeriert. Und wenn die alten Glaubenssätze zu hartnäckig sind, lassen Sie sich helfen. Wählen Sie die für Sie passende Therapie und die passende Therapeutin oder Therapeuten, um sich an Vergessenes zu erinnern und Schmerzhaftes zu lindern. Was immer auf dem Wege zum Heute verschreckt stehen blieb, darf nun wieder nachreifen, heilen. Damit bauen Sie Ihren Selbstwert wieder auf und übernehmen Verantwortung für sich.

Dies ist der Nährboden Ihrer Gaben und Fähigkeiten. Nun können Sie sich wieder zeigen und Ihr Leben erneut – oder erstmalig? – bereichern, ohne Jammern, aber mit Sinn und Verstand. Lernen Sie, im Regen zu tanzen.

6
Phase IV: Der sichtbare Hochsensible

Man muss die Dinge nehmen, wie sie kommen.
Und wenn sie nicht kommen, muss man ihnen entgegengehen.
(aus Finnland, Autor unbekannt)

Herzlichen Glückwunsch! Sie haben es geschafft: Sie haben sich selbst als hochsensiblen Menschen erkannt, haben die Hürden der Zweifel und Selbstreflexion genommen, stellen sich der Auseinandersetzung mit Ihren eigenen Anpassungsstrukturen, entlarvten Ihre Stress- und Reizfallen, konfrontierten Ihr engstes und weiteres Umfeld mit Ihrem neuen Wesen und sorgten für eine wunderbar ausgeglichene Komfortzone, in der Sie all Ihre wieder- und neu entdeckten Gaben auszudrücken wissen. Schön wär's! sagen Sie? Recht haben Sie!

Ich möchte dieses Mut machende Bild nicht allzu sehr schmälern, aber wie ich bereits eingangs sagte, ist der hochsensible Integrationsprozess ein Prozess, der in unterschiedlichen Tempi und Phasen vonstattengeht. Daher mag es sich in manchen Bereichen noch überhaupt nicht gerundet oder geheilt anfühlen, in anderen sind Sie hingegen schon klar und mit sich selbst im Reinen. So kann auch diese letzte Phase bereits eintreten, obwohl Sie zu anderen Themen noch am Reframing oder der praktischen Umsetzung knabbern.

In einem Punkt unterscheidet sich die Phase IV aber von allen anderen vorangegangenen: Nicht für jeden Hochsensiblen trifft sie gänzlich zu! Phase IV teilt sich in zwei Hauptthemen auf:

1. die eigenen hochsensiblen Bedürfnisse und Fähigkeiten aktiv im Außen zeigen, also als hochsensibler Mensch sichtbar werden,
2. mit dem Thema Hochsensibilität und mit hochsensiblen Menschen arbeiten.

Sie werden sicherlich im Laufe Ihrer inneren Auseinandersetzung mit Ihrer Disposition spüren, ob Ihr Weg Sie zu einem Beruf – oder vielleicht gar einer Berufung – führt, und Sie damit die Hochsensibilität in den Mittelpunkt Ihres Schaffens stellen.

6.1 Ich bin wie ich bin – sichtbar hochsensibel

Sei du selbst die Veränderung,
die du dir wünschst für diese Welt.
(Mahatma Gandhi)

> Seit Tagen schon juckt es Gustav in den Fingern, seinen Arbeitsplatz näher zum Fenster zu rücken. Das dauernde Schummerlicht und die trübe Lampe strengen ihn sehr an, und er möchte das nicht mehr.
> Er hatte tagelang darüber nachgedacht, ob und wie er mit Frau Jankowski und Herrn Schröder darüber sprechen sollte. Letztlich verlief das Gespräch relativ zufriedenstellend: Herr Schröder brummelte Unverständliches in seinen Bart und half beim Tischerücken. Frau Jankowski wollte wissen, warum. Gustav nahm allen Mut zusammen und erklärte ihr, dass er schnell von dem schlechten Licht ermüde und mit seinem Frischluftbedürfnis die anderen beiden nicht so belasten wolle. Das konnte sie akzeptieren und zog mit ihrer stacheligen Silberkerze, der Weltkartenunterlage und den Fotos ihrer Familie an den Nachbartisch um.
> Gustav sitzt sehr erleichtert am Fenster, schaut hoch ins Himmelloch zwischen den Mauern und genießt die kleine Brise, die durch den Fensterschlitz strömt.
> Im Laufe der nächsten Tage fragt Frau Jankowski immer wieder nach Gustavs Beweggründen für den Schreibtischtausch. Und so kommen beide langsam ins Gespräch über Hochsensibilität und stille Bedürfnisse und besondere Gaben. Gustav hätte nie gedacht, sich so angeregt mit Frau Jankowski unterhalten zu können.

Es liegt weder in der Natur eines jeden Temperaments noch in der individuellen Lebensaufgabe eines jeden Menschen mit seinen Veranlagungen aktiv in der Außenwelt sichtbar zu werden oder damit zu arbeiten. Es liegt in der Natur mancher! Daher ist es völlig in Ordnung, wenn Sie diese letzte Phase nicht komplett für sich in Anspruch nehmen. Warum sollten Sie sich auch als hochsensibler Mensch „outen", wenn Sie zum Beispiel Mathematiklehrerin sind? Oder Zimmermann? Oder IT-Entwickler?

Aber möglicherweise kann das Sichtbarmachen Ihrer Veranlagung beziehungsweise Ihrer speziellen hochsensiblen Bedürfnisse und Grenzen auch als Mathematiklehrerin, Zimmermann oder IT-Entwickler für Sie von Interesse sein. Denn wann immer Sie mit anderen Menschen im Kontakt sind, spielen auch Ihre feinfühligen Befindlichkeiten und Gaben für die Gestaltung Ihrer Beziehungen, Ihrer Lebens- und Arbeitsbedingungen sowie der gemeinsamen Situationen eine Rolle.

Sie befinden sich zum Beispiel in einer Lehrerkonferenz und bemerken, dass Ihnen der Geräuschpegel, die permanenten Nebengespräche Ihrer Kollegen und die stickige Luft im Raum zu schaffen machen. Ohne etwas zu verändern, werden Sie die Konferenz nicht gut überstehen. Was tun Sie? Früher haben Sie vielleicht ausgeharrt, sind immer stiller oder gereizter geworden und haben sich erschöpft und entnervt nach Hause geschleppt.

Mit Ihrem neuen Wissen und Selbstvertrauen hinsichtlich Ihrer Bedürfnisse werden Sie nun vielleicht hingehen, die Fenster etwas öffnen und um eine ruhige und konzentrierte Gesprächsatmosphäre bitten. Müssen Sie dafür kundtun, dass Sie hochsensibel sind? Nicht zwingend, aber Sie können entsprechend handeln.

6.1.1 Die Kunst der kleinen Schritte

Die Kunst in solchen Situationen ist es, den kleinsten gemeinsamen Nenner, also die kleinste machbare Aktivität, zwischen der gegebenen, vielleicht unangenehmen Situation und Ihren eigenen Bedürfnissen zu finden. Ich erlebe es oft, dass genau diese kleinen Nuancen in der Ideen- oder Lösungsentwicklung fehlen. Diese braucht es aber, um Ihren hochsensiblen Empfindungen möglichst gerecht zu werden und nicht die ganze Situation komplett umstrukturieren zu müssen. Ist es in der oben erwähnten Konferenz für Sie angenehmer, das Fenster selbst zu öffnen, einen Kollegen oder eine Kollegin darum zu bitten oder es als allgemeine Bitte in den Raum zu stellen? Möchten Sie lieber die ganze Gesprächsrunde oder nur Ihre direkten Nachbarn um mehr Ruhe bitten oder das Thema als Tagesordnungspunkt für die nächste Teambesprechung einer Vorgesetzten oder einem Gesprächsleiter vorschlagen? Es gibt in der Regel immer mehrere Möglichkeiten, eine Situation zu verändern.

Es ist ein bisschen wie mit einem Lautstärkeschieberegler: Null wäre gar nichts tun und volle Lautstärke entspräche in unserem Beispiel einem entnervtem Lospoltern vor versammelter Runde. Wägen Sie die Situation, die konkreten Handlungsmöglichkeiten und Ihr eigenes Bedürfnis gegeneinander ab und schauen Sie, an welcher Stelle Sie den Regler justieren wollen. Wie viel Aktivität Ihrerseits ist nötig, um die Situation in Ihrem Sinne zu ändern? Was ist die für Sie angenehmste Form und mit welchen Kompromissen können Sie in diesem Moment leben? Finden Sie heraus, welcher konkrete Schritt dann für Sie der richtige ist, und gehen Sie ihn.

6.1.2 Ja, das fühle ich

Gefühle zu zeigen ist für die meisten Menschen ein schwieriges Kapitel, ganz gleich, ob sie hochsensibel oder normalsensibel sind. Meist haben wir es nicht angemessen erlernt, und nun im Erwachsenenalter tun wir es meist nur, wenn kein Weg daran vorbeiführt, zum Beispiel im Konflikt mit einem anderen Menschen. Generell zeigen wir unsere positiven Empfindungen lieber als die negativen. Aber auch die unangenehmen Gefühle sind für unsere Lebensgestaltung von Bedeutung.

Als feinfühliger Mensch haben wir zuweilen andere Empfindungen als unsere Mitmenschen, oder wir fühlen früher, schneller und intensiver. Dies kann im Kontakt und der Kommunikation durchaus zu Irritationen oder Unverständnis führen. Vielleicht spüren Sie in der Lehrerkonferenz bereits viel früher als Ihre Kolleginnen und Kollegen, dass sich zwischen zwei Anwesenden ein Konflikt entspinnt, der die Gesamtsituation belasten könnte.

Was tun Sie? Lospoltern und den Kontrahenten auf den Kopf zusagen, dass sie ihren Konflikt bitteschön andernorts austragen mögen, wäre keine so gute Lösung. Die beiden würden Sie vielleicht gar nicht verstehen, weil sie selbst den Konflikt (noch) nicht wahrnehmen. Sie würden in einem solchem Fall dumm dastehen und sich blamieren – obwohl Sie recht hätten. Gar nichts zu sagen kommt im Zuge Ihres neuen Bewusstseins und Selbstverständnisses auch nicht mehr infrage, da Sie der schwelende Konflikt emotional belastet.

Der erste und wichtigste Schritt ist, der eigenen Wahrnehmung zu vertrauen. Ja, Sie fühlen diesen Konflikt! Auch wenn alle anderen Anwesenden dies nicht so empfinden, Sie spüren die Stimmung, Energie, die Atmosphäre, was auch immer. Diese Spannung auszuhalten ist Teil der wachsenden Integrität als hochsensibler Mensch. Ich hatte vor geraumer Zeit diesbezüglich ein kleines Erlebnis: In meinem Zimmer brummte die Heizung. Mir war dies sehr unangenehm, und es hinderte mich am Einschlafen.

Also versuchte ich, an der Heizung und im Heizungskeller der Ursache auf den Grund zu gehen, leider ohne Erfolg. Das Brummen blieb. Ich erzählte meinen Mitbewohnern davon, um sie von der Notwendigkeit eines Handwerkerbesuchs zu überzeugen. Aber sie hörten nichts! Meine Frustration war groß, und ich wiederholte meine Bitte immer wieder. Irgendwann war das Brummen dann so laut geworden, dass es nun tatsächlich auch für die anderen hörbar geworden war. Der Grund des Brummens ist allerdings noch nicht gefunden …

Durch die möglicherweise langjährige Unterdrückung Ihrer Gefühle ist das Akzeptieren der eigenen Empfindungen zuerst ungewohnt und verunsichernd. Sorgen Sie nun für Bestätigung und Verständnis Ihrer Empfindungen. Und wer könnte dies besser als andere Hochsensible? Teilen Sie daher Ihre Wahrnehmungen nicht nur den auslösenden Personen mit – wenn überhaupt –, sondern sprechen Sie mit anderen gleichartigen Menschen. Hier können Sie Verständnis und auch das Ihre angeschlagene Identität heilende Wiedererkennen im Gegenüber finden. Je öfter Sie solch bestärkende Erfahrungen machen, umso leichter wird es Ihnen fallen, Ihren Wahrnehmungen zu trauen und sie zu äußern.

6.1.3 Jetzt! Und zwar sofort! – Gefühle unter Hochdruck

Zuweilen erlebe ich, dass, wenn hochsensible Menschen nun endlich sich selbst und ihre Bedürfnisse erkennen, sie mit – verständlicher – Wichtigkeit und Intensität andere davon informieren, dass sie hochsensibel sind und deswegen nun, um beim obigen Beispiel zu bleiben, bei den Konferenzen immer geöffnete Fenster brauchen. Das Bedürfnis ist nachvollziehbar, aber die bestimmende Art und Weise der Forderung würde für ziemlich viel Unverständnis und Ablehnung sorgen.

An diesem Beispiel wird das psychologische Phänomen deutlich, dass wir gerne über das Ziel hinausschießen, wenn wir unsere neu entdeckten Bedürfnisse nach außen tragen. Es ist ein bisschen wie mit einem Dampfkochtopf: Jahrzehntelang stand das Bedürfnis oder sogar generell die Bedürfnisäußerung als solche dermaßen unter Druck, dass das Bedürfnis nun, in dem Moment, in dem es jetzt geäußert werden darf, fast explosionsartig wie der Dampf im Kochtopf mit Hochdruck aus dem Ventil schießt. Dass diese Art der Bedürfnisäußerung leider nicht der Situation angemessen ist, versteht sich von selbst.

Was kann helfen, das Ganze moderater und geschmeidiger zu gestalten, ohne das eigene Bedürfnis aufzugeben oder zu schmälern? Wieder einmal die Übung! Aber vor der Übung bedarf es noch zwei anderer Schritte, die ausschließlich in Ihrem Inneren stattfinden:

1. Lernen Sie zu fühlen, wann der innere Druck und somit der Stress in Ihnen steigt. Es mag einige Situationen geben, in denen die Emotion urplötzlich aufkommt, beispielsweise wenn Sie sich erschrecken, Ihnen jemand eine Hiobsbotschaft überbringt oder bei der Liebe auf den ersten Blick. Aber unser Alltag wird wesentlich öfter von den kleinen, fast belanglosen Gefühlen dominiert, die langsam entstehen, die sich anhäufen wie der angespülte Tang am Sandstrand. Moment für Moment, Situation für Situation. Für diese Empfindungen gilt: Spüren Sie so früh wie möglich die ersten unangenehmen Gefühle. Meist nehmen wir sie zu Beginn nicht wahr, danach nicht ernst, dann wundern wir uns, und erst anschließend, wenn sich bereits reichlich „Tang" angesammelt hat, empfinden wir eine ernst zu nehmende Belastung. Und meist ist dann auch schon eine innere Dringlichkeit erreicht, die wir als sehr unangenehm empfinden. Der Druck im Dampfkochtopf steigt. Lernen Sie durch Rückblick („Was ist denn davor passiert? Welche Situation war vor dieser Situation?") und eine wachsende Achtsamkeit Ihre Wahrnehmung derart zu schärfen, dass Sie Ihre Körpersignale, die in der Regel bereits recht früh das kommende Gefühl ankündigen, erkennen und richtig interpretieren. So können Sie nach und nach frühzeitiger auf Ihre Empfindungen reagieren, und es kommt nicht zum inneren Hochdruck.
2. Suchen Sie sich kleine, überschaubare und wenig brisante Situationen, also zum Beispiel in der Familie oder bei Freunden oder auch in einer Selbsthilfe- oder Therapiegruppe, in denen Sie Ihre – frühzeitige – Gefühls- oder Bedürfnisäußerung üben können. Denn auf dem Weg, unsere Empfindungen zeitig zu spüren, sind wir uns selbst dieser Gefühle oft unsicher. Daher brauchen Sie ein vertrauenswürdiges Lernumfeld, in dem Sie die ersten positiven und bestätigenden Erfahrungen machen können. Lernen Sie auch in kleinen Situationen zu sagen, wie es Ihnen gerade geht oder was Sie jetzt brauchen, um sich wohler zu fühlen. Bitten Sie Partner oder Freunde um Gefallen, damit Ihnen auch das Bitten wieder angenehmer oder gar selbstverständlicher wird. Sie werden sehen, je öfter Sie es ausprobieren, umso sicherer werden Sie damit und umso entspannter und „feinfühliger" wird Ihre Ausdrucksform.

Manchmal blockieren aber auch alte emotionale Muster die freie Bedürfnisäußerung. Wenn Sie zum Beispiel den Glaubenssatz „Wenn ich meine Gefühle zeige, werde ich ausgelacht" in sich tragen, werden Sie Ihre Empfindungen entweder überhaupt nicht zeigen, sie nur in Gedanken zulassen oder sie im Notfall mit starkem Druck äußern. Erst die Heilung solch blockierender Muster ermöglicht einen freieren und leichten Fluss der Gefühlsäußerung.

6.1.4 Das kann ich – Fähigkeiten leben und zeigen

Mit Ihren Fähigkeiten mag es sich ähnlich wie mit den Gefühlen verhalten. Wurden sie in Kindertagen abgelehnt oder ausgebremst, ist es heutzutage unter Umständen schwierig, sie auszudrücken. Auch hier braucht es Ihre innere Aufmerksamkeit und Achtsamkeit, zu fühlen, bei welchen Tätigkeiten Sie besonderes Geschick, Interesse, Freude oder Know-how zeigen. Dort könnten noch weitere Schätze verborgen sein.

In der Regel haben wir Hochsensiblen so einige Qualitäten und Kompetenzen ins Hier und Jetzt „hinübergerettet". Zusätzlich haben wir natürlich durch unseren Lebensweg auch neue Fähigkeiten erlernt. Es zeigt sich häufig, vor allem, wenn sich der Beruf zur Berufung wandelt, dass wir wieder auf Talente zurückgreifen, über die wir bereits in Kindertagen verfügten. Dies mag dann eine Spur sein, die zu verfolgen sich lohnen kann.

Auch beim Zeigen Ihrer Fähigkeiten benötigen Sie möglicherweise eine gute Portion Selbstvertrauen und Mut. Denn die Gaben der Hochsensiblen liegen oftmals nicht im Normbereich. Das sensorische Mehr führt – konsequenterweise – meist auch zu einem Mehr im Ausdruck oder der Leistungsfähigkeit. So kann Ihre gut gemeinte Geburtstagsdekoration zu einer Freundschaftskrise mit Ihrer besten Freundin führen, weil diese neidisch auf Ihr Geschick oder ästhetisches Empfinden ist. Ihr Arbeitskollege vermeidet den Kontakt mit Ihnen, weil ihn – trotz aller richtigen Aussagen Ihrerseits – womöglich Ihre (scheinbar) besserwisserische Art nervt.

Aber nicht nur die Qualität Ihrer Arbeit kann sich von der anderer Menschen unterscheiden, sondern auch die Inhalte können davon abweichen. Gerade feinfühlige Menschen sind für zwischenmenschliche und feinstoffliche Schwingungen und Informationen sehr empfänglich. So mag im Zuge des voranschreitenden Integrationsprozesses Ihre lang verschollene Hellsichtigkeit oder Medialität zutage treten. Sie nehmen immer häufiger Signale wahr, die für andere in Ihrem Umfeld nicht zu existieren zu scheinen. Beginnen Sie nun, diese Wahrnehmungen zu äußern oder Sie in Ihre Arbeit zu integrieren, kann es auch hier zu abweisenden Reaktionen kommen, da der Umgang mit Feinstofflichkeit und Spiritualität in unserer Kultur nicht selbstverständlich ist.

Aber all das sollte kein Hinderungsgrund für Sie sein, Ihre Gaben zu leben. Werden Sie sich über Ihre speziellen Stärken im Klaren und suchen Sie nach Rahmenbedingungen, in denen Sie sie in ihrer Besonderheit zeigen dürfen, zeigen können oder zeigen sollten. Sie malen oder fotografieren zum Beispiel gerne und haben es viele Jahre versteckt? Kein Problem. Suchen Sie sich Möglichkeiten, vielleicht als ersten Schritt Freunden oder Ihrer Familie Ihre Arbeiten zu zeigen. Eine kleine Ausstellung Ihrer Künste in Ihrem Wohnzimmer, im Büro oder Flur Ihrer Arbeitsstelle, in einem kleinen Künstlercafé anzubieten könnten weitere Schritte sein. Sie haben heilende Hände bei Massagen und Berührungen? Fragen Sie Ihre besten Freunde, ob Sie sich damit bei ihnen ausprobieren dürfen. Testen Sie, ob Sie diese Fähigkeiten beruflich ausbauen möchten oder ob es Ihnen genügt, sie im privaten Rahmen anzuwenden. Nutzen Sie Nischen für Ihre Gaben oder schaffen Sie eine neue Plattform, um sich Ihrem Wesen entsprechend auszudrücken. Letztlich hat jede neue Kunstrichtung, jede neue Erfindung auf diese Weise begonnen.

Aber es geht gar nicht immer nur um herausragende oder weltbewegende Künste. Es können ganz kleine alltägliche Talente sein, die Sie in sich tragen: Meine Großmutter gestaltete kleine Haushaltsdinge wie Serviettenringe auf wunderschöne Weise. Eine Freundin bastelt herrlich kreative Geschenkverpackungen, übt aber einen ganz anderen Beruf aus. Eine Bekannte hat eine ausgesprochen kunstvolle Handschrift und ist als Beraterin tätig. Mein Nachbar verfügt über ein wunderbares Händchen bei seiner Gartengestaltung, hat dies aber nie erlernt.

Hochsensibilität zeigt sich in allen Lebensbereichen, hochsensible Talente ebenfalls. Es ist das Resultat der komplexen Aufnahme- und Verarbeitungsfähigkeit des hochsensiblen Systems, dass ein feinfühliger Mensch zuweilen auch über viele „kleine" Talente verfügt, multitalentiert ist. Manche dieser Begabungen zeigen sich vielleicht lediglich in einzelnen kleinen Momenten oder so quasi nebenbei. Möglicherweise haben Sie nicht den Wunsch, aus einer dieser Gaben eine Berufung erwachsen zu lassen, oder erkennen Sie Ihre Fähigkeit an dieser Stelle gar nicht als Gabe.

Ihre besondere Fähigkeit besteht also nicht ausschließlich darin, etwas Bestimmtes in besonderer Weise herzustellen oder zu gestalten. Vielmehr geht es bei den kleinen „Alltagskünsten" um die Art und Weise, wie Sie an Aufgaben und Lösungsentwicklungen herangehen. Hier zeigt sich der hochsensible Hintergrund: Komplexität, Vielschichtigkeit, Zusammenhänge und Hintergründe gut erfassen und daraus neue Strategien oder Dinge entwickeln können ist die Gabe. Meist gehen dabei eine hohe Kreativität und Perfektionismus Hand in Hand.

> Achten Sie daher auf Ihre vermeintlich „unscheinbaren" Talente. Wo sagen andere Ihnen immer wieder, dass Sie etwas sehr schön gemacht haben, Sie es besonders gut können oder sie sich bei Ihnen so wohlfühlen? Folgen Sie diesen Spuren. Sie führen Sie zu Ihren, teils verschollenen Potenzialen.

6.1.5 Ja zum Anderssein – ein Positivkreislauf

Trotz dem heute so modernen „anders sein wollen"
ist die beste Persönlichkeit doch immer noch die eigene.
(Tanja Grassecker)

Ein wesentlicher Schritt auf dem Weg zur aktiv gelebten Hochsensibilität ist das Ja zu Ihrem Anderssein: „Ich bin anders, und das ist auch gut so!" Sie können sich mit Ihrer Veranlagung im Stillen arrangieren, Sie mögen in gerade günstigen Situationen Ihren Bedürfnissen folgen, es in ungünstigen hingegen unterlassen. Aber das ist mit diesem Ja zur eigenen Veranlagung nicht gemeint.

Ein wirkliches Ja ist kompromisslos bis zu der Grenze, an der auch das Bedürfnis Ihres Gegenübers berücksichtigt werden will. Dies meint was immer Sie tun, Ihr „Ja" bedeutet: „Zu meinem Wohle und das aller anderen." Diese Haltung impliziert, dass Sie bei dem, was Sie tun und wie Sie sich verhalten, stets darauf achten, dass es Ihnen, aber eben auch Ihren Mitmenschen gut geht. Sie lassen sich nicht mehr von der vermeintlichen Norm oder einer anderen Meinung einschüchtern, drängen aber auch nicht auf Biegen und Brechen auf die Befriedigung Ihrer eigenen Bedürfnisse. Sie können klar und selbstverständlich sagen: „Ja, ich bin hochsensibel! Ja, so bin ich und das bedeutet, dass ich…" In Konfliktsituationen kann Ihnen der Weg der kleinen Schritte helfen, eine moderate und ausgewogene Lösung zu finden.

> Die Kombination von Kompromisslosigkeit und Respektieren der eigenen Bedürfnisse, Fähigkeiten und Grenzen führt Sie zu einer tiefen inneren Ehrlichkeit mit sich selbst, aber auch zu mehr Zufriedenheit und seelischer Stabilität. Dadurch gewinnen Sie künftig wieder mehr Energie, und dies führt zu einer größeren Widerstandskraft, auch in Hinblick auf Überreizungssituationen. Denn Sie müssen sich nicht mehr so oft gegen unpassende Situationen wehren oder sie mithilfe eines großen Energieaufwands aushalten. Dadurch verfügen Sie nun über mehr Reserven, um sich Ihren tatsächlichen Potenzialen zu widmen und sie aktiv ins Leben zu bringen. Der Positivkreislauf schließt sich.

6.2 Ein Plus für alle – mit Hochsensibilität arbeiten

> „Du erzählst so viel von dieser Hochsensibilität, willst du nicht was Berufliches damit anfangen?", fragt Peter eines Tages. Peter stachelt Gustav gerne an, weil er Bibliothekar nicht gerade für einen ansprechenden und erfolgreichen Beruf hält. Gustav wiegt überlegend den Kopf hin und her. „Ich weiß nicht so recht. Ich habe nichts gelernt, was ich damit zusammenbringen könnte", wendet er ein. „Wieso? Auch Hochsensible lesen Bücher. Dir fällt bestimmt noch was ein!" Peter lehnt sich siegesgewiss gemütlich in das neue Sofa zurück, gerade so, als ob er dafür gesorgt hätte, dass Gustav nun das hochsensible Ei des Kolumbus finden wird.

Einige von uns Feinfühligen spüren, dass sie nicht nur für sich selbst ihre sensiblen Seiten entdecken und entfalten, sondern auch dazu beitragen möchten, dass das Thema erforscht, genutzt und verbreitet wird. Es mehren sich die Bachelor- und Masterarbeiten, die über diese Disposition geschrieben werden, Weiterbildungen für Pädagogen, Psychologen, Mediziner oder Führungskräfte werden angeboten, es haben bereits zwei HSP-Kongresse in der Schweiz stattgefunden, es gibt diverse Beiträge in Zeitungen, Magazinen und Radio, und das Forschungsunterfangen Sandra Konrads aus Hamburger zeigt, dass die Thematik im deutschsprachigen Raum nun auch ins Bewusstsein der Öffentlichkeit und Wissenschaft vorgedrungen ist.

All diese Aktivitäten und Initiativen sind auch nötig, denn nach wie vor werden Hochsensible von ihren Mitmenschen, egal ob im privaten oder beruflichen Umfeld, belächelt, wenn sie sich mit ihrer Veranlagung zeigen. Je mehr wir selbst über unsere Disposition wissen, je mehr darüber der Allgemeinheit bekannt wird und je mehr Betroffene sich damit zeigen, umso weniger bleibt es ein Außenseiterthema, und die Gaben der Hochsensibilität können die Gesellschaft in unterschiedlichen Bereichen wie Bildung, Medizin oder Wirtschaft befruchten. Gleichzeitig leben wir Hochsensiblen auch sichtlich auf, wenn wir an Orten oder in Bereichen tätig sind, die tatsächlich unserem feinfühligen Wesen entsprechen, denn: „Wenn Menschen eine Funktion innehaben, die nicht zu ihnen passt, entsteht der meiste Stress und die größte körperliche Spannung", schreibt Susann Marletta-Hart dazu.[1]

---

[1] Marletta-Hart, Susann, *Leben mit Hochsensibilität*, Aurum 2009, S. 134.

6.2.1 David für Goliath – es zählt, was Sie tun!

Essen Sie gerne Pizza? Oder indisch? Oder lieber japanisches Sushi? Inzwischen ist die kulinarische Vielfalt, zumindest in größeren Städten, eine Selbstverständlichkeit. Dies haben wir der Tatsache zu verdanken, dass Menschen aus anderen Kulturen trotz ihrer Minderheitenposition ihre Errungenschaften konstruktiv in unsere Gesellschaft eingebracht haben. Obwohl der Mensch ein Herdentier ist, zählen auch die Meinungen, Werte oder Fähigkeiten einer Minderheit. „Die Anthropologin Margaret Mead schrieb einmal, wir sollten nie bezweifeln, dass eine kleine Gruppe nachdenklicher, aufmerksamer und engagierter Bürger die Welt verändern kann. Ja, dass eine solche Veränderung stets einzig auf diese Weise zustande kam", bemerkt Will Bowen dazu.[2] Um Neues zu erschaffen, braucht jede Gruppe Außenseiter und Querdenker. Dass wir Hochsensiblen diese Qualitäten mitbringen, spüren wohl die meisten von uns tagtäglich.

Die Sozialpsychologie beschäftigt sich bereits seit einigen Jahrzehnten mit der Frage, unter welchen Bedingungen eine Minorität ihren Einfluss auf die Majorität geltend machen kann. Eine zentrale Rolle spielte hierbei der französische Sozialpsychologe Serge Moscovici[3], der Ende der 1970er-Jahre zu dem Schluss kam, dass folgende Faktoren seitens der Mitglieder einer Minderheitengruppe dabei von Bedeutung sind:

- Der Einzelne muss sich der Minderheitengruppe zugehörig fühlen; dazu muss die Gruppe als positiv bewertet werden.
- Zur Einflussnahme auf eine Mehrheit bedarf es eines *einheitlichen Verhaltens* und Haltung seitens der Minderheit. Wenn zum Beispiel nur manche Italiener in unserem Land Pizza mögen würden und noch weniger eine Pizzeria eröffnet hätten, wäre Pizza nicht zu einem Bestandteil unseres Lebens geworden.
- Das einzelne Mitglied der Minorität muss zu allen Gelegenheiten die Position der Gruppe vertreten. Egal ob unser Pizzabäcker seinen Stand bei einem Straßenfest aufbaut, für eine Gala gebucht wurde oder Ihnen im Fahrstuhl begegnet, er sollte stets seiner Überzeugung Ausdruck verleihen, dass er Pizza für die beste kulinarische Erfindung schlechthin hält.
- Es bedarf des Einsatzes und persönlicher Opfer für die Sache der Minderheit. Oftmals werden Pizzerien als Familienbetriebe geführt. Alle

---

[2]Bowen, Will, *Einwandfrei*, Arkana 2008.
[3]Wikipedia, Artikel über Minoritäteneinflüsse.

Mitglieder der Familie sind eingebunden, haben ihre Aufgaben und Verpflichtungen. Es wird Engagement und Tradition seitens der Kinder und Kindeskinder erwartet.
- Ebenso spielen Eigenschaften wie Unabhängigkeit, Entschlossenheit und Objektivität eine wichtige Rolle. Sie sind nötig, um die Sache der Minorität aktiv zu vertreten. Nur über die Eröffnung einer Pizzeria zu reden hätte unseren Pizzabäckern nicht zu ihrem florierenden Geschäft verholfen.
- Schlussendlich bedarf es zusätzlich noch der Flexibilität und Kompromissbereitschaft. Wussten Sie, dass die Pizzen in Italien ganz anders belegt wurden? Nicht so vielfältig und abwechslungsreich. Hier haben sich die Pizzabäcker an unseren heimischen Geschmack und unsere Bedürfnisse angepasst und wunderbare Neukreationen gezaubert.

Das Beispiel der Pizzabäcker lässt sich selbstverständlich auf alle fremdländischen kulinarischen Neuerungen übertragen, die in unserem Land Fuß gefasst haben.

Generell können sich Minderheiten nicht nur durch eine zahlenmäßige Unterlegenheit auszeichnen, sondern auch durch von der Allgemeinheit abweichende Meinungen oder Haltungen, durch spezifische Fähigkeiten oder Veranlagungen sowie durch einen speziellen Interessensverband. Eine Minderheit kann daher eine Partei sein, ein Fußballklub, die Gruppe der Hochschulprofessorinnen oder der Pudelbesitzer.

Was bedeutet dies nun für uns als Hochsensible? Und vor allem, was kann es für Sie als einzelne Person bedeuten? Auch wir sind in unserer Summe eine Minderheit, eine Minorität der Außenseiter, Querdenker, Empathen und Kreativlinge. Drücken diese Erkenntnisse über Minderheitenkräfte doch aus, dass es nicht nur sinnvoll ist, sich als Minorität zu zeigen, sondern dass die spezifischen Fähigkeiten zur Weiterentwicklung der gesamten Gruppe vonnöten sind, denn wie Roland Imhoff in seiner Arbeit über die Wirkung von Minderheitenmeinungen schreibt:

Ohne Menschen, die Minderheitenpositionen vertreten, kann sich eine Gesellschaft schwerlich verändern. Sie bleibt statisch, träge, immobil.[4]

---

[4]Imhoff, Roland, *Was macht Minderheitenmeinungen attraktiv?*, Hausarbeit Psychologie, Rheinischen Friedrich-Wilhems-Universität Bonn, 2005, http://psydok.psycharchives.de/jspui/handle/20.500.11780/224.

> Es ist also nicht mehr so ganz egal, ob Sie Ihre Hochsensibilität ausleben oder nicht. Oder anders formuliert: Ihnen geht es besser, wenn Sie sie integrieren, und durch diesen Prozess können Sie, auf welche Weise und mit welchen Gaben auch immer, zur Weiterentwicklung von uns allen beitragen.

Wir alle kennen begnadete Künstler, die nichts anderes tun, als sich ihrer Kunst zu widmen. Sie leben ihr inneres Wesen und ihre Lebensaufgabe aus und beglücken damit viele andere Menschen. Oder denken Sie an den Meditationslehrer, der ebenfalls aufgrund seines inneren Rufes den stillen Weg der Bewusstwerdung gewählt hat und nun damit andere Menschen auf ihrem Weg zu sich selbst unterstützt. Weitere Beispiele gäbe es viele.

6.2.2 Ein Fels in der Brandung – bleiben Sie standhaft

Dieses Wissen kann uns auch Mut machen, nicht als Bittsteller um mehr Beachtung und Respekt bei den Mitgliedern der Normalsensiblen zu ringen, sondern unsere – angestammte – Position als beispielsweise Heiler, Weise, Warner, Lehrer, Berater, Visionäre, Erfinder oder Bewahrer wieder einzunehmen.

Allerdings kommt es sowohl im privaten als auch im beruflichen Umfeld immer wieder zu Situationen, in denen wir Hochsensible auf Unverständnis, Ablehnung oder Widerstand treffen. Wie können Sie damit umgehen, ohne Ihr Ansinnen, Ihre beruflichen Ambitionen oder Ihr Wesen aufzugeben?

- Auch hier ist der Kontakt zu Gleichartigen äußerst hilfreich. Sie treffen auf Verständnis und können Tipps und Hinweise erhalten, wie andere in ähnlichen Situationen gehandelt haben oder welche Maßnahmen funktionierten. Zusätzlich ist der identitätsstärkende Aspekt dabei nach wie vor nicht zu unterschätzen.
- Führen Sie Neuerungen in kleinen Schritten ein. Die meisten Menschen sind Gewohnheitstiere, und Innovationen werden selten sofort und freudestrahlend angenommen. Überfordern Sie daher Ihr Gegenüber nicht, auch wenn Sie wissen, dass Ihr Anliegen es wert wäre.
- Auch wenn Sie auf Widerstand oder Kritik stoßen – für uns Hochsensible in der Regel eine höchst unangenehme Situation –, vertreten Sie weiterhin Ihre Haltung oder Meinung. Das bedeutet nicht, dass Sie völlig stur Ihre Spur verfolgen, sondern wenn Sie überzeugt von Ihrer Meinung oder Ihrem Angebot sind, bleiben Sie weiterhin überzeugend.

Der amerikanische Rechtswissenschaftler Napoleon Hill[5] erforschte im Laufe von zwanzig Jahren, warum Millionäre das geworden sind, was sie sind. Einer von 12 Punkten, die er dabei herausfilterte, war die Feststellung, dass die meisten Millionäre nicht beim ersten Nein gestoppt haben, sondern sie hakten nach: wieso, warum, was fehlt und so weiter. Gerade wenn Sie mit anderen Hochsensiblen (zusammen-)arbeiten, kann ein schnelles Nein vielleicht vielmehr Ausdruck einer situativen Reizüberflutung sein als eine tatsächliche Ablehnung Ihres Angebots. Unter Umständen wissen Sie ja im Vorfeld noch nicht unbedingt, ob Sie einen hochsensiblen oder normalsensiblen Menschen vor sich haben.

6.2.3 In die Hände gespuckt – hier bewege ich etwas!

Neben den Aspekten des Neins und der Minoritätenmacht gilt es noch herauszufinden, in welcher Weise Sie mit Hochsensibilität aktiv werden wollen. Es gibt sicherlich unzählige Möglichkeiten. Ich führe hier lediglich vier Bereiche auf:

1. Der naheliegendste Bereich, in dem die meisten Hochsensiblen etwas bewegen möchten, ist wohl der eigene Arbeitsplatz. Bei Ihrem Schritt hinaus in die Öffentlichkeit mögen Sie vielleicht Ihr bisheriges Arbeitsfeld hochsensibel aufbereiten. Dies geht über die schlichte Information, dass Sie selbst betroffen sind und bestimmte Rahmenbedingungen für ein gutes Arbeitsklima und -ergebnis benötigen, hinaus. Jetzt geht es vielmehr darum, Team- oder Firmenstrukturen auf ihre Hochsensibilitätstauglichkeit hin zu prüfen. Es gilt, feinfühlige Kolleginnen und Kollegen dahin gehend zu fördern, dass diese ebenfalls die Möglichkeit erhalten, zum Beispiel durch organisatorische Strukturveränderungen oder veränderte Aufgabenfelder, ihre spezifischen Gaben einzubringen. Es kann aber auch um räumliche Umgestaltungen oder generell um den Aufbau einer hochsensibilitätsfreundlichen Firmenstruktur gehen.

   In welchem Bereich genau Sie sich gerne aktiv und hochsensibilitätsfördernd einbringen möchten, obliegt Ihrer aktuellen Situation, Ihren Lebens- und Arbeitsbedingungen sowie Ihren speziellen Gaben und

---

[5]Hill, Napoleon, *Denke nach und werde reich,* Heyne, 1994.

Bedürfnissen. In der Regel ist die eigene Unzufriedenheit ein guter Motivator. Sie hat schon zu manch wunderbaren Neuerungen geführt.
2. Fortbildungen, Mitarbeiterschulungen oder Managementtraining? Bei all diesen Maßnahmen gilt es, Fachkräfte über die Disposition der Hochsensibilität zu informieren und spezifische, auf die Zielgruppe zugeschnittene Lösungsansätze und Handlungskompetenzen an die Hand zu geben. Sie sollten daher nicht nur über Ihre Veranlagung gut informiert, sondern auch darin geschult sein, zu lehren, erwachsene Menschen zu motivieren und Wissen gerne vermitteln zu wollen.

Wir Hochsensiblen bringen in der Regel ein gutes Potenzial an Kreativität mit, mit dessen Hilfe wir passgenaue und fundierte Seminare entwerfen und durchführen können. Schauen Sie jedoch, ob Sie gerne mit größeren Gruppen arbeiten. Dies ist in diesem Arbeitsfeld nicht ohne Interesse, da bei solchen Veranstaltungen durchaus auch zwanzig oder mehr Personen teilnehmen.
3. Hochsensible Menschen sind nicht selten recht intelligent. Daher arbeiten auch viele von uns in intellektuell anspruchsvollen Bereichen. Schulen, Universitäten oder wissenschaftliche Institute sind solche Orte. Somit liegt auch nahe, in diesem Rahmen die Disposition der Feinfühligkeit zum Thema zu machen. Gerade auf wissenschaftlichem Gebiet ist weiteres Engagement vonnöten, um die vielen offenen Fragen zu dieser Veranlagung zu klären und dem Konzept der Hochsensibilität den nötigen wissenschaftlichen Hintergrund zu geben.
4. Ein Buch ist eine wunderbare Möglichkeit, sich auf höchst vielfältige Weise mit dem Thema auseinanderzusetzen. Sie können ein Fach- oder Sachbuch schreiben, einen hochsensiblen Roman kreieren oder Ihren besonderen Empfindungen durch Gedichte oder Kurzgeschichten Ausdruck verleihen. Klären Sie für sich, ob Sie sich zu einer solchen Aufgabe berufen fühlen und was Ihre hauptsächliche Motivation ist. Sie werden sie brauchen, da ein derartiges Unterfangen recht viel Ausdauer und Disziplin von Ihnen einfordert.

Sicherlich gibt es noch unzählige andere Felder, in denen Sie mit Ihrer Hochsensibilität wirksam werden können. Tun Sie es! Und bereichern Sie dadurch nicht nur Ihr eigenes Leben, sondern auch das vieler anderer Menschen. Sie werden es Ihnen danken.

6.3 Ein Hoch auf uns Sensible – mit feinfühligen Menschen arbeiten

Wer einen Tag glücklich sein will, soll sich betrinken.
Wer einen Monat glücklich sein will, soll ein Schwein schlachten.
Wer ein Jahr glücklich sein will, soll heiraten.
Wer ein Leben glücklich sein will, muss seinen Beruf lieben.
(Autor unbekannt)

> „Hallo und herzlich willkommen zu unserem heutigen Gesprächskreis!" Die sympathische Dame eröffnet den Kreis der hochsensiblen Runde und lädt alle ein, sich kurz vorzustellen. Gustav schaut sich verunsichert um. Sein Therapeut meinte schon vor einiger Zeit, es wäre für ihn gut, andere Hochsensible kennenzulernen. Aber so schnell hat sich Gustav dann doch nicht getraut. Nun ist die Zeit reif.
> „Unser heutiges Thema ist Abgrenzung und eigene Bedürfnisse zulassen. Wer mag dazu etwas von sich berichten oder hat Fragen dazu?" Nach dieser Einleitung der Gruppenleiterin entspinnt sich den ganzen Abend lang ein interessantes und engagiertes Gespräch um die genannten Themen, bei dem Gustav äußerst gespannt zuhört. Kenn' ich, kenn' ich, kenn' ich!, schallt es in ihm immer wieder. Er ist freudig erregt, als der Abend zu Ende geht. Alle werden herzlich verabschiedet, auch er, obwohl er nichts gesagt hat und niemand ihn kennt. Aber sich selbst erkannt hat Gustav heute in dieser Runde.

Ein, aus meiner Sicht besonderes Arbeitsfeld ist die Arbeit oder Begleitung von hochsensiblen Menschen. Wir Feinfühligen sind komplexe, oftmals hoch kreative und intelligente Menschen. Daher kann die Arbeit oder der Kontakt mit uns äußerst inspirierend und interessant sein.

Aber es zeigt sich leider auch, dass viele aufgrund der verschiedenen hier beschriebenen Belastungsfaktoren emotional und psychisch mehr oder weniger stark angeschlagen sind. Dieser Umstand spielt letztlich in jeden Kontakt mit Hochsensiblen hinein. Das heißt, selbst wenn Sie beispielsweise „nur" ein Freizeitangebot an den hochsensiblen Menschen richten, können Sie mit den seelischen Belastungen der Person konfrontiert werden. Diese können sich durch inadäquates Verhalten in Situationen, verstärkte emotionale Reaktionen, Ängste oder starke Unsicherheiten zeigen. Inwieweit Sie bei Ihren beruflichen Ambitionen sich auf diesen Umstand beziehen möchten, mit ihm arbeiten wollen, obliegt Ihrer motivationalen Ausrichtung und Ihren menschlichen und beruflichen Kompetenzen.

6.3.1 Hochsensible Psychotherapeuten, Ärzte und Heiler

Sie haben sich entschieden und möchten gerne hochsensible Menschen auf ihrem Weg zu oder mit ihrer Hochsensibilität medizinisch oder psychotherapeutisch begleiten? Dann gilt es einige Aspekte zu berücksichtigen.

Achten Sie zuallererst auf Ihre eigenen Grenzen und Bedürfnisse. Sie sind selbst hochsensibel und sehr empfänglich für die Gefühle und das Leid des anderen. Sorgen Sie daher für genügend Pausen an einem Behandlungstag, lernen Sie, sich mental abzugrenzen und finden Sie möglichst Ihren individuellen Arbeitsstil und Ihre inhaltliche Ausrichtung heraus. Nicht jede psychotherapeutische Methode ist für Sie geeignet, nicht für jede Problematik sind Sie die richtige Person. Je genauer Sie diese drei Faktoren herausfiltern – Klientel, Arbeitsstil, Inhalte –, umso passgenauer können Sie Ihre Arbeit für sich selbst gestalten und somit einer Überreizung durch mangelnde Passung vorbeugen.

Es streiten sich die Geister, ob ein Coach, Berater oder vor allem ein Psychotherapeut selbst von der Hauptthematik seiner Klienten oder Patienten betroffen sein und mit der Aufarbeitung der Problematik eigene Erfahrungen gemacht haben sollte.

Die einen sagen Ja, da der Therapeut durch das eigene Durchleben eines solchen Prozesses mehr Erfahrung und Empathie für den anstehenden Weg seines Klienten oder Patienten mitbringt. Möchte zum Beispiel ein Suchtkranker seine Geschichte aufarbeiten, weiß und kann die Therapeutin mit eigener Suchtgeschichte besser nachvollziehen, was es bedeutet, die Sucht zu bewältigen. Sie wird zum Beispiel die speziellen Hürden, Tricks und feinen Nuancen der Vermeidung erkennen, die im Verarbeitungsprozess aufkommen können.

Die anderen sagen Nein, denn ein Psychotherapeut, Coach oder Berater sollte so ausgebildet sein und die entsprechenden Kompetenzen mitbringen, dass er möglichst professionell in der Lage ist, fachlich und emotional qualifiziert auf die Belange des Klienten oder Patienten eingehen zu können.

Wie verhält sich dies bei einem hochsensiblen Gegenüber? Klienten haben mir öfter erzählt, dass sie sich von ihren normalsensiblen Behandlern nicht verstanden gefühlt haben. Feine Gefühlsäußerungen wurden nicht erfasst, spezifische, durch die Hochsensibilität entstandene Bedürfnisse oder Schwierigkeiten im Alltag wurden nicht ernst genommen.

Ich plädiere daher für hochsensible Fachkräfte. Gerade weil feinfühlige Menschen so viel wahrnehmen und weil sie, wenn sie eine Therapie oder ein Coaching aufsuchen, oftmals schon leidvolle Erfahrungen mit ihrer

Andersartigkeit in therapeutischen Zusammenhängen gesammelt haben, ist es dem Anliegen sehr förderlich, dass sie das Vertrauen entwickeln können, in der empfindlichen Situation einer Psychotherapie oder eines Coachings jemandem ihres Schlages gegenüberzusitzen. Immer wieder erhalte ich die Rückmeldung, wie wohl sich Gäste des Offenen HSP-Treffens unter ihresgleichen fühlen, dass sie dort endlich so sein können, wie sie sind, und dennoch verstanden und akzeptiert werden. Ein Gast schrieb mir dazu letztens: „Ich kann mich nicht daran erinnern, wann ich schon mal so entspannt und ruhig von so einem großen Treffen nach Hause gegangen bin. Obwohl ich viel Neues aufgenommen habe und vorher direkt von meiner knapp 2-stündigen Therapiegruppe kam, habe ich mich überhaupt nicht so ausgelaugt gefühlt. Es war für mich also eine ganz besondere Erfahrung, gestern zum ersten Mal unter ausschließlich HSPlern zu sein." Diese Vertrauensbasis sollte in der psychotherapeutischen Arbeit ermöglicht werden.

6.3.2 Umgang mit verletzter Klientel

Der Umgang mit belasteten Hochsensiblen bedarf wahrlich eines sensiblen Händchens, da viele der Feinfühligen mit einer guten Portion Skepsis und Vorsicht zu Ärzten, Psychotherapeuten oder anderen Behandlern gehen.

Eine Mutter kontaktierte mich wegen ihrer zwölfjährigen Tochter, die bereits seit einem Jahr Schulverweigerin war. Nun hatte die Mutter das Phänomen Hochsensibilität entdeckt, Merkmale davon bei ihrer Tochter erkannt und wollte sie gerne in ihrem Wunsch, wieder in die Schule zu gehen, unterstützen. Sie wollte gemeinsam mit ihrer Tochter eine Beratung zur Hochsensibilität wahrnehmen, damit die Tochter ein größeres Verständnis über ihre Veranlagung und somit ein besseres Selbstvertrauen gewinnt. Die Widerstände und die Skepsis der Tochter waren aufgrund ihrer Vorerfahrungen jedoch so groß, dass der Termin abgesagt werden musste, obwohl die Tochter ein Ziel hatte und die Beratung sie dabei hätte unterstützen können. Bei früheren Kontakten mit Therapeuten fühlte sie sich nicht erkannt und falsch behandelt. Diese Vorerfahrungen verhinderten leider ein möglicherweise konstruktives Vorankommen für sie.

Eine andere Klientin, scheues, unsicheres und zögerliches Auftreten, kam eines Tages zu mir, da sie das Phänomen der Hochsensibilität entdeckt hatte und vieles als auf sie zutreffend empfand. Parallel dazu fühlte auch sie sich von den psychotherapeutischen und psychiatrischen Diagnosen, die sie bis dato erhalten hatte, falsch gesehen und diagnostiziert. Ihr Ansinnen war es, ihre Hochsensibilität besser zu erkennen, diese zu integrieren und dadurch auch vergangene Erfahrungen verstehen und verarbeiten zu können. Es zeigte sich, dass sie ihre hochsensible Ausprägung als HSP/HSS in der Kindheit nicht leben konnte und es unter anderem dadurch zu massiven psychischen Belastungen kam.

Das Konstrukt der Hochsensibilität bietet einen großen Vorteil gegenüber anderen Diagnosen von Belastungsschwierigkeiten oder -störungen: Es stigmatisiert nicht. Berücksichtigen Sie in Ihrem Kontakt zu Ihren hochsensiblen Klienten oder Patienten diese Einstellung. Egal welche tatsächlichen Probleme die Person hat, behandeln Sie sie auf eine Weise, die ihr vermittelt, dass sie in ihrem innersten Wesen oder Kern in Ordnung ist. Hochsensible haben für diese Einstellung ein äußerst feines Gespür. Leider machen sie oftmals gegenteilige Erfahrungen und ziehen sich und ihr Vertrauen sehr schnell zurück, wenn sie an der respektvollen Haltung der Therapeutin oder des Therapeuten zweifeln.

Zu einer respektvollen Haltung Ihrerseits als Fachkraft gehört auch Ihre innere Haltung zu den verwendeten Begrifflichkeiten im Kontext der Hochsensibilität. Sprechen Sie von Reizfilterschwäche oder von Reizfilteroffenheit? Welchen Unterschied nehmen Sie bei den Begriffen Verhaltenshemmsystem und Achtsamkeitssystem wahr? Was empfinden Sie bei Worten wie: aktiv, kraftvoll, kontaktfreudig, liebevoll oder wagemutig? Und empfinden Sie anders, wenn Sie die Begriffe ruhig, langsam, introvertiert, detailverliebt, passiv oder tiefgründig hören? Aron weist in ihrem Buch *Hochsensible Menschen in der Psychotherapie* darauf hin, dass Begriffe für Sichtweisen stehen:

> Begriffe und Hypothesen werden im täglichen Leben zu Vorurteilen, die sich sowohl auf ruhige Menschen als auch auf diejenigen auswirken, für die Beziehungen zu ihnen vorteilhaft wären.[6]

Aron sagt damit, dass Ihre innere Einstellung zu den Begriffen rund um das Phänomen der Hochsensibilität eine Auswirkung auf Ihre Personenbeurteilung hat.

> Der Begriff beeinflusst, wie wir weitere Forschung strukturieren, wie wir unsere Patienten betrachten und ihnen auf subtile Weise beibringen, wie sie sich selbst sehen sollen.[7]

---

[6]Aron, Elaine, *Hochsensible Menschen in der Psychotherapie*, Junfermann, 2014, 1. Aufl. (S. 326–327).
[7]Aron, Elaine, *Hochsensible Menschen in der Psychotherapie*, Junfermann, 2014, 1. Aufl. (S. 326–327).

Überprüfen Sie daher Ihre eigenen Wertigkeiten in Bezug auf die unterschiedlichen Beschreibungen einer Feinfühligkeit und ihrer Merkmale.

Auch der Blick auf die eigenen blinden Flecken gehört zur inneren Klärung Ihrer Person in der Funktion als Berater, Coach oder Psychotherapeut. Unbewusste Einschränkungen oder Vorbehalte haben stets ihre Auswirkungen auf jeglichen Kontakt – dies gilt für Hochsensible gleichermaßen wie für Normalsensible. Allerdings kann unsere feinfühlige Klientel deutlich intensiver von unserer eigenen inneren Reife profitieren, da sie auch die positiven Aspekte des Kontakts feinfühliger wahrnimmt.

6.3.2.1 Bin ich die Richtige für Sie?

Wie können Sie als zukünftiger Behandler mit der Problematik umgehen, dass Ihr Klient oder Ihre Patientin sich nicht sicher ist, ob Sie der oder die Richtige sind? Hochsensible sind in der Regel schnell darin, zu fühlen, ob für sie eine Situation oder ein Mensch passt. Nicht immer bringen sie dies dann auch zum Ausdruck, da diese Ehrlichkeit und Direktheit durch belastende Vorerfahrungen ausgebremst worden sein kann oder der hochsensible Klient Sie nicht verletzen möchte. Vielleicht mögen Sie auch anderweitige Angebote für feinfühlige Menschen anbieten, damit diese Sie bereits im Vorfeld mit Ihren Kompetenzen erleben können. Schauen Sie, ob es Netzwerke gibt, in denen Sie sich als hochsensible Fachkraft engagieren oder vernetzen können. Zeigen Sie sich als feinfühliger Mensch, und tun Sie dies auf feinfühlige Weise. Wir Hochsensiblen spüren die dahinter liegende Authentizität und Reife.

Hochsensible spüren bei ihren Coaches oder Therapeuten sehr schnell, ob diese authentisch sind, ob sie mit ihren eigenen psychischen Verletzungen umzugehen wissen und ob sie genügend emotionale Kompetenz haben, die seelischen Verletzungen ihrer Klienten oder Patienten tragen und bearbeiten zu können. Sollte die Therapeutin oder der Therapeut hier nicht genügend Kompetenzen entwickelt haben, fühlt sich der Hochsensible schnell unwohl, unsicher, abgelehnt oder empfindet Schuld am vermeintlich schwierigen Verlauf der Beratung oder der Behandlung. Nicht jeder Feinfühlige wird dies dann auch thematisieren, denn das könnte bedeuten, einen Konflikt mit dem Coach oder der Therapeuten zu provozieren. Eine befürchtete weitere Reizüberflutung durch eine Auseinandersetzung wird auf diese Weise vermieden. Es bedarf einer stabilen Beziehung und großen Vertrauens, damit der Hochsensible sich traut, diese Wahrnehmungen zu äußern.

> Eine Fachkraft, die sich auf die Begleitung von Hochsensiblen spezialisieren möchte, sollte sich über diese empfindsame Thematik im Klienten- oder Patientenkontakt im Klaren sein. Zusätzlich ist die bewusste Selbstreflexion seitens des Behandlers für die Arbeit mit feinfühligen Menschen äußerst förderlich.

6.3.3 Let's have fun – nicht jeder muss Therapeut sein

Sie müssen nicht, um mit feinfühligen Menschen arbeiten zu können, psychotherapeutisch oder medizinisch ausgebildet sein. Es ist allerdings sicherlich sehr hilfreich, wenn Sie die oben genannten Umstände im Hinterkopf behalten, um eine möglicherweise schwierige Situation besser einschätzen zu können und Ihr Verhalten und Ihre Handlungsweisen darauf abzustimmen.

Inzwischen mehren sich die Stimmen und Wünsche Betroffener, nicht mehr nur die belastenden Themen zu beleuchten, sondern zu schauen, welches die Talente und ungewöhnlichen Fähigkeiten von uns sind und wie wir sie leben können. Weniger Fluch und mehr Gaben lautet der Ruf. Leider nur sehr zögerlich entwickeln sich Freizeitangebote wie beispielsweise Wanderungen für Hochsensible oder gemeinsame Theater- oder Kinobesuche. Sollte Sie sich in diesen Bereichen einbringen wollen, achten Sie darauf, dass hochsensible Menschen schnell und – das betrifft Gruppenveranstaltungen – zu unterschiedlichen Zeitpunkten überreizt oder erschöpft sein können. Planen Sie Ihre Angebote dergestalt, dass Sie Rahmenbedingungen schaffen, in denen der Einzelne sich individuell einbringen oder herausziehen kann. Falls dies inhaltlich nicht umzusetzen ist – auf einer Wanderung kann ich ja nicht nach der Hälfte sagen, dass ich nun sofort nach Hause möchte –, gestalten Sie Ihre Aktivität so transparent, dass der einzelne Hochsensible anhand der Beschreibung gut einschätzen kann, ob ihm Inhalt, Umfang, Zeitrahmen und andere Faktoren angenehm sein werden.

Des Weiteren ist es von Vorteil, wenn Ihr Angebot das Bedürfnis nach Tiefgang, Kreativität oder Komplexität befriedigt. Eine schlichte Wanderung von A nach B, nur um unterwegs ein wenig zu plaudern und dabei die Natur zu genießen, könnte unter Umständen zu wenig sein. Aber vielleicht ist es für manche Hochsensible auch genau das Richtige, um das überreizte System zur Ruhe zu bringen. Auf der anderen Seite kann eine zu attraktive Gestaltung wie zum Beispiel ein Wettbewerb oder fünf verschiedene Anlaufpunkte auf der Wanderung zu viel sein. Probieren Sie es aus. Meist passt es am besten, wenn es zu Ihnen passt.

6.4 Sie brauchen Spezialisten? – Die hochsensible Firma

> „Pssst, Gustav!", „Hmm?", „Du sollst zum Chef kommen!", flüstert Frau Jankowski über den Tisch hinweg. Gustav blickt irritiert und etwas entrückt von seiner Arbeit auf. „Warum?", fragt er. Frau Jankowski zuckt mit einem verschmitzten Lächeln ihre Schultern und rückt ihre Brille wieder zurecht.
>
> „Ja, kommen Sie rein!" Gustav tritt in das Büro seines Vorgesetzten und setzt sich in den Sessel ihm gegenüber. „Ich habe unser Gespräch von vor einigen Wochen nicht vergessen, und Ihr Vorschlag hat mich seither sehr beschäftigt." Der Chef blickt Gustav ebenfalls freundlich und verschmitzt an. Was ist hier bloß los? Habe ich etwas vergessen oder übersehen?, überlegt Gustav.
>
> „Ich bin einverstanden." fährt der Chef fort. „Wir können Ihre Idee umsetzen. Ich habe mit der Stadtverwaltung gesprochen, und sie hat uns grünes Licht gegeben. Und in Frau Jankowski haben Sie ja einen wahren Fan von sich! Wie haben Sie denn das angestellt? Sie schwärmt so von Ihren besonderen Fähigkeiten..." Gustav wird ein wenig rot. Richtig angenehm ist ihm dieses Lob gerade nicht, aber etwas dagegen einzuwenden gibt es auch nicht.
>
> „Und weil wir – nicht nur durch Frau Jankowski – von Ihren Qualitäten wirklich überzeugt sind, möchten wir Sie gerne mit der Leitung Ihres Projektes beauftragen, sofern Sie damit einverstanden sind." Der Chef strahlt Gustav freudig und erwartungsvoll quer über den Schreibtisch an. Gustav ist wie vom Donner gerührt. Er weiß gar nicht wie ihm geschieht, aber ein neues Gefühl regt sich in ihm: Anerkennung! Endlich Anerkennung.

Eine anspruchsvolle Herausforderung ist die Arbeit mit Hochsensibilität im Bereich des Arbeitsmarktes. Anspruchsvoll deswegen, da Sie es dort zwingendermaßen mit überwiegend Normalsensiblen und den entsprechenden Strukturen zu tun haben. Das bedeutet, dass Sie Ihr hochsensibles Wirken so ausrichten sollten, dass Sie die Andersartigkeit der Normalsensiblen mit einbeziehen beziehungsweise dem Normalsensiblen in nachvollziehbarer Weise die Schätze der Hochsensiblen nahebringen.

Zusätzlich haben Sie es oft mit recht festen und alten Strukturen zu tun, die in einem gewissen Rahmen oder Umfang verändert werden sollten, damit hochsensible Mitarbeiter dort bewusst und aktiv ihren Platz finden.

Dass die Ausrichtung einer Firma auf eine spezifische Menschengruppe zugeschnitten werden kann, hat die IT-Firma auticon aus Berlin gezeigt. Als bundesweit einziges Unternehmen stellt es ausschließlich Autisten ein, die bekanntermaßen ebenfalls über ein sehr reizoffenes Filtersystem verfügen. Auticon schreibt:

Die Weltgesundheitsorganisation fasst die unterschiedlichen Erscheinungsformen des Autismus unter dem Begriff „tiefgreifende Entwicklungsstörungen" zusammen. Zunehmend wird jedoch der Begriff Störung vermieden und durch den Ansatz der Neurodiversität ersetzt. Damit soll Autismus weniger als Krankheit angesehen werden, sondern als eine lebenslange Form des Andersseins.[8]

Somit wird der Akzeptanz und Integration der Andersartigkeit die Tür geöffnet.

Ziel kann und sollte daher sein, auch für hochsensible Mitarbeiter entsprechend ihrer Befähigungen, aber auch Bedürfnissen angepasste Arbeits- und Aufgabenfelder zu schaffen. Vielleicht tragen Sie mit dazu bei?

Auch wenn Sie nicht im IT-Bereich tätig sind, können Sie sich in grundlegenden Bereichen eines oder Ihres Unternehmens zum gegenseitigen Nutzen für eine gute hochsensible Passung einsetzen:

Hochsensible Rahmenbedingungen schaffen
So wie ein Ferrari einen anderen Treibstoff benötigt als ein Traktor, so braucht auch ein hochsensibler Mitarbeiter andere Arbeitsbedingungen als ein Normalsensibler. Ob dies die Raumgestaltung, das Klima, das Licht, den einzelnen Arbeitsplatz oder die Pausenzeiten betrifft, ist abhängig von der Firma und ihren Möglichkeiten. Vielleicht beraten Sie Führungskräfte in der konkreten Umsetzung der Veränderungen, oder Sie haben selbst eine Firma und schauen, wie und an welcher Stelle Sie Ihre Firma neu ausrichten mögen.

Hochsensible Personalpolitik
Was auticon zur Neurodiversität schreibt, ist eine Grundvoraussetzung für eine gelingende hochsensible Personalpolitik. Nur wenn bis ins Detail hinein verstanden wurde, dass es sich bei der Hochsensibilität nicht um eine Krankheit, sondern um eine Veranlagung handelt, ergibt Personalpolitik für Hochsensible Sinn. Vielleicht sind Sie der richtige Mensch, hier für Aufklärung, Akzeptanz und Engagement zu sorgen. Wer mit Hochsensiblen arbeiten möchte, sollte gut über die Disposition und ihre vielfältigen Ausprägungen informiert sein.

Zusätzlich gilt es auch, normalsensible Mitarbeiter über das Phänomen aufzuklären. Würde dies unterbleiben, könnte die Gefahr von Missverständnissen, Neid oder Mobbing nicht ausgeschlossen werden. Dies wäre im Sinne des Vorhabens äußerst kontraproduktiv und würde weder der Firma noch dem Hochsensiblen helfen.

---

[8]Firma Auticon, http://auticon.de/.

Hochsensible als Spezialisten und Visionäre einsetzen
An welcher Stelle sollte ein Spezialist die Aufgabe übernehmen? Wie sinnvoll ist es, bei der Erfüllung beruflicher Aufgaben auf die Kompetenzen jenseits der nachweislichen Ausbildungen zu schauen? So wie Autisten nicht nach Fehlern suchen, sondern sie einfach sehen, so strengen sich Hochsensible nicht für Perfektion und Qualität an, sondern empfinden sie einfach und streben nach deren Umsetzung. Dass diese Umsetzung selbst zuweilen ein Kraftakt sein kann, sei unbestritten.

Jede und jeder Hochsensible hat individuelle Schwerpunkte, in denen sie oder er hervorragende Leistungen erbringen kann und mag. Vielleicht sind Sie die Person, die entsprechende Arbeitsplätze oder -abläufe schafft oder als Personalfinder nach genau dem richtigen Menschen für Ihr Projekt Ausschau hält.

6.5 Zusammenfassung und Schlussfolgerung

Von innen nach außen – auf diese Weise geschieht Veränderung. In der letzten, der Phase IV des hochsensiblen Integrationsprozesses, ist nun der Punkt erreicht, Hochsensibilität auch für andere bewusst sicht- und fühlbar werden zu lassen und das Umfeld zu informieren oder gar zu verändern – ganz nach Ihren Ambitionen und Möglichkeiten.

Nun gilt es, zu Ihren Bedürfnissen, Grenzen aber auch Fähigkeiten und Gaben zu stehen. Dazu gehört der Lernprozess, Verdrängtes wieder auszudrücken und durch die Umsetzung Ihrer Bedürfnisse einen Positivkreislauf in Gang zu bringen.

Dieser Positivkreislauf ist eine notwendige Basis, um mit und für die Hochsensibilität zu wirken. Dies können Sie zum Beispiel tun, indem Sie hochsensible Gaben bewusst einsetzen, im Beruf, in ihrem privaten Umfeld, in der Freizeit. Hochsensible Qualitäten werden immer und überall gebraucht, auch wenn es nicht immer allen bewusst ist. Daher zählt, was Sie tun.

Ein anspruchsvolles Feld ist die Arbeit direkt mit hochsensiblen Menschen, allem voran die psychologische und medizinische Arbeit. Hier kommt es sehr auf Ihre eigene Erfahrung, Reife und Haltung an, denn Hochsensible sind aufgrund ihrer Veranlagung anspruchsvolle und feinfühlende Klienten, Patienten oder Kunden.

Aber nicht nur in psychologischen oder medizinischen Berufsfeldern kommt es auf den authentischen Umgang mit der hochsensiblen Klientel an. In jeder anderen Sparte treffen wir auch auf Feinfühlige – und so wäre es ein innovativer Schritt, diese „Spezialisten" entsprechend ihrer Begabungen bewusst und gezielt in beruflichen Kontexten einzusetzen. Dies wäre der Schritt hin zu einer gesellschaftlichen Integration der Menschen, die in unserer momentanen Gesellschaftsstruktur derzeit außen vor der Türe stehen. Hochsensibilität ist eine Schatztruhe. In den letzten Jahrzehnten wird immer deutlicher, dass viele der Schätze, die bislang verborgen in den privaten Truhen der Betroffenen schlummern, eigentlich so dringend zum Wohle aller gezeigt und gelebt werden wollen und sollten. Aber dies ist nur möglich, wenn die Hochsensiblen selbst, wenn Sie selbst, diese Schätze bergen, vom Staub und Rost der Vergangenheit befreien und sie funkelnd und strahlend wieder zur Verfügung bereitstellen – für sich selbst und für uns alle.

Ausklang

Am Ende wird alles gut. Wenn es nicht gut ist,
ist es nicht das Ende.
(Oscar Wilde)

Wir sind am Ende unserer gemeinsamen Reise angelangt – zumindest, was dieses Buch anbelangt! Ist alles gut bei Ihnen? Ist auch Ihre Reise hier zum guten Ende gekommen, oder sind Sie gerade in Aufbruchsstimmung? Sie werden es fühlen.

Wir sehen, eine hochsensible Veranlagung lebt sich oft nicht so ganz von alleine. Sie bedarf genauso der Beachtung, Übung und bewussten Nutzung, wie wir es von anderen genetischen Veranlagungen kennen, zum Beispiel der Intelligenz oder besonderen motorischen und künstlerischen Begabungen. Eine Veranlagung ist eben eine Veranlagung, keine Fähigkeit. Sie will kennengelernt, geformt, genutzt und poliert werden, damit aus den Rohdiamanten wunderbare Edelsteine werden.

Um diese zu erhalten, müssen wir so manches Mal ins kalte Wasser und über unseren Schatten springen. In diesen Momenten erfordert es Mut von Ihnen, aber auch Neugier und Ausdauer. Es braucht Ihre Zielstrebigkeit und einen starken Willen. Das alles tragen Sie in sich, und es darf zur vollen Blüte reifen, wenn Sie den für Sie richtigen Weg gewählt haben. Tun Sie es auf Ihre Weise und in Ihrem Tempo, denn:

Wahre Meisterschaft wird dadurch erlangt, den Dingen ihren Lauf zu lassen (Laotse).

Es war für mich eine intensive Zeit mit unterschiedlichen Herausforderungen. Ich habe mich wieder und wieder mit dem Konstrukt, seiner Existenz oder Zweifelhaftigkeit befasst und mit anderen Hochsensiblen darüber diskutiert. Und immer wieder wurde mein Eindruck bestätigt, mit dem ich durchaus nicht alleine bin: Hochsensibilität ist vielfältig, tiefgreifend, individuell, außergewöhnlich, anstrengend, überraschend und – wunderbar!

Das letzte Wort in diesem Buch möchte ich Petra Ewering[1] und ihrem schönen Gedicht „Veränderung" überlassen, die darin so eindrucksvoll umschreibt, wohin dieses Buch uns nun entlassen mag.

Veränderung

Lange genug mit angezogener Handbremse gelebt.
Jetzt bügle ich mir die Zweifel aus meinem Gesicht.
Bitte die Vorsicht zum Tänzchen,
küsse die Sicherheit auf die Nase,
frage die Bequemlichkeit nach dem Weg,
packe meinen inneren Koffer
und lasse meine Gefühle endlich über die Ufer schweben.

Ich danke von Herzen für Ihr Interesse und Ihre Offenheit, diesen Ihren Weg zu entdecken.
Ihre Cordula Roemer

---

[1]Ewering, Petra, Veränderung, https://www.aphorismen.de.

Danksagung

Ein Buch schreibt sich nicht alleine. Aber auch eine Autorin oder ein Autor schreibt nicht wirklich alleine, selbst wenn sie oder er stunden- und tagelang im stillen Kämmerlein über Worte, Sätze und Grammatik brütet. Auch dieses Buch bildet da keine Ausnahme. Viele Menschen haben mich auf ganz unterschiedliche Weise und in unterschiedlicher Intensität durch den Prozess des Schreibens begleitet. Ihnen gebührt mein tiefster Dank, denn ohne sie könnten Sie dieses Buch nicht lesen.

Allen voran möchte ich meiner Herzdame und Frau Mandy dafür danken, dass sie die ganze Zeit an mich glaubte, dass sie mir den Rücken freigehalten, den Bauch mit gesunden Leckereien gefüllt und die anstrengende Bürde der Kindererziehung und des Familienmanagements auf sich genommen hat. Unsere Entbehrungen und Krisen haben mich zur Selbstdisziplin gezwungen und letztlich sind wir beide auf diesem Weg gewachsen.

Dieses Buch wäre in seiner Gestalt ohne die wertvolle, profunde und tiefgreifende Unterstützung meiner Therapeutin, Coach und Supervisorin Jacqueline Sehmsdorf auch nicht möglich geworden. Ebenso hervorzuheben sind die vielen erhellenden, kritischen und inspirierenden Gespräche mit meinen hochsensiblen Freunden, als da im Besonderen sind: Andreas, Miriam, Michael, Ief, Manja, Charlotte und viele hier ungenannte, die zum Entstehen dieses Buches beigetragen haben. Auch all jenen gilt hier mein Dank, die sich diversen Passagen und teils auch des ganzen Buches zur Durchsicht angenommen haben.

Da die lieben Kinder zu Hause immer wieder für Abwechslung und Unterhaltung sorgten, danke ich auch Lutz für die Organisation und Volker für die Bereitstellung seiner schönen, klaren und ruhigen Wohnung, in der ich immer wieder stunden- und tageweise in Ruhe vor mich hin arbeiten konnte.

Mein Dank gilt auch all den vielen hochsensiblen Menschen, die bei den Besuchen von Vorträgen, Seminaren oder Treffen und in den Beratungen mir nicht nur ihr Vertrauen entgegenbrachten, sondern durch ihre Fragen und Erzählungen mein Wissen über diese Veranlagung immens erweitert haben.

Für die sehr offene, herzliche und positive Zusammenarbeit mit dem Springer-Verlag bedanke ich mich im speziellen bei der Projektmanagerin Anja Groth und der Cheflektorin Marion Krämer. Ich fühlte mich mit meinen Unsicherheiten und Fragen immer gut aufgehoben bei Ihnen.

Ein spezieller Dank geht auch an meine langjährige Seelenfreundin Luise. Ihre Energie trug immer wieder so still und leise im Hintergrund zur Beruhigung manch aufgeputschter Woge im Alltag bei und bestärkte mich in meinem Vermögen in den Momenten des Zweifels und der Unsicherheiten.

Viele andere gäbe es noch zu nennen, die mich im Laufe der Jahre begleitet, herausgefordert und unterstützt haben. Ihnen allen gilt mein großer Dank!

Ach ja, zu guter Letzt mag ich auch all unseren Katzen danken: Lui, der Chef; Waldi, die Zicke; Kiara, die Charmeurin, und auch Garfield, unserem zugelaufenen, sensiblen Streuner. Sie alle haben mich in dieser Zeit auf ihre unterschiedliche und sehr feinsinnige Art begleitet.

Danke Euch allen!

Literatur

Quellen

Bücher

Aron, E. N. (2009). *Sind Sie hochsensibel?* München: mvg.
Aron, E. N. (2014a). *Hochsensible Menschen in der Psychotherapie.* Paderborn: Junfermann.
Aron, E. N. (2014b). www.hsperson.com, PPT: StateOfModell_KripaluVersionp.ppt.
Bowen, W. (2008). *Einwandfrei.* München: Arkana.
Brackmann, A. (2008). *Jenseits der Norm – hochbegabt und hoch sensibel?* Stuttgart: Klett-Cotta.
Brackmann, A. (2010). *Ganz normal hochbegabt.* Stuttgart: Klett-Cotta.
Coleman, D. (1997). *Kreativität entdecken.* München: Hanser.
Damasio, A. (2006). *Descartes' Irrtum.* München: List.
DeGrandpre, R. (2002). *Die Ritalin-Gesellschaft.* Weinheim: Beltz.
Dorsch. (2004). *Lexikon der Psychologie; "Psychologisches Wörterbuch".* Tübingen: Huber.
Frances, A. (2013). *Normal – gegen die Inflation psychiatrischer Diagnosen.* Köln: Dumont.
Hill, N. (1994). *Denke nach und werde reich.* München: Heyne (Erstveröffentlichung 1966).
Jacobsen, O. (2008). *Ich stehe nicht mehr zur Verfügung.* Karlsruhe: Windpferd.
Jung, C. G. (2014). *Typologie* (S. 90). München: dtv.
Kahn, G. (2010). *Das Innere-Kinder-Retten.* Gießen: Psychosozial-Verlag.

Küster, B. (ehem. Schorr). (2011). *Hochsensibilität*. Holzgerlingen: SCM Häussler.
Marletta-Hart, S. (2009). *Leben mit Hochsensibilität*. Bielefeld: Aurum.
Miller, A. (1979). *Das Drama des begabten Kindes*. Frankfurt a. M.: Suhrkamp.
Parlow, G. (2003). *Zart besaitet*. Wien: Festland.
Riemann, F. (1979). *Grundformen der Angst*. München: Reinhardt.
Roemer, C. (2012). *Ich bin wie ich bin – hochsensible Menschen erzählen aus ihrem Leben*. Uckerland: Schibri.
Schweingruber, E. (1944). *Der sensible Mensch*. München: Kindler.
Watzlawick, P. (2005). *Anleitung zum Unglücklichsein*. München: Piper.

Links und anderes

Aktionsrat Bildung, Gutachten: „Psychische Belastungen und Burnout beim Bildungspersonal", 1. Auflage 2014.
Firma Auticon, http://auticon.de/.
Frankfurter Rundschau, Mogli aus Sibirien, Artikel 29.05.2009, http://www.fr-online.de/home/russland-mogli-aus-sibirien,1472778,3256262.html.
Roland Imhoff; „Was macht Minderheitenmeinungen attraktiv?"; Hausarbeit 2005, https://www.freitag.de/autoren/der-freitag/die-macht-der-minderheit.
Schulte-Markwort, Michael, Spiegel online, 24.9.2015, http://www.spiegel.de/schulspiegel/burnout-bei-kindern-wie-kommt-es-so-frueh-zu-depressionen-a-1045734.html.
Wikipedia, Artikel über Minoritäteneinflüsse, https://de.wikipedia.org/wiki/Minorit%C3%A4teneinfluss.

Literatur- und Linkempfehlungen

Literaturliste

Aron, E. N. (2008). *Das hochsensible Kind – Wie Sie auf die besonderen Schwächen und Bedürfnisse Ihres Kindes eingehen*. München: mvg.
Aron, E. N. (2006). *Hochsensibilität in der Liebe: Wie Ihre Empfindsamkeit die Partnerschaft bereichern kann*. München: mvg.
Dinkel, S. (2016). *Hochsensibel durch den Tag*. Hannover: Humboldt.
Furtner, E. (2014). *Hochsensibilität. Eine weitere Schubladisierung oder Hilfe zum besseren Verständnis von Kindern in der Grundschule?* Bachlorarbeit 2014, Pädagogische Hochschule Oberösterreich.
Harke, S. (2014). *Hochsensibel – was tun?* Fulda-Petersberg: Via Nova.

Kirschner-Brouns, S. u. Roemer, C. (2017). Hochsensibel - Leichter durch den Alltag ohne Reizüberflutung. München: Gräfe und Unzer. http://www.gu.de/buecher/bewusst-gesund-leben/lebenshilfe/1221431-hochsensibel/.
Küster, B. (ehem. Schorr). (2015). *Hochsensible in der Partnerschaft.* Holzgerlingen: Scm Hänssler.
Küster, B. (ehem. Schorr). (2013). *Hochsensible Mütter.* Holzgerlingen: Scm Hänssler.
Nebel, J. (2013). *Wenn du zu viel fühlst: Wie Hochsensible den Alltag meistern.* Darmstadt: Schirner.
Skarics, M. (2007). *Sensibel kompetent – Zart besaitet und erfolgreich im Beruf.* Wien: Festland.
Trappmann-Korr, B. (2011). *Hochsensitiv – einfach anders und doch ganz normal.* Kirchzarten: VAK.
u. v. m.

Linkliste

http://sensibel-beraten.de/images/dokumente/hsp-messskala%20v.%20e.%20aron.pdf
Fragebogen (HSP-Messskala) von Aron für Erwachsene zur Einschätzung einer eigenen Hochsensibilität
www.hsperson.com/
Webseite von Elaine Aron (USA)
www.hochsensibel.org
Webseite von Michael Jack, IFHS, wissenschaftliche Informationen und weiterführende Links
www.zartbesaitet.net
Webseite von Georg Parlow, (A), HSP-Test online, weiterführende Links
http://www.hsu-hh.de/diffpsych/index_0WJIApeWbV9D3FuX.html
Webseite zu den aktuellen HSP-Studien von Dipl.-Psych. Sandra Konrad
www.sensibel-beraten.de
Webseite von Cordula Roemer – Beratung, Vorträge, Seminare, Weiterbildungen für Fachkräfte
http://institut-rheinberg.de/
Webseite von Birgit Trappmann-Korr
http://www.ifhs.ch/Home.htm
Schweizer Institut für Hochsensibilität, Brigitte Küster (ehemals Schorr)
www.treffpunkt-hochsensibilität.de/index.php?nxu=11590502nx46300
Forum für Hochsensible
www.hsp-muenchen.de
Münchner Zentrum für Hochsensibilität e.V.
www.hochsensibilitaet.ch/content/index_ger.html

Schweizer Webseite von Marianne Schauwecker mit vielen Informationen und Forum/Blog

http://irlen-online.de/public/
Informative Seite über das Phänomen, Kontakte und Ausbildung u. v. m.

http://franziskaluschas.de/
Webseite mit vielen Informationen und Tipps und kleinen Übungen zum Umgang mit Ängsten, Denkmustern, Entspannung und vieles mehr

http://www.therapeuten.de
Informative Seite mit therapeutischen Methodenbeschreibungen und Auflistungen von Therapeuten unterschiedlichster Methodik, bundesweit

https://www.therapie.de/psyche/info/
Webseite des Verbands Pro Psychotherapie e. V. Er setzt sich für eine bessere Versorgung von Menschen mit psychischen Problemen und ihren Angehörigen ein

http://www.bptk.de/aktuell/news.html
Webseite der Bundestherapeutenkammer. Hier finden Sie reichhaltige Hintergrundinformationen und Aktuelles rund um die Psychotherapie

 springer.com

Willkommen zu den Springer Alerts

Jetzt anmelden!

- Unser Neuerscheinungs-Service für Sie:
  aktuell *** kostenlos *** passgenau *** flexibel

Springer veröffentlicht mehr als 5.500 wissenschaftliche Bücher jährlich in gedruckter Form. Mehr als 2.200 englischsprachige Zeitschriften und mehr als 120.000 eBooks und Referenzwerke sind auf unserer Online Plattform SpringerLink verfügbar. Seit seiner Gründung 1842 arbeitet Springer weltweit mit den hervorragendsten und anerkanntesten Wissenschaftlern zusammen, eine Partnerschaft, die auf Offenheit und gegenseitigem Vertrauen beruht.

Die SpringerAlerts sind der beste Weg, um über Neuentwicklungen im eigenen Fachgebiet auf dem Laufenden zu sein. Sie sind der/die Erste, der/die über neu erschienene Bücher informiert ist oder das Inhaltsverzeichnis des neuesten Zeitschriftenheftes erhält. Unser Service ist kostenlos, schnell und vor allem flexibel. Passen Sie die SpringerAlerts genau an Ihre Interessen und Ihren Bedarf an, um nur diejenigen Information zu erhalten, die Sie wirklich benötigen.

Mehr Infos unter: springer.com/alert

Printed by Printforce, the Netherlands